领导胜任力提升精讲精练

《领导胜任力提升精讲精练》编委会◎编著

中国经济出版社
CHINA ECONOMIC PUBLISHING HOUSE
·北京·

图书在版编目（CIP）数据

领导胜任力提升精讲精练/《领导胜任力提升精讲精练》编委会编著. --北京：中国经济出版社，2023.5
ISBN 978-7-5136-7320-4

Ⅰ.①领… Ⅱ.①领… Ⅲ.①税收管理-中国-干部培训-自学参考资料 Ⅳ.①F812.423

中国国家版本馆CIP数据核字（2023）第083778号

选题策划 雷 生
责任编辑 彭 欣
责任印制 马小宾
封面设计 任燕飞

出版发行 中国经济出版社
印 刷 者 北京柏力行彩印有限公司
经 销 者 各地新华书店
开 本 787mm×1092mm 1/16
印 张 26
字 数 440千字
版 次 2023年5月第1版
印 次 2023年5月第1次
定 价 98.00元
广告经营许可证 京西工商广字第8179号

中国经济出版社 网址 www.economyph.com 社址 北京市东城区安定门外大街58号 邮编 100011
本版图书如存在印装质量问题，请与本社销售中心联系调换（联系电话：010-57512564）

写在前面

习近平总书记告诫我们："党的历史经验和现实发展都告诉我们，没有全党大学习，没有干部大培训，就没有事业大发展。"要实现"两个一百年"奋斗目标，面对复杂形势和艰巨任务，全体干部都要以更高的要求、更大的努力提升整体素质和干事创业的能力。为满足全国税务干部业务大学习、能力大提升的需要，我们组织编写了这本《领导胜任力提升精讲精练》。

本书旨在帮助税务干部解决两大问题，一是实现领导能力的提升，二是有效备考"两测"考试。

领导胜任力测试主要考查领导干部必备的基本理论素养、政治能力、业务能力，特别是依法履行岗位职责的领导决策能力、管理能力和团队建设能力。

衡量一个领导干部的领导胜任力水平，一个重要方面就是考查其对基本理论的掌握程度。基本理论涉及的内容丰富而庞杂，也没有指定的参考书，难免有点让人无从着手，摸不着北。但是，考试大纲给我们提供了一个很好的抓手，一部大纲本身就是一本好的教材。

从大纲的规定来看，举凡政治、经济、法律、管理、税收、综合知识都在必考之列。尤其是在全面从严治党的现阶段，领导干部要讲政治、明规矩。就干部能力来说，提升干部能力，必须把政治能力放在首位。政治能力，是对干部政治立场、政治方向、政治态度、政治原则的要求。因此，政治知识是考查的重点，要引起高度关注。

要想提升领导胜任力，一方面固然要靠领导干部平时的读书学习和实践锻炼积累；另一方面要抓住重点，纲举目张。本书根据考试大纲重点梳理了领导胜任力测试的主要考点，可供领导干部参考。

本书重点讲述了 18 种领导能力，梳理了政治知识谱系、管理知识谱系、法律知识谱系、经济知识谱系、税收知识谱系和公文知识谱系，还总结了部分党的重要准则与条例精要。同时，根据多年来对考试大纲的研究和分析，我们还编写了适量的政治类、管理类和综合类试题供领导干部备考使用。

本书在编写过程中考虑到税务机关公务员的实际情况和能力水平、知识结构，既有重点地讲解学习方法和能力提升技巧，又针对领导干部的薄弱环节有所侧重。

本书的一个显著特色是着眼于各类测试，从命题和答题两个方面提供了有效的技巧作为备考参考，希望助力读者轻松应对各类测试。

编　者

2023 年 4 月

目　录

第二编

知识谱系与学习要点

第三编

重要准则与条例精要

第四编

考点训练与分析题

第一编

领导胜任力解读

第一章
学习纲要解读

第一节 主要内容

在领导胜任力测试中，科级、处级干部的测试内容包括必备的基本理论素养、政治能力、业务能力，特别是依法履行岗位职责的领导决策能力、管理能力和团队建设能力等。厅局级领导干部与处级领导干部的测试内容基本一致，只是在处理的事情、遇到的情境设置上有所不同。

一、测试方式

测试方式为闭卷，满分 100 分，测试时间 120 分钟。

二、测试题型

测试题型主要有两类：一是基本理论测试，副厅局级以下级别的测试一般采取客观题的形式，所占分值为 40 分；二是领导能力测试，采取情境判断题的方式，所占分值为 60 分。

三、测试内容

大纲规定的测试内容包括两部分：一是基本理论，包括政治、经济、法律、管理、税收和综合知识，内容非常庞杂；二是领导能力，包括任务管理能力、团队管理能力和自我管理能力等。

四、测试通过率

测试通过率是70%，也就是在所有参加考试的领导干部中，会有30%的人不能通过考试。

在领导胜任力测试中，情境判断题是比较有意义的题型，但近年来这种题型采用率较低。该题型分值比例高，所占分值为60分，考试时间为60分钟。

情境判断题的标准测试，每道题均应按照规定时间（3分钟）作答。标准测试共有20道题，但有的情况下只设15道题。由于命题困难或其他原因，有的测试不使用这种题型。

这些题一共涉及18种能力，其中，自我管理能力可分解为7种能力，团队管理能力可分解为5种能力，任务管理能力可分解为6种能力。

五、测试要求

考试大纲对科级、处级和厅局级领导干部的能力测试要求是完全一样的。

六、领导能力考查要求

（一）自我管理能力

1. 政治能力

考查要求：增强“四个意识”，坚定“四个自信”，做到“两个维护”，坚决贯彻执行党的路线方针政策，在大是大非面前态度明确、立场坚定。

关键词：“态度”“立场”。

2. 依法行政能力

考查要求：具有较强的法治思维，采用有效的法治方式，准确运用相关的法律法规和政策，依法履职。

关键点：法治思维、依法。

3. 公共服务能力

考查要求：密切联系群众，高效行政，优质服务，自觉接受群众监督，虚心听取群众建议，勇于接受群众批评，实现“以人民为中心”的发展。

关键词：“群众”“服务”。注意与调查研究能力相区别。

4. 责任担当意识

考查要求：强烈的责任心和使命感，尽责履职，坚持求真务实，敢于建言献策，直面急难险重任务，勇于担当。

关键词："责任""担当"。注意与政治能力相区别。

5. 廉洁自律意识

考查要求：坚守底线思维，遵守党的纪律规矩，廉洁从政，廉洁用权，廉洁修身，廉洁齐家。

关键词："廉洁自律"。

6. 学习实践能力

考查要求：积极主动获取岗位所需的知识和技能，学用结合，找准学习与工作的结合点，不断增强为民服务的本能。

关键词："学用结合"。

7. 心理调适能力

考查要求：根据形势和环境的变化，调整不当的思维和行为，保持良好的心态和情绪，正确看待得失，从容对待进退。

关键词："调心态""明得失""知进退"。

（二）团队管理能力

1. 团队建设能力

考查要求：从严落实党建责任，以身作则，倾情带队，严管善待，合理分工，团结协作，有效提升团队凝聚力和战斗力。

关键点：党建责任、分工协作、团结有效（包括正副关系处理、对待下级、团结同志，都归入此考点）。

2. 选人用人能力

考查要求：贯彻新时代组织路线，拓展用人视野，坚持公正用人，严把德才标准，体现讲担当、重担当的用人导向。

关键点：合规、公正、担当。

3. 群众工作能力

考查要求：掌握党对做好群众工作的总体要求，有效建立工作联系网络，积极运用各种沟通方式，尊重他人，倾听各方，营造宽松和谐的工作氛围。

关键点：群众工作路线、方法（新加考点）。

4. 有效授权能力

考查要求：充分信任部属，大胆授权，积极支持，有效监督，容错纠错，敢于承担领导责任。

关键点：积极、承担责任。

5. 有效激励能力

考查要求：营造公平公正、向上向善的积极氛围，合理运用各种激励资源，适当采取有效激励方法，激发团队成员的工作动力，展现新时代新担当新作为。

关键点：工作动力、担当作为。

（三）任务管理能力

1. 战略管理能力

考查要求：站在全局高度和长远角度，思考组织发展的重大问题及关键环节，根据外部环境和内部条件，适时制定符合战略目标的行动规划。

关键点：一是站位要高、远，二是思考，三是制定规划。

2. 科学决策能力

考查要求：及时准确地分析与判断面对的挑战和机遇，尊重决策规律、遵守决策程序、科学决策，促进科学发展。

关键词："规律""程序""科学"。

3. 抓落实能力

考查要求：掌握解决问题的科学方法，抓住主要矛盾和矛盾的主要方面，研究、提出解决问题的有效对策，合理分解任务目标，科学制定工作方案，注重计划与组织协调，加强督促检查考核，确保解决问题，实现工作目标任务。

关键点：抓落实能力可以理解为对计划组织协调能力、问题解决能力和高效执行能力等三大能力的合并。

4. 改革攻坚能力

考查要求：基于内外部环境的变换，理解税务系统的未来战略，解放思想，与时俱进，找准突破口，在税收现代化工作中开创新局面，谋求新发展。

关键点：创新思维、改革意识。

5. 应急处突能力

考查要求：有效掌握相关信息，及时研判倾向性和潜在性问题，面对突发事件，科学分析，敏锐把握事件潜在影响，密切掌握事态发展进程，有效有序驾驭风险。

关键点：一是及时、敏锐，二是驾驭的有效性和有序程度。

6. 调查研究能力

考查要求：坚持群众路线，在深入基层调研中发现问题、分析问题，积极探索事物发展的规律，预测事物发展的趋势，善于总结经验、发现典型、指导实践、推动工作。

关键点：一是群众，二是基层，三是方法。

第二节　学习要点

一、学习指南

依据以往的经验，很多干部希望通过刷题的方式在短时间内掌握知识。其实，这种方法并不科学。税务干部日常工作很忙，很难集中时间和精力来学习。因此，只需要抓住考试要点，将基本理论理解透，就既可以提升自己的理论水平，又可以轻松应对考试。

领导胜任力测试没有指定参考书，命题者也没有可以依据的教材。正常情况下，命题时不会出现某些参考书中的原题，只能回到“干什么、学什么、考什么”上来。

衡量一个人的领导胜任力，一个重要方面就是测试其对基本理论的掌握程度。这里涉及的内容十分丰富，如果平时不学习，复习起来就会让人无从落手。但是，考试大纲给我们提供了一个很好的指引：一方面，考题一定是严格按照考试大纲规定的测试目标和内容来设置的；另一方面，考试大纲基本规定了“考什么”的范围。

1. 看测试方式和时间

领导胜任力基本理论测试的试卷题型包括主观题和客观题，所占分值为 40 分。

这里再次提示，领导胜任力基本理论测试在副厅局级以下级别基本上不会考主观题。原因很简单：从全国或一省角度来看，考生太多，出主观题的可能性小；从某个政府部门的角度来看，不太可能举行像全国高考那样声势浩大的考试。主观题主要靠人工阅卷，需要的阅卷人数和阅卷时间都是令人难以承受的，且这期间的组织、保密工作难度之大，可想而知。从方便阅卷考量，客观题是最合适的。但是，副厅局级以上的考试，层级高、人数少、阅卷难度小，同时有必要体现出考核的难度、深度，因而出主观题的可能性大。

各类测试题型均需在计算机上作答。

至于客观题的题型，大纲规定：包括但不限于单选题、多选题、判断题、实务题。

真正难的其实是客观题，尤其是多项选择题。如今，考试的趋势是主观题客观化，也就是说，答案一是一、二是二，错了就是错了。有时一个考点不会，就会影响整个题目的作答，很容易失分。这就要求我们尽可能多地掌握考点。

2. 测试难易度

不用太在意命题的难易程度。考试大纲规定了试题难度把握范围是：易（30%）、中（40%）、难（30%）。但是，难易都是相对的，别人认为难的，你可能认为很容易；你认为难的，别人可能认为很容易。

二、命题趋势与答题技巧

1. 命题趋势

领导胜任力测试命题的趋势，用一个字概括就是“活”，即基本上不会出简单的、全靠记忆的题目，更注重情境化。

由于副厅局级以下层次的“领导力”考试中基本不会出现主观题，因此本书的重点为客观题。客观题是指能进行客观判分的试题，除题干外，还会将备选答案列出，让考生做出选择。

客观题具有三个特征：①多数试题答案事先提供；②考试结果评价客观准确；③应答形式固定。

客观题不会像填空题一样，将某一知识点挖出一个空来，供考生选择填空，而是将所考的知识用“（　）”括出。也就是说，题干的表述要求不再是简单的某一句话、某个概念或某个知识点的直接陈述，而非常注重情境性描述。客观题的题干可能是某个工作场景，将考点融入其中，让考生做出选择。

客观题的题型只有单选题、多选题、判断题、实务题。

从命题思路来看，选择题更具有欺骗性、迷惑性，也就是说选项有相似性，这增加了考试的难度。

【例1-1】 新时代历史机遇期是大有可为的，我们必须紧紧抓住，做到（　　）。

A. 实干、快干、会干　　B. 快干、实干、会干

C. 会干、快干、实干　　D. 快干、会干、实干

【参考答案】 B

【考点分析】 这是习近平总书记的讲话，《习近平新时代中国特色社会主义思想三十讲》中也有特别阐述。抓住历史机遇期，首先要尽快行动起来，即“快干”；其次要扎实地干，即“实干”；最后要注意方法和能力，即“会干”。本题测试的是我们读原著、学原文、悟原理的程度，检验我们是不是真正理解了原文内在的逻辑和思想的精髓。

2. 选择题的答题技巧

（1）熟悉或牢固掌握基础知识是做选择题的前提。

（2）掌握技巧可以帮助我们提高答题速度。

做选择题时，一般我们会先读题干、审题干。注意，在审完题干材料后，不宜立刻看给出的选项，原因是这些选项会对我们分析题干产生干扰，使我们难以迅速做出准确的判断。这在涉及哲学、政治等方面的选择题上表现得尤为突出。

审完题干后，建议先根据题干构思自己的大致设想，即设想正确的选项应该是什么，然后把自己的设想和题中的选项进行比较，找出二者的重合之处，这样选择的准确率就相应提高了。

很多考生会在看完题干材料后立刻对选项进行分析，常常感觉不少选项可以选，这在很大程度上是被选项干扰的结果。

【例1-2】 古希腊哲学家克拉底鲁认为，万物只是一种不可名状的“旋风”，瞬息万变。他拒绝给事物以名称，主张对客观事物“什么都不说”。其错误在于

(   )。

A. 否定了事物的客观性　　B. 夸大了人的主观能动性

C. 否定了事物的相对静止　　D. 割裂了物质和运动的关系

【参考答案】C

【考点分析】题干材料中介绍了哲学家克拉底鲁对事物的观点认识，并要求我们判断其错在哪里。先不看选项，根据题干可知，克拉底鲁的观点为万物是运动变化的，无法命名。也就是说，在他看来，万物是绝对运动的，他不承认事物的另一面是相对静止的——其错误就在这里。

再来看选项。根据唯物辩证法可知，运动是绝对的、无条件的，静止是相对的、有条件的。世界上一切事物的存在和发展，都是绝对运动和相对静止的统一。克拉底鲁夸大了运动的绝对性，否定了相对静止。据此，选择选项C。

那么，为什么不选选项D？看起来选项D也是对的——因为如果否认了相对静止，就可能进一步导致否认事物的客观性，割裂物质和运动的关系。但从材料中来看，克拉底鲁并没有直接得出这个结论。

(3) 了解错误选项常见的干扰情况。

错误的选项，其迷惑性往往表现在：因果颠倒；前后矛盾；表述绝对化；概念混淆；表述错误或不完整；以偏概全，以点带面；与题干无关；等等。

(4) 注意题干中出现的类似“最”“主导”“第一”“首先”“根本”“本质”等限定词，当这些词出现时应做个记号，以示提醒。

(5) 选择题的做题方法。

去伪存真：做排除。

【例1-3】马克思主义哲学的产生实现了哲学史上的伟大变革。它第一次实现了(   )。

①唯物主义与辩证法的有机统一

②唯物辩证的自然观与唯物辩证的历史观的有机统一

③世界观和方法论的统一

④实践基础上的科学性和革命性的统一

A. ①②③　　B. ①②④　　C. ①③④　　D. ②③④

【参考答案】 B

【考点分析】 在选择题中运用排除法就是去伪存真的过程。哲学既是世界观的学说，又是方法论的学说，世界观和方法论是统一的。马克思主义哲学也是哲学的一种，但它并不是第一次实现世界观和方法论统一的学说。因此，排除③，这也就排除了选项A、C、D，选择选项B。

求同存异：做比较。

【例1-4】 2013年3月17日，习近平总书记在十二届全国人大一次会议闭幕会讲话中指出，中国特色社会主义道路“来之不易，它是在改革开放30多年的伟大实践中走出来的，是在中华人民共和国成立60多年的持续探索中走出来的，是在对近代以来170多年中华民族发展历程的深刻总结中走出来的，是在对中华民族5000多年悠久文明的传承中走出来的”。这体现出他的（　　）。

A. 辩证思维　　B. 战略思维　　C. 历史思维　　D. 创新思维

【参考答案】 C

【考点分析】 将A、B、C、D四个选项进行比较便知，题干论述的是思维类型，从“30多年”“60多年”“170多年”“5000多年”这几个数字可以推知，这与辩证思维、战略思维、创新思维都无关，而是一种历史思维。

因果逆推：反向法（逆向思维）。

遇到因果型选择题，常用逆推法，也就是逆向思维。逆向思维包含多种形式，常见的形式有逆用知识、逆向推理、反证法等。突破思维障碍的关键是结合题目给定的信息，逆向思考、合理推理，最终找到解题思路。执果索因，使思维顺序倒逆，选择出这一结果或结论的原因或条件。逆向思维是一种重要的学习方法和思维形式，是创造性思维的重要特征之一，既有利于拓展思路、活化知识、提高解题能力，又有利于防止思维僵化、克服习惯性思维。

实务题一般采取单选或多选的形式，答题技巧同上。

3. 辨析题的答题技巧

回答辨析题时，首先，一定要判断对错，是全对、全错，还是部分正确；其次，指出错误的地方；最后，要分析错在哪里。这三点不可或缺，否则就不会得到满分。

【例1-5】 党员行为规范作为党的纪律具体表现形式之一，与行政纪律是一样的。

【参考答案】 ×

【考点分析】 就这道题目来说，其说法并不完全正确。

（1）“党员行为规范作为党的纪律具体表现形式之一”这句话是没错的，但它与行政纪律是有原则性区别的。

（2）二者在性质、手段及适用对象上是不同的，绝不能混为一谈，也不应互相代替。

（3）强调党纪政纪的区别，有利于加强对党员的外部制约。党的纪律规范难以全部覆盖，而且在手段上不像行政纪律那样，能够使受处分者受到严重物质损失。

（4）政纪处分补充了党纪处分的不足，增强了对党员行为的制约力量，使少数不能自重、严重违纪犯罪的党员受到不只是来自党的内部，还有来自党的外部的制裁和震慑。

这样回答才是全面的。

4. 简答题的答题技巧

前面说过，越是参考人数多的考试，命题人出主观题的可能性越小。但是，也不能完全排除出现主观题的可能性。简答题就是主观题的一种形式。

简答题可分为以下几种：

（1）分析类简答题，针对一个观点或原理进行分析。

（2）演绎类简答题，从一般性、规律性的结论去推知与其相关的、特殊的、个别的对象，如“上述材料是怎样体现某一观点（原理）的?”

（3）意义类简答题，针对某一做法的意义来设问。

（4）认识类简答题，如“为什么要用中国梦来概括中华民族伟大复兴?”

（5）措施类简答题，如“党员干部如何做到两个维护?”

（6）研究类简答题，要发现问题、分析问题和解决问题。

简答题主要是考查考生对基本概念、基础知识和基本原理的掌握程度与运用能力，以及对一些问题的认识分析能力，要求考生对基础知识能够准确阐述和运用。

我们在答题时一定要看这道题的分值。例如，10分的题目，一般要回答200~

300 字。但是，对简答题来说，顾名思义，其重点在“简”，因此不必回答太多，否则就会没有足够的应考时间。在做简答题时，建议标出“1.”“2.”“3.”……点，这样可以让阅卷人一目了然。

例如，如果一道简答题的分值是 5 分，那么最好答出 5 个知识点。

5. 论述题的答题技巧

论述题是主观题的一种形式。这种题型在厅局级能力测试中出现的可能性极大，一是因为参加厅局级能力测试的人数相对较少，组织阅卷工作的难度较小；二是因为级别较高的领导干部应该体现出较强的思维能力和表达能力。论述题便于考查领导干部的领导思维和能否自由发挥出其个性。通过这种题型，考查领导干部灵活组织材料、清楚表达问题、深刻了解问题实质的能力。

论述题的分值相对更高，而且在“两测”中，论述题是最关键的一个题型，大家要高度重视。

（1）论述题的破解方法。

看到论述题时，应先看分值有多少，在心里盘算一下做这道题要花多少时间、写多少字。例如，一道分值为 15 分的论述题，应该写 500 字左右。否则，篇幅过短，阅卷人不可能给你高分；篇幅过长，没有充分的时间作答。

在回答论述题时，应认真阅读题目或材料，仔细审题，判断出这是何种论述题。

论述题的设问方式一般分两种类型，即“怎么办”和“为什么”。

①“怎么办”型：关键词往往是“如何”“怎样”等。

②“为什么”型：关键词往往是“必要性”“重要性”“意义”等。

做出判断后，便可开始作答。此时，最重要的就是找出并解释题目中的**核心概念**。

很多参考人员在答论述题时感到非常困惑：弄得懂题目，也知道怎么做，但就是不知如何下笔。

论述题和作文题的最大区别是：作文题考查考生的思维能力和文字表述能力，论述题考查考生对知识点的掌握情况和运用情况。作文题讲究创新、个性，不陈词滥调；论述题讲究掌握和运用。因此，哪怕大家知道怎么做，也要下笔答出来。其步骤如下：

首先，一定要解释题中的**核心概念**。

其次，**分述论点**，即运用知识点、政策、实例进行简单概括，提出自己关于这个问题的几个论点（这些论点就是考点）。

最后，为自己的论点寻找支撑点，即**论述**。

做论述题时，不要一段到底，要分成“1.”“2.”“3.”……点来表述，每一点就是一个分论点。在表述分论点时，要便于自己迅速作答，也要让阅卷人很容易找到你的得分点。

（2）论述题的分论点。

“怎么办”型的分论点表述：一般将“题目设问的对象”放在后面，将“题目要考的知识点”放在前面。基本格式如下：

①**（题目要考的知识点）**+可以（能够）+题目设问的对象。

例如，如何切实增加农民收入？

分论点可以这样表述：扩大农民就业（题目要考的知识点）+可以（能够）+增加农民收入（题目设问的对象）。

有了这个基本格式，考生在考试中自然会想到平时所学或所掌握的知识点，然后可以延伸作答，这样才能发挥好平时所学。

②**（题目要考的知识点）**+是+题目设问的对象+的基础**（保障、方式、环节、措施）**。

以上题为例，分论点可以这样表述：扩大农民就业（题目要考的知识点）+是+提高农民收入（题目设问的对象）+的基础（保障、方式、环节、措施）。

“为什么”型的分论点表述：一般将“题目设问的对象”放在前面，将“题目要考的知识点”放在后面。基本格式如下：

①问意义：**（题目设问的对象）**+可以（有利于、有助于、能够）+（题目要考的知识点）。

例如：税务系统为什么要从严治党？

分论点可以这样表述：税务系统从严治党（题目设问的对象）+有利于+营造良好的政治生态（题目要考的知识点）。

②问重要性或必要性：**（题目设问的对象）**+是+**（题目要考的知识点）**+的**（要求或保障等）**。

例如：请谈谈税务系统从严治党的必要性（相当于意义）。

分论点可以这样表述：税务系统构建全面从严治党新格局（题目设问的对象）+是+推动实现税收现代化（题目要考的知识点）+的重要保障。

也可以这样表述：税务系统从严治党（题目设问的对象）+是+加强党对税收工作的领导，推进税务系统党的建设，进一步发挥税收在国家治理中的基础性、支柱性、保障性作用（题目要考的知识点）+的必然要求。

将每个分论点答出来后，还要适当展开论述。这个论述过程就是运用科学的原理或知识点（政策或规定）或事实、案例证明自己归纳的论点。

记住：最后要回到**分论点**。

（3）论述题的注意事项。

①要先将归纳出来的分论点按照与题目相关的顺序进行排序，分别从不同的设问角度或层次来选择论点。

②论述过程中，对材料（知识点）的选择和运用，多数来自考生自己平时的积累，也可以运用题目中给出的材料。

③多数情况下，论述题的作答只需要概括性的材料，不需要具体的数据材料，也不需要特殊的材料，而是需要大家都能理解的或者具有代表性的材料或例子。

④对不同论点，应避免用相同的材料来论述，但可以从不同角度对同一个材料进行分析。否则，阅卷人只会将其当作一个论点予以打分。

再次强调：表述分论点时，一定要标明顺序号（“1.”“2.”“3.”……），因为阅卷人不喜欢自行去搜寻考生答出了哪几个知识点。

阅卷人在打分时，会在脑海里记住标准答案中的知识点或关键词。如果你的答案中出现了这些知识点或关键词，阅卷人就算你得分。

举个例子：新个税法规定的综合所得的基本扣除标准为什么要实行全国“一刀切”？

首先，要找到题目的核心概念：个税综合所得扣除标准“一刀切”，解释一下这个概念。其次，提出3~5个分论点，如①“一刀切”有利于政策执行的统一性；②“一刀切”有利于政策尺度把握的公平性；③“一刀切”有利于实际操作的规范性。三个“有利于”就是三个分论点，这样作答便可让阅卷人一目了然。

做论述题时，要解答得详细一点。比如，可以从正反角度来论证，如果不“一刀切”，而是各地区“起征点”不同，会造成什么后果。另外，三个分论点的表述还可以更规范、更专业些，如“‘一刀切’是税法统一性的内在要求”。还可以通过中外对比来进行论证，如“国外的经验如何”等。

【例1－6】 如何提升税收的治理体系和治理能力？

【考点分析】 首先，分析税收的治理体系及治理能力的现状。

其次，可从以下几点来谈：①健全税法体系；②完善税收组织体系和征管体系；③优化纳税服务体系，改进服务方式；④科技兴税，提升税收信息化体系，提升信息管税能力；⑤人才强税，提升税收治理能力。

小材料

XIAO CAILIAO

2013年12月26日，全国税务工作会议在北京召开。会议提出，要“着眼未来定目标。建立完备规范的税法体系、成熟定型的税制体系、优质便捷的服务体系、科学严密的征管体系、稳固强大的信息体系、高效清廉的组织体系，到2020年基本实现税收现代化”。

2021年1月8日，全国税务工作会议在北京召开。会议提出了新的“六大体系”建设，使之更有时代性，更富创造性，更增先进性，更具引领性：

· 坚强有力的党的领导制度体系；

· 成熟完备的税收法治体系；

· 优质快捷的税费服务体系；

· 严密规范的税费征管体系；

· 合作共赢的国际税收体系；

· 高效清廉的队伍组织体系。

再到2022年探索形成“学思践悟强武装、政治建设强统领、纵合横通强党建、六位一体强严治、健全机构强保障”的“抓好党务”机制制度体系，“依法征税聚财力、改革兴税促发展、便民办税优服务、科技强税提质效、协同管税谋共治”的“干好税务”机制制度体系，“绩效管理抓班子、数字人事管干部、人才工程育俊杰、选贤任能树导向、严管善待活基层”的“带好队伍”机制制度体系。

因此，“抓好党务、干好税务、带好队伍”就成了新时代税收现代化总目标。

在税收现代化建设中，“抓好党务”被鲜明地摆在首位。

推进税收现代化应当具备的“六大能力”：政治引领能力、守正创新能力、科技驱动能力、制度执行能力、集成共治能力、风险防范能力。

小技巧 XIAO JIQIAO

作文题写作技巧

（1）作文题，不论是命题作文，还是给材料作文，关键在于审题。审题时要抓住核心关键词。一般情况下，多个材料中重复出现的词就是核心关键词。

（2）作文题，重点考查的是思维能力和表达能力。

思维能力体现在观点上。要拿高分作文，观点不能是别人多次讲过的，要有自己的观点，给人耳目一新的感觉。

表达能力体现在观点的表述和论证的语言组织上。不要重复别人用过的表达方式，尽可能用生活中最常见的事物来打比方，表达尽量出新。套用媒体或领导讲话中的表达，是抓不住阅卷人的眼球的。

作文题从某种意义上来说是送分题，就看你要不要。

第二章
命题趋势研判

第一节 主观题客观化

领导胜任力测试中的每一道题都有一定的理论做支撑，如果不掌握这个理论的要点，无疑是答不对题的。命题的目的就是考查领导干部对理论的掌握程度。

【例 2－1】（不定项选择题）2019 年税务工作主题是减税降费政策措施落地生根，主业是完成预算确定的税费收入任务，主线是优化税收执法方式与完善税务监管体系。某省税务局召开"'不忘初心、牢记使命'找差距"座谈会，聚焦税务工作主题、主业、主线，查找工作中的堵点、难点、痛点。以下为部分代表的发言片段。

甲县税务局副局长："我们县政府要求在年初预算基础上再增收 30%，让我们签军令状，不管用什么办法，都必须完成增收任务，还派驻收入督导组，跟着我们去企业查税。我们多次跟县政府沟通都没用。"

乙市税务局副局长："我们发现有些税务干部认为在今年减税降费的大环境下，税收任务完不完成都无所谓；对于该收的有没有收到位，也不会有人计较；对于推进的各种企业风险数据工作，能应付的就应付。"

某省税务局某处长："在基层调研中，我们了解到个别税务干部执法方式比较简单，一见到企业的风险数据，要不就是想首先停了企业的票，要不就三番五次地去企业核查，甚至随意核查不在风险名单中的企业。”

根据上述材料，回答下列问题：

1. 领导干部需要运用哲学原理指导解决实际问题，你认为在正确处理材料中的“主题”和“主业”关系时，主要运用的哲学原理是（　　）。

A. 对立统一规律　　B. 量变质变规律

C. 否定之否定规律　　D. 物质多样性规律

2. 针对甲县税务局副局长提出的问题，该县税务局正确的做法是（　　）。

A. 及时向市税务局报告，请市税务局开展沟通协调工作

B. 不能收过头税，但可以安排对以前年度欠费开展集中清缴

C. 为缓解收入任务压力，暂缓办理留抵退税

D. 选取本县重点行业，组织大面积检查

3. 针对乙市税务局副局长提出的问题，正确的做法包括（　　）。

A. 教育干部，务必把该征的税费依法依规征收好

B. 发现企业蓄意偷骗税的，要依法规范，惩治打击

C. 严肃追究税收管理中不作为、乱作为、不担当的行为

D. 在减税降费大环境下，可以选择性落实组织收入原则

4. 针对某省税务局某处长提出的问题，正确的做法是（　　）。

A. 暂停大数据风险应对，减少对纳税人的干扰

B. 开展税收执法督察，坚决纠正违规行为

C. 落实国家税务总局“无风险不检查，无审批不进户，无违法不停票”的要求

D. 防止简单粗暴执法，善于运用柔性执法、说理式执法

【参考答案】1. A；2. A；3. ABC；4. BCD

【考点分析】

1. 题目明确指出，2019 年税务工作主题是减税降费政策措施落地生根，主业是完成预算确定的税费收入任务。虽然主题与主业的关系看上去是相矛盾的，但实际上是对立统一的辩证关系。

2. 鉴于甲县税务局多次与县政府沟通无效，其请求市税务局出面协调便是正确的做法。不能收过头税是对的，但是中华人民共和国人力资源和社会保障部有严令，严禁自行组织对企业历史欠费进行集中清缴。暂缓办理留抵退税，同样违反中央规

定。组织大面积检查，也违反了国家税务总局的要求。

3. 乙市税务局的问题是干部对减税降费的理解有偏差，教育干部要依法依规征好税费，这是正确的；发现企业借减税降费之机蓄意偷税骗税的，要规范、要打击，防范税收风险，也是正确的；严肃追查干部不作为、不担当的行为，仍然是正确的。而选择性落实组织税收收入原则，则是违反规定的。

4. 某省税务局某处长提出的是干部执法过程中存在的问题，正确的做法应该是开展税收执法督察，纠错；落实国家税务总局“三无”要求，是符合规定的；防止简单粗暴执法，是正确的。暂停大数据风险应对，是错误的，应该通过大数据信息的加工、整理、分析、比对，减少对零风险纳税人的干扰。

这种实务题考试的范围很广很活，既考查了领导干部运用哲学原理指导解决实际问题，也考查了领导干部对实际工作中存在问题的解决能力。不要求考生死记硬背，而是要灵活掌握所学理论、政策和知识。这就是主观题客观化。

【例2－2】（单选）杨斌是一名基层分局长，最近有件事一直困扰着他。杨斌有一位很专业也很有能力的下属张静，张静虽然参加工作只有两年，但成长进步很快，能够独立完成分局大部分业务，各种业务软件操作得非常熟练，分局年龄较大的同事经常找她帮忙。遇到杨斌到县局开会、业务急需流转时，也经常让她帮着操作。她态度很好，从不拒绝，而且有时看到纳税人着急等待，就主动帮助杨斌走完流程了。可是，杨斌发现，最近有两次发票发售流程出现错误，县局进行了考核扣分并给予了反馈。杨斌觉得主要原因是张静对发票发售流程不熟悉，而且由于时间限制，她怕超过完成时限，没有在审核前给他汇报就替他履行了审核手续。如果你是杨斌，你会采取什么措施来解决目前的问题？（　　）

A. 给张静一份发票发售业务操作规程，要求她以此为指南，告诉她只要遵守指南的规程，就可以直接替你操作流程、完成审核

B. 把张静叫到办公室，让她知道县局考核扣分和反馈的情况，和她一起商定防范的方案。听从她的建议，鼓励她按照业务操作规程要求去做

C. 给张静一份发票发售业务操作规程，请她遵守。告诉她必须按照这个规程操作，而且今后你会关注她操作的有关流程，并进行审核

D. 谈谈你对县局考核扣分和反馈问题的看法，强调在她替你操作前一定要给你汇报有关情况。给张静一份发票发售业务操作规程，和她一起学习，指出其中应注意的重点环节并回答她的问题，强调按照规程操作的必要性，并和她商量在时限紧、纳税人着急并催促的情况下，如何更好地完成审核及相关流程问题

【参考答案】 B

【考点分析】 根据美国组织行为学家赫塞博士的情境领导理论，“只有以不同的领导风格配合部属的不同发展阶段，才能高效达成目标”。员工的成长过程（成熟度）分为四个阶段，即 R1 阶段（没能力、没意愿并不安）、R2 阶段（没能力、有意愿或自信）、R3 阶段（有能力、没意愿或不安）和 R4 阶段（有能力、有意愿并自信）；而相对应的领导风格分别应是告知式（用 S1 表示）、推销式（用 S2 表示）、参与式（用 S3 表示）、授权式（用 S4 表示）。员工在 R1 阶段时，领导用 S1 模式；员工在 R2 阶段时，领导用 S2 模式；员工在 R3 阶段时，领导用 S3 模式；员工在 R4 阶段时，领导用 S4 模式。只有领导风格与员工的成熟度相匹配，才能发挥员工的最大能量，实现领导工作的最大效率。题目中的张静处在 R3 阶段，杨斌采取 S3 模式更合适。

【例 2－3】（单选）你所在的科室最近分配来了一名新录用的公务员梁力，他对大部分业务都不熟悉，但总是尽力去完成分配给他的一切任务。你是科长，他来找你，请你就他最近的工作给出指导和建议，你应该（　　）。

A. 让梁力把他自己的想法写下来，然后再来找你商谈

B. 倾听他的顾虑，和他共同讨论他工作中遇到的问题。赞扬他的能力，并向他解释他现在的困难是开始做一份新工作时自然会遇到的情况

C. 告诉梁力如何完成他的工作，但不要忘了采纳他的建议和想法。在强调他应该如何做好工作的同时，为他解释某些工作环节存在的理由

D. 给梁力以详尽的指点，告诉他应该做什么及如何做

【参考答案】 D

【考点分析】 梁力目前处在 R1 阶段，管理者应该用 S1 模式。

【例 2－4】（不定项选择题）2012 年初，A 市寰宇房产开发公司开发了某房地

产项目。在项目开工仪式上，该公司经理陈某邀请了该公司所在县税务局局长李某等相关部门领导参加，并送给李某等人各1000元的劳务费，李某收下。之后，公司经理陈某通过李某帮忙关照，很快办好了相关的房产销售审批手续。次年中秋节，陈某为表示感谢又送5万元给李某，李某予以拒绝。在接下来的闲聊中，李某有意无意地说："我有个表叔在农村，生活比较困难。小时候，表叔对我很好，快到中秋节了，我想抽空去看看他。"陈某心领神会，不久就将5万元送给了李某表叔。到了中秋节，李某去看望表叔时，表叔感激地对他说，谢谢他托人带来的5万元，李某笑说应该的。又一年春节，陈某到李某家拜年，送给其妻2万元。几个月后，李某到革命老区参观学习，看到老区条件很艰苦，很受教育，回来后就将陈某送给其妻的2万元捐给老区的学校。后来，检察院在调查陈某案件时，掌握了李某的有关问题，李某主动到纪委交代了上述事实。

根据上述材料，回答下列问题：

1. 李某在开工仪式上收受1000元属于（　　）行为。

A. 正常劳务费　　B. 收受可能影响公正执行公务的礼金

C. 正常的人情往来　　D. 明显超出正常礼尚往来的礼金

2. 李某在开工仪式上收受1000元，按照《中国共产党纪律处分条例》，应给予其（　　）处分。

A. 警告或严重警告　　B. 留党察看

C. 撤销党内职务　　D. 开除党籍

3. 陈某送给李某表叔的5万元性质属于（　　）。

A. 李某受贿　　B. 李某表叔受贿

C. 陈某个人行为　　D. 不算李某受贿

4. 对李某可从宽处理的情形有（　　）。

A. 虽收受陈某2万元，但将其捐给学校

B. 主动到纪委交代本人违纪问题

C. 检举同案人或者其他人应当受到党纪处分或者法律追究的问题，经查证属实的

D. 主动上交违纪所得的

5. 根据《中国共产党纪律处分条例》第十七条规定，不能从轻或者减轻处分的是（　　）。

A. 检举同案人或者其他人应当受到党纪处分或者法律追究的问题，经查证属实的

B. 主动挽回损失

C. 隐藏违纪所得

D. 有效阻止危害结果发生的

【参考答案】 1. B；2. A；3. A；4. AB；5. C

【考点分析】

本题考查的是领导干部对《中国共产党纪律处分条例》的熟悉和掌握程度，领导干部能否准确判断和界定违纪行为以及处分的尺度。

1. 收受被管理服务对象的红包，虽然数额不大，但也属于典型的可能影响公正执行公务的礼金。

2. 收受可能影响公正执行公务的礼品、礼金、消费卡和有价证券、股权、其他金融产品等财物，情节较轻的，给予警告或者严重警告处分。

3. 李某的表叔属于他的特定关系人，陈某送给表叔的钱，视同李某收受贿赂。

4.《中国共产党纪律处分条例》第三章“纪律处分运用规则”第十七条规定：“有下列情形之一的，可以从轻或者减轻处分：（一）主动交代本人应当受到党纪处分的问题的；（二）在组织核实、立案审查过程中，能够配合核实审查工作，如实说明本人违纪违法事实的；（三）检举同案人或者其他人应当受到党纪处分或者法律追究的问题，经查证属实的；（四）主动挽回损失、消除不良影响或者有效阻止危害结果发生的；（五）主动上交违纪所得的；（六）有其他立功表现的。”

从规定上来说，选项 C、D 都符合从轻或减轻处分的情形，但问题是材料中并没有出现选项 C、D 所表现的相关材料，所以不选。做这种实务题，有一个前提条件：要根据材料来作答，材料中没有提供的内容，不能凭空想象。

5. 隐藏违纪所得，属于对抗组织调查，应加重处分，而不能从轻处理。

【例 2－5】（不定项选择题）三位大学同学毕业后各奔前程。20 年后，三人在一次全国税务系统处级领导干部培训班上意外相遇，并且都走上了领导岗位，分别在三个省的市税务局担任局长。同学相聚，自然说到了自己刚上任时的经历。

A 局长说，他上任后第一件事是召集有关部门负责人开座谈会。他认为，通过

这种形式，一方面可以让大家了解自己，另一方面可以熟悉各部门负责人，从而对局里的整体情况有一个大致的了解。为了尽快熟悉主管工作的情况，他的方法是：工作一有空闲，就深入基层县区局，在最短的时间内熟悉基层情况。

B局长与A局长不同，他上任后做的第一件事是与局里其他领导班子成员逐一谈心，向他们了解局里的情况，谈谈自己上任后的想法。他认为，这样做可以先沟通领导班子的思想，增进彼此的了解，为今后工作的开展打下基础。为了更快熟悉全局情况，他说："作为领导，就要十分熟悉下属，与他们建立起密切联系。只有这样，才能在决策时有发言权。"

C局长上任后做的事又有不同。他显得很自信，上任后即行使职权，要求有关部门画出六张图来，内容分别是：组织结构图、功能图（岗位责任制）、内部关系图、外部关系图、信息流程图、局内重大事项处理程序图。他亲自参与，并根据自己的理解与大家共同商讨、修改。他认为："要尽快熟悉局里的情况，但如果依靠传统的做法，很难在短期内见效。我构思了六张图，并参与绘图过程，是想通过这六张图，在较短时间内基本了解清楚局里的机构与流程、工作范围、相互关系，以后在处理实际工作和基层问题时，基本可以做到心中有数。"

根据上述材料，回答下列问题：

1. A局长的领导方式是（　　）。

A. 重事式领导方式，领导者关心的是组织目标和工作任务

B. 重人式领导方式，领导者关心的是人际关系和工作环境

C. 既不重人也不重事，领导者关心的是自己的意图能否被下属所接受

D. 人事并重的领导方式，一方面与下属相互交流，另一方面深入基层，是一个事必躬亲型的领导干部

2. B局长采取与其他领导班子成员谈心的方式，这种领导方式是（　　）。

A. 以自我为中心的领导方式，易受外界或他人影响

B. 重人式领导方式，致力于建立和谐的人际关系和宽松的工作环境，以人为中心

C. 以他人为中心的领导方式，注重与他人的人际关系和工作环境

D. 民主式领导方式，注重平等关系与共同决策的领导方式

3. C局长上任后，要求有关部门画出六张图来，这反映了他采取的领导艺术和

方法是（　　）。

A. 民主式领导方式，领导和被领导者及群众互相沟通、共同参与的一种领导方式

B. 授权式领导方式，将很大部分权力下放给行政机构或下属，让其充分享有行政管理权限

C. ABC 时间管理法，将有限的时间科学地分配在自己领导的系统中的关键工作上，以求取得最大的效果

D. 重事式领导方式，以事为中心，关心工作效率

4. 对于上述领导方式的理论基础，说法正确的是（　　）。

A. A 局长的领导方式受“Y 理论”的影响，认为领导者只要能有效满足人的社会需要，就能调动人的积极性

B. C 局长的领导方式受权变理论等现代管理理论的影响

C. B 局长的领导方式受“Y 理论”的影响

D. A 局长的领导方式受带有权变理论特点的现代管理理论影响

【参考答案】1. D；2. B；3. D；4. CD

【考点分析】

1. 人事并重式是既关心人也注重工作的领导方式，也是一种关心人与关心事两方面辩证统一的领导方式。关心人，能调动人的积极性；关心事，能使每个人都有明确的责任和奋斗目标。

2. 重人式领导，致力于建立和谐的人际关系和宽松的工作环境，尊重部属人格，不滥施惩罚，注意给予部属合理的物质待遇，以人为中心进行领导活动。重事式领导就是以事为中心的领导方式，领导者关心的是组织目标、工作任务和工作效率及质量。

3. ABC 时间管理领导方式，能够有效解决因日常事务异常繁乱而陷入混乱的状况；时间管理最重要的功能是将事先规划作为一种工作中的提醒与指引。

4. A 局长的领导方式是人事并重式，受带有权变理论特点的现代管理理论影响；B 局长的领导方式是重人式，受“Y 理论”的影响，认为领导者只要能有效满足人的社会需要，就能调动人的积极性。

第二节　测试区分度

领导胜任力测试大纲给出了科级、处级、厅局级等不同职级的测试区分度，然而，这个区分度其实没有严格的标准和界定，一般的理解就是难易程度不同。

就职务性质而言，科级分正科级和副科级，处级分正处级和副处级，厅局级也分正厅局级和副厅局级（见图2－1）。现实中，正科级又分别有县区局正职和市局中层正职，正处级又分别有市局正职（正处级）和省局各处室正职，正厅局级又分别有省局正职（正厅局级）和国家税务总局各司局正职。其区别很明显：前者为单位“一把手”，后者为机关中层正职；前者属于决策层，后者属于执行层。同样，副科级、副处级、副厅局级也应区分县区局副职和市局中层副职，市局副职和省局各处室副职，省局副职和国家税务总局各司局副职，其区别也很明显。在领导胜任力测试大纲中，没有对这两类不同性质的岗位加以区分，因此，在学习、考试的时候，税务干部应该注意，这两种不同的岗位涉及的知识都在测试范围内。

与之相反，测试中所区分的是级别的高低。其实，县区局中层正职（正科级）和正处级的市局正职的区别并不明显。同样，市局正职（正处级）和省局正职（正厅局级）的区别也不明显，都是“一把手”，其工作性质和要求相差不大。

面对这种情况，在复习、考试中，关键是要理解大纲规定的三个关键词：“了解”、“熟悉”和“掌握”。

“了解”，就是一般性地知道、理解，对知识点的内涵、基本概念和基本理论有一定印象。

“熟悉”，就是在了解的基础上更进一步，对知识点的内涵和外延、基本概念、基本理论、基本方法及各个知识点之间的内在联系，更加熟练地认知和理解。

“掌握”，就是在熟悉的基础上再进一步，能够把各知识点系统、综合地运用到解决问题中去。

但这并不意味着需要“了解”的知识点不重要，需要“掌握”的知识点就重要，而是要根据各个级别的命题比例来区分其重要性。假如测试要求“了解”占30%、“熟悉”占30%、“掌握”占40%，就意味着这个级别的考试需要“了解”的知识点很重要，和需要“熟悉”的知识点占比是一样的。

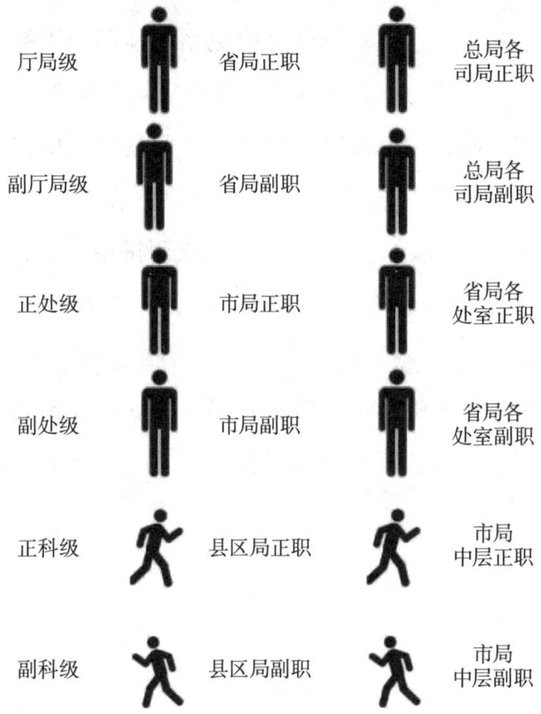

图 2－1 职级典型干部职务

因此，科级、处级和厅局级的区分度，很大程度上取决于这三者在试卷中的占比，其难易也在于此。三级之间共同的考点要远远多于不同的考点，而有的考点对三级测试的要求则是一样的；大多数情况下，厅局级的考试只比处级增加了一小部分内容。比如，行政管理类业务能力升级测试的专业知识与技能部分，在公文处理方面，对初级、中级和高级岗位的要求几乎完全一样，但是本着“干什么、学什么、考什么”的原则，测试中对于高级岗位一般不会要求写公文，而审核、签发公文则成为领导干部的考试重点。在税收宣传方面，对初级、中级和高级岗位的要求也基本一致，稍有区别的是对高级岗位的要求。在高级业务能力方面，一是要求“掌握高超的新闻发言人的沟通和应变技巧”，即增加了“高超”一词；二是在“新媒体运用”上，增加了“综合运用新媒体提升税收宣传成效”。在税收舆情管理方面，增加了一条“掌握重大涉税舆情的化解技能”。在信访工作方面，增加了一条“掌握综合分析研判信访形势，统筹做好信访工作的方法”。在预算管理方面，增加了“了解我国绩效预算的相关规划”和“预算发展的最新动态”；在财务监督方面，增加了“掌握预算管理、决算管理、基本建设项目管理、资产管理”的内容。

虽然这三个级别在考点内容上区分度不是很大，但就实际工作而言，侧重点却不一样。例如，同一个知识点，初级测试可能更多地强调动手能力，中级测试可能更多地强调执行能力、管理能力，高级测试可能侧重宏观管理、规划决策等能力。

在领导胜任力测试方面，三个级别的测试内容及其知识图谱是一致的，只是在“了解”、“熟悉”和“掌握”三点上的比例有差别：在科级测试中，“了解”占30%，“熟悉”占30%，“掌握”占40%；在处级测试中，“了解”占20%，“熟悉”占30%，“掌握”占50%；在厅局级测试中，“了解”占10%，“熟悉”占30%，“掌握”占60%。

那么，应如何把握区分度呢？每个应试者都应根据自身参加的测试级别及其性质和特点，紧紧围绕“干什么、学什么、考什么”这一宗旨而准备，就不难明白测试重点和命题方向。

第三章

领导能力解析

领导胜任力测试要求掌握三大领导能力：自我管理能力、团队管理能力、任务管理能力。

其中，自我管理能力涵盖七大能力，团队管理能力涵盖五大能力，任务管理能力涵盖六大能力，合起来是 18 种具体的领导能力，分别如图 3－1、图 3－2、图 3－3 所示。

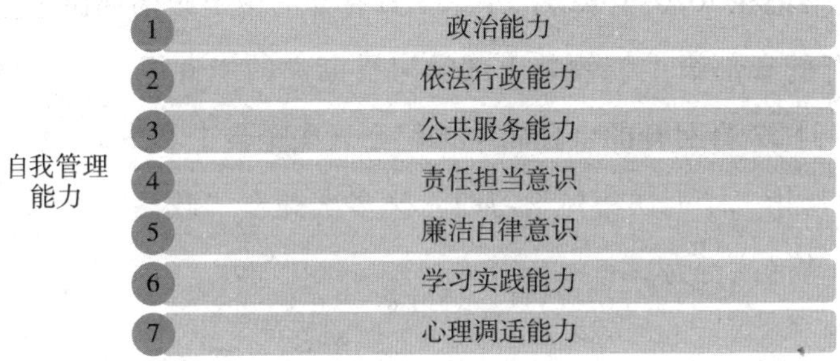

图 3－1　自我管理能力

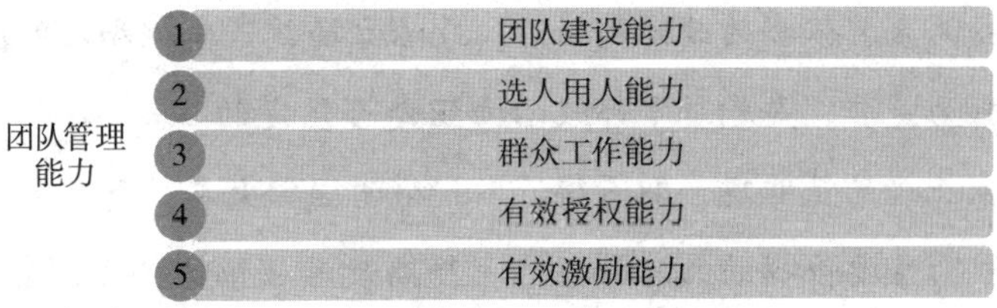

图 3－2　团队管理能力

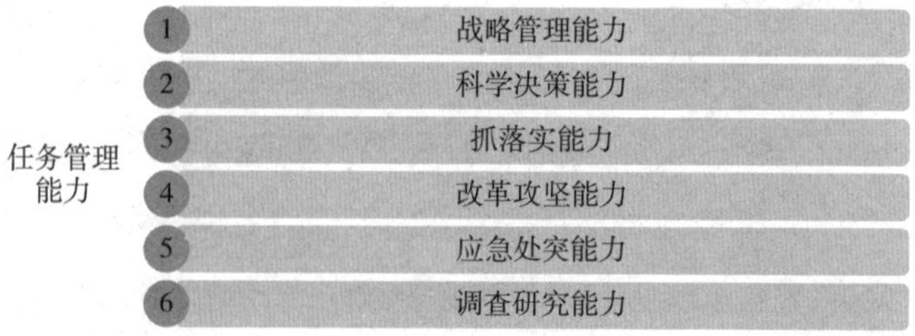

图 3－3　任务管理能力

第一节　自我管理能力

一、政治能力

习近平总书记多次明确指出，政治能力就是把握方向、把握大势、把握全局的能力，就是保持政治定力、驾驭政治局面、防范政治风险的能力。在十九届中央政治局第六次集体学习时，又增加了“辨别政治是非”六个字。政治能力是干部的“第一能力”，也是衡量干部能否挑重担的“第一标准”。

习近平总书记在 2020 年 12 月 24—25 日召开的中央政治局民主生活会、2021 年 1 月 11 日召开的省部级主要领导干部学习贯彻党的十九届五中全会精神专题研讨班、2021 年 1 月 22 日召开的十九届中央纪委五次全会上和 2021 年 1 月 28 日举行的中共中央政治局第二十七次集体学习时，又多次提出“政治三力”，即政治判断力、政治领悟力、政治执行力。

小总结 XIAO ZONGJIE

以政治立场为主要依据的政治判断力。政治立场就是党性和人民性。

能否明辨行为是非，是党员干部政治立场是否坚定的基本要素。提高政治判断力，要牢固树立正确的是非观，即看得清、辨得明国家大局、大势和大事。

以政治意识为主要依据的政治领悟力。提高政治领悟力，要以良好的政治思维为基础，以“国之大者”的政治意识为条件。牢记“国之大者”，前提是增强“四个意识”、坚定“四个自信”、做到“两个维护”，即善于运用政治思维认识和理解问题，科学把握党中央决策部署的主要意图。提高政治领悟力，要着力解决思想认识上的格局和高度问题。

以政治担当为主要依据的政治执行力。把讲政治从外部要求转化为内在主动，从讲政治的高度理解和把握抓落实工作，把党中央重大决策部署不折不扣落实到位。

强化责任意识、强化能力素质、强化实干作风、强化结果导向。

提高政治能力，首先要把握正确的政治方向。

提高政治能力，很重要的一条就是要善于从政治上分析问题、解决问题。只有从政治上分析问题才能看清本质，只有从政治上解决问题才能抓住根本。

提高政治能力必须对党的政治纪律和政治规矩怀有敬畏之心。

具体来说，就是要做到以下几点：

（1）用马克思主义科学理论武装头脑，打牢政治理论根基。

（2）在党内政治生活熔炉中淬炼，塑造优秀的政治品格。

（3）在工作实践中锤炼，锻造过硬的政治能力。

（4）不断锤炼对党忠诚的政治品格。

（5）着力提升马克思主义理论素养。

（6）自觉接受党内政治生活锻炼。

（7）增强做好群众工作的本领。

（8）在复杂斗争实践中积累政治经验。

二、依法行政能力

1. 正确认识依法行政的重大意义

（1）依法行政是我们党和国家关于行政权力行使的基本原则，也是基本思路。

（2）依法行政是法治国家、法治政府和法治社会一体建设的重要内容。

（3）依法行政是全面增强党的执政本领的必然要求，是党的长期执政能力建设的重要组成部分。

2. 准确把握依法行政的衡量标准

（1）坚持合法行政。合法是依法行政的首要也是最基本的内容，它意味着行政权的存在和行使都必须于法有据。“法无授权不可为”就是合法行政的直接表述，它包括主体合法、职权合法、内容合法。

（2）坚持合理行政。合理行政要求行政机关实施行政管理应遵循公平、公正的原则，平等对待行政管理相对人，不偏私、不歧视。行使自由裁量权应当符合法律目的，排除不相关因素的干扰；采取的措施和手段应当必要、适当；行政机关实施行政管理可以采用多种方式实现行政目的，应当避免采用损害当事人权益的方式。

（3）坚持程序正当。行政机关实施行政管理，除涉及国家秘密和依法受到保护的商业秘密、个人隐私外，应当公开，注意听取公民、法人和其他组织的意见；要严格遵循法定程序，依法保障行政管理相对人、利害关系人的知情权、参与权和救济权。

（4）坚持高效便民。行政机关实施行政管理，应当遵守法定时限，积极履行法定职责，提高办事效率，提供优质服务，方便公民、法人和其他组织。

（5）坚持诚实守信。行政机关公布的信息应当全面、准确、真实。

（6）坚持权责统一。行政机关依法履行经济、社会和文化事务管理职责，要由法律、法规赋予其相应的执法手段。行政机关违法或者不当行使职权，应当依法承担法律责任，实现权力和责任的统一。权责统一意味着权力和责任必须是一体的，问责、追责、赔偿都是行政权力运行的必要内容。

3. 依法行政要加强制度机制建设

（1）深化机构和行政体制改革。机构设置及其权责配置是影响行政权力运行合理性和有效性的重要因素。党的十九大报告要求转变政府职能，建设人民满意的服务型政府，将内设机构改革、编制资源使用及党政机关合并设立或合署办公作为改革任务。

（2）健全依法决策程序机制。程序能够引导、激励和约束行政机关及其工作人员。依法决策尤其是重大行政决策依法进行，是提高决策质量、推进民主科学管理、推动治理体系和治理能力现代化的重要保障。

（3）规范行政执法行为。这要从制度上给行政权力的运行划定边界。党的十九大报告强调，严格规范公正文明执法。它对执法提出了具体要求，涵盖制度建设和行为规范两个方面。

（4）加强对行政机关的监督。监督能起到指引、震慑和校正的功能，是约束行政机关及其工作人员的重要因素。

三、公共服务能力

公共服务是指由政府部门、国有企事业单位和相关中介机构履行法定职责，根据公民、法人或者其他组织的要求，为其提供帮助或者办理有关事务的行为。公共服务事项是由法律、法规、规章或者行政机关的规范性文件设定的，是相关部门必须有效履行的义务。税费服务也是一种公共服务。

基本公共服务均等化是共同富裕的内在要求。

公共服务能力包括政府部门的公共服务能力和公务人员的公共服务能力。

政府的公共服务能力包括：公共服务的决策能力、投入能力、提供能力。

公务人员的公共服务能力包括：诚信能力、联系群众能力、为群众办实事能力、自我规范能力、高效行政能力、应用电子政府能力。

改善公共服务的途径包括：加快政府自身改革，加大政府公共服务资金投入力度，调整公共服务制度安排，推进公共服务市场化。

每个公职人员都应树立公共服务理念。

提高公务人员服务能力的途径包括：提高政治素养，树立服务意识；构建合理的知识结构，提高管理水平；正确对待权力，加强自我约束。另外，还包括提升职业素养与职业技能。

值得注意的是，“两测”大纲将“密切联系群众、自觉接受群众监督、虚心听取群众建议、勇于接受群众批评”也作为公共服务能力的考查范围。

四、责任担当意识

1. 责任担当是领导干部必备的基本素质

干部要有担当，有多大担当才能干多大事业，尽多大责任才会有多大成就。要有担当意识，遇事不推诿、不退避、不说谎，向组织说真话、道实情，勇于承担责任。要在大是大非面前敢于担当、敢于坚持原则。

2. 担当作为的必要性和重要性

（1）新时代是党员干部担当者、奋斗者的时代。

（2）有多大担当，才能干多大事业。

（3）敢担当、有作为，是党和人民对党员干部的内在要求。

3. 对责任担当的要求

（1）牢固树立敢于担当的政治信念。党员干部必须具有攻坚克难的勇气、无私奉献的境界；牢固树立在其位谋其政、勇挑重任的意识；在工作中时刻不忘岗位职责，尽责、担责；面对歪风邪气牢守底线，勇于斗争，面对前进道路上许多意想不到的困难和阻力，迎难而上；一切为了党和人民的利益，抛开个人私利，恪尽职守。

（2）提升敢于担当的综合能力。党员干部在工作中要与时俱进、多谋善思、善于学习，除了熟练掌握本职岗位的业务理论，还要努力拓展知识面，不断提升综合素质；创新思维、勤于思考、善于总结。

（3）树立正确政绩观。“功成不必在我”，不是消极、怠政、不作为，而是要牢固树立正确政绩观，既要做让人民群众看得见、摸得着、得实惠的实事，也要做为后人做铺垫、打基础、利长远的好事。

（4）要听实话、察实情、收实效。

（5）要形成“头雁效应”，抓住关键少数，把自己摆进去、把思想摆进去、把工作摆进去。

（6）要知行合一。

4. 提高领导干部担当作为能力的基本原则和办法

（1）提高领导干部担当作为能力的基本原则。一是加强学习（政治学习、业务学习）；二是坚定理想信念；三是勤于实践，倡导实干精神；四是敢于开拓创新；五是善于总结提升。

（2）提高领导干部担当作为能力的方法。领导干部要将担当作为本领，突出政治训练，把理想信念教育、知识结构改善、能力素质提升贯穿干部成长的全过程。

①增强干事本领能力，涵养担当作为底气。**首先要提升调研能力。**发现问题是能力，解决问题是水平。调研工作不是“空对空”，更不能闭门造车，只有多往基层走，多到一线去，沉下身子安下心，才能了解掌握实际情况，有效把握队伍建设的现状与动态，才能提出符合客观发展规律的合理化建议和指导性意见，才能更好地指导基层开展思想政治工作。**其次要提升协调沟通能力。**良好的协调沟通能力往往可以令工作的开展事半功倍。一个合格的领导干部要重视个人修养，培养人格魅力，让干部感到可敬、可信、可亲、可靠，从而赢得组织的信任、同事的认可、干部的支持，为做好组织协调工作打下坚实的基础。**最后要提升执行能力。**执行能力是做好一切工作的重要保证，也是坚持求真务实的具体体现。党员干部应当始终坚持在狠抓工作落实中体现良好的素质能力和扎实的工作作风，要明晰职责，照章办事，真抓实管，不怕得罪人；做到工作不缺位、不错位、不越位。

②增强斗争本领。**只有勇于和善于进行自我革命**才能坚定斗争意志，增强斗争本领。习近平总书记在2019年秋季学期中央党校（国家行政学院）青年干部培训班开班式上强调“发扬斗争精神、增强斗争本领”，具有很强的现实性、针对性，既指导当前工作，又明确努力方向。斗争精神、斗争本领不是与生俱来的，不会随着党龄增加、职务升迁自然提高。领导干部要经受严格的思想淬炼、政治历练、实践锻炼，在复杂严峻的斗争中经风雨、见世面、壮筋骨，真正锻造成疾风劲草、烈火真金。

（3）要健全促进和保障领导干部担当作为的制度机制，把《关于进一步激励广大干部新时代新担当新作为的意见》落到实处，为新担当新作为的干部撑腰鼓劲、保驾护航。**一是坚持正向激励，二是完善考核评价体系，三是完善容错纠错机制。**按照“三个区分开来”的要求，坚持事业为上、实事求是、依法依纪、容纠并举等原则，宽容干部在改革创新中的失误错误，为敢抓敢管、敢作敢为、勇于改革的干部撑腰鼓劲，营造上级为下级担当、组织为干部担当、干部为事业担当的良好环境，切实保护干部新担当新作为的勇气、锐气和正气。

五、廉洁自律意识

要提高廉洁自律意识，在依法用权、正确用权、干净用权中保持廉洁，在守纪律、讲规矩、重名节中做到自律。

廉洁自律意识在全面从严治党的大环境中，值得领导干部格外重视，也是必考点。

重点关注：中央全面从严治党的要求和国家税务总局全面从严治党的规定，以及中央八项规定精神和党纪条规。

六、学习实践能力

党的十八大以来，习近平总书记特别重视领导干部的学习。

党的十九大报告提出的党员必须增强的“八个本领”中，第一位就是增强“学习本领”。

习近平总书记指出：“学习是文明传承之途、人生成长之梯、政党巩固之基、国家兴盛之要。”（摘自2009年11月12日习近平在中央党校2009年秋季学期第二批进修班暨专题研讨班开学典礼上的讲话。）

领导干部学习理论要有三种境界：首先，理论学习上，要有“望尽天涯路”那样志存高远的追求，耐得住“昨夜西风凋碧树”的清冷和“独上高楼”的寂寞，静下心来通读苦读；其次，理论学习上，要勤奋努力，刻苦钻研，舍得付出，百折不挠，下真功夫、苦功夫、细功夫，即使是“衣带渐宽”也“终不悔”，“人憔悴”也心甘情愿；最后，理论学习贵在独立思考，学用结合，学有所悟，用有所得，要在学习和实践中“众里寻他千百度”，最终“蓦然回首”，在“灯火阑珊处”领悟真谛。

在学习中深化认识，在实践中提升境界。

加强学习是解决“本领恐慌”的唯一途径。

七、心理调适能力

政府职能的转变、社会的变迁、工作方式的变化、生活方式的改变都给领导干部带来了不同的心理压力。

心理调适，就是要改变认知模式，增强人际关系的适应能力，正确理解压力，排除负面情绪，注重人格的修养，学会寻求帮助，减少对琐事的关注，培养与人为善的态度。

（1）学会自我否定，学会换位思考。

（2）善于转移，适当宣泄情绪。

（3）不要生活在过去。

（4）多读书，培养多种兴趣。

（5）培养幽默感，学会宽容。

（6）学会放下，做到拿得起、放得下。

小提示 XIAO TISHI

大纲中还提出“正确看待得失、从容对待进退”，大家一定要注意。

需要特别指出的是：在答题时，首先要正确判断此题考查的是哪种能力，其次依据这个能力背后的原理、原则、方法、制度、规定等来判断某个措施的有效性程度。

当然，有的题目往往是综合考查几种能力，因此，不能过于机械地判断。

第二节 团队管理能力

一、团队建设能力

考查要求将落实党建责任归入团队建设能力，将倾情带队、严管善待也归入团队建设能力，这是一个值得关注的考点。

（1）团队建设首先应该从班子做起，班子之间亲密团结，协作到位，管理者心里始终要装着员工，支持员工的工作，关心员工的生活，用管理者的行动和真情去感染身边的每位员工，平时多与员工沟通交流，给员工以示范性的引导，捕捉员工的闪光点，激发员工工作的积极性和创造性。更重要的是，管理者要沉下身去和员工融为一体，让员工参与管理，给员工创造一个展示自己的平台，形成一种团结协作的氛围，让员工感到家庭的温暖。在这个家庭里面分工不分家，有福同享，有苦同担，个人的事就是团队的事，团队的事就是大家的事。

（2）优秀的团队领导：要有一个大家信得过的团队领导。

尊重人，为优秀的人才创造一个和谐、富有激情的工作环境。

（3）共同的事业愿景：找到组织存在的价值和意义，实现事业的组织分工与责任。

（4）清晰的团队目标：目标是团队的前提，没有目标就称不上团队；也要关心团队成员个人的利益目标。

（5）互补的成员类型：互补型的成员，是团队的黏合剂，个性互补、能力互补。

（6）合理的激励考核：多奖励，少惩治。奖励激扬人性，惩治压抑个性。

（7）系统的学习提升。

培育团队文化、团队精神：大局意识、协作意识和服务意识的具体体现。

团队建设需做到“五个统一”：统一的目标、统一的思想、统一的规则、统一的行动、统一的声音，要注意团队管理的理论与方法。

对于团队建设能力，还值得关注以下几点：①团队成员的定位和职责要分清楚；②了解每个成员的性格、才能；③注意团队目标引导；④管理制度和流程清晰；⑤制定合适的绩效激励体系。

二、选人用人能力

重点关注：《党政领导干部选拔任用工作条例》。

习近平总书记在党的十八大之后不久，提出了“信念坚定、为民服务、勤政务实、敢于担当、清正廉洁”的20字好干部标准。

要特别重视政治标准，把政治标准放在第一位。

要提拔重用那些牢固树立“四个意识”和坚定“四个自信”，坚决维护党中央权威，全面贯彻执行党的理论和路线方针政策，忠诚干净、有担当的干部。

要将加强党的领导和充分发扬民主结合起来，发挥党组织在干部选拔任用工作中的领导和把关作用。

要保证党对干部人事工作的领导权和对重要干部的管理权。

要严把干部的政治关、品行关、作风关、廉洁关。

要从工作需要出发，以事择人，不能简单地把职位作为奖励干部的手段，要科学合理地使用干部，用当其时、用其所长。

优化领导班子知识结构和专业结构，增强领导班子整体功能。

注重选配复合型的领导人才，重视充实专业素养强的干部。

对干部的精准考察是做好干部工作的基础。

既要在“大事”上看德，又要在“小节”中察德。

要用发展的、联系的观点对干部的情况进行综合分析，把干部的一时表现与一贯表现联系起来。

培养选拔年轻干部，事关党的事业薪火相传，事关国家长治久安。

培养选拔年轻干部，政治关心是第一位的，坚定理想是最高要求。

要真诚关心人才、爱护人才、成就人才，让各类人才的创造活力竞相迸发，聪明才智充分涌流。

要从严管理干部：管理要全面，标准要严格，环节要衔接，措施要配套，责任要分明。

要坚决纠正“劣币驱逐良币”的逆淘汰现象，以用人环境的风清气正促进政治生态的山清水秀。

要着眼于党的事业发展需要选人用人，公道对待干部，公平评价干部，公正使用干部。

要敢于坚持原则，有那么一种只问是非、不计得失的气节，不为人情关系所缚，不为歪风邪气所扰，不为个人得失所困。

敢于为好干部说公道话，让好干部真正受尊重、受重用。

三、群众工作能力

提高群众工作能力，要坚持从群众中来、到群众中去，真正成为群众的贴心人。

要心中有群众，时刻把群众安危冷暖放在心上，认真落实党中央各项惠民政策，把小事当作大事来办，切实解决群众“急难愁盼”的问题。

要落实党中央关于逐步实现全体人民共同富裕的要求，带领群众艰苦奋斗、勤劳致富，在收入、就业、教育、社保、医保、医药卫生、住房等方面不断取得实实在在的成果。

要注意宣传群众、教育群众，用群众喜闻乐见、易于接受的方法开展工作，提高群众思想觉悟，让他们心热起来、行动起来。

要自觉运用法治思维和法治方式深化改革、推动发展、化解矛盾，维护社会公平正义。

尤其要注意的是群众工作方法，提高了解群众、沟通群众、动员群众的能力，确保把群众工作做实做好，做到群众心里去。沟通尤其重要。

1. 人际沟通的要点

（1）人际沟通能力包括理解别人的能力，提高别人理解自己的可能性。

· 自己是主动与别人沟通还是被动沟通？

· 在与别人沟通时，自己的注意力是否集中？

· 在表达自己的意图时，信息是否充分？

（2）在沟通时，保持高度的注意力，有助于了解对方的心理状态，并能够较好地根据反馈来调节自己的沟通过程；在表达自己的意图时，一定要注意使自己被人充分理解。

（3）重视身体语言：一是理解别人的身体语言，二是恰当使用自己的身体语言。

· 同样的身体语言在不同性格的人身上，意义可能不同。

· 同样的身体语言在不同情境中，意义可能不同。

· 要站在别人的角度来考虑。

·要培养自己的观察能力。

·不要简单地下结论。

2. 沟通能力

（1）沟通的含义。

沟通是指将某一信息传递给客体或对象，以期客体或对象做出相应反应的过程。

沟通是双方的行为，而且要有中介体。

沟通是一个过程。编码、译码和沟通渠道是沟通取得成效的关键环节，它始于主体发出信息，终于得到反应。

（2）沟通的表现形式。

沟通的表现形式包括：人际沟通、人机沟通、人和组织的沟通，还可分为语言沟通、非语言沟通。

（3）沟通的目的。

沟通的目的是信息分享，使组织的所有行为在既定目标上保持一致，主要通过语言和非语言渠道进行。

（4）沟通的作用。

沟通的作用包括：①使组织中的人认清形势；②使决策更加合理有效；③稳定员工的思想情绪，统一组织行动。

（5）沟通的分类。

沟通的分类包括：①正式沟通与非正式沟通；②上行沟通、下行沟通和平行沟通；③单向沟通和双向沟通；④口头沟通和书面沟通。其中，应特别注意正式沟通与非正式沟通。

正式沟通，指在组织系统内，依据明文规定的原则进行的信息沟通，具有严肃性和规范性。其优点是代表组织本身，有一定的权威性；缺点是信息层层传递，速度慢，具有刻板性。

非正式沟通，是正式途径以外的沟通，不代表组织或上级，是通过个人之间的接触进行的非正规性沟通，有较强的感情色彩。其优点是不受规定程序的限制，灵活方便；缺点是容易失真，造成流言蜚语传播。

什么情况下用正式沟通，什么情况下用非正式沟通，是领导能力的一种体现。

选择沟通方式要考虑的因素有：①沟通的性质；②沟通人员的特点；③人际关

系的协调程度；④沟通渠道的性质。

（6）沟通的原则。

沟通的原则包括：明确性原则、完整性原则。

有效沟通的要求：①信息表达清楚；②信息传递准确；③避免过早评价；④消除沟通对象的顾虑；⑤管理者积极进行沟通；⑥对信息沟通过程加以控制。

（7）常见沟通障碍。

常见沟通障碍包括：主观障碍、客观障碍、沟通方式障碍。

（8）危机沟通。

做好危机沟通，要善于利用媒体。

媒体不仅是交流、传播信息的工具，也是重要的沟通对象。领导者要懂得公众舆论的重要性，在危机中必须最大限度地通过媒体影响公众舆论，为组织服务。

3. 协调能力

（1）协调的含义。

协调是为了完成计划和实现目标，对各项工作及各位人员的活动进行调节，使之同步，互为依托。协调是对影响组织和谐的各种矛盾、冲突进行调整、控制，使组织保持一种平衡状态，以实现组织的预定目标。协调对象包括协调群体中的个人，协调组织中的群体，协调不同的组织。

（2）协调的原则。

协调的原则包括：全员参与原则、有效沟通原则、及时协调原则、连续原则，直接接触原则。

组织有70%的时间花在沟通与协调上。

四、有效授权能力

授权是领导者通过为下属提供更多的自主权，达到组织目标的过程。授权是领导者智慧和能力的扩展与延伸，必须遵循客观规律和原则，授权过程是科学化和艺术化的过程。

（一）授权的必要性

（1）授权是完成目标责任的基础。权力随着责任者，用权是尽责的需要，只有权责对应或权责统一，才能保证责任者有效地实现目标。

（2）授权是调动部属积极性的需要。授权的目的是激发人员的动机，将人们的行为引向目标。目标是激发这种动机的诱因，而权力是条件。

（3）授权是提高部属能力的途径。通过授权实现自我控制与自我管理，责任者必须有一定的自主权。在运用权限自主决定问题和控制中，将促使目标责任者对全盘工作进行总体规划，改变靠上级指令行事的局面，有利于能力发挥并不断提高。

（4）授权是增强应变能力的条件。现代管理环境情况多变，要求管理组织系统有很强的适应性和应变能力 。而实现这一点的重要条件就是各级管理者手中要有自主权。

（二）授权的方法

（1）掌握授权的权限和时间信号。

（2）选择适当的授权人选。

（3）采取相应的授权形式。

（4）谨防“反授权”。

（三）领导不愿意授权的原因

（1）缺乏信心：对下属的能力存疑，缺乏必要的指导。部分领导认为自己是单位里最厉害的，身边没有人才。

（2）害怕挑战：不愿意看到下属表现更好，担心他们取代自己，对自己造成威胁；不懂得下属能力强是好事。

（3）失去控制：害怕一旦授权，容易失去控制；害怕风险和责任。

（4）效率假象：认为自己完成会更快，不懂得指导下属掌握新技能，为自己空出更多时间。

因此，不愿意授权者，虽驾轻就熟于低层次工作，但不善于高层次管理。

（四）如何充分授权

充分授权就是要求授受双方就授权事项所需的各种条件全面约定，主要体现在以下几个方面：

（1）任务与成果明确。

授权事项，最重要的内容就是执行什么任务、希望实现的成果或想要达到的目标。绝大部分授权工作可以预定一个目标状态，也就是授权要达到的成果。

（2）权力划分与责任分担。

充分授权是让下属拥有支配授权工作的充分权力，这个权力不但能确保下属调动充分资源开展工作，也能保证下属有力量抗拒上级管理者不正当、不合理的干预行为。

下属只有获得充分的权力，才能获得最大范围的自由决策空间，展开创造性的思考和行动，使授权工作顺利进行。

管理者充分授权并不意味着彻底放弃了干预和控制的权力，否则就是弃权而不是授权。授权的并不是全部权力，必须保留对授权工作的监督、控制权力，必须能够以自己的权力约束下属的行为，纠正其过错，否则下属会在不受制约的环境中恣意妄为，导致事情恶化而不能实现授权意图。

（3）规定明确的期限。

没有期限，责任就无法确定和落实，授受双方的互相约束就会成为虚无。充分的授权，必须明确规定期限。

（4）授权做到程序化、标准化

要使被授权者获得真正意义上的权力与责任，最好的途径就是将授权中的各项工作程序化，各种评价和检查依据标准化。

（五）反授权

在实际工作中，经常会出现下级给上级布置工作任务，甚至不但为上级布置工作任务，还定期对上级进行追踪和检查，把实际工作程序颠倒过来的现象。这一现象，被称为“反授权”。

（1）反授权有下属的因素，如下属怀着很虔诚、尊敬的态度把原本自己的工作职责推给上级来做，并以吹捧之词获得领导的帮助，造成领导有忙不完的事情。这是很常见的“问题猴子反授权”，不是领导交给下属任务，而是下属给上级派发工作任务。

某些下属不求有功，但求无过，缺乏应有的自信心和必要的工作能力。

下属思想政治素质差，只求谋官，不想干事；只想讨好八方，不愿自冒风险；害怕承担风险，喜欢矛盾上交；认为搞不好责任也在上面，自己可以当“太平官”。

（2）反授权有领导者的因素，包括以下两点：

①思想认识上的偏差。领导者喜欢亲自动手，对下属不放心，或害怕大权旁落，

被架空了。而被领导者却不愿自冒风险，害怕承担责任，不求有功，但求无过。

②操作能力上的不足。领导者不善于授权，总是这样或那样地违背授权必须遵循的一些基本原则，使授权名存实亡。而被领导者缺乏应有的自信心和必要的工作能力。

反授权有以下几种常见情况：

·请示型反授权：下属在已授权的工作中，经常向领导请示汇报，求得领导指示。这在强势领导和新下属中比较普遍。

·问题型反授权：下属在已授权的工作中，经常向领导提出许多问题，请领导给予解决。这在强势下属中比较普遍。

·选择型反授权：下属在已授权的工作中，常常提出数个方案，请领导做出选择。这在聪明下属中比较普遍。

·事实型反授权：下属在已授权的工作中，想证明自己的才能，不愿请示汇报，导致工作中出现问题形成事实后不得不叫领导解决。

·逃避型反授权：下属在已授权的工作中，不愿干，不愿承担责任，采取请假、制造工作“撞车”等方法，把工作推给领导。

（六）授权与激励

授权离不开激励，但需要注意激励的方式。

（1）因人而异。

要想有效地激发一个人的工作热情与潜力，最好的方法就是提供他最迫切需要的东西或满足他最急切追求的目标，这是所有激励理论的共识。每个人的需要和追求不同，并且有明显的层次性差别。处在越低的需要层次上，对物质性的利益追求越多；越往高层次走，对抽象的人格性价值追求越多。

管理者在对员工实施激励之前，首先要对员工的生活状况及心理状态有一些基本了解。

·对于生活窘迫而追求不高的人，工资奖金或福利待遇的提升就可对其起到激励作用。

·对于生活并不窘迫，且怀有较高才能、胸有大志的人，他们在乎的并不是能挣多少钱，而是地位、声誉、独立、成就感及他人的尊重，这些就是激励他们的因素。

不要对所有人都采用同样的激励手段：对一些人起作用的激励，对另一些人而言，可能会觉得荒唐而可笑。

（2）提供支持。

最基本的激励就是让员工切实感受到管理者正在为他们的工作提供帮助，并且投入了相当程度的关注。当员工需要资金和资源时，慷慨相助，让员工感受到上级正在为他们搜集情报、信息，时刻准备为他们献计献策，会极大地触动员工的心理，使员工更加愿意为了完成授权的工作而努力，增加工作激情。虽然管理者的帮助不一定能对工作进展起到决定性作用，但是能对员工树立良好的工作心态起到至关重要的作用。

授权本身就是一种双向互动关系，管理者采取积极的姿态，能让受权者感受到自己工作的价值及受到的尊重，这就是激励的本质所在。

其他的手段还有：让下属了解工作的挑战性，让员工参与决策，及时表扬和肯定。

做下属权力的维护者：下属很难对抗其他人对所授权工作所需资源的要求，特别是比他所处层级高的人的要求，因为下属的权力是临时的、非正式的。当资源支配权受到干扰时，下属只能寄希望于请自己的上司庇护他们，以正式权力来维护他们的权力。这个时候，授权者要做下属权力的维护者。

实现真正的授权，要懂得信任、了解、支持、沟通、尊重、激励。

五、有效激励能力

激励就是组织及个人通过设计适当的奖酬形式和工作环境，以及一定的行为规范和惩罚性措施，借助信息沟通，激发、引导、保持和规范组织及个人的行为，以有效地实现组织及个人目标。

激励的作用：

（1）吸引人才。

（2）开发潜力。

（3）留住人才。

（4）营造良好的竞争环境。

正激励与负激励：

正激励，是指当一个人的行为符合组织的需要时，通过奖赏的方式鼓励这种行为，以达到持续和发扬这种行为的目的。所谓负激励，是指当一个人的行为不符合组织的需要时，通过制裁的方式抑制这种行为，以达到减少或消除这种行为的目的。

作为激励的两种不同类型，正激励与负激励的目的都是要对人的行为进行强化，不同之处在于二者的取向相反。正激励起正强化的作用，是对行为的肯定；负激励起负强化的作用，是对行为的否定。

有效激励能力包括三种理论：内容型激励理论、过程型激励理论、综合型激励理论。

有效激励能力包括领导者常用的激励法，分别是恐惧激励法、诱因激励法和人性激励法（见表3-1）。

表3-1 领导者常用的激励法

激励法	恐惧激励法	诱因激励法	人性激励法
1	惩戒	加薪	成就感
2	责骂，恐吓	奖金	被肯定
3	降级、降薪	红利	兴趣
4	革职	特别津贴	责任与权力
5	削权	奖励性福利	挑战性的环境
6	“冰冻”，不重用	分红入股	荣誉

1. 恐惧激励法

使用恐惧激励法时，要遵循五个原则。

（1）事先告知原则：事前清楚地公布并警告哪些行为是不被容许的，让下属知道违反者可能会受到什么样的惩罚。

（2）即时惩戒原则：一旦发现有违规违纪行为，就立即调查清楚，并很快做出裁决。

（3）公平公正原则：对于相同的违纪行为，避免有轻重宽严不一的惩罚。

（4）顾及颜面原则：惩戒应避免在大庭广众之下进行，要顾及下属的颜面。

（5）适可而止原则：点到为止，不要让受惩罚者长期处于恐惧不安的状态中。

2. 诱因激励法

要使金钱成为一种有效的激励手段，必须使薪金和奖金能够反映个人的工作业绩，否则就不会有很大的激励作用。对于需要扶养家庭的下属来说，金钱是非常重要的；对于已经功成名就的下属来说，金钱方面的需要就不是很迫切。

只有当预期得到的报酬远远高于目前个人收入时，金钱才能成为强有力的激励因素。

只有能够满足下属内心深处需求的激励，才是最有效的激励。

如果下属反复受表扬、得奖励，就会逐渐使表扬、奖励失去激励作用。

3. 人性激励法

人性激励法是人力资源开发的有效手段，是激发下属发挥潜能的基本措施，是点燃下属工作激情的星星之火。

追求成长、锻炼自己、获得认可、自我实现、乐在其中等内在报酬引发的内激励，会产生持久性的作用。

激励时机、激励频率、激励程度、激励方向等因素同样重要。

要做好员工激励，领导者要注意以下几个方面：

（1）个人是否努力以及努力的程度不仅取决于奖励的价值，还受到个人觉察出来的努力和受到奖励概率的影响。

（2）个人实际达到的绩效不仅取决于努力的程度，还受到个人能力大小以及对任务理解程度的影响。

（3）个人得到的报酬应当以实际达到的工作绩效为价值标准，尽量剔除主观评估因素。

（4）个人对于受到的奖励是否满意及满意的程度如何，取决于受激励者对所获报酬公平性的感觉。

（5）个人是否满意以及满意的程度将会反馈到其完成下一个任务的努力过程中。

第三节　任务管理能力

一、战略管理能力

战略管理是指对重大的、全局性的、基本的、未来的目标、方针、任务的谋划。

提高战略管理能力的方法如下：

（1）要用总揽全局的战略眼光，全面把握事物发展的大方向、总目标。立足全局，着眼未来，从宏观上考虑问题。

（2）规划长远目标与确定近期任务紧密结合。

（3）增强战略管理的预见性。判断战略管理能力的高低，即战略管理的有效性：一要看战略是否正确，正确的战略要做到组织资源和环境的良好匹配；二要看战略是否适合组织的管理过程，也就是和组织活动匹配与否。

有效的战略管理要目标明确、可执行性良好、组织人事落实、灵活性强（组织的目标随活动范围和组织计划形式改变）。

战略判断不能仅依靠领导者个人的直觉和经验；内部要对此达成共识，要有充分的沟通和交流，要对目标充分分解，既要有具体的行动计划，也要有配套的战略执行手段和保障措施。另外，对外部环境的判断要准确。

战略管理六大原则：

（1）适应环境原则：战略的制定一定要注重组织与其所处外部环境的互动性。

（2）全程管理原则：战略的制定、实施、控制与评价，忽视任何一个过程都不可能成功。

（3）整体最优原则：战略管理不强调组织某个局部或部门的重要性，而是强调各部门的活动形成合力。

（4）全员参与原则。

（5）反馈修正原则：在战略实施过程中，环境因素可能会发生变化，只有不断地跟踪反馈，才能保证战略的适应性。

（6）从外到内原则：卓越的战略制定是从外到内而不是从内到外。

战略管理失败的原因：

（1）缺乏长远发展规划，战略变化频繁。

（2）盲目追逐热点或战略目标不明。

（3）战略决策随意性较大，缺乏科学的决策机制。

（4）对组织和竞争环境的认识与分析盲目，缺乏量化的客观分析。

（5）战略计划流于书面报告，没有明确的、切实可行的战略目标。

（6）战略计划难以得到中高层的有力支持，也没有具体的行动计划。

二、科学决策能力

科学决策是指为了达到目标，从两个以上的可行性方案中选择一个合理方案的分析判断过程。科学决策的程序阶段包括：①发现问题，确定目标；②拟订方案，充分论证；③分析评估，方案择优；④慎重实施，反馈调节。

科学决策的过程分六步：①研究现状，判断改变的必要，决策从察觉问题开始，问题即矛盾；②明确组织决策目标，抓住问题，抓住根本，抓住核心，找到解决问题的方向；③拟订方案；④方案的比较与选优；⑤执行方案；⑥评估处理。

小材料 XIAO CAILIAO

决策要注意科学化、民主化和法治化。

决策科学化、民主化的机制建设如下：

(1) 进行调查研究，建立社情民意反映制度。从群众中来，到群众中去。

(2) 提高决策透明度，逐步公开重大决策过程。

(3) 建立健全决策的民主程序，保证决策层每个成员享有同等的发言权、决定权。

(4) 完善决策的议事规则和程序，防止决策的随意性。

(5) 建立多层次、多学科的智囊网络，充分发挥专家和研究咨询机构的作用。

从某种意义上说，一切领导活动都是围绕着领导决策展开的。无论是战略规划（本质上就是一项重大的领导决策），还是组织协调、组建机构层次和部门的纵横网络关系等，都离不开领导决策这个核心，都必须在领导决策的基础上进行。领导决策也是最基本的领导职能。

从心理学上讲，影响领导决策的有智力因素、情感因素、意志因素、个性因素等。

（一）程序化决策和非程序化决策

1. 程序化决策

程序化决策也称“规范性决策”，是指决策者在日常工作中经常需要解决的一般性或例行性的决策问题。这类问题以相同或基本相同的形式重复出现，其产生的背景、特点及内部与外部的有关因素已全部或基本上被决策者掌握，决策者仅仅依靠长期处理此类问题的经验，即可较好地完成此类决策。这类决策通常有章可循，有法可依，决策者依法照章办事即可。

常规性决策最关键的一步就是获取准确、及时、充分的信息。准确的信息是常规性决策的最基本条件。此外，还需要民主的决策气氛（直接影响决策的执行）、健全的组织机构（这是决策的组织基础）。

需注意：

（1）情况不明不决策。

（2）方案唯一不决策。

（3）缺乏论证不决策。

（4）情绪不稳不决策。

2. 非程序化决策

非程序化决策是指对那些不重复出现，不能以现成的程序来表达的问题做出决策。战略决策多属于非程序化决策。

非程序化决策是一次性的、非例行的新决策，其行为没有固定程序、模式和结构。非程序化决策处理的往往是偶发的、无先例的和后果未知的问题。如制定新的规则、实行新的政策、改革工作流程、建立新的机构、提拔新的干部等。

分析和识别具体的目标、全部的环境要素。

听取不同意见：决策的效果最终是由决策的质量和人们认同的程序这两个因素决定的，听取不同意见，让下级参与决策，除了有利于提高决策的质量外，还有利于提高下级对决策的认同程序，得到下级的支持。当然，听取下级意见并不是被下级的意见左右，对下级的意见要注意分析，领导者永远是决策的主人。

解放思想、实事求是，敢于打破僵化的陈规陋习，敢于向传统挑战，发挥创造性思维。

只做属于自己职责范围内的决策。

（二）个人决策和群体决策

1. 个人决策

个人决策是指决策机构的主要领导成员通过个人决定的方式，按照个人的判断力、知识、经验和意志所做出的决策。

个人决策的优点：

（1）对事物感知得更迅速、更有效，权力集中，决策速度、效率较高，行动迅速有力。

（2）职责明确，能有效地避免互相推诿、不负责任的现象。

（3）费时较少，降低了决策成本。

个人决策的缺点：

（1）决策者受到个人经验、知识和能力的限制。

（2）信息量不足，客观性和全面性不够，决策质量可能不高。

科学意义上的个人决策是领导者在集中多数人的正确意见，经过反复思考后做出的，它并不意味着不负责任的独断专行。

2. 群体决策

群体决策是指群体成员共同参与做出决定。

群体决策的优点：

（1）群体决策有利于集中不同领域专家的智慧，应付日益复杂的决策问题。

（2）群体决策能够利用更多的知识优势，借助更多的信息，形成更多的可行性方案。

（3）有利于提高决策时考虑问题的全面性，提高决策的科学性。

（4）群体决策提供了决策的可接受性，有助于决策的顺利实施。

（5）群体决策使人们勇于承担风险。

群体决策的缺点：

（1）群体决策的速度、效率可能低下。

（2）决策者存在从众压力。

（3）决策受到责任不清的影响。

（4）决策者更关心个人目标。

在实际过程中，采取哪种决策类型更好，取决于问题的类型、信息掌握的程度、决策成员的个人经验和技能及知识差别等因素。

（三）决策方法

1. 头脑风暴法

头脑风暴法的创始人是英国心理学家奥斯本。该决策方法的四项原则是：

（1）各自发表意见，对别人的建议不做评论。

（2）建议不必深思熟虑，越多越好。

（3）鼓励独立思考、奇思妙想。

（4）可以补充完善已有建议。

头脑风暴法的特点是：针对解决的问题，相关专家或人员聚在一起，在宽松的氛围中，敞开思路，畅所欲言，寻求多种决策思路。倡导创新思维，时间一般在1～2小时，参加者以5～6人为宜。

2. 德尔菲法

德尔菲法是兰德公司提出的，用于听取专家对某一问题的意见。运用德尔菲法的步骤是：根据问题的特点，选择和邀请做过相关研究或有相关经验的专家。将与问题有关的信息分别提供给专家，请他们各自独立发表意见，并写成书面材料。管理者收集并综合专家的意见后，将综合意见反馈给各位专家，请他们再次发表意见。如果各位专家意见分歧很大，就开会集中讨论，或者管理者分头与专家联络。如此反复多次，最后形成代表专家组意见的方案。

（1）组成专家小组，一般不超20人。

（2）向专家提出要预测的问题及要求，并附上所有背景材料，同时询问专家其他相关要求，由专家做书面答复。

（3）各专家根据自己收到的材料，提出预测意见。

（4）将第一次专家判断意见汇总，列图表对比，再分发给各专家，让专家比较自己同他人的不同意见，修改自己的意见和判断。

（5）将所有专家的修改意见收集起来汇总，再分发给各专家，以便第二次修改；如此反复，直到专家不再改变自己的意见为止。

（6）对专家意见进行综合处理的优点是取各家之长，避各家之短，科学性较强；缺点是比较复杂、花费时间较长。

德尔菲法的特点：

（1）匿名性。

（2）多轮反馈性。

（3）最终结论的统一性。

3. 决策树法

决策树法是风险决策的基本方法之一，风险决策是对未来即将出现的各种状况的概率进行判断。

决策树的组成：决策点、方案分支、自然状态点、概率分支、结果点（收益值、损失值）。

决策树法的步骤：

（1）根据决策问题绘制决策树。

（2）计算概率分支的概率值。

（3）计算各概率点的收益期望值，确定最优方案。

科学决策的方法还有很多，不管采用哪种方法，决策者在进行决策时都要注意两个不良倾向：一是鸦雀无声，二是异口同声。

三、抓落实能力

习近平总书记在2020年秋季学期中共中央党校（国家行政学院）中青年干部培训班开班式上发表重要讲话时强调，年轻干部要提高抓落实能力。干事业不能做样子，必须脚踏实地，抓工作落实要以上率下、真抓实干。特别是，主要领导干部既要带领大家一起定好盘子、厘清路子、开对方子，又要做到重要任务亲自部署、关键环节亲自把关、落实情况亲自督查，不能高高在上、凌空蹈虚，不能只挂帅不出征。干事业就要有钉钉子精神，抓铁有痕、踏石留印，稳扎稳打向前走，过了一山再登一峰，跨过一沟再越一壑，不断通过化解难题开创工作新局面。

抓落实能力具体体现在工作部署要有计划有组织，工作过程中要懂协调善把关，遇到问题要有很强的问题解决能力，落实过程中要有高效执行能力。

（一）计划组织协调能力

计划组织协调能力，是指为完成一定的工作任务而具有的预先系统安排工作的素质及过程中合理调配各种资源的素质。包含三个方面的内容：计划能力、组织能力、协调能力。

1. 计划能力

计划能力测试主要测试考生对实际工作任务提出实施目标，进行宏观计划并组织实施的能力，应把握以下环节：

（1）制订计划。

· 明确活动目的及相关内容要求，进行经费预算，写出计划，上报领导。

· 根据领导审批意见，调整计划内容。

（2）组织实施。

· 成立工作小组，明确分工。

·相关部门单位之间的协调关系。

·按照既定的方式完成活动，如调查问卷及座谈。

（3）总结汇报。

·根据一手资料形成报告，上报领导。

·便于今后熟练并更好地完成此类活动。

2. 组织能力

组织能力主要考查考生对工作任务进行结构分解，对资源进行合理配置，有效地组织、处理人际关系，控制群体活动过程的能力。一般选取工作过程中经常遇到的需要组织协调的事情，包括对上级、对同事、对下属、对本单位/外单位等各方面。组织能力需要把握以下原则：

（1）对上级要请示、汇报、尊重。

（2）对同事要学习、沟通、协调、理解。

（3）对下属要关心、热情、照顾。

（4）对本单位、外单位要内外有别。

3. 协调能力

协调能力，是指化解矛盾的能力，是聚分力为合力的能力，变消极因素为积极因素的能力，动员群众、组织群众、充分调动人的积极性的能力，包括人际关系协调能力和工作协调能力两个方面。

（二）问题解决能力

问题解决能力，是指人们运用观念、规则、一定的程序方法等对客观问题进行分析并提出解决方案的能力。

初级的能力表现在能够发现一般的显性问题，能够初步判断，可以简单处理。

能力较强者能较容易地在自己熟悉的领域或范围发现隐藏的问题，有一定的发现问题的技巧，具备一定的分析能力，能够根据现象探求解决问题的途径，并找到答案，较好地解决问题。

更高层次的问题解决能力，是指能更早地发现问题，准确预测事情发展过程中的各种问题，并将其消灭在萌芽状态，同时，能归纳总结问题发生的规律，可以指导和提高他人发现问题的能力。

问题解决能力的提升主要是突破局限性思维。局限性思维往往是从自身的角度进行考虑，从片面的角度进行考虑，容易受情绪影响，或者受对抗性思维影响，缺乏建设性、计划性和创造性。

小案例

XIAO ANLI

动物园的管理员发现袋鼠从笼子里跑了出来，于是召集大家开会讨论。大家一致认为笼子的高度过低，于是决定将笼子的高度加高20厘米。

第二天管理员发现袋鼠还是跑到外边了。于是，他又将笼子高度加高30厘米。

第三天，袋鼠还是跑到了外面。于是，管理员一不做，二不休，将笼子的高度加高了100厘米。

这一天，长颈鹿和袋鼠聊天："你们猜他还会不会加高笼子？""很难说，假如他继续忘记关门的话。"

这个故事告诉我们：解决问题要先分清主要矛盾和次要矛盾，认清本末、轻重、主次、缓急。

在解决问题时，首先要描述问题；其次要定义问题；再次要查找问题的起因；最后要提出解决问题的短期和长期措施，并且跟踪监测。

（三）高效执行能力

高效执行就是有目标、有计划，运用科学的方法、手段、策略，让任务高质量、高效率地得到落实，达成最终目标。

高效执行能力包括执行力度、执行速度、执行方向和执行方法四要素。

1. 影响执行力的原因

（1）方案出台时不够严谨，没有充分论证，可行性分析不够，或过于烦琐。

（2）缺乏持续的跟进，常常虎头蛇尾，有布置没检查，或检查时前紧后松。

（3）流程过于复杂，形式化的东西多，存在官僚化作风。

（4）执行中缺乏良好的沟通。

（5）缺乏科学的考核监督机制。

（6）缺乏执行文化。

2. 解决执行力问题的关键

（1）只寻找自己的原因。

（2）不求完美，边做边完善。

（3）行动胜于一切：讨论永远没有结果，改善永远没有错。

（4）注重培训。

（5）简化制度、净化流程，建立具有激励性的制度体系。

（6）注重态度。

3. 高效执行的特点

自动自发，注重细节，敢于负责，讲究诚信，善于分析判断，乐于学习，专心投入，有韧性和团队精神，有积极向上的心态。

四、改革攻坚能力

提高改革攻坚能力，首先要面向未来，我们要全面推进党和国家各项工作，尤其是贯彻新发展理念、推动高质量发展、构建新发展格局，继续走在时代前列，仍然要以全面深化改革添动力、求突破。

改革必须有勇气和决心，保持越是艰险越向前的刚健勇毅。要把干事热情和科学精神结合起来，使出台的各项改革举措符合客观规律、符合工作需要、符合群众利益。

改革攻坚要有正确方法，坚持创新思维，跟着问题走、奔着问题去，准确识变、科学应变、主动求变，在把握规律的基础上实现变革创新。

要尊重群众首创精神，把加强顶层设计和坚持问计于民统一起来，从生动鲜活的基层实践中汲取智慧。

要注重增强系统性、整体性、协同性，使各项改革举措相互配合、相互促进、相得益彰。

“苟利于民，不必法古；苟周于事，不必循俗。”

大家要理解改革创新能力的考查要求和考查目的：基于内、外部环境的变换，理解税务系统的未来战略，解放思想、与时俱进，找准突破口，在税收现代化工作中开创新局面，谋求新发展。

五、应急处突能力

重点关注：《中华人民共和国突发事件应对法》，了解突发事件应对的相关规定。

（1）突发事件发生后，发生地县级人民政府应当立即采取措施**控制事态发展**，组织开展应急救援和处置工作，并立即向上一级人民政府报告，必要时可以越级上报。

（2）公民、法人和其他组织**有义务参与**突发事件应对工作。

（3）有关人民政府及其部门为应对突发事件，可以**征用单位和个人的财产**。被征用的财产在使用完毕或者突发事件应急处置工作结束后，应当及时返还。财产被征用或者征用后毁损、灭失的，应当给予补偿。

（4）因采取突发事件应对措施，诉讼、行政复议、仲裁活动不能正常进行的，适用有关**时效中止和程序中止**的规定，但法律另有规定的除外。

（5）所有单位应当**建立健全安全管理制度**，定期检查本单位各项安全防范措施的落实情况，及时消除事故隐患；掌握并及时处理本单位存在的可能引发社会安全事件的问题，防止矛盾激化和事态扩大；对本单位可能发生的突发事件和采取安全防范措施的情况，应当按照规定及时向所在地人民政府或者人民政府有关部门报告。

（6）要有**突发事件处置预案**。

（7）有关单位**应当定期检测、维护其报警装置和应急救援设备、设施**，使其处于良好状态，确保能够正常使用。

（8）有关单位和人员报送、报告突发事件信息，应当做到**及时、客观、真实**，不得迟报、谎报、瞒报、漏报。

（9）**发布三级、四级警报**，宣布进入预警期后，县级以上地方各级人民政府应当根据即将发生的突发事件的特点和可能造成的危害，采取下列措施：

·启动应急预案。

·责令有关部门、专业机构、监测网点和负有特定职责的人员及时收集、报告有关信息，向社会公布反映突发事件信息的渠道，加强对突发事件发生、发展情况的监测、预报和预警工作。

·组织有关部门和机构、专业技术人员、有关专家学者，随时对突发事件信息进行分析评估，预测发生突发事件可能性的大小、影响范围和强度及可能发生的突发事件的级别。

·定时向社会发布与公众有关的突发事件预测信息和分析评估结果，并对相关信息的报道工作进行管理。

·及时按照有关规定向社会发布可能受到突发事件危害的警告，宣传避免、减轻危害的常识，公布咨询电话。

（10）**发布一级、二级警报**，宣布进入预警期后，县级以上地方各级人民政府除采取《中华人民共和国突发事件应对法》第四十四条规定的措施外，还应当针对即将发生的突发事件的特点和可能造成的危害，采取下列一项或者多项措施：

·责令应急救援队伍、负有特定职责的人员进入待命状态，并动员后备人员做好参加应急救援和处置工作的准备。

·调集应急救援所需物资、设备、工具，准备应急设施和避难场所，并确保其处于良好状态，随时可以投入正常使用。

·加强对重点单位、重要部位和重要基础设施的安全保卫，维护社会治安秩序。

·采取必要措施，确保交通、通信、供水、排水、供电、供气、供热等公共设施的安全和正常运行。

·及时向社会发布有关采取特定措施避免或者减轻危害的建议、劝告。

·转移、疏散或者撤离易受突发事件危害的人员并予以妥善安置，转移重要财产。

·关闭或者限制使用易受突发事件危害的场所，控制或者限制容易导致危害扩大的公共场所的活动。

·法律、法规规定的其他必要的防范性、保护性措施。

（11）任何单位和个人**不得编造、传播**有关突发事件事态发展或者应急处置工作的**虚假信息**。

（12）**突发事件处理的原则**包括：以人为本、减少危害、属地为主、分级负责、依法规范、统一指挥、注重预防、科学处置。

（13）突发事件发生后，按规定**及时、准确、客观报告突发事件信息**，明确信息报告责任主体和内容，实行向上级税务机关和地方政府双线同报。

（14）领导干部要第一时间赶到现场，严防次生、衍生事故发生。

六、调查研究能力

2012年12月4日，中共中央政治局会议审议通过《十八届中央政治局关于改进工作作风、密切联系群众的八项规定》（中央八项规定），把“改进调查研究”摆在第一位。习近平总书记提出：“调查研究是谋事之基、成事之道。”在中央党校

（国家行政学院）中青年干部培训班上，将调查研究能力放在青年干部要提升的七大能力中的第二位，仅次于政治能力。

2023 年 3 月 19 日，中共中央办公厅印发了《关于在全党大兴调查研究的工作方案》。要点如下：

（1）调查研究是我们党的传家宝。党的十八大以来，以习近平同志为核心的党中央高度重视调查研究工作，习近平总书记强调指出，调查研究是谋事之基、成事之道，没有调查就没有发言权，没有调查就没有决策权；正确的决策离不开调查研究，正确的贯彻落实同样也离不开调查研究；调查研究是获得真知灼见的源头活水，是做好工作的基本功；要在全党大兴调查研究之风。习近平总书记这些重要指示，深刻阐明了调查研究的极端重要性，为全党大兴调查研究、做好各项工作提供了根本遵循。

（2）突出两个导向：问题导向和目标导向。

（3）在全党大兴调查研究，必须坚持党的群众路线。

（4）以解决问题为根本目的。

（5）六类调研：事关全局的战略性调研、破解复杂难题的对策性调研、新时代新情况的前瞻性调研、重大工作项目的跟踪性调研、典型案例的解剖式调研、推动落实的督察式调研。

（6）“四不两直”方式：不发通知、不打招呼、不听汇报、不用陪同接待，直奔基层、直插现场。

1. 调查研究的“五个过程”

（1）调查研究是一个了解情况的过程。

（2）调查研究是一个联系群众、为民办事的过程。

（3）调查研究是一个推动工作的过程。

（4）调查研究是一个自我学习提高的过程。

（5）调查研究的过程就是科学决策的过程。

2. 调查研究“六个必”

（1）推进党的建设必调研。

（2）做出重大决策必调研。

（3）实施重大战略必调研。

(4) 推进重大工作必调研。

(5) 破解重大现实问题必调研。

(6) 关心百姓生计必调研。

3. 调查研究的要求

习近平总书记对调研提出了五个要求：深、实、细、准、效。

4. 调查研究的“四个紧扣”

(1) 紧扣人民群众生产生活。

(2) 紧扣经济社会发展实际。

(3) 紧扣全面从严治党面临的现实问题。

(4) 紧扣贯彻落实党的十九大精神需要解决的问题。

5. 调查研究要做到“三深入”

(1) 深入实际。

(2) 深入群众。

(3) 深入基层。

6. 调查研究要注重“三多”

(1) 多层次。

(2) 多方位。

(3) 多渠道。

小总结 XIAO ZONGJIE

如何做好调查研究？若设题方式为简答题，则可以这样思考：

(1) 从社会现实出发，保证政策制定的科学性。

(2) 以唯物史观为指导，坚定不移地走群众路线。

(3) 践行马克思主义实践观，切实增强实干意识。

切记：在回答涉及调查研究能力的题目时，如果没有调研报告，那么不算完成任务，而是形式主义。

第四章 情境判断题答题技巧

情境判断题是领导胜任力测试的一种重要题型，重点考查大纲规定的 20 种领导能力。一般，情境判断题的规范出题法是：

请针对测试题中提出的问题，对每个措施或办法的有效性程度逐一做出评价，选择自己认为适当的等级数字，在相应的数字上打“√”。在作答时，对每个措施或办法的有效性程度单独做出评价，无须排序。若认为有些措施或办法的有效性程度相同，也可以选择相同的等级数字，时间为 60 分钟，每题设计答题时间为 3 分钟，请合理分配时间。

本题型的每道试题都描述了一个领导的工作情境，提出了 5 个相关问题，并列出了解决该问题的若干措施或办法。同时，在每个措施或办法下面列出了①～⑦的等级数字。这 7 个等级数字表示该措施或办法的有效性程度，数字越大，表示有效性程度越高。也就是说，①表示有效性程度极低，⑦表示有效性程度极高。

【例 4－1】 在省税务局组织的副处级领导干部选拔中，某处处长王某手下的两名正科级干部在民主推荐环节脱颖而出，进入考察环节。两名同志都比较优秀，最终一名同志被提拔为本处副处长；未获提拔的另一名同志蔡某，业务精通，入选国家税务总局专业人才库，独立承担若干项主要工作。近日，蔡某向王某提出，因在本处工作时间超过八年，要求轮岗去其他处室。面对这种情况，王某考虑了以下几项解决措施，请对各项措施的有效性程度逐项做出评价。

1. 由任职时间长的分管副处长和蔡某沟通谈心，了解其真实想法。

① ② ③ ④ ⑤ ⑥ ⑦

有效性程度

低——————————————————高

2. 尊重蔡某本人意愿，并主动和人事处沟通，推介蔡某的个人专长，推荐合适的处室和岗位。

① ② ③ ④ ⑤ ⑥ ⑦

有效性程度

低——————————————————高

3. 找蔡某沟通谈话，希望其正确对待竞争上岗，经得起组织考验，以大局为重，挽留他继续留在本处工作。

① ② ③ ④ ⑤ ⑥ ⑦

有效性程度

低——————————————————高

4. 认真听取蔡某的想法，和他一起分析个人优势、不足以及今后发展的空间、此时轮岗的利弊，提出中肯建议。

① ② ③ ④ ⑤ ⑥ ⑦

有效性程度

低——————————————————高

5. 请分管局领导和蔡某谈话，要求蔡某留任一段时间，待物色好替代人员后，由局领导出面协调蔡某轮岗到合适的处室。

① ② ③ ④ ⑤ ⑥ ⑦

有效性程度

低——————————————————高

请将答案写在下面的表格里：

1	2	3	4	5

答题时，务必抓住关键词“有效性程度”。既然是“有效性程度”，自然就有高低之分。

对于本题型，阅卷人评分时不分对错，而是根据命题时提供的参考答案给出相应的分数。例如，假设某个措施或办法的参考答案是“⑦”，而分值为1分，若考生在数字“⑦”上打“√”，就可以得1分；若考生在数字“⑥”上打“√”，就可以得0.8分；若考生在数字“⑤”上打“√”，就得0.6分。以此类推。

注意：这类题型没有绝对的正确答案。有人说，在这种类型的考试中，不少试题并无标准答案，其实这种观点是错误的。他们或许认为，假如没有命题者提供的参考答案，那么不同的阅卷人得出的结论（有效性程度等级）可能完全不同。但是，不能据此就认为这样的测试毫无意义，命题人会根据相关原理给出相应的标准答案。评卷时，不以评卷人的意志为转移，而是以标准答案为依据。这个标准答案是命题人反复斟酌之后得出的，每个措施的背后都有一个原理、理论、原则或政策规定做支撑。因此，只要仔细分析，还是可以得出一个相对准确的答案的。

因此，考生在答题时不要纠结，要关注的是这个措施的有效性程度是否与基本原则相吻合。由于有时间规定，要注意答题速度。

【参考答案】②③⑤⑥③

【考点分析】本题考查的是领导干部的问题解决能力。考试等级：正处级。

答题时，应围绕着与领导干部的问题解决能力相关的原理、原则和方法、政策规定来作答。所谓措施或办法的“有效性程度”，就是这个措施能不能解决问题，能在多大程度上解决问题。例如，本题中蔡某提出要调岗，题中所给出的措施能不能解决这一问题呢？

【答案解析】

1. 选②，有效性程度低。该措施的有效性程度为什么那么低？因为作为处长，自己回避矛盾，派一个副处长去沟通，明显缺乏解决问题的诚意。在这个问题上，副处长有多大的权力，能不能取得蔡某的信任，是解决问题的关键。

2. 选③，有效性程度较低。蔡某是个人才，调岗之后，对本处的工作是个损失，因而该措施的有效性程度不高。即便留住蔡某，也只是解决了调岗问题，实际上还是没有解决本处室的团队问题。

3. 选⑤，有效性程度较高。毕竟，打感情牌这种措施是正确的，但这套说辞过于冠冕堂皇，未必能真正挽回蔡某的心。

4. 选⑥，有效性程度高。因为处长出马，并能站在蔡某的角度设身处地替他找原因、出主意，能赢得蔡某的信任。但这不是最完美的措施，不能从根本上解决问题，有效性不是最佳。

5. 选③，有效性程度较低。虽然请来分管局领导做工作算是高度重视，但这毕竟只是权宜之计。即使蔡某能暂时留下来，也不能打消蔡某调岗的想法。

小总结 XIAO ZONGJIE

那么，什么样的措施是最好的呢？站在双方的角度看，能消除蔡某因为未能晋升而调岗的念头，使其重新振作起来，安心留在本处工作，才能让双方都满意，才是最好的办法。

【例 4－2】 某省税务局新上任的“一把手”否定了上一任局长提出的本局核心价值理念的提法，要求重新进行概括提炼。作为省局分管税务文化建设工作的副局长，王某觉得过去长期做的“理念融入”工作被否定，很委屈。面对这种情况，王某考虑了以下几种解决措施，请对各种解决措施的有效性程度逐项做出评价。

1. 完全按新领导的意图办，重开锣鼓重唱戏，抛弃过去的做法。

① ② ③ ④ ⑤ ⑥ ⑦

有效性程度

低 —— 高

2. 在提法上按新领导的要求办，在实际做法上按以前的经验办，估计新领导也不会太在意。

① ② ③ ④ ⑤ ⑥ ⑦

有效性程度

低 —— 高

3. 觉得税务文化建设本来就是虚的，把新提法提炼出来交差，对于落实就不像以前那样认真了，免得再来新的领导后再一次“一票否定”。

① ② ③ ④ ⑤ ⑥ ⑦

有效性程度

低 —— 高

4. 实事求是地向新领导汇报上一任领导在这方面取得的成绩，同时接受新领导的理念，按照新领导的要求在继承的基础上创新。

①　②　③　④　⑤　⑥　⑦

有效性程度

低 —————————————————→ 高

5. 对新领导的做法表示不同意见，认为这样做不合乎税务文化建设的科学规律，找机会向新领导建议暂缓。

①　②　③　④　⑤　⑥　⑦

有效性程度

低 —————————————————→ 高

请将答案写在下面的表格里：

1	2	3	4	5

【参考答案】④②①⑦③

【答案解析】本题考查的是领导干部的执行能力。考试等级：厅局级。

1. 选④，有效性程度中等。按照新领导的意图办，态度是好的，符合原则，但缺乏主动精神。在将领导的想法变成行动时，既要有目标，也要考虑结果。王某在执行这一工作时，既没有与领导沟通，也没有考虑预期目标、结果，其有效性可想而知。

2. 选②，有效性程度低。因为提法上按新领导要求办，但实际做法照旧，这是典型的阳奉阴违，耍小聪明。

3. 选①，有效性程度极低。首先，王某认为税务文化建设是虚的，这是一个错误的观念；其次，王某没有将新领导交办的工作当回事，敷衍了事，不仅表明其执行力差，而且是错误的行为。

4. 选⑦，有效性程度极高。实事求是地向新领导汇报过去的做法和成绩，这是副职领导正确的选择，有助于新领导了解过去好的做法和经验；接受新领导的理念，态度上可取；最关键的是在执行时能够继承创新，没有否定过去好的传统，又能有所创新，这是执行力高的表现。因此，这一措施是完美的。

5. 选③，有效性程度较低。副职领导有建议权、批评权，对新领导的做法有不同意见是正常的。但是，如果不赞成新领导的做法，就应该提出更好的解决办法或方案，而不是“暂缓”，这样解决不了问题。

小总结 XIAO ZONGJIE

那么，遇到情境判断题，到底应怎么答题？有没有规律或者技巧？

通过对上述两个示范题的解析不难发现，情境判断题的解题思路是有规律或技巧可循的。

（1）认真审题（用1分钟审题干）。行政领导力测试的答题时间总共是60分钟，有20道题，那么一般情况下每3分钟应答完一道题。由于每道题下有5个措施，这就要求思路要敏捷，时间要紧凑。

审题时，要思考这道题考的是哪一种能力（考什么），这叫作**抓住考点**；然后要马上想到平时学习和掌握的相关理论知识点。

（2）再审选项。一道题中的5个措施都有不同的出发点，**要准确判断其背后的**原理/原则、立场/动机、态度，快速比较一下5个措施之间的区别，有助于对本题的全面掌握。但是，比较5个措施之间的区别，并不是比较其有效性程度的高低。

（3）审慎判断。判断可分为以下两步。

一分为二。**以④为中心，它属于中性区间**，表明有效性程度中等，向左、向右分别为两个区间，左边①、②、③为有效性程度低的区间，右边⑤、⑥、⑦为有效性程度高的区间。**先据此大致判断该措施的有效性程度是高还是低**，而不要从①到⑦依次去判断。

具体判断。确定每个措施的有效性程度高或低之后，在左区间或右区间三个数字中选一个，这能降低选择的难度。如果认为有效性程度高，就从右边区域⑤、⑥、⑦三个数字中判断选择你认为最合适的一个；如果认为有效性程度低，就从左边①、②、③三个数字中判断选择你认为最合适的一个。当然，如果认为应该选④，也是可以的。

阅卷人的评分规则是：以正确答案为中心，左右相距一致，得分也一致。什么意思呢？例如，假设某个措施的正确答案是④，答对则给1分；如果答③或⑤，得分是一样的；答②或⑥，得分也是一样的。并不是如果没选④就完全不给分。

（4）把握分寸，准确选择。对于情境判断题，最难的是如何区分7个数字之间的差别，把握好相邻分值之间的分寸和度。在实际考试中，没有过多的时间给考生思考，因此，做题的关键在于准确理解表示有效性程度的7个数字。对这7个代表有效性程度的数字的解读如下：

有效性程度①：表示该措施错误，违背原理、原则，或违反常识，不合情理，或违反法纪、规定。这个措施的有效性程度极低，是不该采取的措施。

有效性程度②：表示该措施虽不违法，但不解决问题，停留在表面的思想认识或片面的政策法律依据等层面的措施上，效率低下，浪费资源，意义不大，有效性程度低。

有效性程度③：表示该措施解决了问题的细枝末节，但忽略了更大的问题或目标，有效性程度较低。

有效性程度④：表示该措施能解决一般性的单个问题，但又不全面，实施效果不疼不痒，是大多数人能想到的，有效性程度中等。

有效性程度⑤：表示该措施的有效性程度较高，考虑问题比较全面，理论上成立，但细究起来仍有瑕疵：或耗时太多，或操作困难，可行性、时效性不够。

有效性程度⑥：表示该措施的有效性程度高，考虑问题比较全面，对解决问题的根本性、全局性有推动作用，具有很强的可操作性。但是，可能有更好、更完美的措施存在。

有效性程度⑦：表示该措施的有效性程度极高，能解决根本性、全局性的问题，且合法合规，合乎决策程序的科学化、民主化、法治化要求和公共价值，表现出较强的领导能力，近乎完美，支持率高。

（5）注意事项。解答情境判断题时，重点注意以下几个要点：

· **必须独立判断。注意**：一道题的5个措施之间没有严格的关联性；5个措施中可能有几个相同的有效性程序；不要在5个措施中排序。有的数字可能“榜上无名”（在5个措施中都非正确答案），有的数字可能多次成为正确答案。每个措施都是独立出现的，因而要独立判断其有效性程度，不要比较5个措施的有效性程度孰高孰低。

· **要果断谨慎**。在7个数字中有两个极端：①和⑦，如何选？

要知道，在考点分布中，这两个选项都可能是正确答案，只要符合题意，即可果断选择。

但也要谨慎：①、⑦分别表示有效性程度很低和很高，考试中的措施往往只用一句话表示，不会表述得那么完美。遇到选①、⑦的情况，需要再次确认才好。

· **千万别钻牛角尖**。考生切勿将自己个性化的工作情境代入题目中。很多考生在答题时，如果在题目中碰到熟悉的工作情境，就会马上下意识地想到自己过去的工作经验或者遇到过的人和事，用现成的经验来对比题目中的措施。例如，“过去我们就是这样做的”，“我的领导就是这样做的，而且效果很好”，甚至有的考生还说“我们单位就是这么规定的”，等等。

要明白，命题者只针对问题做一般性、普遍性的判断，不可能考虑到某个具体或者个性化的情境。每个省（自治区、直辖市）都有自己特殊的情况，或者某些单位有自己特殊的规定（“土政策”），但这并不代表全部。在当地确实有效、管用的做法，未必适用于全国；某个单位的“土政策”也可能是不妥的，甚至是错误的。

情境判断题测试的是领导干部对所学理论的掌握程度和运用能力，不是考过去的经验或做法。这是极其重要的一点。例如，你现在的职务是正处级，你报考的是厅局级考试。在正处级领导岗位上，你或许经验丰富；而在厅局级领导岗位上，你还是个新人，完全没有经验。不能将适合正处级领导岗位的经验用来回答厅局级领导岗位遇到的问题。一句话，经验是经验，理论是理论，二者虽然相通，但个性化的经验不一定合乎理论。

总之，在答题时，考生一定要根据在学习时获得的相关理论的原理、原则、政策、规定等进行判断，而不能凭自己的感觉进行判断，否则就会陷入经验的误区。再次强调：绝对不能以考生个人的主观想法来答题。

【例 4 -3】 李甲是某省税务局纳税服务处处长。他根据国家税务总局实施减税降费新政的要求，针对“最多跑一次”提出了一个颇有创意的工作方案，但在报给分管副局长审批时，被压住了。同时，李甲就该方案与其他有关部门协调时，这些部门也表示不满意。面对这种情况，李甲考虑了以下几种解决措施，请你对各种解决措施的有效性程度逐项做出评价。

1. 自己召开处务会，要求处里的同志想办法。

①　②　③　④　⑤　⑥　⑦

有效性程度

低 ——————————————————→ 高

2. 向主管局长解释自己的方案，并请示领导的意见。

①　②　③　④　⑤　⑥　⑦

有效性程度

低 ——————————————————→ 高

3. 向相关部门解释该方案，并征求相关部门的意见。

①　②　③　④　⑤　⑥　⑦

有效性程度

低 —— 高

4. 选取几个企业去走访，听取他们对方案的意见。

①　②　③　④　⑤　⑥　⑦

有效性程度

低 —— 高

5. 接受副处长的意见：既然阻力这么大，领导也不支持，不如放弃。

①　②　③　④　⑤　⑥　⑦

有效性程度

低 —— 高

请将答案写在下面的表格里：

1	2	3	4	5

【参考答案】④⑥⑤⑤①

【答案解析】本题考查的是领导干部解决问题的能力。考试等级：正处级。

1. 选④，有效性程度中等。自己的问题自己解决，思路不错。但在没有摸清上级和其他处室不满意原因的前提下，关起门来开会，效果不佳，无的放矢。

2. 选⑥，有效性程度高。双向沟通，既可以让领导进一步了解自己的方案，又可以了解领导的真实意图，主动作为，有利于问题的解决。

3. 选⑤，有效性程度较高。横向沟通，了解协作部门的意见，有利于改进方案，但重要性和紧急性不如措施2。

4. 选⑤，有效性程度较高。了解服务对象的需求本应是提出方案之前就要做的，此时亡羊补牢，也来得及。

5. 选①，有效性程度极低。工作中遇到挫折就放弃无益于问题的解决，也背离了领导者担当作为的宗旨。

就上述单个措施而言，没有特别完美、全面的措施，故不选⑦。

小总结 XIAO ZONGJIE

注意：有些措施，在某些地区或某些单位确实有效，但不具有普遍性，所以不能按这种特定情况来做判断，一定要按原理、原则、是否合法等来判断。

【例4-4】你是某市税务局一位正转副的局领导。一个周末，局机关到市郊开展团队活动。结束时临近14：00，天气很热，很多干部骑着共享单车回城。在路边的一处阴凉地方，大家将单车很随意地放在地上，脱了税务制服上装，横七竖八地靠在长凳上休息，有的甚至打起了赤膊。休息了一会，大家分头回家。傍晚，你想起跟一位省电视台的同学好久没联系了，于是给他打了个电话。当时，同学正在编发新闻，顺便提到某些税务干部太不注意形象了，在公开场合简直像一群残兵败将。你敏锐地追问了一下，原来中午那个情况恰好被路过的省电视台记者拍了下来。你想了一会，做出了决断。请对下述措施的有效性程度逐项做出评价。

1. 想到自己正转副的委屈，当作不知道，正好可以借机看一看“一把手”的笑话。

① ② ③ ④ ⑤ ⑥ ⑦

有效性程度

低 → 高

2. 马上将当时的真实情况告诉同学，希望他看在多年交情上不要编发这则新闻。

① ② ③ ④ ⑤ ⑥ ⑦

有效性程度

低 → 高

3. 打电话告诉“一把手”，由他来处理。

① ② ③ ④ ⑤ ⑥ ⑦

有效性程度

低 → 高

4. 要求同学暂缓发稿，并代表市局严正申明，要求记者先调查清楚才能发稿。

① ② ③ ④ ⑤ ⑥ ⑦

有效性程度

低 → 高

5. 想想自己并不分管这一块，打电话告诉分管局长，由他来处理。

① ② ③ ④ ⑤ ⑥ ⑦

有效性程度

低——————————————————高

请将答案写在下面的表格里。

1	2	3	4	5

【参考答案】①⑥③⑥④

【答案解析】本题考查的是领导干部的担当意识。考试等级：正处级。

1. 选①，有效性程度极低。这种做法不仅有违领导干部的责任担当，还显示出其胸怀、素质有问题，是错误的做法。

2. 选⑥，有效性程度高。基于同学感情请其不要发稿，打感情牌是有效的，而且符合管理学上的非正式沟通原则，但不完美，因为同学未必能决定取消发稿。

3. 选③，有效性程度较低。向“一把手”报告是对的，但不是最紧急的。将此事交由“一把手”来处理，还有可能错过时机。另外，什么事都交由“一把手”处理，也是缺乏担当的表现。

4. 选⑥，有效性程度高。要求记者先调查清楚才能发稿，这符合舆情处理原则，毕竟记者有错在先：未调查当地单位或知情人是不能随意发布新闻的，否则就违背了新闻职业原则。这个措施可表明你熟悉媒体生态，媒体素养高。有人质疑副局长是否可以代表市局，其实没有必要：公职人员行使职权时理应代表本单位，更何况，在这种特殊情况下，任何局领导班子成员都可以当机立断，代表市局进行表态。

5. 选④，有效性程度中等。出于分工的考虑，将事情告诉分管局长，由他来处理，通常情况下是对的。但就本案来说，这样做也有可能错过舆情处置的最好时机，毕竟分管局长需要时间找人来处理。

【例4-5】你是某市税务局党委书记、局长。主题教育期间，按照中央要求，你要讲党课。备课结束后，你想起国税、地税合并后，部分青年党员干部出现了一些思想上的困惑，干事创业活力不如以前，有必要借讲党课之机做一做他们的思想工作。那么，如何更接地气地讲到干部心里呢？你想起了前不久有位老师在一次培训班上讲到的荷花定律、蘑菇定律、二八定律、木桶效应、蝴蝶效应等知识，决定运用这些原理来疏通党员干部的思想，激发活力。请对下述措施的有效性程度逐项做出评价。

1. 通过荷花定律，告诉青年党员干部，不要急功近利，只要每天坚持一点，朝着正确目标持续努力，一定会有机会。拼事业拼到最后，靠的是毅力，而不是运气。

① ② ③ ④ ⑤ ⑥ ⑦

有效性程度

低——高

2. 通过蘑菇定律，告诉青年党员干部，即使处于阴暗的角落，不受重视，甚至像培育中的蘑菇一样还要被浇上粪肥，接受各种无端的批评、指责、代人受过，也要坚持努力。

① ② ③ ④ ⑤ ⑥ ⑦

有效性程度

低——高

3. 通过二八定律，告诉青年党员干部，成功者毕竟是少数，要学会平淡、甘于平凡。

① ② ③ ④ ⑤ ⑥ ⑦

有效性程度

低——高

4. 通过木桶效应，告诉青年党员干部，要补齐短板。

① ② ③ ④ ⑤ ⑥ ⑦

有效性程度

低——高

5. 通过蝴蝶效应，告诉青年党员干部，要注意偶然因素，偶然中有必然，成功是偶然的，但付出努力是必然的。

① ② ③ ④ ⑤ ⑥ ⑦

有效性程度

低——高

请将答案写在下面的表格里：

1	2	3	4	5

【参考答案】⑦⑦⑤⑤①

【答案解析】本题考查的是领导干部的学习实践能力。考试等级：正处级。

1. 选⑦，有效性程度极高。对荷花定律的解读正确，也切中了青年党员干部希望在事业上有所作为的心理，具有较强的说服力。

2. 选⑦，有效性程度极高。对蘑菇定律的解读正确，同样切中了青年党员干部的现状和心理，具有较强的说服力。

3. 选⑤，有效性程度较高。虽对二八定律的解读正确，但这样的说理似乎与青年党员干部在心理上存在隔膜，说服力不强。

4. 选⑤，有效性程度较高。虽对木桶效应的解读正确，但这样的说理并不能切中青年党员干部的心理，因为这些道理他们都懂。

5. 选①，有效性程度极低。对蝴蝶效应的解读错误，运用到这里也不贴切，不具有说服力。

第二编

知识谱系与学习要点

第五章 政治知识谱系

领导胜任力测试考核的基本理论涉及面十分广泛，内容丰富、庞杂，令人毫无头绪。但是，在全面从严治党的现阶段，政治是考查的重点，领导干部要讲政治、明规矩，这些内容是必考点，分值大、题量多，要引起高度关注。

从大纲规定的内容来看，举凡政治、经济、法律、管理、税收、综合知识都在必考之列。要想获取高分，一方面固然靠平时的读书学习和经验积累，另一方面必须抓住重点，纲举目张。

第一节　马克思主义哲学

马克思主义哲学主要包括唯物论、认识论和唯物史观（唯物辩证法），其知识框架分别如图 5 -1 至图 5 -3 所示。

一、辩证唯物论

1. 自然界的物质性原理

自然界具有物质性，要求我们尊重自然、顺应自然、保护自然，与自然和谐相处（只用于处理人与自然关系之时，如生态文明、美丽中国、环境污染、环境保护等）。

2. 物质决定意识原理

物质决定意识，要求我们一切从实际出发，实事求是。

- 世界的物质性及其发展规律
  - 物质世界和实践
    - 物质世界的客观存在
      - 世界观与哲学基本问题
      - 物质的客观实在性
      - 世界的物质统一性
    - 社会生活本质上是实践的
      - 实践是能动地改造世界的物质活动
      - 以实践理解人类社会的本质
  - 普遍联系与发展
    - 联系和发展的普遍性
      - 事物的普遍联系
      - 事物的永恒发展
    - 对立统一规律是事物发展的根本规律
      - 矛盾的同一性、斗争性及在事物发展中的作用
      - 矛盾的普遍性、特殊性及相互关系
      - 发展过程中的量变、质变及相互转化
      - 发展过程中的肯定、否定及相互转化
    - 唯物辩证是认识世界和改造世界的根本方法
      - 主观辩证法与客观辩证法的统一
      - 辩证法是科学的认识方法
      - 辩证的思维方法与现代科学思维方法
  - 客观规律性与主观能动性
    - 自然规律和社会规律
      - 规律及其客观性
      - 自然规律和社会规律的联系与区别
    - 意识的能动作用
      - 意识的作用
      - 主观能动性与客观规律性的统一

图5-1　唯物论知识框架

- 认识世界和改造世界
  - 认识的本质和规律
    - 实践是认识的基础
      - 实践是认识的主体和客体
      - 实践在认识中的决定作用
    - 认识是主体对客体的能动反映
      - 唯物主义反映论和唯心主义先验论的区别
      - 能动反映论和机械反映论的区别
    - 认识运动的基本规律
      - 从实践到认识
      - 从认识到实践
      - 认识运动的多次反复和无限发展
  - 真理与价值
    - 真理的客观性、绝对性和相对性
      - 真理的客观性
      - 真理的绝对性和相对性
      - 真理和谬误
    - 真理的检验标准
      - 实践是检验真理的唯一标准
      - 实践标准的确定性和不确定性
    - 真理与价值的辩证统一
      - 价值及其特征
      - 价值评价及其特点
      - 价值评价的功能
      - 价值和真理在实践中的辩证统一
      - 与树立正确价值观的意义
  - 认识与实践的统一
    - 一切从实践出发，从中国国情出发
    - 在实践中坚持和发展真理
    - 认识世界和改造世界，从“必然”走向“自由”

图5-2　认识论知识框架

- 人类社会及其发展规律
  - 社会基本矛盾及其运动规律
    - 社会存在与社会意识
    - 生产力与生产关系矛盾的运动规律
      - 生产力与生产关系
      - 生产力与生产关系矛盾运动的规律
    - 经济基础与上层建筑的矛盾与运动规律
      - 经济基础与上层建筑
      - 经济基础与上层建筑的矛盾运动
    - 社会形态更替的一般规律及特殊形式
      - 社会形态的内涵
      - 社会形态更替的统一性和多样性
      - 社会形态更替的必然性与人们的历史选择性
  - 社会历史发展的动力
    - 社会基本矛盾是社会发展的根本动力
      - 社会基本矛盾
      - 社会发展的根本动力
    - 阶级斗争在阶级社会发展中的作用
      - 阶级和阶级斗争
      - 阶级斗争是阶级社会发展的直接动力
    - 革命在社会发展中的作用
      - 生产力与生产关系
      - 革命对社会发展的巨大作用
    - 改革在社会发展中的作用
      - 改革及其社会作用
      - 社会主义改革
    - 科学技术在社会发展中的作用
      - 科技革命是推动社会发展的强大杠杆
      - 科技的社会作用具有两重性
  - 人民群众在历史发展中的作用
    - 人民群众是历史的创造者
      - 两种历史观在历史创造者问题上的对立
      - 用马克思主义人性理论认识人的历史创造活动
      - 用联系和发展观点认识人的历史创造活动
      - 人民群众在创造历史过程中的决定作用
      - 党的群众观点和群众路线
    - 个人在社会历史中的作用
      - 社会历史发展是无数个人合力作用的结果
      - 历史人物的作用及评价历史人物的原则

图5－3　唯物辩证法知识框架

3. 意识对物质具有能动作用原理

（1）人能够能动地认识世界。

意识是对物质的能动的反映。

意识活动具有目的性、自觉选择性和主动创造性。

意识不仅能反映事物的外部现象，还能把握事物的本质和规律，推知过去，预测未来。

（2）人能够能动地改造世界。

意识对物质具有反作用。

· 意识对改造客观世界具有指导作用，正确的意识对事物的发展起促进作用，错误的意识会阻碍事物的发展。要求树立正确的意识，克服错误的意识。

· 意识对人体生理活动具有调节和控制作用。要求重视精神的力量。

总之，意识具有能动性，它是对物质的能动的反映，又对物质具有能动的反作用。

4. 规律的客观性原理

（1）规律是普遍的、客观的，要求我们尊重规律，按规律办事。

（2）在客观规律面前，人并不是无能为力的。人可以在认识和把握规律的基础上，根据规律发生作用的条件和形式利用规律，改造客观世界，造福人类。

（3）把尊重客观规律与发挥主观能动性相结合。

5. 一切从实际出发，实事求是

（1）要尊重客观规律，按规律办事。

（2）尊重客观实际，从客观存在的事物出发，调查研究，找出事物本身固有的而不是臆造的规律，以此作为行动的依据。

（3）充分发挥主观能动性；不断解放思想，与时俱进；以求真务实的精神探求事物的本质和规律，用科学的理论武装头脑、指导实践。

（4）把发挥主观能动性和尊重客观规律结合起来，把高度的革命热情同严谨踏实的科学态度结合起来。

（5）既要反对夸大意识能动作用的唯意志主义，又要反对片面强调客观条件、安于现状、因循守旧、无所作为的思想。

二、认识论

1. 实践的特征

实践具有客观物质性、能动性和社会历史性。

2. 实践是认识的基础

（1）实践是认识的来源。

（2）实践是认识发展的动力。

（3）实践是认识、检验真理的唯一标准。

（4）实践是认识的目的和归宿。

（5）要求在实践中认识和发现真理，在实践中检验和发展真理。坚持实践第一的观点，坚持理论联系实际。

3. 真理的属性

真理具有客观性，都是有条件的、具体的。

4. 认识的反复性、无限性、上升性原理

追求真理是一个永无止境的过程，要求我们坚持与时俱进、开拓创新，在实践中认识和发现真理，检验和发展真理。

三、唯物辩证法

1. 唯物辩证法的联系观

（1）联系的普遍性原理及其方法论。

联系是普遍的、客观的。要求我们用联系的观点看问题。

（2）联系的客观性。

联系是客观的、有条件的。要求我们根据事物固有的联系，改变事物的状态，调整原有的联系，建立新的联系，切忌主观随意。

（3）联系的多样性。

要注意分析与把握事物存在和发展的各种条件，一切以时间、地点、条件为转移。

·既要注重客观条件，又要恰当运用主观条件。

·既要把握事物的内部条件，又要关注事物的外部条件。

·既要认识事物的有利条件，又要重视事物的不利条件，趋利避害。

关键考点：当前利益、长远利益、生态文明。

（4）整体与部分的辩证关系原理。

整体和部分相互联系，密不可分。

整体居于主导地位，统率着部分；要求树立全局观念，立足整体，使整体功能大于部分功能之和。

整体是由部分构成的，部分的功能及其变化影响整体的功能，关键部分的功能及其变化甚至对整体的功能起决定作用；搞好局部，用局部的发展推动整体的发展；强调关键部分。

整体和部分的辩证关系原理，要求用联系的观点看问题，首先树立全局观念，立足整体；其次搞好局部，用局部的发展推动整体的发展。

系统优化的方法：整体和部分的辩证关系，要求掌握系统优化的方法，用综合的思维方法来认识事物，着眼于事物的整体性，注意遵循系统内部结构的有序性，注意系统内部结构的优化趋向。

关键考点：经济结构调整、产业结构、所有制结构、城乡结构。

2. 唯物辩证法的发展观

（1）发展的普遍性原理。

发展具有普遍性，要求用发展的观点看问题。事物是运动、变化、发展的，强调事物是运动的。

关键考点：可持续发展。

（2）发展的实质原理。

发展的实质是事物的前进和上升，是新事物的产生和旧事物的灭亡。

（3）事物发展的途径。

事物的发展是前进性和曲折性的统一。

事物发展的前途是光明的，对未来要充满信心，支持和保护新事物。

事物发展的道路是曲折的，要做好充分的思想准备，不断克服前进道路上的困难。

（4）事物发展的状态。

事物的发展是量变和质变的统一。

事物的发展总是从量变开始的，量变是质变的必要准备，质变是量变的必然结果。要重视量的积累。

事物的发展总是从量变开始的，在量变达到一定程度，只有改变事物原有的性质才能向前发展时，要果断抓住时机，促成质变，实现事物的飞跃和发展。

质量互变原理：事物的发展就是由量变到质变，又在新的质变的基础上开始新的量变，如此循环往复，不断前进。

关键考点：发展的阶段性、周期性。

（5）事物发展是有规律的。

（6）矛盾是事物发展的源泉和动力。

事物之间的相互联系、相互作用构成了事物的变化和发展。

关键考点：矛盾、联系和发展的关系。

（7）内外因辩证关系原理。

内外因辩证关系要求在分析事物发展的原因时，既要抓住事物发展的内部矛盾（内因），又不忽视外部矛盾（外因）。

3. 唯物辩证法的矛盾观

（1）对立统一的原理。

矛盾就是对立统一，要求用对立统一的观点看问题。矛盾双方既对立又统一，推动事物运动、变化和发展。

关键考点：开发与保护、生态与经济、继承与发展、物质和精神、德治与法治。

（2）矛盾双方相互转化原理。

任何事物都存在对立、统一两个方面，矛盾双方在一定条件下相互转化。

关键考点：垃圾变资源，变废为宝。

（3）矛盾的同一性和斗争性辩证关系原理。

矛盾即对立统一，矛盾的对立属性就是斗争性，矛盾的统一属性就是同一性，它们是矛盾固有的、相反相成的两种基本属性。

矛盾的同一性，是指矛盾双方相互吸引、相互联结的属性和趋势。矛盾双方相互依赖，一方的存在以另一方的存在为前提，双方处于一个统一体中；矛盾双方相互贯通，即相互渗透、相互包含，在一定条件下可以相互转化。

矛盾的斗争性，是指矛盾双方相互排斥、相互对立的属性。

同一性以差别和对立为前提，没有斗争性，事物就不能存在和发展。

斗争性寓于同一性之中，并为同一性所制约，没有同一性，就没有矛盾统一体的存在，事物同样不能存在和发展。

（4）矛盾的普遍性原理及方法论。

矛盾具有普遍性，任何事物都包含着既对立又统一的两个方面。要用一分为二、全面的观点看问题。

矛盾具有普遍性，事事有矛盾，时时有矛盾。要承认矛盾、分析矛盾、揭露矛盾，积极寻找正确的方法解决矛盾。

（5）矛盾特殊性原理及方法论。

矛盾具有特殊性。

不同事物有不同的矛盾。

同一事物在发展的不同过程和阶段有不同的矛盾。

同一事物中的不同矛盾、同一矛盾的两个不同方面各有其特殊性。

坚持具体问题具体分析。

（6）矛盾普遍性和特殊性关系原理及方法论。

矛盾普遍性与特殊性是辩证统一的。

普遍性寓于特殊性之中，并通过特殊性表现出来。

特殊性离不开普遍性。

坚持矛盾普遍性与特殊性的、共性与个性的、具体的、历史的统一。

关键考点：从群众中来，到群众中去；试点推广、试验示范，借鉴经验，抓典型榜样；中国特色社会主义；矛盾普遍性和特殊性关系原理，是马克思主义普遍原理和中国具体实际相结合的哲学基础，是发展中国特色社会主义的理论依据。

（7）主次矛盾关系原理及方法论。

主要矛盾在事物发展过程中处于支配地位，对事物的发展起决定作用。

要抓重点，集中主要力量解决主要矛盾。

同义词：“中心”“关键”“重点”“要害”“突破口”“主题”“轻重缓急”“首位”“第一要务”等。

主要矛盾和次要矛盾相互依赖、相互影响，并在一定条件下相互转化。

不能忽视次要矛盾，要做到统筹兼顾。

主次矛盾关系原理，要求既抓主要矛盾，又统筹兼顾，恰当处理次要矛盾，坚持两点论和重点论的统一。

（8）矛盾的主次方面关系原理及方法论。

矛盾的主要方面处于支配地位，事物的性质是由主要矛盾的主要方面决定的，要分清主流和支流。

同义词：“总体”“绝大多数”“形势”“主体”“主流”“性质”“大势”等。

矛盾的主要方面和次要方面相互依赖，并在一定条件下相互转化。不能忽视矛盾的次要方面。

要求看问题既要全面，又要分清主流和支流，抓住主流，坚持两点论和重点论的统一。

4. 唯物辩证法的要求：树立创新意识

（1）辩证否定观及方法论。

辩证的否定是事物自身的否定，是发展的环节，是联系的环节，实质是“扬弃”。

辩证否定观和辩证法的革命批判精神，要求树立创新意识。

（2）辩证法的本质原理。

辩证法的本质是革命的、批判的和创新的。

关键考点：密切关注变化发展着的实际，敢于突破与实际不相符的成规陈说，破除落后的思想观念。

注重研究新情况，善于提出新问题，敢于寻找新思路，确立新观念，开拓新境界。

（3）创新的意义。

创新推动社会生产力的发展，推动生产关系和社会制度的变革，推动人类思维和文化的发展。

创新是一个民族进步的灵魂，是一个国家兴旺发达的不竭动力，是一个政党永葆生机的源泉。

5. 历史唯物主义（唯物史观）

（1）社会存在和社会意识的关系原理。

社会存在决定社会意识，社会意识是社会存在的反映。社会存在的变化发展决定着社会意识的变化发展。

社会意识具有相对独立性，社会意识对社会存在有能动的反作用。

落后的社会意识对社会发展起阻碍作用，先进的社会意识可以正确预见社会发展的方向和趋势，对社会发展起积极的推动作用。

要求树立正确的社会意识。

（2）生产力和生产关系的关系原理。

生产力决定生产关系，生产关系对生产力具有反作用。

要遵循生产关系一定要适合生产力状况的规律。

（3）经济基础和上层建筑的关系原理。

经济基础决定上层建筑，上层建筑对经济基础具有反作用。

要遵循上层建筑一定要适合经济基础状况的规律。

（4）改革是社会主义制度的自我完善和发展。改革的根本目的，就是使生产关系适应生产力的发展，使上层建筑适应经济基础的发展。

关键考点：改革是发展中国特色社会主义的强大动力。

（5）群众史观。

人民群众是社会历史的主体，是历史的创造者，是社会物质财富的创造者，是社会精神财富的创造者，是社会变革的决定力量。

关键考点：坚持群众观点和群众路线。

（6）价值观的导向作用原理及其方法论。

价值观对人们认识世界和改造世界的活动具有重要的导向作用。

树立正确的价值观，做出正确的价值判断和价值选择。

价值观是人生的重要向导。坚持以人为本。

坚持正确的价值判断和价值选择，必须坚持真理，遵循社会发展的客观规律，自觉站在最广大人民的立场上，把维护人民的利益作为最高的价值标准。

价值判断和价值选择的基本特征如下：

· 社会历史性特征：价值判断和价值选择会因时间、地点、条件的变化而不同。

· 主体差异性特征：人们的社会地位不同、需求不同、认识事物的角度不同、立场不同，价值判断和价值选择就不同。

（7）人生价值。

人既是价值的创造者，又是价值的享受者。

人生价值是社会价值和自我价值的统一。

人的价值就在于创造价值，在于对社会的责任和贡献。

对人生价值的评价，主要看他的贡献，最根本的是对社会发展和人类进步事业的贡献。

积极投身于为人民服务的实践，在劳动和奉献中创造价值，这是实现人生价值的根本途径。

在个人和社会的统一中实现价值。充分利用社会提供的客观条件，正确处理个人与社会、个人与集体的关系。

· 在砥砺自我中走向成功。

· 充分发挥主观能动性，顽强拼搏、自强不息。

· 努力发展自己的才能，全面提高个人素质。

· 坚定的理想信念、正确的价值观指引。

第二节　毛泽东思想

毛泽东思想是马克思列宁主义的基本理论与中国革命具体实践相结合的产物，是马克思主义中国化的第一个重大理论成果。

毛泽东思想丰富和发展了马克思列宁主义的六个方面，也是毛泽东思想的科学体系。

（1）关于新民主主义革命。

（2）关于社会主义革命和建设。

（3）关于革命军队的建设和军事战略。

（4）关于政策和策略。

（5）关于思想政治工作和文化工作。

（6）关于党的建设。

毛泽东思想的活的灵魂，是贯穿上述各个理论的立场、观点和方法，有三个基本方面，即实事求是、群众路线、独立自主。

读者在学习过程中，注意联系百年党史，包括党史上的重大时间节点、重大历史事件、重要理论经验、重要经典文献和重大成就。

延伸阅读：1991 年由人民出版社出版的《毛泽东选集》。

第三节　邓小平理论

邓小平理论属于中国特色社会主义理论体系的开创阶段，其主要贡献和价值如下：

（1）重新确立思想路线：思想路线问题是个政治问题，是个关系到党和国家前途命运的问题。

（2）总结了历史经验：确立毛泽东同志的历史地位，坚持和发展毛泽东思想。

（3）指明了什么是社会主义。

（4）提出了新命题：中国特色社会主义。

（5）确立了建设中国特色社会主义理论的基本轮廓。

（6）提出了解放思想、实事求是，实践是检验真理的唯一标准。

（7）提出了建设社会主义必须根据本国国情，走自己的路。

（8）提出了在经济文化落后的条件下建设社会主义必须有一个很长的初级阶段。

（9）提出了社会主义的根本任务是发展生产力，集中力量实现现代化。

（10）提出了社会主义经济是有计划的商品经济。

（11）提出了改革是社会主义社会发展的重要动力。

（12）提出了社会主义民主政治和社会主义精神文明是社会主义的重要特征。

（13）提出了坚持四项基本原则和坚持改革开放的总方针这两个基本点相互结合，缺一不可。

（14）提出了用“一国两制”来实现国家统一。

（15）提出了执政党的党风建设关系到党的生死存亡。

（16）提出了以独立自主、完全平等、互相尊重、互不干涉内部事务的原则发展同外国共产党和其他政党的关系。

（17）提出了和平和发展是当代世界的主流。

延伸阅读：1995 年由人民出版社出版的《邓小平文选》。

第四节 “三个代表”重要思想

“三个代表”重要思想属于中国特色社会主义理论体系的捍卫和发展阶段，其主要贡献和价值如下：

（1）捍卫：进一步回答了“什么是社会主义，怎样建设社会主义”。

（2）发展：创造性地回答了“建设什么样的党，怎样建设党”。

（3）“三个代表”的完整表述：中国共产党要始终代表中国先进社会生产力的发展要求，代表中国先进文化的前进方向，代表中国最广大人民的根本利益。

（4）党的十五大报告的主要内容：

·确立邓小平理论为党的指导思想，写入党章（马克思主义与中国实际相结合的第二次历史性飞跃）；

·确定了党在社会主义初级阶段的基本纲领；

·确立了初级阶段的基本经济制度（以公有制为主体、多种所有制成分共同发展）；

·确定了“依法治国”的基本方略；

·提出了“新三步走”战略目标。

延伸阅读：2006 年由人民出版社出版的《江泽民文选》。

第五节　科学发展观

科学发展观属于中国特色社会主义理论体系的拓展阶段，其主要贡献和价值如下：

1. 传统发展观的局限

（1）重视物质发展，忽视人自身的全面发展。

（2）重视经济发展，忽视社会全面进步。

（3）重视国内生产总值的增长，忽视人文、资源、环境指标。

“发展绝不只是指经济增长，而是要坚持以经济建设为中心，在经济发展的基础上实现社会全面发展。”（资料来源：中共中央文献研究室《十六大以来重要文献选编（上）》，第 396 页）

经济快速增长不等于发展。

2. 一个中心、两个基本点（发展就是硬道理）

（1）发展是执政兴国第一要务。

（2）以人为本、全面协调可持续。

（3）转变发展观念。

（4）提出构建社会主义和谐社会（2004 年党的十六届四中全会）。

3. 从“四位一体”到“五位一体”总体布局

（1）1978 年，一个中心：经济。

（2）党的十二大，“两位一体”：物质、精神。

（3）党的十六大，“三位一体”：经济、政治、文化。

（4）党的十七大，“四位一体”：经济、政治、文化、社会。

（5）党的十八大，“五位一体”：经济、政治、文化、社会、生态。

延伸阅读：2016 年由人民出版社出版的中共中央文献编辑委员会编辑《胡锦涛文选》（共三卷）。

第六节　习近平新时代中国特色社会主义思想

一、习近平新时代中国特色社会主义思想学习要点

1. 习近平新时代中国特色社会主义思想的核心内容：十个明确

2021 年 11 月 11 日，党的十九届六中全会审议通过了《中共中央关于党的百年奋斗重大成就和历史经验的决议》（以下简称《决议》）。其中，《决议》在党的十九大报告“八个明确”的基础上，用“十个明确”对习近平新时代中国特色社会主义思想的核心内容做了进一步概括。

（1）明确中国特色社会主义最本质的特征是中国共产党领导，中国特色社会主义制度的最大优势是中国共产党领导，中国共产党是最高政治领导力量，全党必须增强“四个意识”、坚定“四个自信”、做到“两个维护”。

（2）明确坚持和发展中国特色社会主义，总任务是实现社会主义现代化和中华民族伟大复兴，在全面建成小康社会的基础上，分两步走，在本世纪中叶建成富强民主文明和谐美丽的社会主义现代化强国，以中国式现代化全面推进中华民族伟大复兴。

（3）明确新时代我国社会主要矛盾是人民日益增长的美好生活需要和不平衡不充分的发展之间的矛盾，必须坚持以人民为中心的发展思想，发展全过程人民民主，推动人的全面发展、全体人民共同富裕取得更为明显的实质性进展。

（4）明确中国特色社会主义事业总体布局是经济建设、政治建设、文化建设、社会建设、生态文明建设“五位一体”，战略布局是全面建设社会主义现代化国家、全面深化改革、全面依法治国、全面从严治党四个全面。

（5）明确全面深化改革总目标是完善和发展中国特色社会主义制度、推进国家治理体系和治理能力现代化。

（6）明确全面推进依法治国总目标是建设中国特色社会主义法治体系、建设社会主义法治国家。

（7）明确必须坚持和完善社会主义基本经济制度，使市场在资源配置中起决定性作用，更好发挥政府作用，把握新发展阶段，贯彻创新、协调、绿色、开放、共享的新发展理念，加快构建以国内大循环为主体、国内国际双循环相互促进的新发展格局，推动高质量发展，统筹发展和安全。

（8）明确党在新时代的强军目标是建设一支听党指挥、能打胜仗、作风优良的人民军队，把人民军队建设成为世界一流军队。

（9）明确中国特色大国外交要服务民族复兴、促进人类进步，推动建设新型国际关系，推动构建人类命运共同体。

（10）明确全面从严治党的战略方针，提出新时代党的建设总要求，全面推进党的政治建设、思想建设、组织建设、作风建设、纪律建设，把制度建设贯穿其中，深入推进反腐败斗争，落实管党治党政治责任，以伟大自我革命引领伟大社会革命。

与“八个明确”相比，“十个明确”中新增的是第7个明确和第10个明确。

党的二十大报告明确指出，“十个明确”“十四个坚持”“十三个方面成就”概括了这一思想的主要内容。

2. 习近平新时代中国特色社会主义思想的重大意义

（1）彰显坚定理想信念。理想信念是中国共产党人的鲜明政治品格，党的独特政治优势。

（2）展现真挚人民情怀。人民立场是党的根本政治立场，是区别于其他政党的显著标志。

（3）贯穿高度自觉自信。高度自觉自信是党的内在禀赋和精神特色。

（4）体现鲜明问题导向。问题导向是党的创新理论的动力源。

3. 习近平新时代中国特色社会主义思想是党的十九大最重大的理论创新、最重要的政治成果、最深远的历史贡献

十三届全国人大一次会议宪法修正案将习近平新时代中国特色社会主义思想写入宪法，标志着：

（1）实现了从党的指导思想向国家指导思想的转化；

（2）马克思主义中国化的最新成果；

（3）党和人民实践经验和集体智慧的结晶；

（4）中国精神的时代精华；

（5）国家政治生活和社会生活的根本指针。

4. 社会矛盾学说

习近平新时代中国特色社会主义思想，明确新时代我国社会主要矛盾是人民日益增长的美好生活需要和不平衡不充分的发展之间的矛盾。

对社会主要矛盾的准确分析和把握，为正确认识党和国家事业所处的历史方位和发展阶段提供了重要依据。

近代以后，中国社会矛盾错综复杂，有帝国主义和中华民族的矛盾、封建主义和人民大众的矛盾，有资产阶级和无产阶级的矛盾、反动统治阶级内部的矛盾，而帝国主义和中华民族的矛盾是各种矛盾中最主要的矛盾。

大革命时期，党明确提出我国社会主要矛盾是帝国主义和中华民族的矛盾。

土地革命战争时期，党认识到我国社会主要矛盾转化为国民党新军阀同人民大众的矛盾。

抗日战争爆发后，党提出日本帝国主义同中华民族的矛盾上升为主要矛盾。

解放战争时期，党认识到中国人民同美帝国主义支持的国民党反动派的矛盾成为主要矛盾。

5. 习近平新时代中国特色社会主义思想提出的总依据和历史方位：中国特色社会主义进入了新时代

（1）领导力量和根本立场。

坚持中国共产党的领导（全面从严治党），以人民为中心发展。

（2）发展动力和保障。

全面深化改革、全面依法治国。

（3）布局结构。

“五位一体”总体布局、总体国家安全观、强军思想、“一国两制”和祖国统一、构建人类命运共同体等。

经济建设、政治建设、文化建设、社会建设、生态文明建设“五位一体”总体布局。

首次提出是在党的十八大报告。

“四个全面”战略布局：

2012 年 11 月，党的十八大提出全面建成小康社会；

2013 年 11 月，党的十八届三中全会提出全面深化改革；

2014 年 10 月，党的十八届四中全会提出全面推进依法治国；

2014 年 10 月 8 日，党的群众路线教育实践活动总结大会上提出全面推进从严治党；

2020 年 10 月，党的十九届五中全会上提出全面建成小康社会后转变为全面建设社会主义现代化国家。

（4）重要论断。

· 中国共产党领导是中国特色社会主义最本质的特征。

· 以人民为中心，是新时代坚持和发展中国特色社会主义的根本立场。

· 人民当家作主是党矢志不渝的奋斗目标，也是社会主义民主政治的本质和核心。

· 全面依法治国是中国特色社会主义的本质要求和重要保障。

（5）坚持和完善中国特色社会主义制度，推进国家治理体系和治理能力现代化。

2019 年 10 月 31 日，党的十九届四中全会通过的《中共中央关于坚持和完善中国特色社会主义制度 推进国家治理体系和治理能力现代化若干重大问题的决定》，着重研究了坚持和完善中国特色社会主义制度、推进国家治理体系和治理能力现代化的若干重大问题。

6. 习近平新时代中国特色社会主义思想的鲜明品格、科学体系和核心要义

（1）鲜明品格：①具有深厚的历史哲学底蕴；②具有强大的守正创新性；③具有强烈的风险忧患意识；④具有能动的自我革命性。

（2）科学体系：以党的十九大、十九届六中全会概括的“十个明确”“十四个坚持”“十三个方面”的重要论述等为主要内容，涵盖了新时代坚持和发展中国特色社会主义的总目标、总任务、总体布局、战略布局和发展方向、发展方式、发展动力、战略步骤、外部条件、政治保证等基本问题，统摄了经济、政治、法治、科技、文化、教育、民生、民族、宗教、社会、生态文明、国家安全、国防和军队、

“一国两制”和祖国统一、统一战线、外交、党的建设等各个方面，是系统全面、逻辑严密、内涵丰富、内在统一、不断发展的科学理论体系。

（3）核心要义：坚持和发展中国特色社会主义。

7. 习近平经济思想

习近平经济思想坚持理论与实践相结合、认识论和方法论相统一，系统回答了新时代我国经济发展的根本保证、根本立场、历史方位、指导原则、主题主线、根本动力、战略举措、工作方法等基本问题，形成一套科学完整、逻辑严密的理论体系。2017 年 12 月召开的中央经济工作会议，首次总结并阐述了习近平新时代中国特色社会主义经济思想。

党的十九届六中全会《决议》在党的十九大报告基础上，用“十个明确”对习近平新时代中国特色社会主义思想的核心内容作了新的概括，新增第 7 个明确“明确必须坚持和完善社会主义基本经济制度，使市场在资源配置中起决定性作用，更好发挥政府作用，把握新发展阶段，贯彻创新、协调、绿色、开放、共享的新发展理念，加快构建以国内大循环为主体、国内国际双循环相互促进的新发展格局，推动高质量发展，统筹发展和安全”，就是对习近平经济思想的高度概括。

（1）坚持党对经济工作的全面领导。这是我国经济发展的根本保证。

（2）坚持以人民为中心的发展思想。这是我国经济发展的根本立场。

（3）坚持把握好我国新发展阶段的特征。这是我国经济发展的历史方位。

（4）坚持完整准确全面贯彻新发展理念。这是我国经济发展的指导原则。

（5）坚持加快构建新发展格局。这是我国经济发展的路径选择。

（6）坚持推动高质量发展，深化供给侧结构性改革。这是我国经济发展的主题主线。

（7）坚持深化改革开放。这是我国经济发展的根本动力。

（8）坚持国家重大发展战略。这是我国经济发展的战略举措。

（9）坚持统筹好发展和安全两件大事。这是我国经济发展的重要保障。

（10）坚持正确策略和方法。这是做好经济工作的重要方法论。

延伸阅读：2022 年由中央宣传部、国家发展改革委编，人民出版社、学习出版社出版的《习近平经济思想学习纲要》。

8. 习近平法治思想

习近平法治思想，是顺应实现中华民族伟大复兴时代要求应运而生的重大理论创新成果，是马克思主义法治理论中国化的最新成果，是中国特色社会主义法治理论的重大创新发展，是习近平新时代中国特色社会主义思想的重要组成部分，是新时代全面依法治国的根本遵循和行动指南。

2020 年 11 月 16 日至 17 日，党的历史上首次召开的中央全面依法治国工作会议，将习近平法治思想明确为全面依法治国的指导思想。

习近平法治思想的根本立足点是坚持以人民为中心，坚持法治为人民服务。

坚持以人民为中心，回答了在当代中国“法治为了谁、依靠谁、保障谁”的根本问题。在全面依法治国的实践当中，人民是依法治国的主体和力量源泉。法律的权威源自人民的内心拥护和真诚信仰。法治建设必须践行全心全意为人民服务的根本宗旨，以不断推进人民的美好生活作为法治改革与创新的逻辑起点。

习近平法治思想内涵丰富、论述深刻、逻辑严密、系统完备。其主要内容如下：

（1）坚持党对全面依法治国的领导。党的领导是推进全面依法治国的根本保证。

（2）坚持以人民为中心。

（3）坚持中国特色社会主义法治道路。中国特色社会主义法治道路本质上是中国特色社会主义道路在法治领域的具体体现。

（4）坚持依宪治国、依宪执政。

（5）坚持推进国家治理体系和治理能力现代化。

（6）坚持建设中国特色社会主义法治体系。中国特色社会主义法治体系是推进全面依法治国的总抓手。

（7）坚持依法治国、依法执政、依法行政共同推进，法治国家、法治政府、法治社会一体建设。

（8）坚持全面推进科学立法、严格执法、公正司法、全民守法。

（9）坚持统筹推进国内法治和涉外法治。

（10）坚持建设德才兼备的高素质法治工作队伍。

（11）坚持抓住领导干部这个“关键少数”。

延伸阅读：由外文出版社出版的《习近平谈治国理政》（第一、第二、第三、第四卷）。

二、党的二十大精神学习要点

中国共产党的中心任务就是团结带领全国各族人民全面建成社会主义现代化强

国、实现第二个百年奋斗目标，以中国式现代化全面推进中华民族伟大复兴。

（1）十年来三件大事：

一是迎来中国共产党成立一百周年。

二是中国特色社会主义进入新时代。

三是完成脱贫攻坚、全面建成小康社会的历史任务，实现第一个百年奋斗目标。

（2）中国式现代化的本质要求。

坚持中国共产党领导，坚持中国特色社会主义，实现高质量发展，发展全过程人民民主，丰富人民精神世界，实现全体人民共同富裕，促进人与自然和谐共生，推动构建人类命运共同体，创造人类文明新形态。

（3）“两步走”战略：

从 2020 年到 2035 年基本实现社会主义现代化。

从 2035 年到本世纪中叶把我国建成富强民主文明和谐美丽的社会主义现代化强国。

（4）五项重大原则：

· 坚持和加强党的全面领导。

· 坚持中国特色社会主义道路。

· 坚持以人民为中心的发展思想。

· 坚持深化改革开放。

· 坚持发扬斗争精神。

（记住五个关键词：“党”“国家”“人民”“改革”“斗争”）

（5）全面建设社会主义现代化国家的首要任务：高质量发展。

（6）全面建设社会主义现代化国家的内在要求：尊重自然、顺应自然、保护自然。

三、近年来主题教育

1. “不忘初心、牢记使命”主题教育

（1）党的初心和使命：为中国人民谋幸福，为中华民族谋复兴。

关注：习近平总书记《在“不忘初心、牢记使命”主题教育工作会议上的讲话》。

2017 年 10 月 18 日，习近平总书记在党的十九大报告中正式提出了“不忘初心、牢记使命”。

为人民谋幸福、为民族谋复兴、为世界谋大同，是深刻理解和全面把握习近平新时代中国特色社会主义思想的“金钥匙”。

为人民谋幸福，是中国共产党毫不动摇的初心。

为民族谋复兴，是中国共产党一经成立就肩负起的伟大历史使命。

为世界谋大同，是中国共产党人为人类谋和平、谋发展、做贡献的使命担当。

（2）重要意义。

· 不忘初心、牢记使命，是贯彻党的十九大精神的重要举措。

· “为中国人民谋幸福，为中华民族谋复兴”的初心和使命是激励中国共产党人不断前进的根本动力。

· 不忘初心、牢记使命，是党保持永远年轻的重要法宝。

· 不忘初心、牢记使命，是党始终铭记历史的重要力量。

· 不忘初心、牢记使命，是党不断开创未来的重要基础。

（3）总要求：守初心、担使命，找差距、抓落实。

“找差距”时，有四个“对照”标准：

· 对照习近平新时代中国特色社会主义思想和党中央决策部署。

· 对照党章党规。

· 对照人民群众新期待。

· 对照先进典型、身边榜样。

（4）主题教育的根本任务。

· 深入学习贯彻习近平新时代中国特色社会主义思想。

· 锤炼忠诚干净担当的政治品格。

· 团结带领全国各族人民为实现伟大梦想共同奋斗。

（5）主题教育的具体目标。

· 理论学习有收获。

· 思想政治受洗礼。

· 干事创业敢担当。

· 为民服务解难题。

· 清正廉洁作表率。

2. 党史学习教育

2021 年 2 月，中共中央印发《关于在全党开展党史学习教育的通知》。

2021 年 2 月 20 日，党史学习教育动员大会在北京召开，习近平总书记发表重要讲话。

2022 年 3 月 21 日，中共中央办公厅印发《关于推动党史学习教育常态化长效化的意见》。

重点：学习《中共中央关于党的百年奋斗重大成就和历史经验的决议》。

2021 年 11 月 8 日至 11 日，党的十九届六中全会审议通过了这一决议。

这是百年党史上第三个历史决议。前两个分别是 1945 年党的六届七中全会通过的《关于若干历史问题的决议》、1981 年党的十一届六中全会通过的《关于建国以来党的若干历史问题的决议》。

（1）四个伟大成就：

一百年来，党领导人民浴血奋战、百折不挠，创造了新民主主义革命的伟大成就；自力更生、发愤图强，创造了社会主义革命和建设的伟大成就；解放思想、锐意进取，创造了改革开放和社会主义现代化建设的伟大成就；自信自强、守正创新，创造了新时代中国特色社会主义的伟大成就。

（2）三个飞跃：

毛泽东思想是马克思列宁主义在中国的创造性运用和发展，是马克思主义中国化的第一次历史性飞跃；强调在改革开放实践中创立了邓小平理论、形成了“三个代表”重要思想和科学发展观，形成了中国特色社会主义理论体系，实现了马克思主义中国化新的飞跃；强调进入新时代党提出一系列原创性的治国理政新理念新思想新战略，创立了习近平新时代中国特色社会主义思想，实现了马克思主义中国化新的飞跃。

（3）两个结合：

把马克思主义基本原理同中国具体实际相结合、同中华优秀传统文化相结合。

完善了第一个历史决议和第二个历史决议对新民主主义革命时期党的历史分期的表述，把党在新民主主义革命时期的四个阶段界定为“建党之初和大革命时期”“土地革命战争时期”“抗日战争时期”“解放战争时期”。

第二个历史决议表述是：新民主主义革命时期党“经历了国共合作的北伐战争，土地革命战争，抗日战争和全国解放战争这四个阶段”。

（4）伟大建党精神：

·坚持真理、坚守理想。

· 践行初心、担当使命。

· 不怕牺牲、英勇斗争。

· 对党忠诚、不负人民。

· 学习时关注中国共产党精神谱系。

（5）党的百年奋斗的五大历史意义：

· 从根本上改变了中国人民的前途命运。

· 开辟了实现中华民族伟大复兴的正确道路。

· 展示了马克思主义的强大生命力。

· 深刻影响了世界历史进程。

· 锻造了走在时代前列的中国共产党。

（6）十条历史经验：

· 坚持党的领导。

· 坚持人民至上。

· 坚持理论创新。

· 坚持独立自主。

· 坚持中国道路。

· 坚持胸怀天下。

· 坚持开拓创新。

· 坚持敢于斗争。

· 坚持统一战线。

· 坚持自我革命。

（7）其他重点知识点

· 党的领导是全面的、系统的、整体的，保证党的团结统一是党的生命；党中央集中统一领导是党的领导的最高原则，加强和维护党中央集中统一领导是全党共同的政治责任，坚持党的领导首先要旗帜鲜明讲政治，保证全党服从中央。

· 全面从严治党必须从人民群众反映强烈的作风问题抓起。

· 马克思主义信仰、共产主义远大理想、中国特色社会主义共同理想，是中国共产党人的精神支柱和政治灵魂，也是保持党的团结统一的思想基础。

· 贯彻新发展理念是关系我国发展全局的一场深刻变革，不能简单以生产总值增长率论英雄，必须实现创新成为第一动力、协调成为内生特点、绿色成为普遍形态、开放成为必由之路、共享成为根本目的的高质量发展，推动经济发展质量变革、效率变革、动力变革。

· 全面依法治国是中国特色社会主义的本质要求和重要保障，是国家治理的一场深刻革命。

· 文化自信是更基础、更广泛、更深厚的自信，是一个国家、一个民族发展中最基本、最深沉、最持久的力量。

· 过不了互联网这一关就过不了长期执政这一关。

· 中华优秀传统文化是中华民族的突出优势，是我们在世界文化激荡中站稳脚跟的根基。

· 人民对美好生活的向往就是我们的奋斗目标，增进民生福祉是我们坚持立党为公、执政为民的本质要求，让老百姓过上好日子是我们一切工作的出发点和落脚点，补齐民生保障短板、解决好人民群众急难愁盼问题是社会建设的紧迫任务。必须以保障和改善民生为重点加强社会建设。

· 党的十八大以来，全国八百三十二个贫困县全部摘帽，十二万八千个贫困村全部出列，近一亿农村贫困人口实现脱贫，提前十年实现联合国二〇三〇年可持续发展议程减贫目标，历史性地解决了绝对贫困问题，创造了人类减贫史上的奇迹。

· 保护生态环境就是保护生产力，改善生态环境就是发展生产力。

· 民心是最大的政治，正义是最强的力量。党的最大政治优势是密切联系群众，党执政后的最大危险是脱离群众。

· 马克思主义是我们立党立国、兴党强国的根本指导思想。

· 独立自主是中华民族精神之魂，是我们立党立国的重要原则。

· 勇于自我革命是中国共产党区别于其他政党的显著标志。自我革命精神是党永葆青春活力的强大支撑。

· 全体人民共同富裕基本实现的目标是 2035 年。

3. 学习贯彻习近平新时代中国特色社会主义思想主题教育

2023 年 3 月 30 日，中共中央政治局召开会议，决定从今年 4 月开始，在全党自上而下分两批开展学习贯彻习近平新时代中国特色社会主义思想主题教育。4 月 3 日，学习贯彻习近平新时代中国特色社会主义思想主题教育工作会议在北京召开。

（1）主题教育的总要求：学思想、强党性、重实践、建新功。

（2）根本任务：坚持学思用贯通、知信行统一，把习近平新时代中国特色社会主义思想转化为坚定理想、锤炼党性和指导实践、推动工作的强大力量，使全党始终保持统一的思想、坚定的意志、协调的行动、强大的战斗力，努力在以学铸魂、以学增智、以学正风、以学保干方面取得实实在在的成效。

（3）具体目标：

· 凝心铸魂筑牢根本。

· 锤炼品格强化忠诚。

· 实干担当促进发展。

· 践行宗旨为民造福。

· 廉洁奉公树立新风。

（4）主题教育解决六大问题：理论学习、政治素质、能力本领、担当作为、工作作风、廉洁自律。

四、近年习近平总书记重要讲话精神摘要

1. 在2020年秋季学期中央党校（国家行政学院）中青年干部培训班开班式上的重要讲话（2020年10月10日）

重要考点：

（1）年轻干部要提高政治能力、调查研究能力、科学决策能力、改革攻坚能力、应急处突能力、群众工作能力、抓落实能力。

（2）在干部干好工作所需的各种能力中，政治能力是第一位的。提高政治能力，首先要把握正确政治方向，坚持中国共产党领导和我国社会主义制度。

（3）调查研究是做好工作的基本功。一定要学会调查研究，在调查研究中提高工作本领。

（4）做到科学决策，首先要有战略眼光，看得远、想得深。领导干部想问题、作决策，一定要对国之大者心中有数，多打大算盘、算大账，少打小算盘、算小账。

（5）预判风险是防范风险的前提，把握风险走向是谋求战略主动的关键。

2. 在省部级主要领导干部学习贯彻党的十九届五中全会精神专题研讨班开班式上的重要讲话（2021年1月11日）

（1）党的十九届五中全会提出，全面建成小康社会、实现第一个百年奋斗目标

之后，我们要乘势而上开启全面建设社会主义现代化国家新征程、向第二个百年奋斗目标进军，这标志着我国进入了一个新发展阶段。

（2）新发展阶段是社会主义初级阶段中的一个阶段，是我们党带领人民迎来从站起来、富起来到强起来历史性跨越的新阶段。

（3）我们党领导人民治国理政，很重要的一个方面就是要回答好实现什么样的发展、怎样实现发展这个重大问题。

（4）完整、准确、全面贯彻新发展理念：

一是从根本宗旨把握新发展理念。人民是我们党执政的最深厚基础和最大底气。为人民谋幸福、为民族谋复兴，这既是我们党领导现代化建设的出发点和落脚点，也是新发展理念的“根”和“魂”。

二是从问题导向把握新发展理念。

三是从忧患意识把握新发展理念。

（5）构建新发展格局的关键在于经济循环的畅通无阻。

构建新发展格局最本质的特征是实现高水平的自立自强。

3. 在党史学习教育动员大会上的讲话（2021 年 2 月 20 日）

（1）三个必然要求：

第一，在全党开展党史学习教育，是牢记初心使命、推进中华民族伟大复兴历史伟业的必然要求。

第二，在全党开展党史学习教育，是坚定信仰信念、在新时代坚持和发展中国特色社会主义的必然要求。

第三，在全党开展党史学习教育，是推进党的自我革命、永葆党的生机活力的必然要求。

（2）党史学习总要求：

做到学史明理、学史增信、学史崇德、学史力行，教育引导全党同志学党史、悟思想、办实事、开新局。

（3）常见考点：

①保证全党服从中央，维护党中央权威和集中统一领导，是党的政治建设的首要任务。

②勇于自我革命，是我们党最鲜明的品格，也是我们党最大的优势。

③以新时代党的自我革命引领新的伟大社会革命。

④一个民族要走在时代前列，就一刻不能没有理论思维，一刻不能没有思想指引。

⑤我们党来自人民，党的根基和血脉在人民。为人民而生，因人民而兴，始终同人民在一起，为人民利益而奋斗，是我们党立党兴党强党的根本出发点和落脚点。

⑥旗帜鲜明讲政治、保证党的团结和集中统一是党的生命，也是我们党能成为百年大党、创造世纪伟业的关键所在。

⑦树立正确党史观。唯物史观是我们共产党人认识把握历史的根本方法。

4. 在2021年春季学期中央党校（国家行政学院）中青年干部培训班开班式上的重要讲话（2021年3月1日）

（1）对党忠诚，是共产党人首要的政治品质。

（2）我们党的历史反复证明，什么时候理论联系实际坚持得好，党和人民事业就能够不断取得胜利。

（3）人民是我们党的力量源泉，我们党根基在人民、血脉在人民，必须把人民放在心中最高位置，始终以百姓心为心。

（4）共产党人开展自我批评，根本动力来自党性，来自对党和人民事业高度负责的精神。

（5）敢于斗争是我们党的鲜明品格。

5. 在2021年秋季学期中央党校（国家行政学院）中青年干部培训班开班式上的重要讲话（2021年9月1日）

（1）理想信念是中国共产党人的精神支柱和政治灵魂，也是保持党的团结统一的思想基础。

（2）理想信念坚定和对党忠诚是紧密联系的。理想信念坚定才能对党忠诚，对党忠诚是对理想信念坚定的最好诠释。

（3）坚持一切从实际出发，是我们想问题、作决策、办事情的出发点和落脚点。坚持从实际出发，前提是深入实际、了解实际，只有这样才能做到实事求是。要了解实际，就要掌握调查研究这个基本功。

（4）坚持从实际出发、实事求是，不只是思想方法问题，也是党性强不强问题。从当前干部队伍实际看，坚持实事求是最需要解决的是党性问题。

（5）干事担事，是干部的职责所在，也是价值所在。

（6）坚持原则是共产党人的重要品格，是衡量一个干部是否称职的重要标准。

（7）讲规矩、守底线，首先要有敬畏心。

6. 在庆祝中国共产党成立一百周年大会上的讲话（2021 年 7 月 1 日）

（1）一个庄严宣告：经过全党全国各族人民持续奋斗，我们实现了第一个百年奋斗目标，在中华大地上全面建成了小康社会，历史性地解决了绝对贫困问题，正在意气风发向着全面建成社会主义现代化强国的第二个百年奋斗目标迈进。

（2）归结一个主题：一百年来，中国共产党团结带领中国人民进行的一切奋斗、一切牺牲、一切创造，归结起来就是一个主题：实现中华民族伟大复兴。

（3）党史分期：新民主主义革命时期、社会主义革命和建设时期、改革开放和社会主义现代化建设时期、新时代中国特色社会主义时期。

（4）以史为鉴，总结九个必须：

· 必须坚持中国共产党坚强领导。

· 必须团结带领中国人民不断为美好生活而奋斗。

· 必须继续推进马克思主义中国化。

· 必须坚持和发展中国特色社会主义。

· 必须加快国防和军队现代化。

· 必须不断推动构建人类命运共同体。

· 必须进行具有许多新的历史特点的伟大斗争。

· 必须加强中华儿女大团结。

· 必须不断推进党的建设新的伟大工程。

（5）几个重要论断：

· 马克思主义是我们立党立国的根本指导思想，是我们党的灵魂和旗帜。

· 中国共产党为什么能，中国特色社会主义为什么好，归根到底是因为马克思主义行！

· 走自己的路，是党的全部理论和实践立足点，更是党百年奋斗得出的历史结论。

· 敢于斗争、敢于胜利，是中国共产党不可战胜的强大精神力量。

· 爱国统一战线是中国共产党团结海内外全体中华儿女实现中华民族伟大复兴的重要法宝。

7. 在省部级主要领导干部学习贯彻党的十九届六中全会精神专题研讨班开班式上的重要讲话（2022 年 1 月 11 日）

（1）一个民族要走在时代前列，就一刻不能没有理论思维，一刻不能没有正确思想指引。

(2) 中国共产党为什么能，中国特色社会主义为什么好，归根到底是因为马克思主义行。马克思主义之所以行，就在于党不断推进马克思主义中国化时代化并用以指导实践。

(3) 马克思主义能不能在实践中发挥作用，关键在于能否把马克思主义基本原理同中国实际和时代特征结合起来。

(4) 战略问题是一个政党、一个国家的根本性问题。

(5) 正确的战略需要正确的策略来落实。策略是在战略指导下为战略服务的。战略和策略是辩证统一的关系。

(6) 自我革命关键要有正视问题的自觉和刀刃向内的勇气。

(7)（学党史）要用好党委（党组）理论学习中心组学习制度，用好干部教育培训机制、用好学校思政课这个渠道，用好红色资源。

8. 在2022年春季学期中央党校（国家行政学院）中青年干部培训班开班式上的重要讲话（2022年3月1日）

(1) 理想信念是立党兴党之基，也是党员干部安身立命之本。

(2) 守住拒腐防变防线，最紧要的是守住内心，从小事小节上守起。

(3) 要守住政治关、守住权力关、守住交往关、守住生活关、守住亲情关。

(4) 树立和践行正确政绩观，起决定性作用的是党性。共产党人必须牢记，为民造福是最大政绩。

(5) 年轻干部要胜任领导工作，需要掌握的本领是很多的。最根本的本领是理论素养。

(6) 党员干部特别是领导干部要发扬历史主动精神。

(7) 党的十八大以来，我们先后开展一系列集中学习教育，一个重要目的就是教育引导全党牢记中国共产党是什么、要干什么这个根本问题，始终保持党同人民的血肉联系。

9. 在新进中央委员会的委员、候补委员和省部级主要领导干部学习贯彻习近平新时代中国特色社会主义思想和党的二十大精神研讨班开班式上的重要讲话（2023年2月7日）

(1) 概括提出并深入阐述中国式现代化理论，是党的二十大的一个重大理论创新，是科学社会主义的最新重大成果。

（2）我们在认识上不断深化，创立了习近平新时代中国特色社会主义思想，实现了马克思主义中国化时代化新的飞跃，为中国式现代化提供了根本遵循。

（3）党的领导直接关系中国式现代化的根本方向、前途命运、最终成败。党的领导决定中国式现代化的根本性质。

（4）中国式现代化，深深植根于中华优秀传统文化，体现科学社会主义的先进本质，借鉴吸收一切人类优秀文明成果，代表人类文明进步的发展方向，展现了不同于西方现代化模式的新图景，是一种全新的人类文明形态。

（5）中国式现代化，打破了“现代化=西方化”的迷思，展现了现代化的另一幅图景，拓展了发展中国家走向现代化的路径选择，为人类对更好社会制度的探索提供了中国方案。

（6）中国式现代化蕴含的独特世界观、价值观、历史观、文明观、民主观、生态观等及其伟大实践，是对世界现代化理论和实践的重大创新。

（7）中国式现代化为广大发展中国家独立自主迈向现代化树立了典范，为其提供了全新选择。

（8）推进中国式现代化必须增强忧患意识、保持战略清醒、保持战略自信、保持战略主动、加强能力提升。

10. 重要理论知识要点梳理

（1）“两个确立”：

确立习近平同志党中央的核心、全党的核心地位，确立习近平新时代中国特色社会主义思想的指导地位。

“两个确立”是2020年党的十九届六中全会首次提出的。

（2）“两个维护”：

“两个维护”是指坚决维护习近平总书记党中央的核心、全党的核心地位，坚决维护党中央权威和集中统一领导。

带头做到“两个维护”，是加强中央和国家机关党的建设的首要任务。

坚决做到“两个维护”，既是根本政治任务，也是根本政治纪律和政治规矩，是牢固树立“四个意识”的集中体现。

“两个维护”是2018年4月10日的中央政治局常务委员会提出的。

（3）“两个答案”：

自我革命是党跳出治乱兴衰历史周期率的“第二个答案”。跳出治乱兴衰历史周期率的第一个答案是“人民监督”，来源于当年毛泽东同志和黄炎培的“窑洞对”。

习近平总书记在党的十九届六中全会第二次全体会议上首次提出。

(4) 两个“永远在路上”：

· 全面从严治党永远在路上。

· 党的自我革命永远在路上。

“两个永远在路上”是习近平总书记在党的二十大报告首次提出的。

(5) “两个毫不动摇”：

· 毫不动摇巩固和发展公有制经济。

· 毫不动摇鼓励、支持、引导非公有制经济发展。

2002 年 11 月，党的十六大报告首次提出；2012 年 11 月，党的十八大报告再次提出；2022 年 12 月，习近平总书记在中央经济工作会议上再次强调。

(6) “三新一高”：

新发展阶段、新发展理念、新发展格局和高质量发展。“三新一高”是习近平总书记于 2015 年 10 月在党的十八届五中全会上提出的。

新发展阶段：全面建成小康社会、实现第一个百年奋斗目标之后，我们要乘势而上开启全面建设社会主义现代化国家新征程、向第二个百年奋斗目标进军。这标志着我国进入了一个新发展阶段。

新发展理念：创新、协调、绿色、开放、共享。

创新发展注重的是解决发展动力问题，协调发展注重的是解决发展不平衡问题，绿色发展注重的是解决人与自然和谐问题，开放发展注重的是解决发展内外联动问题，共享发展注重的是解决社会公平正义问题，强调坚持新发展理念是关系我国发展全局的一场深刻变革。

新发展理念就是指挥棒、红绿灯。

新发展格局：以国内大循环为主体、国内国际双循环相互促进。

构建新发展格局最本质的特征是实现高水平的自立自强。

(7) “三个务必”：

· 务必不忘初心、牢记使命。

· 务必谦虚谨慎、艰苦奋斗。

· 务必敢于斗争、善于斗争。

“三个务必”是习近平总书记在党的二十大报告中首次提出的。

对照毛泽东在党的七届二中全会上提出的“两个务必”：务必继续保持谦虚谨慎、不骄不躁的作风，务必继续保持艰苦奋斗的作风。

（8）“四个自信”：

道路自信、理论自信、制度自信、文化自信。

“四个自信”是习近平总书记在庆祝中国共产党成立95周年大会上首次提出的。

“四个自信”是一个有机统一体，既相对独立，又相辅相成。

坚持道路自信就是要坚定走中国特色社会主义道路。

坚持理论自信就是要坚定对共产党执政规律、社会主义建设规律、人类社会发展规律认识的自信。

坚持制度自信就是要相信社会主义制度具有巨大优越性。

坚定文化自信就是要激发党和人民对中华优秀传统文化的历史自豪感，在全社会形成对社会主义核心价值观的普遍共识和价值认同。

我们要坚持道路自信、理论自信、制度自信，最根本的还有一个文化自信。

文化自信，是更基础、更广泛、更深厚的自信。

补充：

历史自信：在新的赶考之路上，我们能否继续交出优异答卷，关键在于有没有坚定的历史自信。

“四个自信”是习近平总书记在2021年11月党的十九届六中全会第二次全体会议上首次提出的。

（9）“四个意识”：

政治意识、大局意识、核心意识、看齐意识。

“四个意识”是2016年1月29日中共中央政治局会议首次提出的。

（10）“四个伟大”：

进行伟大斗争、建设伟大工程、推进伟大事业、实现伟大梦想。

“四个伟大”是习近平总书记于2017年10月18日在党的十九大报告中提出的治国理政方针理论。

伟大斗争，是指具有许多新的历史特点的伟大斗争。

伟大工程，是指党的建设新的伟大工程。

伟大事业，是指中国特色社会主义伟大事业。

伟大梦想，是指实现中华民族伟大复兴梦想。

“四个伟大”紧密联系、相互贯通、相互作用，其中起决定性作用的是党的建设新的伟大工程。

（11）“五个必由之路”：

· 坚持党的全面领导是坚持和发展中国特色社会主义的必由之路。

· 中国特色社会主义是实现中华民族伟大复兴的必由之路。

· 团结奋斗是中国人民创造历史伟业的必由之路。

· 贯彻新发展理念是新时代我国发展壮大的必由之路。

· 全面从严治党是党永葆生机活力、走好新的赶考之路的必由之路。

“五个必由之路”是习近平总书记 2022 年 3 月 5 日在参加十三届全国人大五次会议内蒙古代表团审议时首次提出的。

（12）中国式现代化的五个特征：

· 人口规模巨大的现代化。

· 全体人民共同富裕的现代化。

· 物质文明和精神文明相协调的现代化。

· 人与自然和谐共生的现代化。

· 走和平发展道路的现代化。

中国式现代化的五个特征是习近平总书记在党的二十大报告中首次提出的。

（13）六个大党独有难题：

· 如何始终不忘初心、牢记使命。

· 如何始终统一思想、统一意志、统一行动。

· 如何始终具备强大的执政能力和领导水平。

· 如何始终保持干事创业精神状态。

· 如何始终能够及时发现和解决自身存在的问题。

· 如何始终保持风清气正的政治生态。

在二十届中央纪委二次全会上，习近平总书记用“六个如何始终”具体阐述了六个大党独有难题。

（14）七大思维：

党的二十大报告中指出：“我们要不断提高战略思维、历史思维、辩证思维、系统思维、创新思维、法治思维、底线思维能力。”

本书简要介绍一下这七大思维。

①战略思维，是指从全局视角和长远眼光把握事物发展的总体趋势和方向、客观辩证地思考和处理问题的科学思维。

战略思维突出体现在三个方面：一是善于从全局视角谋划问题；二是善于用长远眼光思考问题；三是善于从整体思路上把握问题。

②历史思维，是指运用马克思主义唯物史观，从历史视野和发展规律中思考分析问题、把握前进方向、指导现实工作的科学思维。

善于把事物放在历史长河中来考察，从正反两方面历史经验教训中来总结，从历史分析中判断未来的发展趋势。

历史思维突出体现在四个方面。一是高度重视学习历史特别是党的历史。习近平总书记指出，“历史是最好的教科书”“中国革命历史是最好的营养剂”。学历史可以“看成败、鉴得失、知兴替”，他要求各级领导干部“要认真学习党史、国史，知史爱党，知史爱国”（《在庆祝中国共产党成立95周年大会上的讲话》，2016年7月1日）。二是善于总结党的历史。三是科学对待党的历史。四是善于运用历史思维。

③辩证思维，是指人们自觉运用唯物辩证法分析问题和解决问题的科学思维方式。辩证思维能力，就是承认矛盾、分析矛盾、解决矛盾，善于抓住关键、找准重点、洞察事物发展规律的能力。

首先，要坚持唯物辩证法的“两点论”，善于一分为二地看问题。

其次，要坚持唯物辩证法的“重点论”，善于抓住关键、找准重点。

习近平指出：“在任何工作中，我们既要讲两点论，又要讲重点论，没有主次，不加区别，眉毛胡子一把抓，是做不好工作的。”（《在十八届中央政治局第二十次集体学习时的讲话》，2015年1月23日）

④系统思维。

系统思维，是指对事情全面思考，不只就事论事，是把想要达到的结果、实现该结果的过程、过程优化以及对未来的影响等一系列问题作为一个整体系统进行研究。

系统思维方式，主要以整体性、结构性、立体性、动态性、综合性等特点见长。整体性是系统思维方式的基本特征，结构性是指要树立系统结构的观点，在具体实践活动中，紧紧抓住系统结构这一中间环节，去认识和把握具体实践活动中各种系统的要素和功能的关系，在要素不变的情况下，努力创造优化结构，实现系统最佳功能。系统思维方式是一种开放型的立体思维，是纵向思维和横向思维的统一，纵向思维以横向思维为基础，横向思维必须以纵向思维为基础。

习近平总书记多次强调要坚持系统思维方法，尤其是在谈到全面深化改革和创新时，就强调改革、创新是一个系统工程。

⑤创新思维。“明者因时而变，知者随事而制。”创新思维能力，就是破除迷信、超越过时的陈规，善于因时制宜、知难而进、开拓创新的能力。

习近平总书记指出：“必须把创新作为引领发展的第一动力，把人才作为支撑发展的第一资源，把创新摆在国家发展全局的核心位置，不断推进理论创新、制度创新、科技创新、文化创新等各方面创新，让创新贯穿党和国家一切工作，让创新在全社会蔚然成风。”（《在中央经济工作会议上的讲话》，2014 年 12 月 9 日）

创新能力的核心是创新思维能力，其特征是：主动性、灵活性、多样性、新颖性、独特性。

创新思维的基本类型：发散思维、逆向思维、想象思维、分解思维、灵感思维。

⑥法治思维，是指基于法治的固有特性和以法治的信念来认识事物、判断是非、解决问题的思维方式。法治思维能力，就是运用法治思维和法治方式开展工作、解决问题、推动发展的能力。

习近平总书记指出：“各级领导干部要提高运用法治思维和法治方式深化改革、推动发展、化解矛盾、维护稳定能力，努力推动形成办事依法、遇事找法、解决问题用法、化解矛盾靠法的良好法治环境，在法治轨道上推动各项工作。”（《在中央全面深化改革领导小组第六次会议上的讲话》，2014 年 10 月 27 日）

⑦底线思维。底线，即最下限，是事物存在和发展的最低限度。底线思维就是以底线为导向的一种科学思维方法。底线思维能力，就是客观地设定最低目标，立足最低点，争取最大期望值的一种积极的思维能力。

提高底线思维能力，就是要居安思危、增强忧患意识，宁可把形势想得更复杂一点，把挑战看得更严峻一些，做好应付最坏局面的思想准备。要见微知著、未雨绸缪，增强前瞻意识，把工作预案准备得更充分、更周详，做到心中有数、处变不惊。

第七节　新时代共产党人的党性修养

一、党的历史和传统

中国共产党从1921年成立至今已逾100年，其光辉历史和光荣传统是每一个共产党员必备的党性修养，中央高度重视“四史”教育，不管在何时，党史、国史都是学习重点，应高度重视。

尤其应注意党的二十大对党章所作的修改：

· 增写党百年奋斗的重大成就和历史经验的内容。

· 充实完善习近平新时代中国特色社会主义思想的科学内涵和历史地位相关内容。

写入党章的还有如下内容：

· 分“两步走”的战略安排。

· 以中国式现代化全面推进中华民族伟大复兴的奋斗目标。

· 逐步实现全体人民共同富裕。

· 坚持新时代党的组织路线。

· 伟大建党精神。

· 找到了自我革命这个跳出治乱兴衰历史周期率的第二个答案：以伟大自我革命引领伟大社会革命。

二、党的历史和贡献

中国共产党有着百年的历史，其中有极其丰富且重要的历史贡献和宝贵的历史经验。

1. 重要的历史贡献

重点关注党的十九届六中全会《决议》和党的二十大报告明确提出的表述。

（1）根本上改变了中国人民的前途命运，开创了中国特色社会主义。

（2）领导中华民族走向伟大复兴。

（3）推动了人民和平与发展的崇高事业。

（4）铸造了坚强的领导核心。

（5）蕴含了深刻的历史启示，积累了宝贵的历史经验。

2. 宝贵的历史经验

关注党的十九届六中全会《决议》上的十大历史经验。

· 坚持党的领导。

· 坚持人民至上。

· 坚持理论创新。

· 坚持独立自主。

· 坚持中国道路。

· 坚持胸怀天下。

· 坚持开拓创新。

· 坚持敢于斗争。

· 坚持统一战线。

· 坚持自我革命。

3. 党的优良传统和政治灵魂

党的三大优良作风就是党的三大优良传统。党的三大优良作风是毛泽东在 1945 年党的七大所作的《论联合政府》中提出来的。

· 理论联系实际。

· 密切联系群众。

· 批评和自我批评。

对马克思主义的信仰、对社会主义和共产主义的信念是共产党人的政治灵魂，是共产党人经受住任何考验的精神支柱。

三、党的理想和信念

（1）党的远大理想和共同理想：共产主义远大理想、中国特色社会主义共同理想。

（2）党的信仰和信念：对马克思主义的信仰、对社会主义和共产主义的信念。（注意：信仰和信念的表述）

（3）党的路线和政治原则。

· 思想路线：一切从实际出发，理论联系实际，实事求是，在实践中检验真理和发展真理（党章）。

· 根本工作路线：群众路线。

· 根本政治原则：独立自主。

（4）党的纲领和政治定力。

· 党在不同时期有不同的纲领。党的基本纲领：建成富强民主文明和谐美丽的社会主义现代化强国。党的最高纲领：实现共产主义的社会制度。

· 政治定力：毫不动摇地坚持马克思主义和共产主义的信仰，坚持中国特色社会主义，坚决与各种错误思想、错误行为作斗争，能够经受住各种政治考验。

四、党的性质和宗旨

1. 党的性质

中国共产党是中国工人阶级的先锋队，同时是中国人民和中华民族的先锋队，是中国特色社会主义事业的领导核心，代表中国先进生产力的发展要求，代表中国先进文化的前进方向，代表中国最广大人民的根本利益。

（**注意**：这个表述和党的十八大之前有所不同）

2. 党的宗旨

党的宗旨是全心全意为人民服务。

是否实现人民的利益，得到广大人民群众的拥护，是衡量我们党的路线、方针和政策是否正确的最高标准。中国共产党 100 多年来奋斗历程的基本经验之一，就是始终牢记全心全意为人民服务的宗旨，紧紧地依靠人民群众，诚心诚意地为人民谋利益，从人民群众中汲取前进的不竭力量。

五、党的纪律和规矩

1. 党的章程与党员主体地位

党的章程即党章，是一个政党为保证全党在政治上、思想上的一致和组织上、行动上的统一所制定的章程。

党章就是党的根本大法，是全党必须遵循的总规矩，是中国共产党最根本的党内法规。

党章是一个政党为实现党的纲领、开展正规活动、规定党内事务所规定的根本法规，是党赖以建立和活动的法规体系的基础，是党的各级组织和全体党员必须遵守的基本准则与规定，具有最高党法、根本大法的效力。

党章一般由党的代表大会制定和通过，它的内容主要是规定党纲、组织机构、组织制度、党员条件、党员的权利义务、党的纪律等。

党的十八大通过的《中国共产党章程（修正案）》，首次将尊重党员主体地位写入党章：充分发扬党内民主，尊重党员主体地位，保障党员民主权利，发挥各级党组织和广大党员的积极性创造性。

2. 党的准则与党员道德规范

两准则：《关于新形势下党内政治生活的若干准则》《中国共产党廉洁自律准则》。

（1）《关于新形势下党内政治生活的若干准则》（摘要）。

办好中国的事情，关键在党，关键在党要管党、从严治党。党要管党必须从党内政治生活管起，从严治党必须从党内政治生活严起。

开展严肃认真的党内政治生活，是我们党的优良传统和政治优势。

共产主义远大理想和中国特色社会主义共同理想，是中国共产党人的精神支柱和政治灵魂，也是保持党的团结统一的思想基础。必须高度重视思想政治建设，把坚定理想信念作为开展党内政治生活的首要任务。

思想理论上的坚定清醒是政治上坚定的前提。

以党委（党组）中心组学习等制度为主要抓手，各级党组织要定期开展集体学习。

党在社会主义初级阶段的基本路线是党和国家的生命线、人民的幸福线，也是党内政治生活正常开展的根本保证。

考察识别干部特别是高级干部必须首先看是否坚定不移贯彻党的基本路线。

全党各个组织和全体党员服从党的全国代表大会和中央委员会，核心是全党各个组织和全体党员服从党的全国代表大会和中央委员会。

坚持党的领导，首先是坚持党中央的集中统一领导。

政治纪律是党最根本、最重要的纪律，遵守党的政治纪律是遵守党的全部纪律的基础。

民主集中制是党的根本组织原则，是党内政治生活正常开展的重要制度保障。坚持集体领导制度，实行集体领导和个人分工负责相结合，是民主集中制的重要组成部分。

领导班子成员必须坚决执行党组织决定，如有不同意见，可以保留或向上一级党组织提出，但在上级或本级党组织改变决定以前，除执行决定会立即引起严重后果等紧急情况外，必须无条件执行已作出的决定。

党员有权在党的会议上有根据地批评党的任何组织和任何党员。

坚持正确选人用人导向，是严肃党内政治生活的组织保证。

建设廉洁政治，坚决反对腐败，是加强和规范党内政治生活的重要任务。必须筑牢拒腐防变的思想防线和制度防线，着力构建不敢腐、不能腐、不想腐的体制机制，保持党的肌体健康和队伍纯洁。

（2）《中国共产党廉洁自律准则》。

《中国共产党廉洁自律准则》重在立德，是党执政以来第一部坚持正面倡导、面向全体党员的规范全党廉洁自律工作的重要基础性法规，是对党章规定的具体化。

第八节　新时代党的建设

一、主线、总要求和总体布局

1. 目的

一条主线：党的长期执政能力建设、先进性和纯洁性建设。

2. 总要求

坚持和加强党的全面领导，坚持党要管党、全面从严治党，以加强党的长期执政能力建设、先进性和纯洁性建设为主线，以党的政治建设为统领，以坚定理想信念宗旨为根基，以调动全党积极性、主动性、创造性为着力点，全面推进党的政治建设、思想建设、组织建设、作风建设、纪律建设，把制度建设贯穿其中，深入推进反腐败斗争，不断提高党的建设质量，把党建设成为始终走在时代前列、人民衷心拥护、勇于自我革命、经得起各种风浪考验、朝气蓬勃的马克思主义执政党。

3. 总体布局（5 +2）

全面推进党的政治建设、思想建设、组织建设、作风建设、纪律建设，把制度建设贯穿其中，深入推进反腐败斗争。

二、政治建设

1. 目的

加强党的政治建设的目的是坚定政治信仰，强化政治领导，提高政治能力，净化政治生态，实现全党团结统一、行动一致。

2. 首要任务

政治建设的首要任务是保证全党服从中央，坚决维护党中央权威和集中统一领导。

3. 总体要求

（1）坚定政治信仰。

· 坚持用党的科学理论武装头脑。

· 坚定执行党的政治路线。

· 坚决站稳政治立场。

（2）坚持党的政治领导。

· 坚决做到“两个维护”。

· 完善党的领导体制。

· 改进党的领导方式。

（3）提高政治能力。

· 增强党组织政治功能。

· 彰显国家机关政治属性。

· 发挥群团组织政治作用。

· 强化国有企事业单位政治导向。

· 提高党员干部政治本领。

（4）净化政治生态。

· 严肃党内政治生活。

· 严明党的政治纪律和政治规矩。

· 发展积极健康的党内政治文化。

· 突出政治标准选人用人。

· 永葆清正廉洁的政治本色。

（5）强化组织实施。

· 落实领导责任。

· 抓住“关键少数”。

· 强化制度保障。

· 加强监督问责。

三、思想建设

1. 思想建设是党的基础性建设

加强党的思想建设，最根本的是要用马克思主义理论武装全党。

党的思想建设，是指党为保持创造力、凝聚力和战斗力而在思想理论方面所进行的一系列工作。

2. 坚定理想信念是党的思想建设首要任务

衡量一名党员干部理想信念是否坚定，看他能否坚持全心全意为人民服务的根本宗旨，能否吃苦在前、享受在后，能否勤奋工作、廉洁奉公，能否为理想而奋不顾身去拼搏、去奋斗、去献出自己的全部精力乃至生命。

3. 思想理论创新：思想建党、理论强党

思想建党，从根本上说，就是牢固树立共产主义理想信念，牢固树立全心全意为人民服务根本宗旨。

理论强党，从根本上说，就是真正把马克思主义这个看家本领学精悟透用好，用马克思主义中国化最新成果武装头脑、指导实践、推动工作。

4. 思想政治教育

要坚持把立德树人作为中心环节，把思想政治工作贯穿教育教学全过程，实现全程育人、全方位育人，努力开创我国高等教育事业发展新局面。（资料来源：2016 年 12 月 7—8 日习近平《在全国高校思想政治工作会议上的讲话》）

5. 意识形态工作

巩固马克思主义在意识形态领域中的指导地位；大力弘扬社会主义核心价值观。

经济建设是党的中心工作，意识形态工作是党的一项极端重要的工作。（资料来源：2013 年 8 月 19 日习近平《在全国宣传思想工作会议上的重要讲话》）

小思考
XIAO SIKAO

党的十九大报告一改过去长期以来把党的思想建设放在首位的惯例，第一次把党的政治建设摆在首位，认为“思想建设是党的基础性建设”，把它调到了第二位。这种顺序的调整把党的政治建设作为党的根本性建设，凸显了政治属性是政党的第一属性。请思考：这一调整是不是否定了党的思想建设的重要性？

四、组织建设

1. 民主集中制建设是党的组织建设的重要任务

民主集中制是党的根本组织原则。党最大的制度优势便在于民主集中制。

《党政领导干部选拔任用工作条例》将民主集中制列为选拔任用党政领导干部的七大原则之一，将民主集中制贯穿选拔任用过程。

2. 干部队伍建设在党的组织建设中居于核心地位

好干部标准：信念坚定、为民服务、勤政务实、敢于担当、清正廉洁。

3. 党员队伍建设：党员教育与管理

党员队伍建设是党的组织建设的又一重要内容。严格党员管理教育，坚持民主评议党员制度，及时清除腐败分子，妥善处理不合格党员。同时，要重视培养、吸收生产第一线的工人、农民、知识分子中的优秀分子入党，特别要加强在产业工人中发展党员工作。

五、作风建设

1. 作风建设的核心和关键

作风建设的核心是保持党同人民群众的血肉联系，是以人民为中心价值取向对党自身提出的道德要求。

作风建设的关键在于解决问题、务求实效。

要树立正确的权力观。

要突出重点，抓好领导干部的作风建设。

注重加强党的作风建设的制度保证。

党的作风就是党的形象。

2. 严格执行中央八项规定及其实施细则精神

2012 年 12 月 4 日，中共中央政治局会议审议通过《十八届中央政治局关于改进工作作风、密切联系群众的八项规定》，即中央八项规定。

2017 年 10 月 27 日，十九届中共中央政治局召开会议，研究部署学习宣传贯彻党的十九大精神，审议《中共中央政治局贯彻落实中央八项规定的实施细则》。

3. 反“四风”

反“四风”，即反对“形式主义、官僚主义、享乐主义和奢靡之风”四种不正之风。

4. 党的群众路线教育实践活动

2013 年 4 月，中央决定在全党自上而下分批开展党的群众路线教育实践活动。从中央到地方，全党上下迅速行动起来，广泛听取群众意见，以整风精神开展批评和自我批评，扎实整改、建章立制。党的群众路线教育实践活动深入开展。

六、纪律建设

1. 加强纪律建设是全面从严治党的治本之策

纪律严明是党的光荣传统和独特优势。

严明党的纪律，首先要严格遵守党章。

严明党的纪律，要增强纪律教育针对性。

严明党的纪律，要深化运用监督执纪“四种形态”。

2. 加强纪律建设的具体措施

（1）在“早发现”上深化，挺纪在前，提高发现违纪问题能力。

（2）在“分类处置”上深化，提高精准把握执纪标准和运用政策能力。

（3）在“用好第一种形态”上深化，加强日常管理和监督，使批评教育成为常态。

（4）在“谈话函询”上深化，发挥采信告知的教育激励作用和抽查核实的监督作用。

（5）坚持纪严于法、纪在法前。

3. 自觉遵守和严格执行党的纪律

党的纪律主要包括政治纪律、组织纪律、廉洁纪律、群众纪律、工作纪律、生活纪律。

对党员的纪律处分有五种：警告、严重警告、撤销党内职务、留党察看、开除党籍。

七、制度建设

1. 制度建设是全面从严治党的重要保障

（1）以党章为根本。

（2）以民主集中制为核心。

（3）以准则、条例等中央党内法规为主干。（党内法规制度体系）

增强党自我净化能力，根本靠强化党的自我监督和群众监督。

形成巡视、派驻、监察三个全覆盖的统一的权力监督格局。

制度的生命力在执行。

党内法规制度体系建设正加快推进，制度的“笼子”正编织得更加紧密、牢固。

2. 党内法规和制度体系建设成果丰硕

党内法规制度体系，是以党章为根本，以民主集中制为核心，以准则、条例等中央党内法规为主干，由各领域各层级党内法规制度组成的有机统一整体。

“1 +4”为基本框架的党内法规制度体系：在党章之下分为党的组织法规制度、党的领导法规制度、党的自身建设法规制度、党的监督保障法规制度四大板块。

全面从严治党永远在路上，党内法规制度的完善也永远在路上。

3. 提高党内法规制定质量和制度执行力

（1）提高党内法规制度执行力，要坚持以上率下，从各级领导机关和党员领导干部做起，以身作则、严格要求，带头遵规学规守规用规。

（2）加强学习教育，加大党内法规宣讲解读力度，将党内法规制度作为各级党委（党组）中心组学习重要内容，纳入党校、行政学院、干部学院必修课程。

（3）强化监督检查，将党内法规制度实施情况作为各级党委督促检查、巡视巡查的重要内容，对重要党内法规制度实施情况开展定期督查、专项督查。

（4）加大责任追究和惩处力度，严肃查处违反和破坏党内法规制度的行为。

（5）完善备案审查制度，建立贯通上下的备案工作体系，建立备案工作考核通报制度。

八、全国税务系统党建工作规范

重点掌握党委、党委纪检组、机关党委、机关纪委、党支部、党建职能部门的责任内容、责任清单和重点任务。

其他文件还有党委理论学习中心组学习规范、党委民主生活会、第一议题制度、主题党日、加强和改进思想政治工作、“八小时之外”的监督、网络行为指引、巡视巡察整改、税务干部政治素质档案管理、新时代廉洁文化建设、机关基层党组织书记抓党建工作述职评议考核、创建“四强”党支部、机关基层党组织谈心谈话规定等。

第九节　全面从严治党

一、全面从严治党基本方略

1. 全面从严治党的提出及其意义

全面从严治党是党的十八大以来党中央作出的重大战略部署，是“四个全面”战略布局的重要组成部分，也是全面建成小康社会、全面深化改革、全面依法治国顺利推进的根本保证。全面从严治党，基础在全面，关键在严，要害在治。

全面从严治党，要坚持六个统一。

（1）坚持思想建党和制度治党相统一。

（2）坚持使命引领和问题导向相统一。

（3）坚持抓“关键少数”和管“绝大多数”相统一。

（4）坚持行使权力和担当责任相统一。

（5）坚持严格管理和关心信任相统一。

（6）坚持党内监督和群众监督相统一。

一体推进不敢腐、不能腐、不想腐，不仅是反腐败斗争的基本方针，也是新时代全面从严治党的重要方略。

毫不动摇坚持和加强党对一切工作的领导，是全面从严治党的核心。

2. 全面从严治党的新要求和新部署

（1）全面从严治党的新要求。

· 落实从严治党责任：抓好党建是最大的政绩。

· 坚持思想建党和制度治党紧密结合：实施二者并重的方针。

· 严肃党内政治生活：党性锻炼的主要平台。

· 坚持从严管理干部：党要出问题，主要出在干部身上。

· 持续深入改进作风：以最严厉的举措治理作风问题。

· 严明党的纪律：党规党纪严于国家法律。

· 发挥人民监督作用：坚持党内监督和人民监督相结合。

· 深入把握从严治党规律：增强系统性、预见性、创造性、实效性。

（2）全面从严治党的新部署。

· 全面从严加强思想建设：把理想信念教育作为战略任务。

· 全面从严加强组织建设：坚持民主集中制的制度优势。

· 全面从严加强作风建设：始终保持党同人民群众的血肉联系。

· 全面从严加强反腐倡廉建设：严惩踩红线、越底线、闯雷区。

· 全面从严加强制度建设：制度治党的根本保证。

全面从严治党要以党的政治建设为统领，把政治建设摆在首位。

（3）全面从严治党与党的建设的关系。

全面从严治党是“四个全面”的重要组成部分。从严治党是党的建设的基本历史经验，它是由党的性质、政治路线和自身状况决定的。全面从严治党是新的形势和任务的迫切要求。

全面从严治党对于新形势下党的建设具有极为重要的意义，其长度表现为党的建设新常态，其力度集中在作风建设和反腐败斗争，其尺度归结到党的纪律和规矩，其广度覆盖了党的建设各个方面，其深度体现在思想建党和制度治党紧密结合，其效度落脚到取信于民、赢得民心。全面从严治党初步形成了新形势下党的建设的一系列相互联系的基本理论观点，是新形势下党的建设的总方针。

· 要把党的政治建设摆在首位。

· 要用新时代中国特色社会主义思想武装全党。

· 要建设高素质专业化干部队伍。

· 要加强基层组织建设。

· 要持之以恒正风肃纪。

· 要夺取反腐败斗争压倒性胜利。

· 要健全党和国家监督体系。

· 要全面增强执政本领。

把全面从严治党贯穿党的建设全过程。“全面从严治党”重要论述的提出，标志着党的建设进入了新的重大历史阶段。

二、税务系统全面从严治党的责任

重点关注：《税务系统落实全面从严治党主体责任和监督责任实施办法》。

（1）各级税务局党组织：履行全面从严治党主体责任。

（2）党委书记：履行全面从严治党主体责任的第一责任人。

（3）党委成员：对分管单位的全面从严治党工作负领导责任。

（4）党建工作部门：负责统筹协调、组织推进全面从严治党主体责任的落实。

（5）各职能部门：按照职责范围协助党组织落实全面从严治党主体责任。

（6）纪检监察机构：履行监督执纪问责职责。

（7）各党支部：负责落实本支部全面从严治党工作。

（8）党支部书记：本支部落实全面从严治党主体责任的第一责任人。

三、税务系统全面从严治党新格局的构想

总体思路：构建“条主责、块双重，纵合力、横联通，齐心抓、党建兴”的“纵合横通强党建”机制体系。

关注《关于加强新形势下税务系统党的建设的意见》。

四、税务系统全面从严治党的重要措施

（1）上级组织在作出同下级组织有关的重要决策前应征求下级组织意见。

（2）党委班子成员分工由主要负责人提出初步意见，经党委讨论决定并予以公布。主要负责人不直接分管人事、财务和基建工作；领导班子成员分管税务稽查工作的，不得同时分管重大案件审理工作；领导班子成员分管财务工作的，不得同时分管审计工作；纪检组长专门履行监督职责，不分管其他业务工作，可分管巡视巡察和督察内审工作。

（3）党委决策一经作出，应当坚决执行。党委成员对党委决策有不同意见的，可以保留或者向上级党组织反映，但在党委决策改变前应当坚决执行。

（4）发现领导干部有思想、作风、纪律等方面苗头性、倾向性问题的，有关党组织负责人应当及时对其提醒谈话。

（5）发现轻微违纪问题的，上级党组织负责人应当对其诫勉谈话，并由本人作出说明或者检讨，经所在党组织主要负责人签字后报上级纪检监察机构和人事部门。受到诫勉的领导干部，取消当年年度考核、本任期考核评优和各类先进的资格，六个月内不得提拔或者重用。

（6）全面从严治党领导小组下设办公室，负责统筹协调、组织推进主体责任的落实。办公室主任由机关党委副书记担任，副主任由机关党办、人事、纪检监察部门负责人担任，成员由法规、人事、机关党办、纪检监察、巡视巡察、督察内审、稽查等单位人员组成。

第六章

管理知识谱系

第一节　管理理论

一、管理概述

1. 管理的内涵

（1）管理是指一定组织中的管理者，通过实施计划、组织、领导、协调、控制等职能来协调他人的活动，使别人同自己一起实现既定目标的活动过程。

（2）管理的特点。管理是一种有意识、有组织的群体活动。

· 管理是一个动态的协调过程；

· 管理的目的在于有效地达到组织目标，在于提高组织活动的成效；

· 管理的对象是组织资源和组织活动；

· 管理是围绕着某一共同目标进行的。

（3）管理的本质。管理的本质就是从事管理工作的人通过他人并使他人同自己一起实现组织的目标。另外，对于管理的本质，还存在其他的观点：

· 管理就是协调；

· 管理就是领导；

· 管理就是决策；

· 管理就是服务。

（4）管理的职能。管理的职能是指管理系统具有的功能与职责。管理具有五项基本职能。

·计划职能，指管理者对将要实现的目标和应采取的行动方案做出选择及具体安排的活动过程，主要内容包括：分析内外环境、确定组织目标、制定组织发展战略、提出实现既定目标和战略的策略与作业计划、规定组织的决策程序等。

·组织职能，指管理者根据既定目标，对组织中的各种要素及人员之间的相互关系进行合理安排的过程，主要内容包括：设计组织结构、建立管理体制、分配权力、明确责任、配置资源、构建有效的信息沟通网络等。

·领导职能，指管理者为了实现组织目标而对被管理者施加影响的过程。管理者一方面要调动组织成员的潜能，另一方面要促进组织成员之间的团结协作。领导职能的主要内容包括：激励下属、指导下属活动、选择最有效的沟通渠道、解决组织成员之间以及与其他组织之间的冲突等。

·控制职能，指管理者运用事先确定的标准，衡量实际工作绩效，寻找偏差及其产生的原因，并采取措施纠正偏差，以保证组织工作运行在正确的轨道上，确保组织目标的实现。

·协调职能，指管理者让事情和行动都有合适的比例，就是方法适应于目的。

法约尔认为，协调能使各职能机构与资源之间保持一定的比例，收入与支出保持平衡，材料与消耗形成一定的比例。总之，协调就是让事情和行动都有合适的比例。

管理的五项基本职能相互联系、相互制约，共同构成一个有机的整体。任何一项职能出现问题，都会影响其他职能的发挥乃至组织目标的实现。

2. 管理的基本原理

（1）系统原理。

管理系统是个社会系统，其目的就是通过管理主体的主导活动实现系统的各种目标。其中，又包括以下原理：

·整体性原理：系统内部要素间相互关系以整体为主进行协调（整分合原则、能级原则）。

·动态相关性原理：系统内部要素间的相互性，要素与整体的相关性，系统环境的相关性（弹性原则、环境适应性原则）。

·有序性原理：结构合理，系统有序度高；由低级向高级则有序；保持系统的层次性、开放性。

·反馈原理：负反馈是指通过反馈信息的影响，使系统偏离目标的运动收敛，趋于稳定；正反馈是指通过反馈信息的影响，使系统偏离目标的运动（控制+闭合原则）。

这些概念或原理看似枯燥，但很可能用得上，是指导我们思考、答题的依据，考试时作为选择题、判断题进行考查都是可能的。

（2）人本原理。

人本原理的核心是以人为中心。人力资源管理就是以此原理为基础，认为管理的目标是人的发展，主张让员工参与管理。

（3）责任原理。

·追求责权利的统一。

·主张组织设计合理。

·职责明确、责任到人。

·授权恰当、考核公正、奖励及时。

（4）效益原理。

效益原理认为，管理就是追求效益，以最小的成本代价，获得最佳的经济和社会效益。

3. 管理的价值取向

效率取向、公平取向、规范化取向、共赢取向。

4. 管理的三对基本矛盾

集权与分权、上层与下层、多层目标之间。

5. 管理责任的特性

关联性、相对独立性、分解性、整体性。

二、主要管理理论

管理理论的形成和发展经过了几个阶段：一是古典管理理论阶段；二是人际关系学说和行为科学理论阶段；三是战略管理理论阶段；四是全面质量管理理论阶段；五是学习型组织管理阶段。

有代表性的管理理论有10个（见图6-1），除理性行政组织理论和人际关系学说之外，分别如图6-2至图6-9所示。此外，比较重要的还有现代管理理论（见图6-10）。

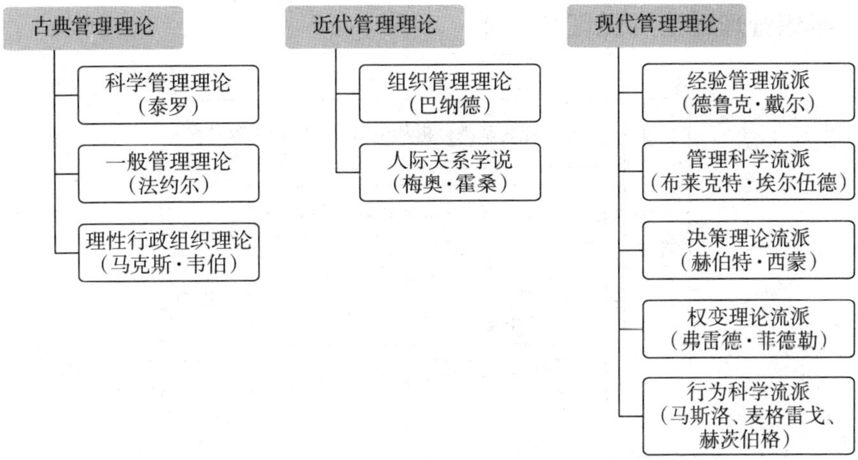

图6－1　十大管理理论

1. 科学管理理论（见图6－2）

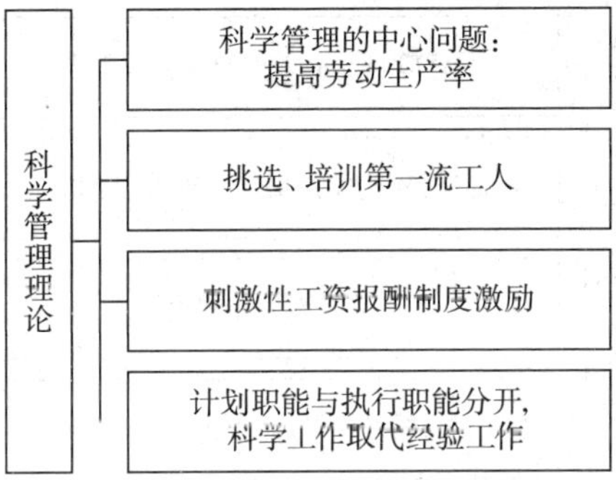

图6－2　科学管理理论

2. 一般管理理论（见图6－3）

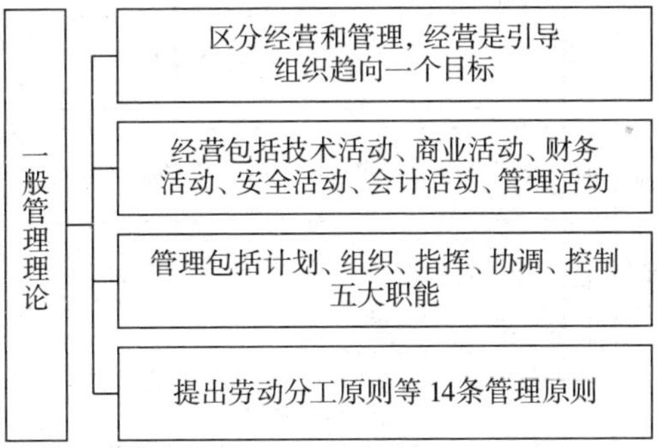

图6－3　一般管理理论

3. 组织管理理论（见图6－4）

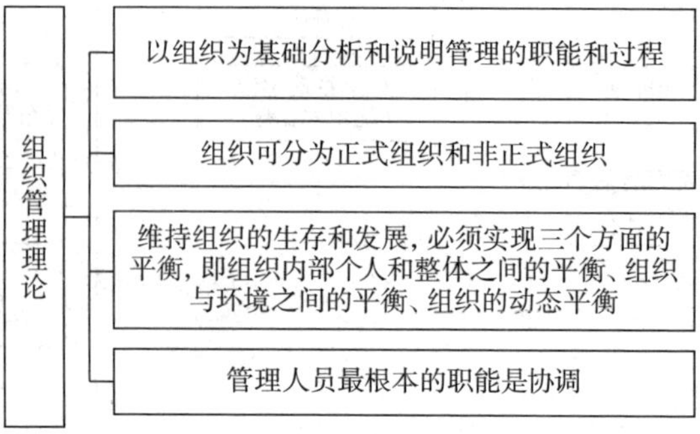

图6－4 组织管理理论

4. 经验管理流派（见图6－5）

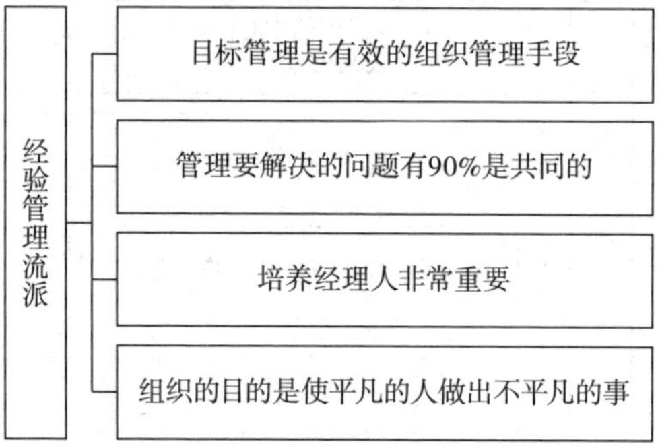

图6－5 经验管理流派

5. 管理科学流派（见图6－6）

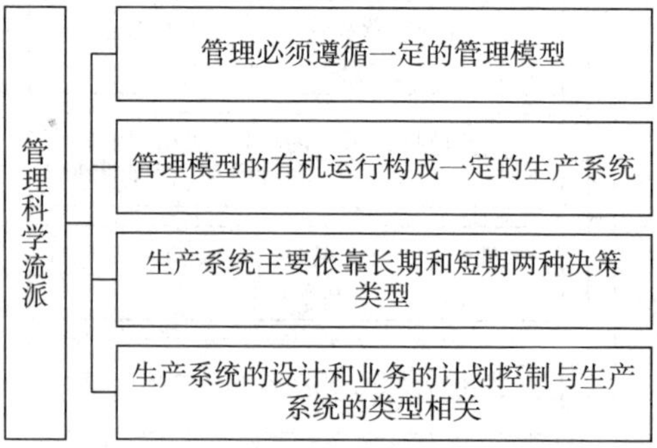

图6－6 管理科学流派

6. 决策理论流派（见图6－7）

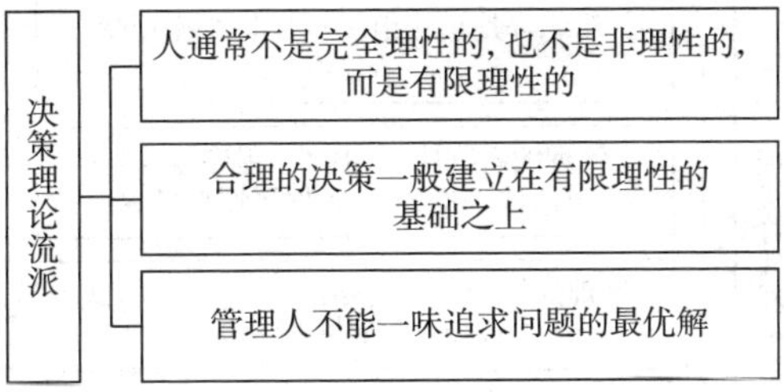

图6－7　决策理论流派

7. 权变理论流派（见图6－8）

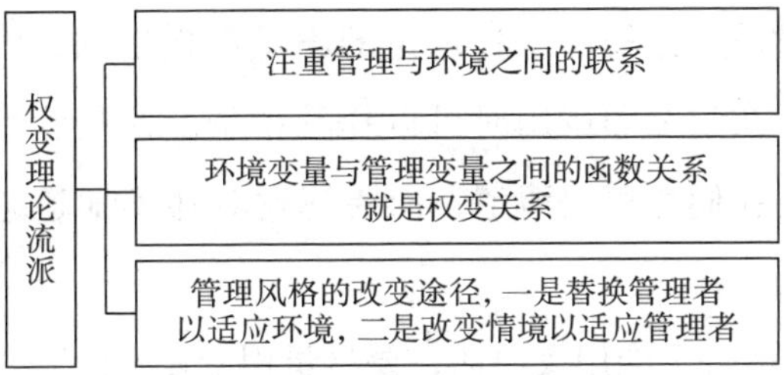

图6－8　权变理论流派

8. 行为科学流派（见图6－9）

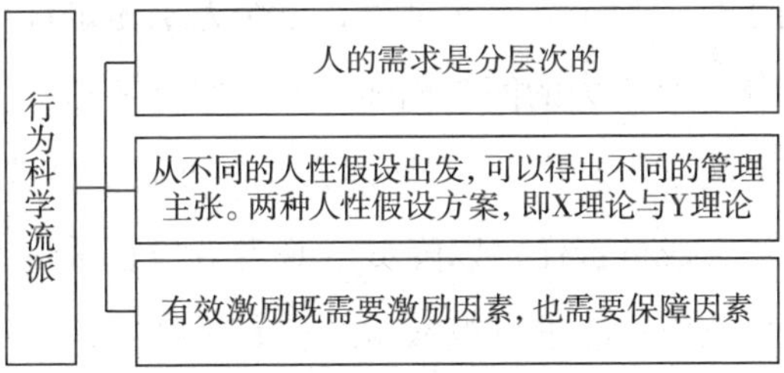

图6－9　行为科学流派

9. 现代管理理论（见图6－10）

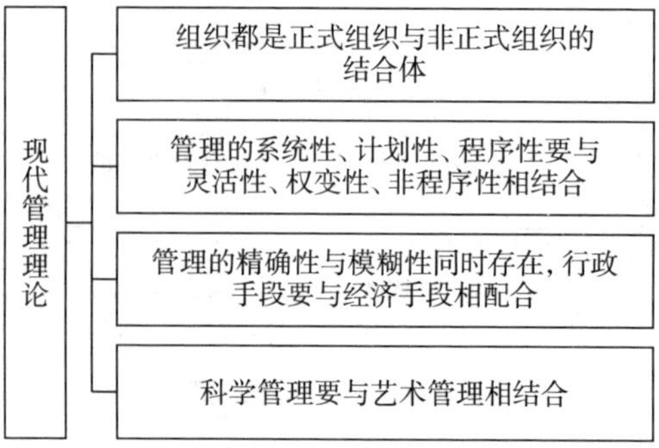

图6－10　现代管理理论

上述管理理论都是为弥补前一种理论的不足而提出的，没有对错之分，也没有过时不过时之说。在学习和运用时可以择其精华。这些管理理论在考试中都用得上。很多情况下，我们心里很清楚，而要答题时却不知道怎么表述，往往是缺乏这些知识造成的。

注意：答题时，语言不能用大白话，要尽量用专业术语。

三、管理定律

1. 华盛顿合作定律

（1）一个人敷衍了事，两个人互相推诿，三个人永无宁日。

（2）人与人的合作不是人力的简单相加，而是要复杂和微妙得多。

华盛顿合作定律影响了群体关系，降低了组织效能。要破解华盛顿合作定律，必须明确成员分工，落实成员责任，以降低旁观者效应；采用激励机制，实行目标管理，以避免社会惰化效应；注重组织素质结构，重视组织沟通，以减少组织内耗现象。强调团队合作的重要性，同在一间屋里面工作或在共事同一个项目的一群人，特色在于将有才能的人聚集起来，并对一些可能不常见的问题提出创新的解决方法，对于没有解决的问题，团队广泛的技能和广阔的知识面与个人的才能和知识面相比，更具有绝对优势。

2. 二八定律（巴莱多定律）

19世纪末20世纪初的意大利经济学家巴莱多认为，在任何一组东西中，最重要的只占其中一小部分，约20%，其余80%尽管是多数，却是次要的。

社会约 80% 的财富集中在 20% 的人手里，而 80% 的人只拥有 20% 的社会财富。这种统计的不平衡性在社会、经济及生活中无处不在，这就是二八定律，又叫“二八法则”。

二八定律告诉我们，不要平均地分析、处理和看待问题，管理中要抓住关键的少数；要找出那些能给企业带来 80% 利润，总量却仅占 20% 的关键客户，加强服务，达到事半功倍的效果；企业领导人要对工作认真分类和分析，把主要精力花在解决主要问题、抓主要项目上。

3. 木桶理论

木桶理论是指组成木桶的木板如果长短不齐，那么木桶的盛水量不是取决于最长的那块木板，而是取决于最短的那块木板。木桶理论也称为“短板效应”。一个木桶无论有多高，其盛水的多少都取决于最短的那块木板的长度。

四、管理效应

学习管理效应，对于提升管理、领导能力大有启发和帮助。领导胜任力提升测试中经常会考到一些相关的管理效应，这里介绍 12 种有用的管理效应。

1. 鳄鱼效应

假定一只鳄鱼咬住你的脚，如果你用手去试图挣脱你的脚，鳄鱼便会同时咬住你的脚与手。你越挣扎，被咬住得越多。因此，万一有鳄鱼咬住你的脚，你唯一的办法就是牺牲一只脚，有点类似虎怒决蹯。

由于人性天生的弱点时时不自觉地影响我们的操作，一次大亏，足以输掉前面 99 次的利润，因此严格遵守止损规律便成为在风险社会中确保生存的唯一法则。

小启示

XIAO QISHI

人在犯了错误的时候，要立即停下来，不可以再找借口、期待、理由或采取其他任何动作，否则将陷入更大的麻烦和错误，导致更严重的后果。当一个人被立案调查时，应意识到自己的错误，主动承认，不要自作聪明隐瞒、串供，否则就会被视为对抗调查，只会罪加一等。

要学会放弃。生活中，有时不好的境遇会不期而至，令我们猝不及防，手忙脚乱，甚至造成严重的损失，这时安然处之，及时主动放弃局部利益而保全整体利益是最明智的选择。智者曰："两弊相衡取其轻，两利相权取其重。"趋利避害，也是放弃的诀窍。

2. 羊群效应

羊群是一种很散乱的组织，平时在一起也是盲目地左冲右撞，但一旦有一只羊带头动起来，其他的羊就会不假思索地一哄而上，全然不顾前面可能有狼或者不远处有更好的草。因此，"羊群效应"就是比喻人都有一种从众心理，从众心理很容易导致盲从，而盲从往往会陷入骗局或遭到失败。

羊群效应一般出现在一个竞争非常激烈的行业内，而且如果这个行业内有一个领先者（领头羊）占据了主要的注意力，那么整个羊群就会不断模仿这个领头羊的一举一动，领头羊到哪里去吃草，其他的羊也去哪里"淘金"。

法国科学家让·亨利·法布尔曾经做过一个松毛虫实验。他把若干松毛虫放在一只花盆的边缘，使其首尾相接成一圈，在花盆的不远处又撒了一些松毛虫喜欢吃的松叶，松毛虫开始一条跟一条绕着花盆一圈又一圈地走。这一走就是七天七夜，饥饿劳累的松毛虫尽数死去。而可悲的是，只要其中任何一条稍微改变路线就能吃到嘴边的松叶。

小启示

XIAO QISHI

任何存在的东西都有其合理性，羊群效应并不见得就一无是处。这是自然界的优选法则，在信息不对称和预期不确定的条件下，看别人怎么做确实是风险比较低的（这在博弈论、纳什均衡中常用）。羊群效应可以产生示范学习作用和聚集协同作用，对于弱势群体的保护和成长是很有帮助的。

羊群效应告诉我们：对他人的信息不可全信也不可不信，凡事要有自己的判断，虽然出奇能制胜，但跟随者有后发优势，常法无定法。

许多时候，在人群或市场中的普通大众，容易丧失基本判断力。人们喜欢凑热闹、人云亦云。群众的目光还投向媒体或他者，希望从中得到判断的依据。但是，媒体人也是普通群众，不是你的眼睛，你不会辨别垃圾信息就会失去方向。因此，收集信息并敏锐地加以判断，是让人们减少盲从行为，更多地运用自己理性的最好方法。

3. 鲇鱼效应

鲇鱼在搅动小鱼生存环境的同时，也激活了小鱼的求生能力。鲇鱼效应是采取一种手段或措施，刺激一些人或企业活跃起来并积极投入市场或其他竞争中，从而激活自己或市场。

小启示

XIAO QISHI

从人才开发的角度来看，“鲇鱼效应”是管理者激发员工活力的有效措施，具体是指组织管理部门通过引进优秀人才以激活原有员工的活力，产生一石激起千层浪的激荡效果。海归人才回国以后，往往能够产生非常积极的“鲇鱼效应”。

4. 刺猬效应

刺猬在天冷时会彼此靠拢取暖，但要保持一定距离，以免互相刺伤。这个比喻来自叔本华的哲学著作，强调人际交往中的“心理距离效应”。刺猬效应理论可应用于多个领域。运用在管理实践领域，就是领导者想要搞好工作，就要与下属保持“亲密有间”的关系，即一种不远不近的恰当合作关系。运用在教育领域，就是教育者与受教育者日常相处只有保持适当的距离，才能取得良好的教育效果。

小启示

XIAO QISHI

把握恰当的“亲密有间”。这是一种不远不近的恰当合作关系。与下属保持心理距离，可以避免下属的防备和紧张，可以减少下属对自己的恭维、奉承、送礼、行贿等行为，可以防止与下属称兄道弟、吃喝不分。这样做既可以获得下属的尊重，又能保证在工作中不丧失原则。一个优秀的领导者和管理者，要做到“疏者密之，密者疏之”，这才是成功之道。既要表现出亲和力，也要给人以敬畏感。

巧用“空间侵犯”心理。美学上有句名言：距离产生美。事实上，现实生活中，人与人之间如果想保持和谐相处，也需要保持一定的空间距离。一般来说，陌生人之间会保持一米以上的空间距离，这样才会让彼此感觉好一点。靠得太近，容易给彼此造成威胁，这种现象在心理学上叫“空间侵犯”。

把握恰当的时间距离。刺猬效应告诉我们，只有保持适当的距离，才能既互相取暖，又不至于刺伤对方。距离当然也包括时间距离。每个人都有属于自己的时间，如果你无端占用别人的时间，就会影响别人的正常生活，是对别人的一种不尊重，还会影响你们之间的感情。比如，在对下属运用空间侵犯的时候，如果侵犯的时间太长，会使下属产生厌烦心理。因为总有一个人在身边会影响下属正常工作，这显然对提高工作效率不利。

法国前总统戴高乐有一个座右铭："保持一定的距离！"这深刻地影响了他和顾问、智囊和参谋的关系。在十多年的总统岁月里，他的秘书处、办公厅、私人参谋部等顾问和智囊机构，没有谁的工作年限能超过两年。他不容许身边有永远离不开的人。只有调动，才能保持一定距离，而唯有保持一定的距离，才能保证顾问和参谋的思维与决断具有新鲜感并充满朝气，也就可以杜绝年长日久的顾问和参谋利用总统与政府的名义营私舞弊。戴高乐的做法是令人深思和敬佩的。没有距离感，领导决策过分依赖秘书或某几个人，容易使智囊人员干政，进而使这些人假借领导的名义，谋一己之私利，最后拉领导干部下水，后果是很危险的。两相比较，还是保持一定距离好。

5. 沉锚效应

人们在对某人某事做出判断时，易受第一印象或第一信息支配，就像沉入海底的锚一样把人们的思想固定在某处。沉锚效应存在于生活的方方面面。第一印象和先入为主是其在社会生活中的表现形式。

小启示 XIAO QISHI

通常来讲，人们在做决策时，思维往往会被得到的第一信息所左右，就像沉入海底的锚一样，把你的思维固定在某处。而用一个限定性的词语或规定作为行为导向，达成行为效果的心理效应，则被称为"沉锚效应"。

6. 旁观者效应

旁观者效应也称为"责任分散效应"，是指对某一件事来说，如果是个体被要求单独完成任务，责任感就会很强，会做出积极的反应。但如果是要求一个群体共同完成任务，群体中的个体的责任感就会很弱，面对困难或遇到责任往往会退缩。因为前者独立承担责任，后者期望别人多承担点责任。“责任分散”的实质就是人多不负责，责任不落实。

7. 雁阵效应

雁群在天空中飞翔，一般都是排成人字阵或一字斜阵，并定时交换左右位置。生物专家研究后得出结论，即雁群这一飞行阵势是它们飞得最快最省力的方式，因为它们在飞行中后一只大雁的羽翼，能够借助前一只大雁羽翼产生的空气动力，使飞行省力，一段时间后，它们交换左右位置，目的是使另一侧的羽翼也能借助空气动力缓解疲劳。管理专家将这种有趣的雁群飞翔阵势原理运用于管理学的研究，形象地称为“雁阵效应”。

小启示 XIAO QISHI

靠着团结协作精神，才使得候鸟凌空翱翔，完成长途迁徙。雁阵如此，管理工作亦如此，唯有顽强拼搏、团结协作，才能带领企业走得更远、更好，起到“1 +1 >2”的效果。

在新的高度激烈竞争、情况瞬息万变的市场上，如果决策不做到高度分权，组织对市场（信息）的反应迟钝，其成功也是很难想象的。

为了保证分权决策的良好效果，员工必须具有良好的知识和技术素质，具有高度责任心和自觉性。为了做到这一点，组织内部在劳动分工、利益分配等问题的处理上，都不能再沿袭传统的美国企业的模式，而是必须像日本企业那样，吸收工人参加管理，在重大问题的决策上听取一线普通职工的意见，保障工人在企业中的基本利益，同时加强对工人的培训。

习近平总书记曾指出：领导干部要积极发挥头雁效应。群雁高飞头雁领。头雁率先垂范，发挥了示范带动作用，就会形成头雁效应，这支队伍就会向着目标同心同德、奋勇前行。各级领导干部是“关键少数”，是各个地方、各个领域、各个单位、各级组织的“头雁”。

8. 孕妇效应

偶然因素随着自己的关注而让你觉得是个普遍现象，就像是当人怀孕了就更容易发现孕妇，你开了奔驰就更容易看到奔驰，你拎个 LV 就发现满大街都是 LV。世界其实挺美好的，看人把内心投射在哪里，而投射前要先让自己的内心美好起来。相由心生，境由心造。

小启示 XIAO QISHI

一个看到自己优点的人，才有能力看到他人的可取之处。能用积极的态度看待他人，往往是良好人际关系的必备条件。

9. 标签效应

美国心理学家贝科尔认为："人们一旦被贴上某种标签，就会成为标签所标定的人。"第二次世界大战期间，美国心理学家在招募的一批行为不良、纪律散漫、不听指挥的新士兵中做了如下实验：让他们每人每月向家人写一封说自己在前线如何遵守纪律、听从指挥、奋勇杀敌、立功受奖等内容的信。结果，半年后这些士兵发生了很大的变化，他们真的像信上所说的那样去努力了。这种现象在心理学上被称为"标签效应"。

小启示 XIAO QISHI

在教育中，应提倡以正面教育为主。

10. 鲨鱼效应

在海洋中的鱼类，因为有鳔才使自己在大海中自由沉浮，当鳔充满空气的时候，鱼儿就上浮；当鳔释放空气的时候，鱼儿就下沉。鲨鱼没有鳔，但是它仍然能在海中自由沉浮，这是为什么？因为鲨鱼为了使自己不下沉不停地游动，长此以往，鲨鱼的身体肌肉越来越强壮，体格也越来越大，终于成为"海洋霸王"。这就是所谓的"鲨鱼效应"。

小启示

XIAO QISHI

有的组织因为某些原因导致现有的条件远不如其他组织，但这种先天不足不见得就是坏事。只要能够像鲨鱼那样正视自己的先天不足，不断创造条件不停息地努力拼搏，就能将劣势转化为优势，并最终成为高质量、有特色的组织。

在教育中要看到，先天的不足不一定全是坏事，只要自己努力，总会化劣势为优势。我们在接手一个落后的团队时，要多给员工讲“落后是暂时的”。落后更说明我们以后还有提升的空间和机会，一定要抓住机会，让其他兄弟单位看到我们的进步和提高，应该有信心把单位的各项工作搞好。

11. 破窗效应

“破窗效应”理论由政治学家詹姆士·威尔逊、犯罪学家乔治·凯林提出。

防止破窗效应应把握的原则与方法：

（1）第一次就把事情做对；

（2）发现问题及时处理，把问题解决在第一次，要“小题大做”；

（3）当事件有可能扩大、出现蔓延趋势时，就要及时执行或出台针对性的规定；

（4）在出现违章、违法等破窗情况后，及时按规定严格处置，利用“热炉法则”；

（5）及时疏导，坚持零容忍，形成制度执行的持续效应。

12. 路径依赖效应

（1）一旦做出某种选择，惯性的力量就会不断自我强化这一选择，让人轻易走不出来。

（2）对组织而言，一种制度形成后，会形成某个既得利益集团，其对现在的制度有强烈的要求，只有巩固和强化现有制度才能保障其继续获得利益，哪怕新制度对全局更有效率。对个人而言，一旦做出选择以后，就会不断地投入精力、金钱及各种物资，即使哪天发现自己选择的道路不合适也不会轻易改变，因为这样会使自己在前期的巨大投入变得一文不值，这在经济学上叫“沉没成本”。沉没成本是路径依赖的主要原因。

五、案例分析

如何运用这些理论来解决实际问题呢？我们试举几例。

【例6-1】 多年前，美国斯坦福大学的心理学家进行了一项实验。他们找了两辆一模一样的汽车，把其中一辆停在中产阶级社区，而另一辆停在相对杂乱的街区。把停在杂乱街区的那一辆车牌摘掉，并且把顶棚打开，结果这辆车一天之内就被人偷走了。而停在中产阶级社区的那一辆，过了一个星期也无人问津。后来，心理学家用锤子把那辆车的玻璃敲了个大洞。结果，仅仅过了几个小时车就不见了。

根据这一试验结果，美国政治学家威尔逊和犯罪学家凯林提出了一个理论，该理论认为，被打碎玻璃的窗户如果不及时修复，就会给人一种无序的感觉，而在这种麻木不仁的氛围中，犯罪就会滋生和蔓延，这就是“破窗效应”。

请根据“破窗效应”理论，回答下列问题：

1.（多选）下列现象，属于“破窗效应”的是（　　）。

A. 一面墙出现一些涂鸦，如果没有被很快清洗掉，墙上就布满了乱七八糟、不堪入目的东西

B. 一条人行道有些许纸屑，如果不被清理，不久后就会有更多垃圾，人们会理所当然地将垃圾顺手丢弃在地上

C. “小洞不补，大洞一尺五”

D. “千里之堤，溃于蚁穴”

2.（多选）“破窗效应”理论包含的辩证法的哲理有（　　）。

A. 要重视量的积累，促进事物飞跃

B. 量变达到一定程度必然会引起质变

C. 新陈代谢是宇宙间不可抗拒的普遍规律

D. 办事情要从整体着眼，重视局部

3.（多选）防止“破窗效应”出现的方法是（　　）。

A. 建立良好有序的环境，有效防止第一个“破窗”的出现

B. 及时、准确、有效地处理最初的“破窗”，避免招致更大的损失

C. 要尽可能建立、健全完备的管理制度，避免制度的“破窗”

D. 听之任之，破罐子破摔

4.（多选）中共中央总书记习近平在加强反腐倡廉法规制度建设第二十四次集体学习中强调，要坚决防止“破窗效应”。他指出，（ ）。

A. 在减少腐败存量的同时，坚决遏制腐败增量，推进反腐倡廉工作制度化、规范化

B. 加强反腐倡廉法规制度建设，必须一手抓制定完善，一手抓贯彻执行

C. 对违规违纪、破坏法规制度，踩“红线”、越“底线”、闯“雷区”的，要坚决严肃查处，不以权势大而破规，不以问题小而姑息，不以违者众而放任，不留“暗门”、不开“天窗”

D. 要健全问责机制，坚持有责必问、问责必严，把监督检查、目标考核、责任追究有机结合起来，形成法规制度执行强大推动力

题号	1	2	3	4
参考答案	ABCD	ABD	ABC	ABCD

【例 6－2】 第一次世界大战期间，法国曾与德国交战。法军一个旅司令部在前线构筑了一座极其隐蔽的地下指挥部，但是，他们只注意了人员的隐蔽，而忽略了一位长官养的一只猫。德军一个参谋在观察战场时发现：每天早上八九点钟，都有一只小猫在法军阵地后的一座坟包上晒太阳。他立刻向主要指挥官做了汇报。主要指挥官召开了高级参谋会议，参加会议者有几人认为这里大有文章，但有一名高级指挥官认为这是小题大做，为一只猫召开会议讨论不值得。他发言后，其他人什么话都不说了。主持会议的高级指挥官没有办法，就让参加会议的人各写一份自己的看法，他将这些书面材料整理出来，最终做出了如下判断：第一，这只猫不是野猫，野猫白天不出来，更不会在炮火隆隆的阵地上出没；第二，猫的栖身处就在坟包附近，很可能是一个地下掩蔽部，因为周围没有人家；第三，这只猫是相当名贵的波斯品种，在打仗时还有条件玩这种猫的绝不会是普通的下级军官。据此，他断定那个掩蔽部一定是法军的高级指挥所。随后，德军集中 6 个炮兵营的火力对那里实施突袭。事后查明，德军的判断完全正确，这个法军地下指挥部内的人员全部阵亡。

1.（单选）参加会议的一名高级指挥官发言后，别人都不说话了，这反映出“专家会议法”容易出现的缺点是（ ）。

A. 容易出现意见不集中，难以统一，即所谓“群体思维”

B. 容易出现羊群效应，亦即跟从领导效应，只要领导发表了意见就没有人敢

反驳

C. 容易出现盲从效应，只要有人定了调，其他人就没有主见了

D. 容易出现鲇鱼效应，缺乏领导和竞争，意见冲突

2. （单选）主持会议的高级指挥官让每个人独立地写出自己的意见，这种决策方法被称为（　　）。

A. 德尔菲法　　B. 头脑风暴法　　C. 系统工程法　　D. 回归分析法

3. （单选）案例中的第一种决策方式适合（　　）决策阶段。

A. 方案拟制　　B. 发现问题

C. 确定目标　　D. 最后决定

4. （多选）案例中的第二种决策方式适合（　　）决策阶段。

A. 方案拟制　　B. 发现问题

C. 确定目标　　D. 会议决定

5. （多选）案例中的猫对决策起了关键作用，这表明（　　）。

A. 决策既要着眼于整体，也要关注技术和细节问题

B. 领导决策要抓大放小，宜粗不宜细，这一观点是错误的

C. 猫的出现虽然是个细节，却是关键信息，决策要善于分辨信息

D. 决策要善于发现问题、矛盾，矛盾往往存在于一些关键细节中

题号	1	2	3	4	5
参考答案	B	A	A	BC	ACD

【答案解析】

1. 选项 A 是头脑风暴法的缺点，由于群体成员心理受相互作用影响，易屈于权威或大多数人的意见，形成所谓的“群体思维”；选项 C、D 表述有误。

2. 德尔菲法也称“专家调查法”，是选定专家，通过书面方式向专家提出要决策的问题，得到答复后，集中整理，再请专家给以说明，反复多次，直到专家意见渐趋一致。该法与专家会议法、头脑风暴法的区别也在这点上。

3. 专家会议法适合在拟制方案、集思广益的阶段使用。

4. 德尔菲法适合在发现问题、确定目标的阶段使用。

5. 领导决策过程中要抓大放小，宜粗不宜细，本身没错，但不意味着领导可以不考虑细节。

小案例 XIAO ANLI

五道口市税务局个别干部上班时间经常上网看股市变化，谈论和进行股票买卖，慢慢地，该机关里越来越多的人上班时间上网炒股、购物甚至看电影、玩游戏。很快，整个机关给人造成一种无序的感觉，拖拉、推诿、不作为等不良风气开始滋生蔓延。以上情况说明：对于组织中“第一次出现的不良现象”，如不及时制止，久而久之，会在组织环境中产生强烈的暗示性和诱导性。国外有关专家针对这类现象进行过专门研究，并提出了一个著名的管理学效应。

【思考】

1. 请说出上述管理学效应的名称。

2. 为避免出现该效应，应采取哪些有效措施？

（答案从本节中找）

第二节　管理方法

管理学上常见的管理方法有很多，领导胜任力提升要求掌握以下八个管理方法：项目管理、会议管理、应急管理、时间管理、文化管理、冲突管理、团队管理、目标管理。

一、项目管理

1. 项目管理的主要内容

（1）对项目进行前期调查，收集整理相关资料，制定初步的项目可行性研究报告，为决策层提供建议。

（2）协同配合制定和申报立项报告材料。

（3）对项目进行分析和需求策划。

（4）对项目的组成部分或模块进行完整系统设计。

（5）制定项目目标及项目计划、项目进度表。

（6）制订项目执行和控制的基本计划。

（7）项目进程控制，配合上级管理层对项目进行良好的控制。

（8）跟踪和分析成本。

（9）记录并向上级管理层传达项目信息。

（10）管理项目中的问题、风险和变化。

（11）项目沟通、协调与团队建设。

2. 项目管理的意义

（1）合理安排项目的进度，有效使用项目资源，确保项目能够按期完成，并降低项目成本。

（2）加强项目的团队合作，提高项目团队的战斗力。

（3）降低项目风险，提高项目实施的成功率。

（4）有效控制项目范围，增强项目的可控性。

（5）可以尽早发现项目实施中的问题，有效进行项目控制。

（6）可以使项目决策更加有依据，避免项目决策的随意性和盲目性。

（7）可以有效地进行项目的知识积累。

3. 项目管理的过程（见图6－11）

图6－11　项目管理的过程

4. 项目管理者的能力素质要求

人格魅力、业务能力、管理能力、理解能力、沟通能力、决断能力。

5. 现代项目管理与领导工作

（1）现代项目管理是面向满足利益相关方需求的管理。

（2）现代项目管理是基于系统式思维的管理。

（3）现代项目管理是面向目标的流程化管理。

二、会议管理

会议管理流程：

（1）会议规划：厘清会议目的与诉求，确定会议规模和与会者，选择会议地点与时间，设计会议议程，传达会议通知。

（2）会议主持：善于把握主持会议的基调，主持人不要轻易发表意见，要营造自由发表意见的气氛，善于应对冷场，善于应对离题发言，做好综合总结。

（3）会议总结：会议基本情况，会议主要收获，今后工作意见。

（4）会议管理技巧：做好会议沟通工作，务必让每个与会者都发言。

（5）应对分歧意见的技巧：给人台阶下，讨论中要经常归纳提醒，会议要到时而止。

三、应急管理

应急管理，是指政府及其他公共机构在突发事件的事前预防、事发应对、事中处置和善后恢复过程中，通过建立必要的应对机制，采取一系列必要措施，应用科学、技术、规划与管理等手段，保障公众生命、健康和财产安全，促进社会和谐健康发展的有关活动。

应急管理亦称“突发事件管理”，包括预防、准备、响应和恢复四个阶段。

突发事件的预防与应急准备、监测与预警、应急处置与救援、事后恢复与重建等应对活动，适用《中华人民共和国突发事件应对法》。突发事件，是指突然发生，造成或者可能造成严重社会危害，需要采取应急处置措施予以应对的自然灾害、事故灾难、公共卫生事件和社会安全事件。

1. 突发事件分级

特别重大的为 1 级，重大的为 2 级，较大的为 3 级，一般的为 4 级。

2. 应对工作原则

以人为本，减少危害；属地为主，分级负责；依法规范，统一指挥；注重预防，科学处置。

3. 突发事件应对和处置

（1）预警等级对应分为红色、橙色、黄色和蓝色。

（2）事件发生后，紧密依靠当地政府和有关部门采取措施，控制事态发展，保护现场涉密资料、重要物资安全，收集并保存相关证据，组织开展应急救援工作，及时向上级税务机关报告。

（3）1 级、2 级突发事件发生后，立即报告上一级税务机关，最迟不超过 1 小时。

（4）3级、4级突发事件因事件本身比较敏感，发生在敏感地区、敏感时间，或可能发展为2级以上突发事件，不受分级标准限制，直接向上级机关报告信息。

（5）当地省级政府规定的3级以上突发事件，或出现税务人员非正常死亡的事件，应及时逐级报告国家税务总局。

（6）突发事件处置结束后10个工作日内报送总结报告。

应急管理是领导干部应该掌握的管理方法，特别是在领导胜任力要求中，也明确提出领导干部应该提升突发事件应对能力。习近平总书记对青年干部还特别提出了要提高应急处突能力。在税务工作实际中，这是领导干部必须掌握的一项重要工作能力。

在测试中，需要我们运用这一原理和方法来进行答题，试举一例。

【例6－3】 周五快下班时，某县税务局接到上级电话，省税务局领导计划下周一到某市税务局开展调研，并提出在辖区内某县税务局召开座谈会，市税务局领导将随同调研。该县税务局6名同志因为历史遗留问题和身份问题不能享受职务与职级并行政策，一直心存不满，得知省税务局领导来调研的消息后，打算在县税务局门口静坐表达诉求。县税务局相关部门此前已多次向这6名干部解读了相关政策，但效果不佳。你作为该县税务局局长，获知此情况后将如何处理？

1. 在省税务局领导调研期间，安排上述6名干部外出参加培训。

①　②　③　④　⑤　⑥　⑦

有效性程度

低————————————————高

2. 及时向市税务局局领导汇报，申请改变座谈会地点。

①　②　③　④　⑤　⑥　⑦

有效性程度

低————————————————高

3. 放下身段，打“感情牌”，亲自联系上述6名干部，希望他们讲政治、讲大局，放弃上访。

①　②　③　④　⑤　⑥　⑦

有效性程度

低————————————————高

4. 及时召集6名干部座谈，认真听取他们的诉求，耐心做好解释说明，由班子成员分工联系6名干部，避免出现上访情况。

①　②　③　④　⑤　⑥　⑦

有效性程度

低——————————————高

5. 向6名干部私下承诺，如果他们放弃上访，下一步将通过“变通”的方式给予他们一定的“补偿”。

①　②　③　④　⑤　⑥　⑦

有效性程度

低——————————————高

请将答案写在下面的表格里。

措施1	措施2	措施3	措施4	措施5

【参考答案】④③⑤⑥①

【考点分析】这是一起应急管理事件，突发事件虽然还没有发生，并提前掌握了相关信息，但是如果处理不好，就可能导致群体性上访的突发事件发生。首先，准确判断此题考查的是领导干部的应急管理能力。

【答案解析】

1. 选④，有效性程度中等。这样的调虎离山之计看似很高明，但实际效果不佳。因为这6名干部已经知道省税务局来调研的消息，临时安排他们外出，会激起他们的内心反感，对今后沟通处理不利。

2. 选③，有效性程度不高。临时改变调研地点是无奈之举，也是无能的表现，未必能获得省税务局领导的理解和认可。

3. 选⑤，有效性程度较高。打感情牌，从大局的角度出发，做好这6名干部的工作，让他们放弃上访，既是必要的，也是提前研判、应急之道，只是仍然没有从根本上解决这6名干部关切的问题。

4. 选⑥，有效性程度很高。听取这6名干部的诉求，提前研判，做好解释工作，将突发事件控制在萌芽状态，这是正确的做法，但尚不完美，没有从根本上消除这6名干部上访的因素。

5. 选①，有效性程度极低。这种做法，固然可以打消这6名干部上访的念头，现实中确实有一些单位是这么做且有效的，但采取的措施是不合规的，有可能诱导其他干部提出不合理的要求。

应急管理还包括舆情应急管理，应熟悉新闻传播的一般规律，掌握舆情防范和处置的原则与方法。

（1）培育舆情敏感，管理好信息的出口。

（2）坚持快速反应，利用“黄金四小时”法则及时回应舆情。

（3）真诚沟通对话，消除公众误解或对立情绪。

（4）积极解决问题，化解舆情热度。

（5）做好跟踪监测，努力改进工作。

四、时间管理

很多领导感觉到事情太多太杂，总也做不完。这些“总也做不完”的事情就是人们常说的“时间杀手”（见图 6－12），其本质是一个人缺乏时间管理能力。时间管理就是自我管理。时间管理的本质是改变思想。

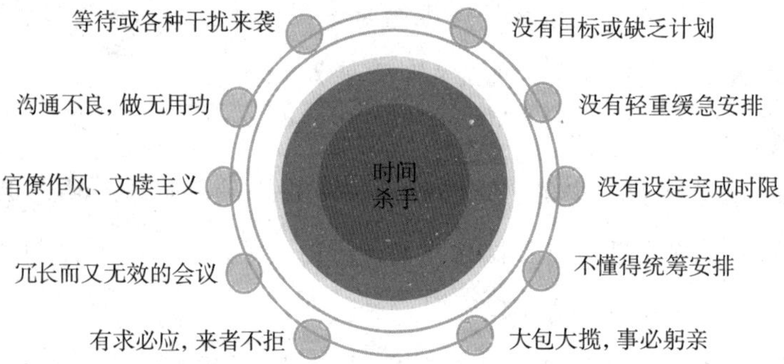

图 6－12　“时间杀手”

（一）时间管理方法

1. 6 点优先工作制

把每天要做的事情按重要性排序，分别从“1”到“6”标出 6 件最重要的事情。每天一开始，先全力以赴做好标号为“1”的事情，直到它被完成或被完全准备好。

如果一个人每天都能全力以赴地完成 6 件最重要的大事，那么他一定是一位高效率人士。

2. 帕累托效应

帕累托效应的核心内容是生活中80%的结果几乎源于20%的活动，要把注意力放在20%的关键事情上。

3. 莫法特休息法

莫法特休息法来源于一个典故。《圣经·新约》的翻译者詹姆斯·莫法特的书房里有3张桌子：第一张摆着他正在翻译的《圣经》译稿；第二张摆着他的一篇论文的原稿；第三张摆着他正在写的一篇侦探小说。

莫法特的休息方法就是从一张书桌搬到另一张书桌，继续工作。

4. 高效的时间管理

（1）有明确的目标。

（2）有计划、有组织地开展工作。

（3）分清工作的轻重缓急。

（4）合理地分配时间。

（5）懂得与他人的时间取得协同。

（6）制定规则、遵守纪律。

关注：效能分析四象限法（见图6－13）。

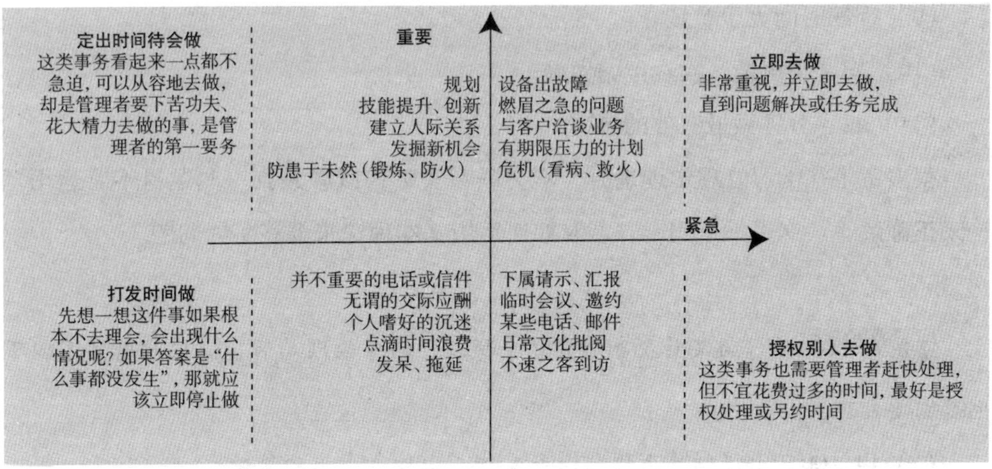

图6－13 效能分析四象限法

（二）如何提高效率

（1）第一次就把事情做好。

（2）事不宜迟、速度制胜。

（3）统筹安排、平行作业。

（4）优化流程、简化操作。

（5）整理整顿、快速定位。

（6）选择效率高的工具。

（三）时间管理的 11 条金律

（1）选择和你价值观相吻合的工作。

（2）设立明确的目标。

（3）改变你的想法。

（4）遵循二八定律。

（5）安排不被干扰的时间。

（6）严格规定完成期限。

（7）做好时间日志。

（8）学会列好清单。

（9）理解时间大于金钱。

（10）同一类事情一次性把它做好。

（11）每一分钟做最有效的事。

很多考生在学习管理学理论时，不会联系实际，或者碰到一些题目不会运用理论来正确解答。这里举个例子，看看如何运用基本理论来解答实际问题。

【例 6-4】你作为某县税务局分管个税工作的年轻副局长，上班时遇到了以下问题需要处理：

（1）14：00，上级领导来你局检查工作，由你负责出面接待；

（2）14：30，父母从老家来城里看病，你要去火车站接父母；

（3）你所在的小区物业打电话，说你家地板往楼下漏水，要你 15：00 赶到物业处理；

(4) 单位有退休干部约定15：20来局里报销医保，需要你接待签字；

(5) 你新谈的女朋友生病了，想让你下午请假陪她去看病。

经过反复斟酌，你想出了以下几个办法，请就其有效性程度逐一做出评价：

1. 按照重要且紧急、重要不紧急、紧急但不重要的时间管理原则排定优先次序，然后处理。

①　②　③　④　⑤　⑥　⑦

有效性程度

低——高

2. 自己处理以上第（1）个问题，其余交局办公室和相关部门处置。

①　②　③　④　⑤　⑥　⑦

有效性程度

低——高

3. 先集中精力处理以上第（1）个问题，找个同事帮忙接父母，然后陪女朋友看病，找个邻居去处理漏水，让退休干部先在办公室等着。

①　②　③　④　⑤　⑥　⑦

有效性程度

低——高

4. 自己处理以上第（1）个问题，做通女朋友工作，让她去火车站接父母，然后回小区处理漏水，退休干部的事先让他等着。

①　②　③　④　⑤　⑥　⑦

有效性程度

低——高

5. 委托另一个副局长负责接待领导，自己陪女朋友先到火车站接父母，然后一起到医院看病，退休干部和漏水之事先缓缓。

①　②　③　④　⑤　⑥　⑦

有效性程度

低——高

请将答案写在下面的表格里：

措施1	措施2	措施3	措施4	措施5

【参考答案】⑥②②③①

【答案解析】本题考查的是领导干部运用时间管理原则来解决问题的能力。

1. 选⑥，有效性程度高。这是运用效能分析四象限法来进行时间管理，做法原则上正确，但是没有具体说明如何安排工作，故不选⑦。

2. 选②，有效性程度低。能够区分事情的轻重缓急，先解决无可替代且紧迫的事情，没有问题，但是将其他事项特别是个人私事交给办公室人员处理，是公私不分，如何处理也很模糊。

3. 选②，有效性程度低。这种处理方式虽然顾及了当前要紧的公事，但后面几项事情处理方式均有不妥。

4. 选③，有效性程度不高。这种处理方式虽然顾及了一半，但另一半处理同样不妥，且不说接待上级检查工作，时间可能耗得比较长，即使能顺利在短时间内处理好，但在上班时间回家处理私事，也为不妥。另外，将退休干部冷落在办公室，同样不妥。

5. 选①，有效性程度极低。这样的处理方式是极端错误的。组织上明确由你负责的工作推给他人，这是对工作的不负责任，是先私后公，违背了时间管理的基本原则。

小总结 XIAO ZONGJIE

在本题中，你可采取一种更合理的处理方式：自己安心接待上级的工作检查；接待父母可以委托给要好的朋友；小区家中漏水的事情可以请求物业公司先行处理，可采用类似关掉水阀等方式；单位退休干部报销医保的事情可以打电话解释清楚，另行约定时间为他办理；至于女朋友生病看医生的问题，可以请她的闺密陪同去医院，事后买件礼物表达歉意，赢得女朋友的理解。这里把握了效能分析四象限法、充分利用与他人的时间取得协作、6点优先工作制等时间管理方法。

五、文化管理

文化管理是一种“以人为本”的管理模式，其本质是以人为本，以人的全面发展为目标，通过共同价值观的培育，在系统内部营造一种健康和谐的文化氛围，使全体成员的身心能够融入系统，变被动管理为自我约束，在实现社会价值最大化的同时，实现个人价值最大化。

把组织看成有机的、人的组织，更重要的使命是培养员工的文化素质，增加其对组织价值观的认同。

把员工看成有血有肉、有着自我价值实现的“文化人”。

外圆内方：“外圆”指通过文化来实行好的管理；“内方”指制度的内化，慢慢把制度演变为一种习俗。

关注：《关于加强新时代税务文化建设的意见》（税总发〔2019〕66 号）。

另外，还有一些概念可以关注一下：中国税务精神、税收使命、税务职业道德、税务核心价值观。

六、冲突管理

1. 冲突管理的概念

冲突管理是指采用一定的干预手段改变冲突的程度和形式，以最大限度地发挥其益处而抑制其害处的方法。

2. 冲突管理的两种取向

（1）双向取向（互惠双赢）。

（2）输赢取向（竞争）。

3. 五种冲突管理风格

协同、回避、斗争、迁就、折中。

4. 冲突管理方法

强调高级目标、减少差异化、增进沟通与理解、降低任务依赖性、增加资源、明确规则和程序、通过谈判、第三方介入。

5. 冲突管理的类别

利益冲突、资源冲突、价值观冲突、文化冲突。

6. 冲突管理的原则

避免有道、控制有方、沟通有效。

7. 引发冲突的原因（见图 6 – 14）

（1）外部原因。工作上的原因引发的冲突，如优先顺序、技术/行政意见、管理的程序、资源的分配、目标之间的冲突、组织的变革引起的冲突等。

（2）人为原因。因人们价值观的差异、认识上的差异引发的冲突，如沟通障碍、不同观点、利益冲突、压力冲突、不同目标与期望及人性、情感和性格等个人问题。

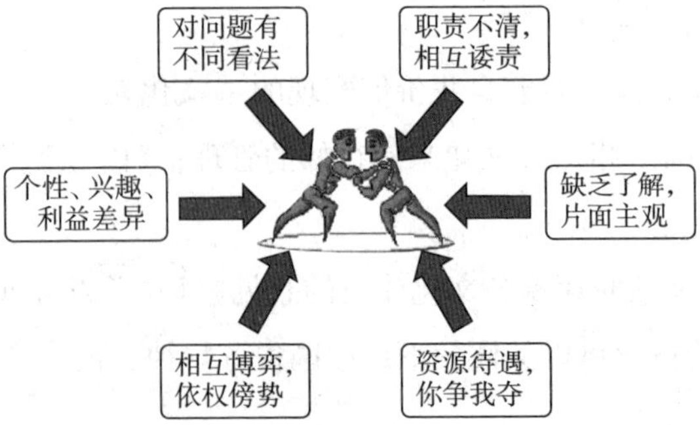

图6－14　引发冲突的原因

8. 角色冲突

（1）角色内的冲突（人与角色）。角色要求与个人的态度、价值观、专业行为不一致，如任务分配不当、目标不协调、对个人能力的要求不恰当等都可能引发角色冲突。

（2）角色间的冲突。个人两种不同角色相互矛盾，如工作角色与生活角色的冲突。

9. 组织内部冲突

当组织中存在相互冲突的目标、政策和决策时，就可能引发冲突。但并不是说组织内部一点冲突也不能有，相反，适当的冲突有利于组织肌体更加健康。

华为就是一个例子。华为曾经采取了客户经理制，员工代表公司与客户沟通洽谈，但时间一长，客户担心提意见会影响客户经理的升职，于是倾向于沉默。这样一来，华为就听不到客户的意见，管理上存在的问题就难以及时发现，这对华为的发展极为不利。于是，华为改用客户代表制，华为的员工代表客户，积极听取客户的意见或建议，批评华为的管理问题，使得华为能及时调整和纠正自己的问题，促进了华为的发展。

因此，要辩证地看待组织内部冲突，及时诊断组织内部的冲突是太少还是太多；了解组织中成员是否在不同的情境中选择和使用了恰当的冲突处理手法，及时干预。干预的方法有两种：一是结构干预，改变组织的结构设计特征，如分化和整合机制、层次或程序机制、奖励机制等；二是过程干预，改变组织成员处理冲突的手法。

【例6－5】 你和刘明是同事，同年参加工作，同时被提拔为省税务局的副处级干部，工作和私交关系都不错。十一长假前，刘明接受了自己导师吩咐的一项临时性工作，要求长假结束前必须完成。刘明请你帮他一起完成，你当时爽快地答应了。可是，十一的前一天下午下班时，一个局领导（并非你的主管副局长）请你一起去外地帮他处理一件棘手的私事。

面对这种情境，请问你怎么做？说出你的原因。

【考点分析】这是一种外部冲突。面对这种冲突，当事人如何做出自己的决定和选择，其实有很多种思路。

一是采取竞争取向。分别了解同事和领导的具体情况，将自己所处的情境坦诚地告诉他们，征求他们二人的意见，权衡二者的重要性和紧急程度，然后做出选择。

二是采取双赢取向。利用现代互联网络移动办公的优点，可以选择跟随局领导外出办事，白天处理局领导托付的事，晚上利用移动办公设备帮助同事处理事务，这样做两不耽误，可获得双赢的结果。

【例6-6】年底绩效考核总结评级阶段，A省税务局两个处室的处长发生了激烈的冲突。大王是B处的处长，你是C处的处长。论绩效，你的工作无可挑剔，得分也是公认的一等，但大王是国家税务总局领军人才，（假设）上面有规定，领军人才是当然的一等。但是大王上年一年有1/3的时间在外参加培训，你所在的处室还替他承担了一些工作。问题是，你上年绩效也是一等，主要领导的意思是你们两个人只能有一个获评一等。眼看你的一等不保，你就主动找分管副局长汇报，副局长非常支持你。但是，在评级会上，主管人事的副局长提出有一件工作因为你办理不及时，应该扣分。而实际上这项工作正是大王在外培训期间拜托给你的，你按时完成并提交给了大王，要说办理不及时，也是大王未及时呈报。但大王不承认，你感觉被利用、被算计了。

面对这种情境，请问你怎么做？作为分管副局长又该如何做？

【考点分析】当感觉到别人在利用你、算计你、忽视你的需要或观点时，应该表现你的决断性。

坚持自己的权利，在不损害他人权利的情况下，直接表达自己的感受和思想。

控制自己的情绪，不冲动，用恰当的语言表达自己的情感，同时从领导的角度看问题，听从领导决定。即使没有获评一等，也要在保持良好的人际关系中尽量化解冲突。

不要焦虑，将这次教训当作一次机遇，好好学习，不要把时间浪费在这件事上，要想办法证明自己的能力。

作为省局主管副局长，要表明公正的态度，不一定要力争，但要帮助下属，趁机叙述下属的贡献，表扬激励。

作为省局分管副局长，同时要反思上级的规定的合理性，争取改变不合理的规定，避免类似的情况再度发生，保护干部绩效工作的积极性。

七、团队管理

1. 团队的构成要素

目标、人员、团队定位、权限、计划。

团队有永久性团队、特定性团队。

2. 团队建设的核心

团队成员间就应用于工作中的共同价值观和原则达成一致。

一个好的团队应该具备以下几个特质：

（1）团队成员要清楚各个所处阶段情况，共同努力克服潜在影响成功的障碍。

（2）培养和维持共同远景，及对目标的认同感。

（3）寻找革新的做事方法。

（4）公开讨论遇到的问题，并达成解决的共识，继续前进。

（5）团队中每个成员要明白和分享自己的专长与技能。

（6）无论是顺境还是困境，都要信任团队成员并互相尊重。

（7）要有灵活舒适、公正愉快、开放的沟通。

3. 团队管理不是科层制管理，而是一种扁平型的组织形式

团队成员的责任是参与团队活动、扮演关键角色，支持团队价值和行为，提出威胁团队成功的问题。

团队领导的责任是引导团队绩效走向预期的结果，引导团队决定业务策略与方向，共担面向结果的团队相互责任，创造一种和谐、统一的团队文化，创造一种相互理解的气氛，培养对团队的自豪感。

（1）容纳个人的不同，并保持集体的一致和目标（同一性）。

（2）鼓励团队成员之间的支持和对抗（界限）。

（3）注意业绩、学习和发展。

（4）在管理者的权威和团队成员的判断力与自治之间取得平衡。

（5）维护关系三角（管理者、团队、个人）凝聚力。

同时，还应注意两点。首先，管理团队的外围：一是关注竞争环境，二是需要与跟团队相互依靠的组织处理好关系。其次，管理团队本身：一是设计团队，二是

在工作过程中提供支持。

4. 做好团队管理

（1）成员定位和职责要分清楚。

（2）了解每个成员的性格、才能。

（3）团队目标引导。

（4）管理制度和流程清晰。

（5）合适的绩效激励体系。

小案例

XIAO ANLI

猎狗将兔子赶出了窝，追了很久都没有抓到。猎人看到后讥笑猎狗："你们两个之间，小的反而跑得更快。"猎狗回答："你不知道，我们两个的跑是完全不同的！我仅仅是为了一餐饭而跑，而它却是为了性命而跑呀！"

这个寓言揭示了激励原理：兔子与猎狗都在做一样的事情，即拼命跑，然而，它们的目标是不一致的；目标不一致，导致其动力不一样。

猎人觉得猎狗说得对。于是，他又买来几条猎狗，对它们说："能抓到兔子的，可以得到几根骨头，抓不到的就不给吃。"

这是引入竞争机制，设立奖惩制度，给予激励动力。

过了一段时间，新问题出现了：大兔子难抓，抓到的小兔子却很多，因为抓到大兔子和小兔子的奖赏是一样的。猎狗发现了这个窍门，于是专抓小兔子。

此时，激励机制就失去了作用。

猎人经过思考，改变了现有的激励措施，采用每过一段时间，统计一次猎狗抓到兔子的总重量，按重量来评价，决定一段时间的酬劳。

这是及时调整激励机制。

过了一段时间，猎人发现猎狗抓的兔子数量又下降了，而且越有经验的猎狗，捕获兔子的数量下降得越厉害。

猎人去猎狗中调研。猎狗说："我们把最好的青春都奉献给了你，但是随着时间的推移，主人，我们也在慢慢变老。当我们抓不到兔子时，你还会给我们骨头吃吗？"

这就面临一个短期激励和长期激励的问题。

[思考]

猎人该怎么办，要给猎狗买养老保险吗?

八、目标管理

（一）目标管理理论

目标管理理论是由美国管理学家彼得·德鲁克（Peter F. Drucker）于20世纪50年代提出的，被称为“管理中的管理”。其一方面强调完成目标，实现工作成果；另一方面重视人的作用，强调员工自主参与目标的制定、实施、控制、检查和评价。

目标管理是以目标为导向，以人为中心，以成果为标准，使组织和个人取得最佳业绩的现代管理方法。目标管理也称“成果管理”，俗称“责任制”，是指在个体的积极参与下，自上而下地确定工作目标，并在工作中实行“自我控制”，自下而上地保证目标实现的一种管理办法。

目标管理的指导思想是以管理心理学中的Y理论为基础的。

Y理论是与X理论相对的，是将人性假设为喜爱工作、发自内心地愿意承担责任的理论。

X理论认为，员工天生惰性，厌恶工作，只要有可能，他们就会避重就轻；既然员工不喜欢工作，那么必须采取强制措施，迫使其完成工作任务；员工会千方百计地推卸责任；大多数员工喜欢安于现状，没有抱负。

Y理论认为，一般人本性不是厌恶工作，如果给予其适当机会，人们是喜欢工作，并渴望发挥才能的；多数人愿意对工作负责，寻求发挥能力的机会；能力的限制和惩罚不是使人去为组织目标而努力的唯一办法；激励在需要的各个层次上都起作用；想象力和创造力是人类广泛具有的，因此，人是“自动人”。激励的办法是：扩大工作范围；尽可能把员工工作安排得富有意义，并具挑战性；工作之后引起自豪，满足其自尊和自我实现的需要；使员工达到自我激励。只要启发内因，实行自我控制和自我指导，在条件适合的情况下就能实现组织目标与个人需要统一起来的最理想状态。

Y理论的管理方法如下：

（1）重视分权和授权，把责任最大限度地交给工作者：

（2）工作扩大化，把人安排到具有吸引力和富有意义的岗位上工作。

（3）参与式和协商式的管理，要用信任取代监督，以启发与诱导代替命令与服从，重视人的基本特征和基本需求，鼓励人们参与自身目标和组织目标的制定。

（4）员工绩效的自我评判。

麦格雷戈称，Y 理论实现了“个人目标与组织目标的结合”。以 Y 理论为基础的管理方法，能够鼓励组织成员参与决策，向他们提供承担责任和挑战工作的机会，扩大他们的工作范围，便于组织分权和授权，倡导他们对自己的工作进行评价，通过激励和诱导，使他们努力工作来实现组织的目标。

后来，又有人提出了 Z 理论。

Z 理论认为，要信任员工，信任是最好的激励，对员工的控制要含蓄委婉；每个员工都有自己的特点，要根据其个性组成团队提高工作效率；管理者与被管理者需要建立良好的个人感情；提供员工参与管理的机会；让员工得到业务范围之外的培训机会；终身雇佣，缓慢晋级。

（二）目标管理的内容与特点

1. 目标管理的核心

明确和重视成果的评定，提倡个人能力的自我提高，其特征就是以目标作为各项管理活动的指南，并以实现目标的成果来评定其贡献大小。

2. 目标管理的基本内容

动员全体员工参加制定目标并保证目标实现，即由组织中的上级与下级一起商定组织的共同目标，并把其具体化展开至组织各个部门、各个层次、各个成员。与组织内每个单位、部门、层次、成员的责任和成果相互密切联系，在目标执行过程中要根据目标决定上下级责任范围，上级权限下放，下级实现自我管理。在成果评定过程中，严格以这些目标作为评价和奖励标准，采用自我评定和上级评定相结合的方法。以此，最终组织形成一个全方位的、全过程的、多层次的目标管理体系，提高上级领导能力，激发下级积极性，保证目标的实现。

3. 目标管理的特点

（1）员工参与管理。目标管理是员工参与管理的一种形式，由上下级共同商定，依次确定各种目标。

（2）以自我管理为中心。目标管理的基本精神是以自我管理为中心。目标的实施由目标责任者自我进行，通过自身监督与衡量，不断修正自己的行为，以实现目标。

（3）强调自我评价。目标管理强调自我对工作中的成绩、不足、错误进行对照总结，经常自检自查，不断提高效益。

（4）重视成果。目标管理将评价重点放在工作成效上，按员工的实际贡献大小如实地评价一个人，使评价更具有建设性。

第三节　领导理论

领导行为、领导过程包括三个要素：领导者、被领导者（追随者）和情境。

三个要素决定了领导行为的有效性。被领导者是这一行为的客体，但并不只是被动地接受指令，他们也会对领导行为产生影响，因为权威的真正确立在于被领导者的接受程度，因此被领导者的特征决定了实施何种领导行为最有效。领导行为还应随着组织情境的变化进行调整，这里的情境既包括任务结构、职位权力、工作特征等组织内部环境，也包括社会文化等组织外部环境。领导者对其下属的影响力要远远大于下属对领导者的影响力。

一、管理和领导的联系与区别（见图6－15）

管理	领导
· 管理是建立在合法的职权基础上对下属命令的行为 · 管理者是被任命的，存在于正式组织中，拥有合法权力 · 管理者靠制度达到管理目的 · 管理侧重于处理复杂问题（领导侧重于处理变革问题） · 管理注重计划微观（领导注重宏观长期） · 管理强调专业化（领导注重综合性） · 管理的对象是人、财、物，领导的对象是人	· 领导是管理活动的一个方面，其本质是影响力（职位权力、个人权力） · 领导者可以被任命，存在于正式组织中，也可以从群体中产生 · 领导者还可靠个人影响力、远景规划、激励实现目标 · 正确认识身上的任务和责任 · 树立正确的权威性（破除对职位权力的迷信、正确认识权力的来源、正确使用权力；要使自己有威信——素质、能力、人和、公道正派、诚信）

图6－15　管理和领导的联系与区别

二、从管理者向领导者转变的理论和途径

（1）从“事实”和“数据”管理向“情感”管理转变。

（2）从一个“情感管理者”到“情感触动者”（利益—热情）。

（3）从一个标准的跟随者到标准的制定者。

（4）从一个现实主义者到一个梦想者。

（5）从一个完美主义者变成妥协者。

领导者要乐于真诚而坦率地检讨自己的缺点和偏见，正视自己好的一面与不足的地方，发现自己的能与不能。

回归自我是领导力至关重要的一个因素，有时，人必须跳出长时间工作留下的思维方式的烙印。每个人都戴着面具，表现得像别人希望的那样，总是做一些自己不愿意做的事。确定你到底想变成什么样的领导者。这需要一个彻底的思考，包括完全切割掉与过去的关联。

三、领导特质理论

（1）领导的特质与生俱来，只有天生具有领导特质的人才有可能成为领导者。强调领导者自身一定数量的、独特的，并且能与他人区别开来的品质与特质对领导有效性的影响。领导特质可以预测领导的有效性。

（2）领导者应该具备的基本特质是：活力与忍耐力，当机立断，循循善诱，责任心，智力。（巴纳德理论）

（3）天才的领导者具备七项特质：善言辞，外表英俊潇洒，智力过人，具有自信心，心理健康，有支配他人的倾向，外向而敏感。（吉伯特质理论）

（4）还有一种理论认为，领导者应具有十大特质：才智，强烈的责任心和完成任务的内驱力，坚持追求目标的性格，大胆主动的独创精神，自信心，合作性，乐于承担决策和行动的后果，能忍受挫折，社交能力和影响别人行为的能力，处理事务的能力。

四、领导行为理论

（1）研究领导者在领导过程中的具体行为和不同行为对下属的影响，寻找最佳领导行为。领导行为基础是领导的特征和技巧，领导风格是领导者特质、技巧及和下属沟通时行为的统一体。研究领导的工作作风和行为对领导有效性的影响。

（2）三种领导方式理论：专制或独裁型领导（专权型领导）、民主集中型领导（民主型领导）、自由放任型领导。

（3）领导行为四分图（见图6－16）理论：从领导行为特征中，归纳出“抓工作组织”和“关心人”两个行为量纲，并且发现这两种行为在不同的领导者身上所表现出来的强弱程度不尽一致。

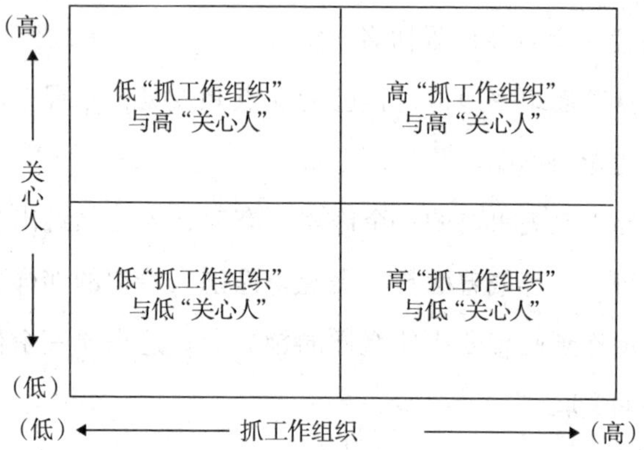

图6－16　领导行为四分图

（4）领导方格图（见图6－17）理论。5种典型的领导方式分别为：1–1型管理者（贫乏型），9–1型管理者（任务型），1–9型管理者（俱乐部型），5–5型管理者（中间型），9–9型管理者（团队型，最佳）。

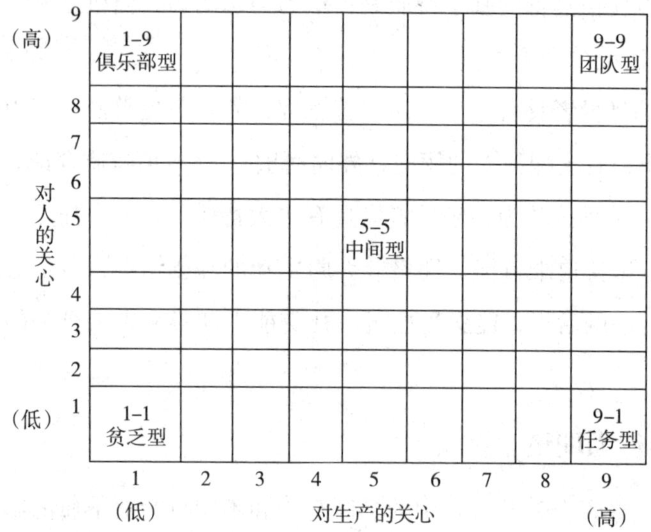

图6－17　领导方格图

（5）PM 领导行为理论：一类是以绩效为导向的领导方式，另一类是以维持群体关系为导向的领导方式（PM 型领导者的效果最好，可带来最高的生产效率、员工对领导者的高度信赖，及领导与下属之间的亲和力）。

五、领导情境理论

（1）领导者的领导方式，应同下属员工的成熟程度相适应，在下属员工渐趋成熟时，领导者依据下属的成熟水平选择正确的领导风格，取得成功。

（2）领导情境理论模式使用两个领导维度：任务行为和关系行为。每个维度都有高有低，从而组合成四种具体的领导风格。

指示（高任务—低关系）：领导者定义角色，告诉下属应该干什么、怎么干以及何时何地去干。

推销（高任务—高关系）：领导者同时提供指导性的行为与支持性的行为。

参与（低任务—高关系）：领导者与下属共同决策。领导者的主要角色是提供便利条件与沟通。

授权（低任务—低关系）：领导者提供极少的指导或支持。

（3）情境领导的三大技巧：诊断（评估）、弹性（轻松自在）、约定领导形态（伙伴关系）。

（4）四种领导模式：指挥式、教练式、支持式、授权式。

六、领导权变理论

（1）不存在一种绝对的最佳领导方式。领导是领导者、被领导者及其环境因素相互作用的动态过程。领导的效果与领导者所处的具体情境和环境有关。

（2）一个高明的领导者应是一个善变的人，即根据环境的不同及时变换自己的领导方式。领导权变理论告诉管理者应不断地调整自己，使自己不失时机地适应外界的变化，或把自己放到一个适应自己的环境中。

（3）费德勒模型。影响领导者领导风格的环境因素可归纳为三个方面：职位权力、任务结构和上下级关系。

（4）领导生命周期理论。根据员工的成熟度不同，将领导方式分为四种：命令式、说服式、参与式和授权式。

（5）路径－目标理论。领导者的工作效率是以能激励下属达到组织目标并且在工作中得到满足的能力来衡量的。领导者的基本职能在于制定合理的、员工期待的报酬，同时为下属实现目标扫清道路，创造条件（指示型、支持型、参与型、成就指向型）。

小案例

XIAO ANLI

2022年初，某市年轻有为的业务干部陈某通过竞争上岗走上领导岗位，被组织提拔任命为新成立的某开发区税务局党委委员、副局长，该局人员构成主要是近两年新招录的大学生以及从市税务局和其他区税务局调入的年轻干部。陈某曾在市税务局货劳科、所得税科工作过，该局党委分工时让他分管管理科，科里除了科长年龄稍长外，其他都是近几年新毕业的大学生，缺乏工作经验。

陈某仿效自己在市税务局工作时分管局领导的工作做法，大胆授权管理科科长，平时较少过问科里工作。5个月后，他发现了问题：一是在局长办公会上讨论自己分管的工作时，经常是其他局领导提出好的思路和办法，自己却提不出高质量的建议；二是管理科的工作在绩效考核时排名靠后；三是管理科科长汇报工作越来越少；四是自己对科里每个人的工作状态不甚了解。

陈某陷入深深的困惑中，他回想自己在市税务局的工作经历，分管领导类似的管理方法很有效，为什么现在使用起来却不灵了呢？

【思考】

1. 请运用管理学中权变理论简要说明出现上述问题的主要原因。

2. 如果你是陈某，今后应如何改进工作？

（答案从本节中找）

七、领导决策体制

决策贯穿组织各个管理职能。在组织管理过程中，每个管理职能要发挥作用就离不开决策，无论是计划、组织职能，还是领导和控制等职能，其实现过程都需要决策。没有正确的决策，管理的各项职能就难以充分发挥作用。

（1）领导决策体制由5个系统构成（见图6－18）。

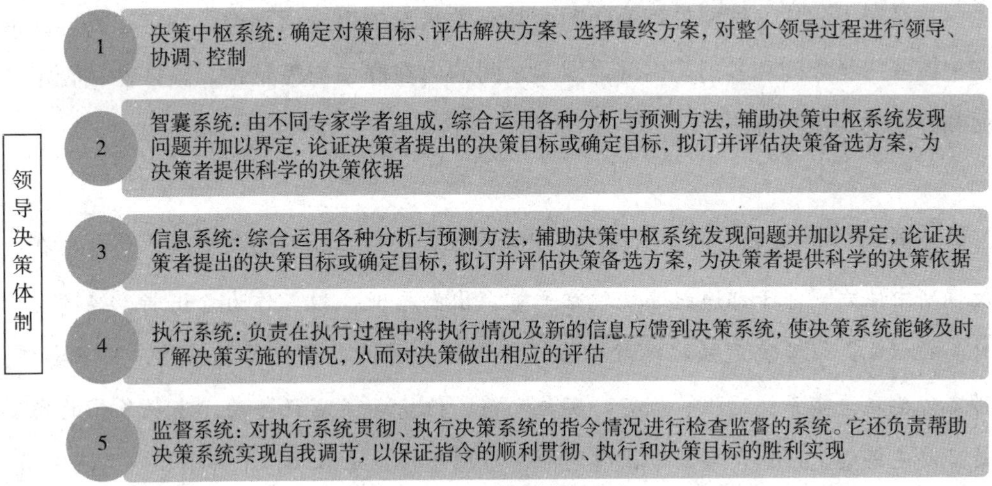

图6－18　领导决策体制

（2）决策的过程。

· 研究现状，判断改变的必要；

· 明确组织决策目标；

· 拟订方案；

· 方案的比较与选择；

· 执行方案；

· 检测处理。

决策过程也可以分为发现问题、确定目标；拟订方案、充分论证；分析评估、方案择优；慎重实施、反馈调节（见图6－19）。

图6－19　决策过程

（3）决策的方法。

· 德尔菲法。

· 头脑风暴法。

· 回归分析法。利用数据统计原理，对大量统计数据进行数学处理，并确定因变量与某些自变量的相关关系，建立一个相关性较好的回归方程（函数表达式），并加以外推，用于预测今后的因变量的变化。

· 系统工程法。把要处理的问题及其有关情况加以分门别类，确定边界，又强调把握各门类之间和各门类内部诸因素之间的内在联系与完整性、整体性，否定片面和静止的观点及方法。

【例6-7】 赵某是征管体制改革中某市税务局新上任的党委书记兼局长，在一次调研中他发现：干部违纪违规现象严重，出勤率低，担当作为意识弱。经过一段时间的研究，赵某决定强化绩效考核，将绩效与晋升、评优等相挂钩，明确责任，排末位要在全市系统通报、检查。实施之前，他请示了省税务局，省税务局的态度是可以先搞起来。但是实施一段时间后，与预想的差距很大，干部不理解、怨言多，工作积极性并没有提高。甚至平时工作态度好的干部也表示，反正晋升无望，排末位也无所谓。试问：赵某这一领导决策为什么行不通？

【考点分析】

（1）赵某这一决策存在科学性问题。在发现问题、确定目标的环节上，只看到表面现象，没有涉及现象背后真正的问题实质。干部工作积极性不高、违纪现象严重，根源在哪儿没有研究清楚。

（2）绩效管理是一个系统工作，需要专业化的岗位设计、系统性的配套措施，要取得干部的认同和共识，不能匆促决定；在分析评估、方案择优环节，不能凭主观判断；在实施环节，没有及时调节。

（3）在民主性上也存在问题。缺乏民意基础，在制定方案环节上，没有听取多方意见，尤其是忽视了一线干部的主观感受和心理期望。

【例6-8】 李某从外地提拔交流到A市税务局担任党委书记兼局长，年轻有干劲，事业心强，有思想。李某上任后不久发现局里工作流程存在问题，他征求了部分对前任局长有看法的干部的意见后，出台了一份改革方案。对此，有的点赞，说李局长有魄力，一定能改变现状，开创新的局面；有的则说，李局长的想法固然好，但这事牵涉面广，会有麻烦的。半年后，干部意见很大。李局长觉得，那些副局长工作责任心不强，能力差、不作为，干脆将工作直接安排给科长；副局长认为，既然“一把手”不信任，正好不用管事；科长则认为，“一把手”一竿子插下来，和主管副局长关系尴尬，因而很头痛。请分析李某的做法存在的问题。如果你处在李某位置，你会怎么做？

【考点分析】

（1）存在问题：李某缺乏民主作风，出台方案前，只征求部分人的意见，倾向性太强；违反民主集中制原则，方案没有经班子集体讨论研究决定；领导班子、科室职责不清；加剧了领导班子不团结，正、副职之间互相不信任，下属无所适从；过分集权，家长作风，越级布置工作，违反管理原则；副局长不作为、不主动，作为“一把手”没有认真沟通，回避问题。

（2）应对措施：在班子中认真检讨、真诚地自我批评，对改进工作认真征求领导班子的意见，处理好正、副职关系；召集班子成员、科室负责人开会，讨论、查找问题，总结分析原因，提出改进方案；发扬民主，与个别副职沟通，交换意见，虚心听取接受合理建议，争取他们的理解和支持，调动各方积极性。

小案例 XIAO ANLI

赵某是某市税务局局长，由于经济滑坡和新冠肺炎疫情防控等，税收收入持续下降，市长受市委书记委托约谈赵某。市长要求尽快拿出办法，确保完成全年收入任务。

赵某回到市局后，分别找来征管科技处、稽查局、货劳处、所得税处、收入规划核算处主要负责人，要求他们分头采取措施，3个月后见成效。

转眼3个月过去了，收入形势不仅没有改观，而且进一步恶化。对此，市委、市政府领导很不满意。赵某在公开场合批评了稽查局等部门负责人，指出他们办事拖拉、措施不力。

【思考】

1. 你认为赵某的工作存在哪些问题？

2. 如果你是赵某，会怎么做？

（答案从本节中找）

八、领导用人体制

重点关注：《党政领导干部选拔任用工作条例》。

（1）选拔任用工作原则：党管干部；德才兼备、以德为先，五湖四海、任人唯贤；事业为上、人岗相适、人事相宜；公道正派、注重实绩、群众公认；民主集中；依法依规办事。

（2）领导干部选拔任用工作程序（见图6－20）：

· 分析研判动议；

· 民主推荐；

· 考察；

· 讨论决定；

· 任职。

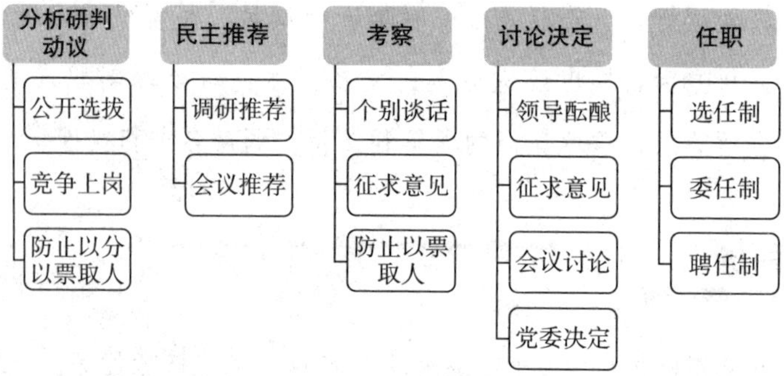

图6－20　领导干部选拔任用工作程序

（3）用人纪律。

全面从严治党，必须从党内政治生活严起。严肃党内政治生活，严明政治纪律和政治规矩是关键。

①防止“七个有之”。

· 搞任人唯亲、排斥异己的有之；

· 搞团团伙伙、拉帮结派的有之；

· 搞匿名诬告、制造谣言的有之；

· 搞收买人心、拉动选票的有之；

· 搞封官许愿、弹冠相庆的有之；

· 搞自行其是、阳奉阴违的有之；

· 搞尾大不掉、妄议中央的有之。

②做到“五个必须”。

· 必须维护党中央权威，决不允许背离党中央要求另搞一套，全党同志特别是各级领导干部在任何时候任何情况下都必须在思想上政治上行动上同党中央保持高度一致，听从党中央指挥，不得阳奉阴违、自行其是，不得对党中央的大政方针说三道四，不得公开发表同中央精神相违背的言论。

·必须维护党的团结，决不允许在党内培植私人势力，要坚持五湖四海，团结一切忠实于党的同志，团结大多数，不得以人划线，不得搞任何形式的派别活动。

·必须遵循组织程序，决不允许擅作主张、我行我素，重大问题该请示的请示，该汇报的汇报，不允许超越权限办事，不能先斩后奏。

·必须服从组织决定，决不允许搞非组织活动，不得跟组织讨价还价，不得违背组织决定，遇到问题要找组织、依靠组织，不得欺骗组织、对抗组织。

·必须管好亲属和身边工作人员，决不允许他们擅权干政、谋取私利，不得纵容他们影响政策制定和人事安排、干预正常工作运行，不得默许他们利用特殊身份谋取非法利益。

③坚持“凡提四必”。“凡提四必”即讨论决定前，对拟提拔或进一步使用人选：干部档案必审；个人有关事项报告必核；纪检监察机关意见必听；线索具体的信访举报必查。

坚决防止“带病提拔”。

九、领导有效授权

1. 授权

上级给予下级一定的权力责任，使下属在一定的监督下，拥有相当的自主权。

2. 授权的过程

任务的分派、权力的授予、责任的明确、监控权的确立。

【例6-9】李阳和王东是某省税务局两个处的处长，一天碰到一起，交谈起工作。李阳对两个部下伤透了脑筋，他抱怨：“这二人刚到处里时，我一直耐心地告诉他们，凡是涉及报销和计划的事都要事先与我商量一下；另外，我还叮嘱他们，了解情况前，不要对下属局指手画脚。但是，现在快一年了，他们还是什么事都来问我。如小王上星期拿一笔不到500元的报账单来问，这完全是他可以自己决定的嘛。两周前，我交给小周一项大的任务，叫他组织几个人一起搞，他却一个人闷头搞。他们老是这样大小事都来找我，真没办法。”

几乎同时，李阳的两个下属也在交流工作。小王说：“上周，我找李处，要他签发一张报账单，他说不用找他，我有权决定。但一月前，我的一张报账单被财务退了回来，原因是我的签字没有被授权认可。为此，我专门写了一张授权报告，请他签字，至今都没有批下来。”

小周接着说：“你说他的工作毫无章法，我有同感。两周前，他交给我一项任务，并要我立即做好，为此我找了一些人想要他们帮助，但他们不肯帮忙，说除非得到李处同意。今天是最后一天，我却还没有完成，只怕他又要将责任推给我了。我认为，李处是怕我们做得太好抢他的位子吧。”请就本案例中的授权问题谈谈你的看法，李阳该怎么做？

【考点分析】 本题考查的是领导干部如何正确授权。

（1）授权是将完成任务需要的权力、资源分配下去，再做适当的监督、帮助和支持，但不是甩手不管；

（2）虽然将工作内容和资源分配给了下属，但责任还在领导身上；

（3）授权不是让下属代理自己的职务；

（4）授权也不是分工，每个人都有自己的职责分工，授权是将具体的工作和相应的资源分配给下属，这项工作可能在他的岗位之内，也可能在他的岗位之外；

（5）授权更不是让下属打杂，而是要他独立自主地完成。

【例6－10】 胡某从某省税务局下派到某市税务局当局长。他履新一个月后发现，局里有很多年过50岁的老科长，甚至部分副局长、副调研员，平时基本上看不到他们的人影，问他们身边的同事，大都支支吾吾。

经过一段时间的观察，他还发现，局里虽然有300来个干部，但真正干事的人是少数，多数人看起来每天忙忙碌碌，但问在忙什么，却说不上来。自己部署的工作推动不了，进展缓慢。

面对这种情况，你觉得胡局长应该怎么办？

【考点分析】 本题考查的是作为领导，在下属偷懒时该怎么办。

（1）保持理智，不要急于训斥他们；可以命令或请求他们回到岗位，让他们产生工作兴奋感。

(2) 反省自己:

①是否把所有事都揽过来了，致使下属无事可做?

②是否太忽视下属平时的工作状态，让下属觉得偷懒没有危险?

③是否对工作的计划、人员调度太过草率，让他们无所适从，干脆不做?

④是否对纪律规范等执行太过宽松，在下属心中没有权威?

(3) 了解下属偷懒的原因:

①是因为指令不明，使下属不知要做什么?

②是因为不公平，下属没有工作的热情?

③是因为某些工作让下属没有成就感，不愿意去做?

④是因为下属觉得自己无能力完成工作，怕承担责任不敢去做?

(4) 针对不同情况处理:

①对于故意拖拉消磨时间的下属，应予以惩罚，让他们服从组织纪律和安排。

②对于大多数人，以批评教育为主，让下属明确自己的责任目标，明白偷懒的后果，以及对自己、对组织的害处。

(5) 通过正确授权让下属忙起来，关键是对每个下属应完成的任务心中有数；以任务、目标为依据揣摩授权计划，因事托人，使他们有自己明确的权限、任务、目标、责任，明晰以后完不成任务将带来的后果。

(6) 通过授权让下属承担一定的责任。授予下属一定的权力，规定相应的责任，并将其与工薪奖金、晋升机会相挂钩，使下属主动去做。

【例6-11】 王局长为何哭笑不得?

王某是某市税务局党委书记、局长，在一次党委会上，他对大家说："征管体制改革至今已有一年多，国地税合并后大家磨合得也有了一定效果。近段时间也不断有人给我提建议。确实，新时代新税务面临着很多新情况，什么事都是我一个人说了算，这是不行的。管理学也告诉我们要授权。从今天开始，大家要替我分担一些担子。税源管理、纳服、稽查、收核等各个部门，你们都有自己的分管领导和职责范围，大家可以自己拍板。不过，在做出重大决策之前，请先征求一下我的意见，而且请记住，不要做那些我不会做的决定。"

一切安排妥当后，王局长认为从今往后应该会轻松一些了，结果呢?

分管纳服的局长认为自己和王局长私交不错，继续遵循原来的做法，就算做得不好，至少也不会犯错。

分管税源管理的局长认为，不改变原来的模式，收入任务会有困难，于是拍板实行新的措施。

分管风险防控的局长却不干了："这样一来，我没法防范风险……"

他们纷纷找王局长抱怨，王局长是哭笑不得："不授权吧，你们说没有自主权；授权吧，全局上下乱成一锅粥了。"

请就此案例中的情形，分析王局长的领导方式出了什么问题。

【考点分析】 上述材料中王局长的所谓授权，其实是分权。

授权，是指在组织内部自上而下地分派任务，并让下属对所要完成的任务产生义务感的过程。分派的任务可能是制定决策，也可能是执行决策。

当分派的任务是实施一项已经制定的决策，并且授予的权力本质上没有对全局产生影响时，称为"授权"；但如果分派的任务就是制定决策，也就是让部属决定自主实施的内容，则称为"分权"。

机构合并时间不长，新税务的行政体系发育尚未完善，分权会产生离心力。

授权是为了突破瓶颈，让内部的流程更顺畅；给下属一个独立自主的空间，增加下属的自信心和成就感，使其更好地投入工作，让他们觉得这些工作理应由自己来完成，是他们自己做决定拿主张的；通过授权让下属解决问题，增强他们的自信，促进他们的成长，从而达到培养人才的目的。

第四节　行政管理原理

一、公共行政管理

公共行政的客体即公共行政的对象，也就是公共事务。公共事务依其范围的大小可分为国家事务、共同事务、地方事务和公民事务。

公共行政的主要责任是生产和提供公共产品。政府的公共产品体系构成政府管理公共事务的范围，包括经济类公共产品，政治类公共产品，社会类公共产品，科技、教育与文化类公共产品。

（1）公共行政的功能之一是提供产品。

公共产品的范围十分广泛。政府提供公共产品的基本方式是服务，无论是公安、法律、政府行政管理，还是教育、卫生等，都是服务。

（2）公共行政的功能之二是实现公平。

社会公平有三个不同的标准：一是贡献标准，二是需求标准，三是机会均等标准。

（3）公共行政的功能之三是实施管制。

政府发挥着为社会和市场提供必要的法律与制度的作用。管制意味着政府以法律方式对社会发展和市场运行进行规范。管制可以是经济方面的也可以是社会方面的。市场的局限性和市场失灵使政府管制成为必要。

（4）公共行政的功能之四是宏观调控。

公共财政，是指国家（政府）集中一部分社会资源，用于为市场提供公共物品和服务，满足社会公共需要的分配活动或经济行为。

公共财政就是市场经济下政府的财政，主要着眼于满足社会公共需要，弥补"市场失效"缺陷。

有市场经济体制，必有公共财政，二者相互制约，相互促进，交替推动，共同前进。只有真正推行公共财政，才能建立与完善社会主义市场经济体制。

公共财政在国民经济中占有重要地位，它对依法促进公平分配，调控宏观经济，合理配置市场资源，做好国有资产管理，起着不可代替的作用。

二、政府职能与行政组织架构

政府职能也叫"行政职能"，是指行政主体作为国家管理的执行机关，在依法对国家政治、经济和社会公共事务进行管理时应承担的职责和具有的功能。它体现着公共行政活动的基本内容和方向，是公共行政本质的反映。

（1）政府职能在公共行政中的重要地位。

·政府职能满足了公共行政的根本要求。政府职能是公共行政的核心内容，直接体现公共行政的性质和方向。

·政府职能是政府机构设置的根本依据。政府机构是政府职能的物质载体。政府机构的设置必须依据政府职能这一重要标准。

·政府职能转变是行政管理体制和机构改革的关键。机构改革必须根据政府职能的变化来进行，首先确定政府职能的增、减、分、合，其次进行相应的政府机构调整和改革。

· 政府职能的实施情况是衡量行政效率的重要标准。公共行政的最终目标在于追求行政效率的不断提高。检验行政效率高低的标准，就是整个政府职能发挥的好坏。

（2）政府职能的作用。

· 政府职能规定了国家行政活动的基本方向。

· 政府职能是建立行政组织和进行机构设置、人员配备的最基本依据。

· 行政职能的变化必然带来行政机构、人员编制以及运作方式的调整或改造。

（3）政府职能的主要内容。

· 政治职能。

· 经济职能。经济职能主要有三个：宏观调控职能、提供公共产品和服务职能、市场监管职能。从公共部门的政府职能来看，又分为资源配置职能、收入分配职能和宏观调控职能。

· 文化职能。

· 社会职能。

· 公共服务职能。

三、行政组织架构

行政组织架构是指行政组织各层级（纵向）和各部门间（横向）建立的一种关系模式。

（1）分类。

纵向架构，即直线式架构，又称“行政组织的层级化”，是纵向分工形成的行政组织的层级制。纵向架构实际上是纵向来看的，是指政府上下级之间和政府各部门上下级之间的行政隶属关系。如我国各级政府：国务院、省政府、市政府、县政府、乡政府，五级政府上下级关系是领导与被领导。

横向架构，即组织的部门化，是指行政组织的横向分工。横向架构实际上是横向来看的，也就是把行政事务设置得更加专业化、具体化。如市政府下面会设置公安局，专门管社会治安；卫生局，专门处理卫生事务；生态环境局，专门管生态环境保护。

（2）中央政府。

在我国行政系统中，国务院居于最高领导地位，统一领导所属各部委的工作，统一领导全国各级地方行政机关的工作，有权根据法律管理全国范围内的一切重大行政事务。根据我国宪法规定，国务院共行使18项职权。

（3）地方政府。

除台湾、香港、澳门外，我国的地方政府分为省（自治区、直辖市）级、市（地区、自治州、旗）级、县级、乡（镇）级四级。

行政组织架构是指构成行政组织各要素的配合和排列组合方式，包括行政组织各成员、单位、部门和层级之间的分工协作，以及联系、沟通方式。人、目标、权责这三者的最初结合，就是职位。

四、政府人力资源管理

人力资源是指在一定范围内能够作为生产性要素投入社会经济活动的全部劳动人口。

人力资源管理，就是对政府组织中人力资源的获得、使用、维护和开发等进行管理的活动；是为了完成工作任务和适应社会环境的变化，在对组织中的人和事、人与人之间的关系进行管理时，需要掌握的人力资源计划、工作分析、招募与选任、人员使用和培训、绩效评价、人员信息发展规划、人员激励、薪酬与福利、沟通与人员关系、人员流动和人力资源信息等。

（1）政府人力资源的基本理论。

· 系统优化原理；

· 能级对应原理；

· 激励强化原理；

· 以人为本原理。

（2）政府人力资源的主要内容。

· 人力资源规划；

· 工作分析与职位分类；

· 人员招募与甄选（公务员制度）；

· 工作关系管理；

· 薪酬设计与激励；

·绩效考核；

·人员培训与开发；

·组织文化建设。

五、行政改革与行政创新

行政改革，是指政府行政系统随着外部生态环境的变化以及行政系统内部构成要素的变化，有意识地对其自身的结构功能和行政人员的行为方式不断进行调整与改变，使其转变到新的形态，以期谋取行政系统与环境之间的动态平衡，从而实现行政效能的行为或过程。

（1）行政改革的五大原则。

·必须进行科学而严密的论证和规划，慎重开展；

·必须以保持社会稳定为前提；

·要以改变观念为先导，以体制创新为核心，以高效、公平、廉洁为目标；

·必须有政治保障和法律保障；

·以理顺关系、转变政府职能为重点。

（2）行政改革的方向。

·以适应社会环境为取向；

·以精简机构为取向；

·以调整组织结构为取向；

·以调整权力关系为取向；

·以人事制度改革为取向。

（3）改革行政审批制度。

深化行政管理体制改革，创新行政管理方式，提高政府公信力和执行力应该是改革的重点，也是改革的突破口。在社会主义新时代，我国将进一步改革行政审批制度，建设廉洁政府。

行政审批是权力的集中表现。加强对行政审批行为的监督制约，规范行政审批权力的运行。进一步健全行政审批服务体系，继续推进政务中心建设，健全省、市、县、乡四级联动的政务服务体系，并逐步向村和社区延伸。加强行政审批绩效管理，推行网上审批、并联审批和服务质量公开承诺等做法，改变政府的行政理念和行政方式，建设服务型政府。

(4)“放管服”改革。

“放管服”，就是简政放权、放管结合、优化服务的简称。“放”即简政放权，降低准入门槛；“管”即创新监管，促进公平竞争；“服”即高效服务，营造便利环境。

做好“放管服”改革，对内要改革传统的行政管理体制，提升政府治理体系的现代化水平；对外要提升行政便利化水平，使之更加适应社会主义市场经济发展要求。

党的十八大以来，“最多跑一次”“只进一扇门”等模式不断涌现，“不见面审批”“一网通办”等创新日渐增多，推动“数据跑路”代替群众跑腿，促进经济韧性和发展动力不断增强。

持续深化“放管服”改革，需要以系统思维来谋划推进，权力下放不能“一放了之”，需要做到“放”与“管”的结合。瞄准薄弱环节，做好衔接帮扶，在人、财、物等方面给予实实在在的支持，根据不同行业的特点充实基层专业力量，“扶上马，送一程”，同时积极发挥监管和评估的作用，从而真正达到“上下同欲者胜”的改革效果。

2021 年中央经济工作会议指出：“要深化重点领域和关键环节改革，推进‘放管服’改革，不断优化营商环境。”

(5)行政创新。

政府创新是深化行政体制改革的必然要求，它是公共权力机关为了提高行政效率和增进公共利益进行的创造性改革。行政创新包括制度创新、管理创新、行政文化创新等内容。

六、税务行政管理

广义的税务行政管理是指根据国家法律设立的税务行政机关执行国家税收法律、政策，依法管理税收行政事务的行为。其管理内容涵盖了税务机关行使税收征管权和税收执法权的具有法律效力的所有行政行为，包括对纳税人的税务管理与对税务机关内设机构和税务工作人员及其工作质量的行政管理。

狭义的税务行政管理是相对于税收业务管理而言的，仅指税务机关为保障税收职能正常运转而开展的行政管理活动。其管理内容包括各级税务机关行政、人事、财务、资产及内部后勤保障管理等，即税务机关对内设机构和税务工作人员及其工作质量的管理。管理主体主要指各级税务机关内设的办公室、法规处、人事处、财务处、监察室及具有部分行政管理职能的直属事业单位，包括信息中心、服务中心、培训中心等，就是对人、财、物、文、事等的管理。人员管理泛指对税务工作人员进行的管理和服务，包括机构设置、人事管理、绩效管理、纪检监察、党务管理等内容。它有4个特点：税务行政管理工作程序化、税务行政办公手段电子化、税务行政与业务管理互渗化、税收行政管理目标精细化。

七、解决形式主义突出问题，为基层减负

（1）党中央的相关规定。

·以党的政治建设为统领加强思想教育，着力解决党性不纯、政绩观错位的问题；

·严格控制层层发文、层层开会，着力解决文山会海反弹回潮的问题；

·加强计划管理和监督实施，着力解决督查检查考核过多过频、过度留痕的问题；

·完善问责制度和激励关怀机制，着力解决干部不敢担当作为的问题。

（2）具体措施。

中央纪委办公厅印发的《关于贯彻落实习近平总书记重要指示精神　集中整治形式主义、官僚主义的工作意见》列举了4个方面12类突出问题。

第一，在贯彻落实党的路线方针政策、中央重大决策部署方面，重点整治严重影响党中央权威和集中统一领导、影响中央政令畅通的形式主义、官僚主义的突出问题。特别是，在贯彻落实党的十九大精神，落实新发展理念，打好防范化解重大风险、精准脱贫、污染防治三大攻坚战，以及思想政治、宣传舆论和食品药品安全等工作和领域中发生的形式主义、官僚主义问题。

问题1：对中央精神只做面上轰轰烈烈的传达，口号式、机械式的传达，不加消化、囫囵吞枣的传达，上下一般粗的传达。

问题2：在工作中空喊口号，表态多调门高、行动少落实差，热衷于作秀造势。

问题3：单纯以会议贯彻会议、以文件落实文件，做表面文章、过度留痕，缺乏实际行动和具体措施。

第二，在联系群众、服务群众方面，重点整治群众身边特别是群众反映强烈的形式主义、官僚主义突出问题。

问题4：漠视群众利益和疾苦，对群众反映强烈的问题无动于衷、消极应付，对群众合理诉求推诿扯皮、冷硬横推，对群众态度简单粗暴、颐指气使。

问题5：便民服务单位和政务服务窗口态度差、办事效率低，政务服务热线、政府网站、政务App运行“僵尸化”。

问题6：“新官不理旧事”，言而无信，重招商轻落地、轻服务，影响营商环境。

第三，在履职尽责、服务经济社会发展方面，重点整治不担当、不作为、慢作为、乱作为、假作为等严重影响改革发展高质量的突出问题。

问题7：不顾实际情况、不经科学论证，违反规定程序乱决策、乱拍板、乱作为。

问题8：弄虚作假，编造假经验、假典型、假数据，瞒报、谎报情况，隐藏、遮掩问题。

第四，在学风会风文风及检查调研方面，重点整治频次过多过滥、浮于表面等突出问题。

问题9：学风漂浮，理论脱离实际，只为应付场面、应景交差，不尚实干、不求实效。

问题10：开会不研究真实情况、不解决实际问题，为开会而开会。

问题11：检查考核过多过滥，多部门重复考核同一事项，考核内容不务实，频次多、表格多、材料多，给基层造成沉重负担。

问题12：调查研究搞形式、走过场、不深入，打造“经典调研线路”，搞走秀式调研，搞层层陪同、超人数陪同。

关注：国家税务总局党委印发的《关于解决税务系统形式主义突出问题为基层减负若干措施的通知》。

第七章

法律知识谱系

第一节　法律基本原理

一、法的概念和法律体系

法是反映由一定物质生活条件决定的统治阶级意志的，由国家制定或认可并得到国家强制力保证的，赋予社会关系参加者权利与义务的社会规范的总称。

法律体系包括：

（1）宪法及宪法相关法。

（2）刑法。

（3）行政法。

（4）民商法。

（5）经济法。

（6）社会法。

（7）诉讼与非诉讼程序法。

二、法律关系

（1）法律关系是在法律规范调整社会关系的过程中形成的人们之间的权利和义务关系。

（2）法律关系的基本特征：法律关系是以权利、义务为内容的社会关系；法律关系是由国家强制力保证的社会关系；法律关系是以现行法律存在为前提的社会关系。它不是物质关系，而是一种思想关系。

（3）法律关系的构成。

主体：公民（自然人）、机构和组织（法人）、国家。

客体：物、行为结果、精神产品、人身。

三、违法行为

违反现行法律规定并具有社会危害性的有过错的行为。

违法行为的构成：违法主体、违法客体、违法的主观要件、违法的客观要件。

违法的分类：刑事违法、民事违法、行政违法、违宪行为。

四、法律形式

（1）宪法。

根本大法，由全国人民代表大会制定。

（2）法律。

由全国人民代表大会及常务委员会制定，效力上仅次于宪法。

（3）行政法规。

由国务院制定，总理签署国务院令公布，在国务院公报上刊登的行政法规文本为标准文本。

（4）地方性法规。

省、自治区、直辖市，设区的市由人民代表大会及其常务委员会制定。另有自治条例、单行条例。

（5）规章。

国务院组成部门、直属机构，省级政府制定的规范性文件。

（6）法律解释。

解释权属于全国人民代表大会常务委员会。

司法解释，指最高人民法院和最高人民检察院在适用法律过程中对具体应用法律问题所作的解释。

（7）国际条约及协定。

关注《中华人民共和国立法法》。

第二节 依法治国

一、依法治国的基本内涵

依法治国就是依照体现人民意志和社会发展规律的法律治理国家，而不是依照个人意志、主张治理国家；要求国家的政治、经济运作、社会各方面的活动通通依照法律进行，而不受任何个人意志的干预、阻碍或破坏。

2014 年 10 月，中国共产党第十八届中央委员会第四次全体会议首次专题讨论依法治国问题。同年 10 月 28 日，《中共中央关于全面推进依法治国若干重大问题的决定》发布。2017 年 10 月 18 日，习近平同志在党的十九大报告中指出，成立中央全面依法治国领导小组，加强对法治中国建设的统一领导。因此，依法治国是“两测”考试的重点与热点问题。

二、依法治国的主体和本质

依法治国是中国共产党领导全国各族人民治理国家的基本方略。

（1）依法治国的主体是中国共产党领导下的人民群众。

（2）依法治国的本质是崇尚宪法和法律在国家政治、经济和社会生活中的权威，彻底否定人治，确立法大于人、法高于权的原则，使社会主义民主制度和法律不受个人意志的影响。

（3）依法治国的根本目的是保证人民充分行使当家作主的权利，维护人民当家作主的地位。依法治国是一切国家机关必须遵循的基本原则。

（4）全面推进依法治国基本方略的新方针：科学立法，严格执法，公正司法，全民守法。

（5）立法机关要严格按照立法程序制定法律，逐步建立起完备的法律体系，使国家各项事业有法可依。有法可依是实现依法治国的前提条件。

（6）行政机关要严格依法行政。依法行政就是要求各级政府及其工作人员严格依法行使其权力，依法处理国家各种事务。它是依法治国的重要环节。

（7）司法机关要公正司法、严格执法。总之，依法治国要求各级国家机关切实做到有法必依、执法必严、违法必究。

三、依法治国的重要表述

（1）法律是治国之重器，良法是善治之前提。

（2）坚持依法治国，首先要坚持依宪治国。

（3）坚持依法执政，首先要坚持依宪执政。

（4）法律的生命力在于实施，法律的权威也在于实施。

（5）公正是法治的生命线。

（6）法律的权威源自人民的内心拥护和真诚信仰。

（7）法治国家是中国梦的核心组成部分。

（8）政府是建设法治国家的表率。

四、全面推进依法治国的六大任务

（1）完善以宪法为核心的中国特色社会主义法律体系，加强宪法实施。

（2）深入推进依法行政，加强建设法治政府。

（3）保证公正司法，提高司法公信力。

（4）增强全民法治观念，推进法治社会建设。

（5）加强法治工作队伍建设。

（6）加强和改进党对全面推进依法治国的领导。

五、依法治国总目标

建设中国特色社会主义法治体系，建设社会主义法治国家，实现科学立法、严格执法、公正司法、全民守法，促进国家治理体系和治理能力现代化。

（1）五个体系：

· 完备的法律规范体系

· 高效的法治实施体系

· 严密的法治监督体系

· 有力的法治保障体系

· 完善的党内法规体系

（2）三个依法：

· 依法治国

· 依法执政

·依法行政

（3）三个法治：

·法治国家

·法治政府

·法治社会

（4）五大原则：

·坚持中国共产党的领导

·坚持人民主体地位

·坚持法律面前人人平等

·坚持依法治国和以德治国相结合

·坚持从中国实际出发

第三节 税法知识

税法是各种税收法规的总称，是税收机关征税和纳税人据以纳税的法律依据。

一、税法基本理论

重点掌握：税法的概念和特征、宗旨和原则、渊源和效力、依法治税。

税法的基本要素：

（1）纳税人：又称“纳税义务人”，即纳税主体，是指法律规定的直接负有纳税义务的单位和个人。纳税人有两种基本形式：自然人和法人。

（2）征税对象：即征税客体，是指对何种客体征税，即征税的标的物。征税对象是税法的最基本要素，是区分不同税种的主要标志。

（3）税目：是征税对象的具体化，是税法中对征税对象分类规定的具体征税品种和项目。

（4）税率：应纳税额与征税对象数额之间的比例。税率是计算应纳税额的尺度，反映税负水平的高低。我国现行税率分为三种：比例税率、累进税率、定额税率。

（5）纳税环节：征税对象在流转过程中，按税法规定应当纳税的环节。

（6）纳税期限。

税法的分类：税收实体法和税收程序法。

二、税法的基本原则

（1）税收法定原则（一般包括三项具体原则：税收要素法定原则、税收要素明确原则、征税合法性原则）。

（2）税收公平原则。

（3）税收效率原则。

（4）实质课税原则。

熟悉征纳双方的权利与义务，以及征纳双方的法律责任。

三、税法及税收征管法律制度

重点掌握：税收征管法律的适用范围与执行主体。

重点关注：《中华人民共和国税收征收管理法》。

立法法规定税种的设立、税率的制定和税收征收管理等税收基本制度，只能制定法律。截至目前，我国现行的18个税种中，已有12个税种立法，它们是：

个人所得税法；企业所得税法；车船税法；环境保护税法；烟叶税法；船舶吨税法；车辆购置税法；耕地占用税法；资源税法；城市维护建设税法；契税法；印花税法。

四、涉税相关法律

重点掌握：行政许可法、行政强制法、行政复议法、行政诉讼法、行政处罚法，以及涉税刑法、涉税民商法的概念、原则、主要内容与法定程序。

重点关注：2021年1月新修订的《中华人民共和国行政处罚法》。

五、其他

重点关注：《中华人民共和国民法典》与税收；《关于进一步优化税务执法方式的意见》（2020年12月30日）。

【例7－1】2020年5月26日，十三届全国人大三次会议审议通过了《中华人民共和国民法典》（以下简称《民法典》），于2021年1月1日起施行。这是迄今为止我国条文最多的一部法律，涵盖人们日常生活的方方面面，而纳税作为与每个民事主体密切相关的活动，自然也在它所涉及的范围内。请回答以下问题：

1.（单选）《民法典》对个税汇缴申报地选择的规定，正确的是（　　）。

A. 自然人以户籍登记或者其他有效身份登记记载的居所为住所

B. 经常居所与住所不一致的，以实际居所为住所

C. 没有任职受雇单位的纳税人，只能向其户籍所在地主管税务机关申报

D. 没有任职受雇单位的纳税人，不可以向“其他有效身份登记记载的居所”所在地税务机关申报

2.（多选）关于纳税担保，《民法典》（　　）。

A. 延续了以往应收账款可以质押的规定

B. 对可以质押的应收账款进行了进一步细化

C. 并未将现有的应收账款列入可以质押的范围

D. 实施后，现有的《纳税担保试行办法》不再适用

3.（多选）《民法典》涉及合同印花税的规定，正确的有（　　）。

A. 延续了合同法的规定，并将合同法中“居间合同”保留

B. 延续了合同法的规定，并将合同法中的“居间合同”修改为“中介合同”

C. 增加了保证合同、保理合同、物业服务合同、合伙合同等合同类型

D. 明确了合同要不要征印花税及税率

4.（多选）关于征税过程中代位权、撤销权，下列说法合乎《民法典》规定的是（　　）。

A. 因债务人怠于行使其债权以及与该债权有关的从权利，影响债权人的到期债权实现的，债权人可以向人民法院请求以自己的名义代位行使债务人对相对人的权利

B. 债务人以放弃其债权、放弃债权担保、无偿转让财产等方式无偿处分财产权益，或者恶意延长其到期债权的履行期限，影响债权人的债权实现的，债权人可以请求人民法院撤销债务人的行为

C. 债务人以明显不合理的低价转让财产，以明显不合理的高价受让他人财产或者为他人的债务提供担保，影响债权人的债权实现，债务人的相对人知道或者应当知道该情形的，债权人可以请求人民法院撤销债务人的行为

D. 欠缴税款的纳税人因怠于行使到期债权，或者放弃到期债权，或者无偿转让

财产，或者以明显不合理的低价转让财产而受让人知道该情形，对国家税收造成损害的，税务机关可以行使代位权、撤销权

5.（单选）关于房产税和土地使用税的失踪人所欠税款问题，《民法典》规定（　　）。

A. 失踪人所欠税款、债务和应付的其他费用，由财产代管人从失踪人的财产中支付

B. 失踪人所欠税款、债务和应付的其他费用，由财产代管人代为支付

C. 失踪人所欠税款、债务和应付的其他费用，由财产使用人从失踪人的财产中支付

D. 失踪人所欠税款、债务和应付的其他费用，由财产使用人先行代为支付

【参考答案】 1. A；2. AB；3. BC；4. ABC；5. A

第八章

经济知识谱系

经济知识主要包括以下几点：

（1）社会主义市场经济。了解社会主义市场经济体制的改革与完善，重点掌握社会主义市场经济的基本特点与基本框架。

（2）宏观经济。熟悉财政政策与货币政策，重点掌握总供给与总需求、国民经济核算。

（3）微观经济。重点掌握供给与需求、收入分配、供求平衡的基本规律。

（4）“一带一路”倡议。熟悉经济全球化与区域经济合作。

第一节 马克思主义政治经济学

马克思主义政治经济学是马克思主义的三个组成部分之一。以社会的生产关系即经济关系为研究对象。着重剖析了资本主义的经济关系，创立了剩余价值学说，揭示了资本主义生产和剥削的秘密，揭露了无产阶级与资产阶级之间阶级对立和斗争的经济根源，论证了资本主义的必然灭亡和社会主义的必然胜利的客观规律，指明了无产阶级的历史使命就是推翻资本主义制度和建立社会主义制度，最终实现共产主义。

马克思主义政治经济学是研究社会生产关系及其发展规律的科学。

一、生产方式

生产方式包括生产力和生产关系两个方面，指人们谋取物质资料的方式。生产力是生产方式的物质内容，生产关系是生产方式的社会形式。

生产力：人们在生产过程中征服自然、改造自然，从自然界中获取物质资料的能力。生产力反映生产过程中人与自然的关系，是最活跃、最革命的因素，是社会历史发展的最终决定力量。

生产关系：人们在物质资料生产过程中结成的相互关系，生产资料所有制是生产关系的基础，决定着生产关系的性质和特点。生产关系包括三个方面的内容：生产资料的所有制形式；人们在生产中的地位和他们的相互关系；产品分配形式。

二、劳动二重性

马克思创立了“劳动二重性”学说。劳动二重性，指的是生产商品的具体劳动和抽象劳动这二重属性。具体劳动是指生产目的、劳动对象、所用工具、操作方法、生产结果都各不相同的劳动。具体劳动生产了商品的使用价值。抽象劳动是指无差别的一般人类劳动。抽象劳动生产商品的价值。具体劳动和抽象劳动是同一劳动过程形成的既相互联系又相互对立的两个方面。

一句话总结：具体劳动创造使用价值，抽象劳动创造价值。

劳动二重性理论正确地解释了价值和价值量、价值本质和价值形态，以及商品货币关系，从而创立了剩余价值学说。

劳动二重性是理解马克思主义政治经济学理论的枢纽。

三、剩余价值理论

剩余价值是工人在生产过程中创造的超过其劳动力价值的那部分价值，剩余价值会被资本家无偿占有，这体现了资本家同工人之间的剥削与被剥削关系。资本家提高剩余价值率、创造更多利润的方法有两种：绝对剩余价值生产和相对剩余价值生产。剩余价值理论是马克思政治经济学的中心，是马克思最伟大的两个发现之一。

四、再生产理论

再生产理论是马克思主义政治经济学的理论基础，是社会再生产过程中诸环节如生产、分配、交换、消费相互关系的原理。生产是起点，消费是终点，分配和交换是中间环节；生产是决定环节，生产决定分配，分配反作用于生产。社会生产划分为生产资料生产与消费资料生产。

五、资本主义发展理论

资本主义发展的两个阶段：自由竞争资本主义和垄断资本主义。

第二节　社会主义市场经济

社会主义市场经济是同社会主义基本社会制度结合在一起的，市场在国家宏观调控下对资源配置起决定性作用。

市场经济是高度社会化和市场化的商品经济，是市场在资源配置中起决定性作用的经济。

市场经济具有平等性、法制性、竞争性和开放性等一般特征。

市场经济是实现优化配置的一种有效形式。

市场经济可以发挥社会主义制度的优越性。

一、基本特征

（1）以公有制为主体，多种所有制经济共同发展。

（2）以共同富裕为目标。

（3）以坚持党的领导为政治保证。

（4）坚持按劳分配为主体，多种分配方式并存的制度。

二、主体

在市场经济条件下，企业是最基本、最重要的市场活动的主体，是市场机制运行的微观基础。

市场经济并非只有市场机制一只“无形的手”自发调节。它必须与另一只“有形的手”即政府作用相配合。这就是“两只手”的协同。

三、宏观经济调控

社会主义宏观经济调控是由国家进行的。宏观经济调控的方式主要有两种：一是直接宏观经济调控，即国家运用行政手段直接协调和控制微观主体的经济行为；二是间接宏观经济调控，即国家主要运用经济手段，通过市场机制，影响和引导企业的经济行为，以达到宏观经济调控的目标。

第三节　宏观经济与微观经济

一、宏观经济理论

宏观经济学是西方经济学中研究一国经济总量、总需求与总供给、国民收入总量及构成、货币与财政、人口与就业、要素与禀赋、经济周期与经济增长、经济预期与经济政策、国际贸易与国际经济等宏观经济现象的学科。

宏观经济理论包括：国民收入决定理论、消费函数理论、投资理论、货币理论、失业与通货膨胀理论、经济周期理论、经济增长理论、开放经济理论。

1. 财政政策

财政政策是国家制定的指导财政分配活动和处理各种财政分配关系的基本准则。在现代市场经济条件下，财政政策又是国家干预经济，实现宏观经济目标的工具。

财政政策是为促进就业水平提高、减少经济波动、防止通货膨胀、实现稳定增长而对政府财政支出、税收和借债水平进行的选择，或对政府财政收入和支出水平所作的决策。或者说，财政政策是指政府变动税收与支出以便影响总需求进而影响就业和国民收入的政策。变动税收是指改变税率和税率结构。变动政府支出是指改变政府对商品与劳务的购买支出以及转移支付。

财政政策以政府支出和政府收入作为工具。

（1）财政政策可分为自动稳定财政政策和相机抉择财政政策。

自动稳定的财政政策，是指财政制度本身存在一种内在的、不需要政府采取其他干预行为就可以随着经济社会的发展，自动调节经济的运行机制。这种机制也被称为“财政自动稳定器”，主要表现为个人所得税和企业所得税的累进所得税自动稳定作用。在经济萧条时，个人和企业利润降低，符合纳税条件的个人和企业数量减少，因而税基相对缩小，使用的累进税率相对下降，税收自动减少。因为税收的减少幅度大于个人收入和企业利润的下降幅度，所以税收便会产生一种推力，防止个人消费和企业投资的过度下降，从而起到反经济衰退的作用。在经济过热时期，其作用机理正好相反。

相机抉择的财政政策，是指政府根据一定时期的经济社会状况，主动灵活选择不同类型的反经济周期的财政政策工具，干预经济运行行为，实现财政政策目标。

（2）财政政策可分为扩张性财政政策、紧缩性财政政策和中性财政政策。

扩张性财政政策（又称“积极的财政政策”）是指通过财政分配活动来增加和刺激社会的总需求，主要措施有增加国债、降低税率、增加政府购买和转移支付。

紧缩性财政政策（又称“适度从紧的财政政策”）是指通过财政分配活动来减少和抑制总需求，主要措施有减少国债、提高税率、减少政府购买和转移支付。

中性财政政策（又称“稳健的财政政策”）是指财政的分配活动对社会总需求的影响保持中性。

2. 货币政策

货币政策也就是金融政策，是指中央银行为实现其特定的经济目标而采用的各种控制与调节货币供应量和信用量的方针、政策及措施的总称。货币政策的实质是国家对货币的供应根据不同时期的经济发展情况而采取“紧”“松”或“适度”等不同的政策趋向。

调节总需求的货币政策有四大工具：法定准备金率、公开市场业务、贴现政策、基准利率。

货币政策的目标：稳定物价、充分就业、经济增长、平衡国际收支。

稳定物价与充分就业两个目标之间经常发生冲突。

3. 总供给与总需求

总供给，是指一国在一定时期内，社会提供的最终产品和劳务的总量，亦指一个国家全部企业愿意而且能够提供的总产出的量。总供给由消费、储蓄、政府收入、进口四部分组成。总供给问题可以归结为就业问题。

总需求，是指一国在一定时期内，社会对最终产品和劳务愿意购买并有支付能力的总需求量。总需求由消费需求、投资需求、政府支出、出口需求四部分组成。总需求水平主要取决于自发性的支出、市场利率和价格水平。

只有保持总供给与总需求的平衡，才能保持国民经济总量平衡，实现国民经济良性循环。

总供给与总需求平衡通常可以用等式表示为：

总需求 = 总供给

消费 + 投资 + 政府支出 + 出口 = 消费 + 储蓄 + 政府收入 + 进口

如果总需求大于总供给，则表明需求过度，会引起资源短缺、通货膨胀、经济增长过快，政府宏观调控可以从扩大供给与抑制需求两个方面进行；如果总需求小于总供给，则表明需求不足，会导致生产过剩、市场疲软、资源闲置、失业增加，政府宏观调控可以从减少供给与刺激需求两个方面进行。

4. 国民经济核算

国民经济核算是以国民经济为对象的全面核算，即从国民经济全局出发，充分利用核算资料，编制国民经济各种核算表，全面核算社会再生产的活动和过程及成果，核算国民经济各个部门（工业、农业、建筑业、运输邮电业、商业等物质生产部门，以及生活服务、文化教育、卫生科研、机关团体等非物质生产部门）、各个环节（生产、流通、分配、消费等）、各个要素（人、财、物、产供销等）的情况，从中研究国民经济的规模、水平、发展速度、结构、比例、平衡、效益等关系。

所谓国民经济，就是一国（或地区）范围内和一定历史时期中整个社会经济活动的总和。国民经济核算就是以整个国民经济为总体的全面核算。

核算原则：市场原则、所有权原则、三等价原则。

在国民经济核算中，各种交易的记录时间是按照权责发生制原则来确定的，各种交易、资产和负债的记录价格遵循以下规定：凡发生货币支付的交易，都按交易双方认定的成交价格，即市场价格来估价；没有发生货币支付的交易，按市场上相同货物和服务的市场价格或按所发生的实际成本来估价。

一般来说，货物和服务产出按生产者价格估价，大多数货物和服务的使用（如中间消耗、固定资产形成和最终消费）按购买者价格估价。固定资产存量按编制资产负债表时的现价估价，而不是按原购置价格估价。

国民经济核算是宏观经济管理的重要依据，也是微观决策的重要依据。

国内生产总值（GDP）是国民经济核算的核心指标，是按市场价格计算的一个国家（或地区）所有常住单位在一定时期内生产活动的最终成果。

GDP 是计算期内生产的最终产品价值，因而是流量而不是存量，不是实实在在流通的财富，它只是用标准的货币平均值来表示财富的多少。它不但可以反映一个国家的经济表现，更可以反映一国的国力与财富。

GDP 的计算方法有三种：支出法、收入法、生产法。其中，支出法和收入法最为常用。

（1）支出法也叫“产品流动法”“产品支出法”“最终产品法”，是通过核算一定时期内，整个社会购买最终产品的总支出来计量 GDP，支出对应的是社会的总需求。支出法核算 GDP 的公式：

GDP = 居民消费 + 企业投资 + 政府购买 + 净出口

（2）收入法也叫“要素支付法”“要素收入法”，是用要素所有者的收入也是企业生产成本来核算 GDP，收入法对应的是社会的总供给。收入法核算 GDP 的公式：

GDP = 工资 + 利息 + 利润 + 租金 + 间接税和企业转移支付 + 折旧 + 统计误差

（3）生产法是从生产过程中创造的货物和服务价值入手，剔除生产过程中投入的中间货物和服务价值，得到增加价值的一种方法。生产法核算 GDP 的公式：

增加值 = 总产出 - 中间投入

二、微观经济理论

微观经济学包括的内容相当广泛，主要有：均衡价格理论、消费者行为理论、生产者行为理论（包括生产理论、成本理论和市场均衡理论）、分配理论、一般均衡理论与福利经济学、市场失灵与微观经济政策。

研究对象是单个经济单位，如家庭、厂商等。

1. 供给与需求

供给的意义为供给方生产商品提供出售给需求方，需求的意义是需求方购买商品的货币多少。

供给包括生产过程与销售过程，生产过程对应生产供给量，销售过程对应销售供给量。

需求体现为需求曲线，需求曲线上某一点价格与数量之积是点需求，所有点需求的集合是线需求。

市场供求与价格的关系。销售供给量与需求决定价格，价格影响生产供给量。

市场供求是决定市场价格的直接因素，市场价格与需求正相关，与销售供给量负相关。

影响市场需求量的基本因素：商品自身价格、消费者偏好、消费者收入、替代品价格、互补品价格、对未来价格的预期等。

2. 收入分配

收入分配是企业资本的提供者对收益总额进行的分割，它主要是以企业的税息前利润（利息、所得税和净利润）为对象在各利益主体间进行的分割。

基尼系数是国际上用来综合考察居民内部收入分配差异状况的一个重要分析指标。

基尼系数的含义是：在全部居民收入中，用于进行不平均分配的那部分收入占总收入的百分比。基尼系数最大为“1”，最小为“0”。前者表示居民之间的收入分配绝对不平均，即100%的收入被一个单位的人占有了；而后者则表示居民之间的收入分配绝对平均，即人与人之间收入完全平等，没有任何差异。

基尼系数的实际数值只能介于0～1。

国际上通常把0.4作为收入分配贫富差距的警戒线。

初次分配是指国民总收入（国民生产总值）直接与生产要素相联系的分配。

再次分配也称“社会转移分配”，是在初次分配结果的基础上，各收入主体之间通过各种渠道实现现金或实物转移的一种再次分配过程，也是政府对生产要素收入进行再次调节的过程。

第三次分配是企业、社会组织、家族、家庭和个人等基于自愿原则与道德准则，以募集、捐赠、资助、义工等慈善、公益方式对所属资源和财富进行分配。

初次分配是通过向市场提供生产要素所取得的收入。再次分配是政府把人们从市场取得的收入，用税收政策或扶贫政策进行再分配。第三次分配必须遵循自愿的原则，社会组织和社会力量是三次分配的中坚力量。

收入分配制度是促进共同富裕的基础性制度。

党的二十大报告提出，规范收入分配秩序，规范财富积累机制，保护合法收入，调节过高收入，取缔非法收入。首提“规范财富积累机制”。另外，报告还提出，坚持多劳多得，鼓励勤劳致富，促进机会公平，增加低收入者收入，扩大中等收入群体。

第三次分配是促进全体人民共同富裕的重要手段。

2021年8月17日，习近平总书记在中央财经委员会第十次会议上指出，要坚持以人民为中心的发展思想，在高质量发展中促进共同富裕，正确处理效率和公平的关系，构建初次分配、再次分配、第三次分配协调配套的基础性制度安排。

3. 一般均衡

一般均衡理念由法国瓦尔拉斯提出，它假定一个社会任何一种商品（或生产要素）的需求和供应，不仅取决于该商品（或生产要素）的价格，而且取决于其他所有商品和生产要素的供求和价格，寻求在整体经济的框架内解释生产、消费和价格。

一般均衡是指经济中存在着这样一套价格系统，它使每个消费者都能在给定的价格下提供自己拥有的生产要素，并在各自的预算限制下购买产品来达到自己的消费效用极大化。每个企业都会在给定的价格下决定其产量和对生产要素的需求，来达到其利润的极大化。每个市场（产品市场和要素市场）都会在这套价格体系下达到总供给与总需求相等（均衡）。当经济具备上述条件时，就是达到了一般均衡，这时的价格就是一般均衡价格。

一般均衡价格是指在生产要素的供给函数与消费者的需求函数，以及反映生产技术状况的生产函数既定的条件下，通过生产要素市场和商品市场以及这两种市场互相之间的供给与需求力量的相互作用，每种商品和生产要素的供给量与需求量将各在某一价格下同时趋于相等，社会经济将达到全面均衡状态，这时商品和生产要素价格称为“均衡价格”，相应的供求数量称为“均衡供销量”。

一般均衡理论是描述整个市场经济运行的总体概括，是论证“看不见的手”原理的必要环节。

一般均衡理论建立在一系列更加严谨的假设条件之上，以完全竞争市场为假设前提。

4. 供求平衡

供求平衡是指消除供求之间的不适应、不平衡现象，使供应与需求相互适应，相对一致，消除供求差异，实现供求均衡。

· 供求平衡是保证社会再生产顺利进行的必要条件。

· 供求平衡是实现按劳分配原则的重要保证。

· 供求平衡是稳定物价、稳定币值的重要条件。

· 供求平衡是合理配置社会资源的有效手段。

· 安排并组织实现国民经济主要比例关系的综合平衡。

· 合理调整产业结构，按需组织社会生产。

· 合理组织商品流通，科学搞好商品购销。

第四节 "一带一路"倡议

一、"一带一路"倡议的提出

2013年9月和10月，习近平主席在出访中亚和东南亚国家期间，先后提出共建"丝绸之路经济带"和"21世纪海上丝绸之路"的重大倡议，得到国际社会高度关注。两者合称为"一带一路"倡议。

二、"一带一路"倡议的原则

"一带一路"建设秉承共商、共享、共建原则。

（1）恪守联合国宪章的宗旨和原则。

（2）坚持开放合作。

（3）坚持和谐包容。

（4）坚持市场运作。

（5）坚持互利共赢。

三、"一带一路"倡议的主要内容

"一带一路"沿线各国资源禀赋各异，经济互补性较强，彼此合作的潜力和空间很大。以政策沟通、设施联通、贸易畅通、资金融通、民心相通为主要内容，重点在这五个方面加强合作。

（1）政策沟通。加强政策沟通是"一带一路"建设的重要保障。

（2）设施联通。基础设施互联互通是"一带一路"建设的优先领域。

（3）贸易畅通。投资贸易合作是"一带一路"建设的重点内容。

（4）资金融通。资金融通是"一带一路"建设的重要支撑。

（5）民心相通。民心相通是"一带一路"建设的社会根基。

四、"一带一路"税收征管合作机制

2019年4月18日，"一带一路"税收征管合作机制在中国宣告成立。34个国家和地区的税务部门在浙江乌镇共同签署《"一带一路"税收征管合作机制谅解备忘录》。

五、经济全球化

1. 经济全球化的概念

“经济全球化”这个词最早是由 T. 莱维于 1985 年提出的。国际货币基金组织（IMF）认为：“经济全球化是指跨国商品与服务贸易及资本流动规模和形式的增加，以及技术的广泛迅速传播使世界各国经济的相互依赖性增强。”

经济合作与发展组织（OECD）认为，“经济全球化可以被看作一种过程，在这个过程中，经济、市场、技术与通信形式都越来越具有全球特征，民族性和地方性在减少”。

一是世界各国经济联系的加强和相互依赖程度日益提高；

二是各国国内经济规则不断趋于一致；

三是国际经济协调机制强化，即各种多边或区域组织对世界经济的协调和约束作用越来越强。

总的来讲，经济全球化是指以市场经济为基础，以先进科技和生产力为手段，以发达国家为主导，以最大利润和经济效益为目标，通过分工、贸易、投资、跨国公司和要素流动等，实现各国市场分工与协作，相互融合的过程。

2. 经济全球化形成的原因

（1）根本原因是生产力的发展。

（2）高科技的发展，特别是信息技术的发展，为经济全球化奠定了物质技术基础。

（3）越来越多的国家发展市场经济，是经济全球化的体制保障。

（4）国际贸易和投资自由化，是经济全球化的直接动因。

（5）企业经营国际化，尤其是跨国公司在全球范围的迅速扩张，起了推动作用。

经济全球化是第二次世界大战，特别是 20 世纪 90 年代以来，世界经济发展的重要趋势。

3. 意义

优化配置和合理利用。

促进国际分工。

促进经济结构合理优化。

促进经济多极化发展。

促进发展模式创新。

促进国际利益融合。

促进安全内涵扩展。

经济全球化给中国带来了机遇，但是经济全球化也成为全球金融危机的助推剂。全球经济的不稳定将成为一种常态，国际游资的存在肯定是全球经济不稳定的重要根源之一。在经济全球化的大背景下，局部地区的经济震荡很可能引起全球范围内的金融危机。

4. 逆全球化

逆全球化，即与全球化进程背道而驰，重新赋权于地方和国家层面的思潮。

2016 年，国际形势中，英国脱欧、美国大选等无不涌动着逆全球化的思潮，贸易保护主义抬头。

“一带一路”是中国对“逆全球化”倾向开出的一剂良方。

六、区域经济合作

区域经济合作是指不同地区的经济主体，依据一定的协议章程或合同，将生产要素在地区之间重新配置、组合，以便获得最大的经济效益和社会效益的活动。

区域经济一体化按关税壁垒和商品及服务自由化程度，以及在产业、财政、金融、政治等各方面的联系程度，可分为以下几种形式：

（1）部门一体化。

（2）优惠贸易安排。

（3）自由贸易区。

（4）关税同盟。

（5）共同市场。

（6）经济同盟。

（7）完全经济一体化。

第五节 重要经济概念

1. 机会成本与沉没成本

机会成本是指企业为从事某项经营活动而放弃另一项经营活动的机会，或利用一定资源获得某种收入时所放弃的另一种收入。另一项经营活动应取得的收益或另一种收入即为正在从事的经营活动的机会成本。

沉没成本是指已经付出的且不可收回的成本，且这个成本是以往发生的，但与当前决策无关的费用。沉没成本广泛运用于经济活动和日常生活中，告诫人们在已经付出许多但仍看不到收获的时候，应当及时止损。

2. 边际效应

边际效应是现代经济学发现的一个重要规律。它的基本内容是，在一定时间内，在其他商品的消费数量保持不变的条件下，消费者从某种物品连续增加的每一消费单位中得到的效用增量，即边际效用是递减的。

3. 通货膨胀

通货膨胀是流通中的货币量（纸币）超过了商品流通实际需要的货币量而引起的纸币贬值、物价上涨的经济现象。

4. 拉弗曲线

拉弗曲线描绘了政府的税收收入与税率之间的关系，当税率在一定的限度以下时，提高税率能增加政府税收收入；但当超过这一限度时，再提高税率反而会导致政府税收收入减少。因为较高的税率将抑制经济的增长，使税基减小，税收收入下降；反之，减税可以刺激经济增长，扩大税基，税收收入增加。

一般情况下，提高税率能增加政府税收收入。但当税率的提高超过一定的限度时，企业的经营成本提高，投资减少，收入减少，即税基减小，反而导致政府的税收减少。

5. 经济危机

经济危机是指资本主义在生产过程中周期性爆发的生产过剩的危机。这种生产过剩不是绝对过剩而是相对过剩，即相对于劳动人民有支付能力的需求和资本价值增值的需要而言的过剩。

一般表现是：商品大量积压、生产锐减、工厂大批倒闭，工人大量失业、信用关系严重破坏，整个社会经济陷入极端混乱和瘫痪之中。

引起经济危机最直接的原因，是生产与消费以及市场无序竞争。

6. 金融风险

金融是现代经济的核心，金融市场是整个市场经济体系的动脉。

金融风险是一定量金融资产在未来时期内预期收入遭受损失的可能性。

金融风险可以分为市场风险、制度风险、机构风险等。

国际金融风险是在国际贸易和国际投融资过程中，由于各种事先无法预料的不确定因素带来的影响，参与主体的实际收益与预期收益发生一定的偏差，从而有蒙受损失和获得额外收益的机会或可能性。其影响范围广，破坏性强。

7. 供给侧

供给侧指供给方面，国民经济的平稳发展取决于经济中需求和供给的相对平衡。

供给侧结构性改革旨在调整经济结构，使要素实现最优配置，提升经济增长的质量和数量。需求侧主要有投资、消费、出口“三驾马车”，供给侧则有劳动力、土地、资本、制度创造、创新等要素。

8. 中等收入陷阱

当一个国家的人均收入达到中等水平后，由于不能顺利实现经济发展方式的转变，经济增长动力不足最终出现经济停滞的一种状态。

9. 纳什均衡

纳什均衡又称为“非合作博弈均衡”，是博弈论的一个重要术语，以约翰·纳什命名。在一个博弈过程中，无论对方的策略选择如何，当事人一方都会选择某个确定的策略，则该策略被称作“支配性策略”。如果任意一位参与者在其他所有参与者的策略确定的情况下，其选择的策略是最优的，那么这个组合就被定义为纳什均衡。

一个策略组合被称为“纳什均衡”，当每个博弈者的均衡策略都是为了达到自己期望收益的最大值时，其他所有博弈者也遵循这样的策略。纳什均衡理论奠定了现代主流博弈理论和经济理论的根本基础。

10. 凯恩斯主义

凯恩斯是英国著名经济学家，创立了现代宏观经济学，实现了经济学演进的第三次革命。他主张国家采用扩张性的经济政策，通过增加需求促进经济增长，即扩大政府开支，实行赤字财政，刺激经济，维持繁荣。他认为，生产和就业的水平决定于总需求的水平，总需求是整个经济系统里对商品和服务的需求的总量。

凯恩斯的追随者提出了相应的税收理论和政策主张。如提出税收是刺激需求的手段，提出“自动稳定器”概念（“自动稳定器”主要是指失业补助金、其他福利转移支付和自动改变的税收制度）。

20 世纪 80 年代，又发展出新凯恩斯主义。

思考：

1. 当前，物价上涨较快，通胀预期增强，这个问题涉及民生，关系全局，影响稳定。解决这一问题，可以采取的措施是（　　）。

A. 减少各种税收

B. 扩大银行贷款规模

C. 增加货币发行量

D. 提高银行存贷款利率

【答案】D

2. 下列不能计入当年 GDP 的是（　　）。

A. 购买 80 万元的新房子

B. 农民当年生产的不用于自己消费的粮食

C. 购买的旧房子支付给中介的 2 万元

D. 购买 5 万元的旧轿车

【答案】D

3. 下列能体现经济学沉没成本的成语有（　　）。

A. 覆水难收　　B. 亡羊补牢　　C. 前功尽弃　　D. 舍本逐末

【答案】ABC

4. 1918 年，马寅初在一次演讲时，有一位老农问他："马教授，请问什么是经济学？"马寅初笑着说："我给这位朋友讲个故事吧！有个赶考的书生到旅店投宿，拿出十两银子，挑了该旅店标价十两银子的最好房间，店主立刻用它到隔壁的米店付了欠单，米店老板转身去屠夫处还了肉钱，屠夫马上去付清了赊欠的饲料款，饲料商赶紧到旅店还了房钱。就这样，十两银子又到了店主的手里。这时，书生来说，房间不合适，要回银子就走了。你看，店主一文钱也没赚到，大家却把债务都还清了。所以，钱的流通越快越好，这就是经济学。"这则小故事中体现的经济学原理有（　　）。

A. 货币流通　　B. 商品经济　　C. 市场调节　　D. 货币职能

【答案】ABD

第九章 税收知识谱系

第一节 税收与制度

重点掌握：税收的职能与特征、原则、要素、分类。

税收是国家（政府）公共财政最主要的收入形式和来源。税收的本质是国家为满足社会公共需要，凭借政治权力，按照法律规定的标准和程序，参与国民收入分配，强制、无偿取得财政收入的一种特殊分配关系。

一、税收的职能

1. 组织财政收入

税收是政府凭借国家强制力参与社会分配、集中一部分剩余产品（货币形式或者是实物形式）的一种分配形式。组织国家财政收入是税收的最基本职能。

2. 调节社会经济

政府凭借国家强制力参与社会分配，必然会改变社会各集团及其成员在国民收入分配中占有的份额，减少他们可支配的收入，但这种减少不是均等的，这种不均等的得失将影响纳税人的经济活动能力和行为，进而对社会经济结构产生影响。政府正是利用这种影响，有目的地对社会经济活动进行引导，从而合理调整社会经济结构。

3. 监督经济活动

国家在取得财政收入的过程中，必然要在建立日常深入细致的税务管理基础上，具体掌握税源、了解情况、发现问题，监督纳税人依法纳税，并同违反税收法令的行为做斗争，从而监督社会经济活动，维护社会生活秩序。

税收的作用就是在一定经济条件下，税收职能具体体现出来的效果。税收的作用具体表现为：体现公平税负，促进平等竞争；调节经济总量，保持经济稳定；体现产业政策，促进结构调整；合理调节分配，促进共同富裕；维护国家权益，促进对外开放等。

二、税收原则

关于税收原则，有许多不同的说法，如财政原则、公平原则、效率原则、适度原则、法治原则等。本书采用以下说法：

1. 税收财政原则

在保证国家财政需要的同时，要兼顾纳税人的负担能力，处理好国家、企业和个人三者之间的利益关系。

2. 公平税负原则

以公正、平等为目标，通过税收调节，实现各纳税人合理负担，鼓励平等竞争。

3. 税收效率原则

以增进资源有效配置、提高经济效率为目标，体现国家产业政策，充分发挥税收对经济增长的刺激作用。

4. 税务行政原则

要求税法简明易懂，征管简便严密；节时省费；税收法定。

5. 税收主权原则

保障国家独立自主的征税权力，维护本国的合法权益。

三、税收要素

税收要素是税收内容的具体表现，有具体和抽象两种含义。前者指税收制度要素，后者指税收分配关系要素。

1. 税收制度要素

税收制度要素主要包括纳税人、课税客体、税基、税率等项。纳税人是直接负有纳税义务的单位及个人，表明国家直接向谁征税或谁直接向国家纳税，包括自然人和法人两大类。课税客体是国家征税的目的物，表明国家对什么事物征税，包括人身、事实、物件三大类。其中，物件又分为资源、商品、所得、财产四小类。税基是据以计算应纳税额的基数，有实物量和价值量两类，前者如土地的亩数、房屋的间数，后者如营业额、所得额等。税率是据以计算应纳税额的比率，按与税基的关系可分为：比例税率、累进税率和定额税率。比例税率不以税基变化为转移，累进税率随税基增加而提高，定额税率是以定额形式表示的单位实物量的税率。这些基本要素连同其他非基本要素有机地组合在一起构成具体的税种，各类税种有机地组合在一起构成一个国家的税收制度。

2. 税收分配关系要素

税收分配关系要素包括税源、负税人、税收负担率及行使课税权的国家。其中，税源是税收的来源。负税人是最终负担税款的主体。税收负担率是负税人所负税款占其收入的比率。除这些要素外，国家作为行使课税权的主体也是一个重要的要素。这些要素组合在一起，构成国家与经济单位及个人之间在税收分配中的社会关系。这种关系是客观存在的，不以税法规定为转移。

四、税收的分类

依据不同的目的和标准，税收有不同的分类方式。主要有以下几种：

（1）根据课税对象的属性，可分为流转税、所得税、财产税、资源税、行为税。

（2）根据税收的征收管理权和收入支配权的不同，可分为中央税、地方税和中央地方共享税。

（3）以税收收入的实体形态为标准，可分为实物税和货币税。

（4）根据计税的标准不同，可分为从价税、从量税、复合税。

（5）根据税收和价格的组成关系，可分为价内税和价外税。

（6）以税收负担是否易于转嫁为标准，分为直接税与间接税。

第二节　税收与经济

熟悉税收公平，重点掌握税收与经济发展中的税收公平、税收弹性、宏观税负、宏观税率；税收与经济效率中的超额负担理论、税收乘数、税收效应、相机抉择稳定机制、经济稳定、自动稳定机制等。

一、税收公平

税收公平，是指国家征税应使各个纳税人的税负与其负担能力相适应，并使纳税人之间的担负水平保持平衡。税收公平包括横向公平和纵向公平两个方面。前者是指经济能力或纳税能力相同的人应当缴纳数额相同的税收，即应该以同等的课税标准对待经济条件相同的人；后者是指经济能力或者纳税能力不同的人应当缴纳数额不同的税收，即应以不同的课税标准对待经济条件不同的人。

税收公平要求税收必须普遍课征和平等课征。税收公平原则通常被认为是税制设计和实施的首要原则，并被推为当代税收的基本原则。

二、税收弹性

税收弹性，是指税收收入变动的百分比与经济水平变动的百分比之比值，一般用 E 表示（衡量经济与税收关系的重要指标）。

三、宏观税负

宏观税负，是指一个国家的税负总水平，通常以一定时期（一般为一年）的税收总量与国民生产总值（GNP）或 GDP 或国民收入（NI）的比例来表示。

四、宏观税率

宏观税率是税收收入与 GDP 或 GNP 之比，是从一国经济总体的角度考察税收负担水平的指标。

五、税收超额负担理论

税收超额负担，是指政府通过征税在将社会资源从纳税人向政府部门转移的过程中，给纳税人带来了相当于纳税税款以外的负担。国家课税后，会直接减少纳税人收入，将不可避免地对纳税人的行为选择产生一定影响。如果国家征税后增加的社会效益小于将相应税款留给纳税人而增加的效益，则税制就没有效率。

六、税收乘数

税收乘数用来反映税收变动与其引起 NI 变动的倍数的关系。具体而言，税收乘数是指因政府增加（或减少）税收而引起的 GNP 或 NI 减少（或增加）的倍数。

七、税收效应

税收效应，是指税收作用产生的效果，即税收对经济和社会的影响。

从税收对纳税人的影响来看，一般可产生收入效应或替代效应。

税收对储蓄的收入效应表现在：政府课税会降低纳税人的可支配收入，从而促使纳税人为维持原有的储蓄水平而减少即期消费。

税收对投资的替代效应表现在：政府课税降低了投资收益率，从而降低了投资的吸引力，驱使纳税人以消费等经济行为替代投资行为。

税收对私人投资的收入效应表现在：政府课税降低了投资收益率，驱使纳税人为维持以往的收益水平而增加投资。

八、相机抉择稳定机制

相机抉择稳定机制是指政府逆经济风向行事，交替使用扩张性和紧缩性的财政政策。

九、经济稳定

经济稳定是指社会总供给和社会总需求之间是平衡的。经济稳定一般是指经济的平稳增长，具体包括充分就业、经济增长、物价稳定和国际收支平衡四个方面。

十、自动稳定机制

自动稳定机制又被称为“内在稳定器”，是指经济系统本身存在的一种减少各种干扰对国民收入冲击的机制。一般而言，在经济繁荣时期，内在稳定器能自动抑制膨胀；在经济衰退时期，内在稳定器能自动减缓萧条。税收的内在稳定器机制主要表现在两个方面。一是累进税率的所得税发挥内在的自动稳定作用。当经济萧条时，个人和企业利润降低，符合纳税条件的个人和企业数量减少，因而税基相对缩小，使用的税率相对下降，税收自动减少。因为税收减少幅度大于个人收入和企业利润的下降幅度，税收会产生一种推力，防止个人消费和企业投资的过度下降，从而起到反经济衰退的作用。而在经济过热时期，其作用机理则正好相反。二是政府福利支出的自动稳定作用。如果经济出现衰退，符合领取失业救济和各种福利标准的人数增加，失业救济和各种福利的发放趋于自动增加，从而有利于抑制消费支出的持续下降，防止经济进一步衰退。而在经济繁荣时期，其作用机理则正好相反。

第三节　税收与治理

一、税收治理的内涵与特征

在新时代，传统意义上的税收管理已经上升为税收治理，包含从税务机关单一主体到税务机关、纳税人、社会组织等多元主体，从税务机关单向强制到征纳双方乃至多方的协商共治，从权利、义务的不均衡不对等到权力、权利、义务的合理配置等重大转变。

税收治理确立了新的价值内涵，即人本意识和以人民为中心。

税收治理的出发点和落脚点，是全社会的公平正义和包含纳税人在内全体人民的利益最大化，是在人的自由实现的远景目标下，通过公民参与，对税收取之于民、用之于民、为民利民本质属性的肯定。

二、全面深化财税体制改革

1. 政策依据

中共十八届三中全会于 2013 年 11 月 9 日至 12 日在北京举行。全会听取和讨论了习近平总书记受中央政治局委托所作的工作报告，审议通过了《中共中央关于全面深化改革若干重大问题的决定》。

关于深化财税体制改革，习近平总书记指出，财政是国家治理的基础和重要支柱，科学的财税体制是优化资源配置、维护市场统一、促进社会公平、实现国家长治久安的制度保障。

改革举措的主要目的是明确事权、改革税制、稳定税负、透明预算、提高效率，加快形成有利于转变经济发展方式、有利于建立公平统一市场、有利于推进基本公共服务均等化的现代财政制度，形成中央和地方财力与事权相匹配的财税体制，更好发挥中央和地方两个积极性。

另外，在党的十九大报告中，习近平总书记再次强调："加快建立现代财政制度，建立权责清晰、财力协调、区域均衡的中央和地方财政关系。建立全面规范透明、标准科学、约束有力的预算制度，全面实施绩效管理。深化税收制度改革，健全地方税体系。"

推进营改增是以结构性减税促进稳增长、调结构的“关键点”。

改革开放40多年来，财税体制改革事实上存在着一条上下贯通的主线索，这就是在由经济体制改革走向全面深化改革的历史进程中，不断对财税体制及其运行机制进行适应性变革：以“财政公共化”匹配“经济市场化”，以“财政现代化”匹配“国家治理现代化”，以“公共财政体制”匹配“社会主义市场经济体制”，以“现代财政制度”匹配“现代国家治理体系和治理能力”。这是我们从这一适应性改革历程中可以获得的基本经验。

2. 建立现代财税体制

中共十九届五中全会通过的《中共中央关于制定国民经济和社会发展第十四个五年规划和二〇三五年远景目标的建议》，明确提出了建立现代财税体制的目标要求、主要任务和实现路径。

（1）**税制改革的目标任务**：深化财税体制改革，建立现代财政制度。

·实施全面规范、公开透明的预算制度。

·完善税收制度。深化税收制度改革，完善地方税体系，逐步提高直接税比重。推进增值税改革，适当简化税率。调整消费税征收范围、环节、税率，把高耗能、高污染产品及部分高档消费品纳入征收范围。逐步建立综合与分类相结合的个人所得税制。加快房地产税立法并适时推进改革，加快资源税改革，推动环境保护费改税。按统一税制、公平税负、促进公平竞争的原则，加强对税收优惠特别是区域税收优惠政策的规范管理。税收优惠政策统一由专门税收法律法规规定，清理规范税收等优惠政策。完善国税、地税征管体制。

·建立事权和支出责任相适应的制度。

（2）**税制改革的基本思路**：分配关系调整。

（3）**税制改革的意义**：经济高质量发展。

（4）**税制改革的路径**：落实税收法定原则，税收征管体制改革的定位。

以纳税人和缴费人为中心，推进办税和缴费便利化改革，切实维护纳税人和缴费人合法权益，降低纳税和缴费成本，优化营商环境，建设人民满意的服务型税务机关，使人民有更多获得感。坚持放要彻底且有序，进一步取消税务行政审批和前置性审核事项，精简纳税人资料报送，打造权力瘦身的“紧身衣”，切实为纳税人减负。

（5）**税制改革的服务层次**：纳税服务（共性）、服务大局（特色）。

（6）**税收征管体制改革的重点**：习近平总书记在中央财经领导小组第十六次会议（2017 年 7 月 17 日）上强调：要改善投资和市场环境，加快对外开放步伐，降低市场运行成本，营造稳定公平透明、可预期的营商环境，加快建设开放型经济新体制，推动我国经济持续健康发展。即“优化营商环境”，持续深化“放管服”改革。

· 坚持问题导向。针对纳税人、缴费人办税（缴费）痛点堵点，综合施策、标本兼治、注重体验，努力创造流程更优、效率更高、服务更好的税收营商环境。

· 坚持对标先进。借鉴国际先进经验和前沿实践，精准对标、深挖潜力、大胆创新，打造国际一流的税费管理和服务体系，助力经济高质量发展，持续提升国际竞争力。

· 坚持试点先行。扩大优化税收营商环境试点，以试点示范破解难题、总结做法，分步推进、逐步完善，形成一批可复制、可推广的先进典型和创新经验，为加快全国优化税收营商环境建设积累经验。

· 坚持共治格局。坚持开放共治的税费治理方式，融入国家治理体系，主动作为，内外联动，推动税务部门与其他部门信息共享、管理共促、服务共融，实现税收共治。

（7）**税制改革的难点**：减税降费。

2018 年 11 月 1 日，习近平总书记在民营企业座谈会上的讲话中指出，近年来，我们出台的支持民营经济发展的政策措施很多，但不少落实不好、效果不彰。有些部门和地方对党和国家鼓励、支持、引导民营企业发展的大政方针认识不到位，工作中存在不应该有的政策偏差，在平等保护产权、平等参与市场竞争、平等使用生产要素等方面还有很大差距。有些政策制定过程中前期调研不够，没有充分听取企业意见，对政策实际影响考虑不周，没有给企业留出必要的适应调整期。有些政策相互不协调，政策效应同向叠加，或者是工作方式简单，导致一些初衷是好的政策产生了相反的作用。比如，在防范化解金融风险过程中，有的金融机构对民营企业惜贷、不敢贷，甚至直接抽贷断贷，造成企业流动性困难甚至停业；在“营改增”过程中，没有充分考虑规范征管给一些要求抵扣的小微企业带来的税负增加；在完善社保缴费征收过程中，没有充分考虑征管机制变化过程中企业的适应程度和带来的预期紧缩效应。对这些问题，要根据实际情况加以解决，为民营企业发展营造良好环境。

讲话中还指出，推进增值税等实质性减税，而且要简明易行好操作，增强企业获得感。对小微企业、科技型初创企业可以实施普惠性税收免除。要根据实际情况，降低社保缴费名义费率，稳定缴费方式，确保企业社保缴费实际负担有实质性下降。既要以最严格的标准防范逃避税，又要避免因为不当征税导致正常运行的企业停摆。

（8）减税降费面临的四大矛盾。

·减税降费硬任务与地方预算层层加码的矛盾。地方预算编制在前，减税政策出台在后，对减税因素未考虑或考虑不充分。如不及时调整，税务部门就会面临既要落实减税政策又要完成预算指标的两难境地。

·税费政策统一性与市场主体千差万别的矛盾。统一规范的税收政策难以兼顾所有市场主体的需求。营改增在确保所有行业税负只减不增中遇到了这样的问题。这次个人所得税改革，近2亿人受益，同样遇到了这样的问题。

·操作实施便利化与不法分子乘虚而入的矛盾。优惠政策力度越大，操作越便利，对守法经营者而言，越容易享受政策红利；但对不法分子而言，也越容易乘虚而入。

·正面效应认同慢与负面舆情传播快的矛盾。减税降费实现预期效应需要一个过程，正面的声音传播得相对慢，但负面舆论传播都很快，尤其在自媒体时代更是如此。

（9）如何做好减税降费。

·监控纳税申报。全程监控各类申报问题，早发现、早解决，做好数据会审纠错工作，提醒纳税人更正申报差错，督促税务人员纠正录入错误和程序性错误。

·强化问题反馈。加强问题梳理，反映“真”问题，“真”反映问题，不回避、不掩盖，提升问题反馈质效。

·加强调查研究。开展减税降费“获得感”调研，弄清诉求；聚焦“落地生根”，统筹提出建议。

·做好税收宣传。把好宣传的节奏和尺度，讲好减税降费故事。

·抓好统计分析。根据减税降费数据统计核算结果，及时开展政策执行情况和经济社会效应分析。

·做好风险管控。不仅要防范舆情风险，还要防范税收流失风险。落实减税政策要处理好“征收与减负”的关系。防范“灰犀牛”事件和“黑天鹅”事件。

坚持做到“三个务必、三个坚决”：务必把该减的税减到位，务必把该降的费降到位，务必把该征的税费依法依规征收好；坚决打击虚开骗税，坚决不收“过头税费”，坚决做好留抵退税工作。

（10）减税降费的意义。

首先，减税降费是应对经济下行压力的重大财税政策抉择。实施更大规模减税降费对市场主体而言是作用最直接、最公平、最普惠，见效也最快的手段。

其次，减税降费是推动经济高质量发展的重大战略决策。为应对外部环境变化特别是中美经贸摩擦带来的风险挑战，实施更大规模减税降费，聚焦支持实体经济、扩大就业、刺激消费、创新发展，有利于把稳战略重心、夯实战略基点、发挥战略优势、增强战略后劲，对推动我国经济高质量发展具有战略性作用。

最后，减税降费是事关国家治理全局的重大政治决断。实施更大规模减税降费，是党中央从保持党与人民群众血肉联系、巩固党执政基础的政治高度作出的重大决策，是践行以人民为中心发展思想的生动实践。

小材料 XIAO CAI LIAO

党的十九届五中全会与完善现代税收制度

党的十九届五中全会提出进一步完善现代税收制度，切实发挥税收功能作用。

党的二十大报告提出：健全现代预算制度，优化税制结构，完善财政转移支付体系。

加大税收、社会保障、转移支付等的调节力度。完善个人所得税制度，规范收入分配秩序，规范财富积累机制，保护合法收入，调节过高收入，取缔非法收入。引导、支持有意愿有能力的企业、社会组织和个人积极参与公益慈善事业。

税收是国家实施宏观调控、调节收入分配的重要工具。“十四五”时期，建立健全有利于高质量发展、社会公平、市场统一的税收制度体系，优化税制结构，同时提高税收征管效能。

健全地方税体系，培育地方税源。完善地方税制，培育地方主体税种，合理配置地方税权，理顺税费关系。按照中央与地方收入划分改革方案，后移消费税征收环节并稳步下划地方，结合消费税立法统筹研究推进改革。在中央统一立法和税种开征权的前提下，通过立法授权，适当扩大省级税收管理权限。统筹推进非税收入改革。

健全直接税体系，逐步提高直接税比重。健全以所得税和财产税为主体的直接税体系，逐步提高其占税收收入比重。进一步完善综合与分类相结合的个人所得税制度。适时推进个人所得税改革修法，合理扩大纳入综合征税的所得范围，完善专项附加扣除项目，完善吸引境外高端人才政策体系。按照“立法先行、充分授权、分步推进”的原则，积极稳妥推进房地产税立法和改革。建立健全个人收入和财产信息系统。

深化税收征管制度改革。坚持依法治税理念，提高政府税收和非税收入规范化、协调化、法治化水平。建立权责清晰、规范统一的征管制度。分步推进建成全国统一的新一代智能化电子税务局，建设标准统一、数据集中的全国税收征管信息库，持续推进涉税信息共享平台建设，促进各部门信息共享。

三、以税收现代化服务中国式现代化

1. 税收现代化六大体系

（1）坚强有力的党的领导制度体系。

（2）成熟完备的税收法治体系。

（3）优质便捷的税费服务体系。

（4）严密规范的税费征管体系。

（5）合作共赢的国际税收体系。

（6）高效清廉的队伍组织体系。

2. 税收现代化六大能力

（1）政治引领能力。

（2）谋划创新能力。

（3）科技驱动能力。

（4）制度执行能力。

（5）协同共治能力。

（6）风险防范能力。

第四节　税收征管

了解税收征管改革的趋势和方向，熟悉税收征管模式的建立与完善，重点关注《关于进一步深化税收征管改革的意见》。

一、税收管理的中心内容

税收征收管理是税收管理的中心内容。

税收征收，是指税务机关为实现税收职能，按照法律法规、规章制度、政策的规定，针对纳税人以及扣缴义务人的纳税义务情况，实施征收、管理、检查等一系列专业性管理活动的总称。

二、税收征收管理的主要内容

税款征收、税务管理、税务检查是税收征收管理的主要内容。

现行税收征管模式是“以纳税申报和优化服务为基础，以计算机网络为依托，集中征收，重点稽查，强化管理”。税款征收包括纳税申报，征收税款和纳税资料的整理、传递、保管工作。税务管理是相对于征收和检查而言的狭义管理，包括纳税服务、税源管理、税务登记、纳税辅导、税法宣传、发票账簿管理以及催缴税款等。税务检查是税务机关依据国家税收法律、法规和财务会计制度，采取特定方法和手段，对纳税人以及扣缴义务人的纳税义务情况进行检查监督。广义的税务检查包括税收检查（日常检查与专项检查）和税务稽查（涉税违法检查）。

三、税收征管改革的趋势和方向

税收征管改革的方向是税收现代化，包括完善税收征管立法、深化税收征管模式、税源专业化管理、大企业风险管理制度、纳税服务、税务稽查、征管信息化、大数据管理、发票管理电子化、税收信用体系、征管绩效管理。

现代化征管体制将成为国家治理体系现代化的重要内涵。其具体聚焦在四点：精确执法、精细服务、精准监管、精诚共治。新发展阶段的现代化税收征管体系至少要实现四个功能：有效的税收收入筹集、便利化的纳税服务、精准的税务风险管控以及有力的宏观决策支持。

四、税费皆重

随着社保费、非税收入征管职责逐步划转，税务部门征管格局也由“以税为主”向“税费皆重”转变。

五、税收征管操作规范

国家税务总局制定出台《税收征管操作规范》，主要内容有以下几点：

（1）实现税费业务征管的统一化、规范化、标准化。

（2）大幅精简征管业务事项和表单资料。聚焦深化“放管服”改革、优化营商环境，通过清晰界定征纳权责关系、充分利用信息共享数据、合理划分业务类型等，推动业务流程优化、报送资料和表证单书精简：

一是简事项，是对同质化流程进行整合精简；

二是简资料，主要通过简政放权，取消一批需纳税人、缴费人报送的资料；

三是简单书，主要通过充分利用现代信息技术，对现有纸质表证单书进行进一步精简。

（3）科学分类，精准施策。按事项办理主体及性质将税收征管事项划分为自主办理事项、税务管理基础事项、纳税信用与风险防控事项、法律追责与救济事项四大类。

（4）实施“信用 + 风险”动态监控管理。

（5）与新政策实现无缝衔接。

第五节　中国古代赋税思想

1. 任土作贡

在自然经济占绝对支配地位的古代，纳税人用自己的生产品交税。这是一种因地制宜的原则。

2. 税负均平

如根据土地肥力、距离城市远近、交通条件、经济和生产条件的不同，将土地划分为不同等级，从而征收不同的田科，使得不同等级土地田赋负担尽可能一致。

商鞅则根据粮食产量来计算田赋，“訾粟而税，则上壹而民平”。唐代杨炎实行的“两税法”，一律按照家庭贫富多少征收，土地和财产少则少征，多则多征。

明代张居正实行的“一条鞭法”，将原来众多的赋役项目合并为一条，并入田赋，夏秋两税中统一征税，税制更简化，减轻了农民的负担，税制设计更公平。

清朝的摊丁入亩，以人均拥有田地多少为标准来征税，将税收负担和纳税能力联系起来，田多则多征，田少则少征，消除了地、户、丁等赋役混乱的现象。

3. 专赋专用

一定赋税类别只能用于规定的财政支出项目。早在西周时期，我国就产生了“以九式均节财用”的财政支出思想，规定用九种用途来节制财政支出。《周礼·大宰》记载：“以九赋敛财贿：一曰邦中之赋，二曰四郊之赋，三曰邦甸之赋，四曰家削之赋，五曰邦县之赋，六曰邦都之赋，七曰关市之赋，八曰山泽之赋，九曰币余之赋。以九式均节财用：一曰祭祀之式，二曰宾客之式，三曰丧荒之式，四曰羞服之式，五曰工事之式，六曰币帛之式，七曰刍秣之式，八曰匪颁之式，九曰好用之式。”也就是说，一定的收入类别只能用于规定的财政支出项目。

4. 轻徭薄赋

反对重税。孔子主张敛从其薄，孟子提出什一税，荀子提出节用裕民，核心就是轻赋薄敛，尽可能多生产少征税，藏富于民。韩非子主张对农民实行轻税，赋税过重会抑制农民生产的积极性。管子主张取之有度，反之，大国也会陷入危机。

汉文帝实行“三十税一”，让农民休养生息，成就了“文景之治”。著名的黄宗羲定律表明，任何一个朝代，成立之初都实行轻税政策，随着国家的发展，支出事项越来越多，于是需要增加财政收入，民众的税收负担便会加重，税费改革又使得税费负担进一步加重，最终在重负之下农民起义爆发，从而新的王朝建立。可见，轻赋薄敛是一个税收适度原则，关乎一个国家的命运。

5. 税收效率

古代征税讲究征收效率。刘晏在改革中提出一个征税原则，即“取人不怨”，既降低百姓的赋税感，也提高税收的征收效率。王安石提出“民不益赋而国用饶”，目的是在不加税的情况下，增加财政收入，其含义就是要降低征税成本，提高征税效率。张居正的一条鞭法，将实物税改成货币税，目的也是提高征税效率，减轻纳税人负担。不过，古代税收效率思想主要体现在减少征税成本，即提高征收的效率上，忽视了用税的效率。

第十章 综合与公文知识谱系

公文知识是领导胜任力测试和业务能力测试共同的必考点。

公文写作与处理，参照《党政机关公文处理工作条例》（2012 年），公文格式见“国标”，即《党政机关公文格式》（GB/T 9704—2012）。

2022 年国家税务总局修订《全国税务机关公文处理办法》（以下简称《办法》）。

第一节 公文种类

《办法》规定，税务机关公文有 13 种：命令（令）、决议、决定、公告、通告、意见、通知、通报、报告、请示、批复、函、纪要。

与中共中央办公厅、国务院办公厅所发《党政机关公文处理工作条例》规定的公文种类 15 种不同的是，税务机关公文种类中没有议案、公报。

另外，税务机关还有一种“文件”，即“便函”。便函虽不是正式公文种类，却是经常用的。

一、税务机关 13 种公文的适用范围

（1）命令（令），适用于依照有关法律、行政法规发布税务规章，宣布施行重大强制性行政措施，嘉奖有关单位及人员。

（2）决议，适用于会议讨论通过的重大决策事项。

（3）决定，适用于对重要事项作出决策和部署、奖惩有关单位和人员、变更或

者撤销下级机关不适当的决定事项。

（4）公告，适用于向国内外宣布重要事项或者法定事项。

（5）通告，适用于在一定范围内公布应当遵守或者周知的事务性事项。

（6）意见，适用于对重要问题提出见解和处理办法。

（7）通知，适用于发布、传达要求下级机关执行和有关单位周知或者执行的事项，批转、转发公文。

（8）通报，适用于表彰先进，批评错误，传达重要精神和告知重要情况。

（9）报告，适用于向上级机关汇报工作、反映情况，回复上级机关询问。

（10）请示，适用于向上级机关请求指示、批准。

（11）批复，适用于答复下级机关请示事项。

（12）函，适用于不相隶属机关之间商洽工作、询问和答复问题、请求批准和答复审批事项。

（13）纪要，适用于记载会议主要情况和议定事项。

二、正确选用文种

在撰写、处理公文时，正确选用文种的依据如下：

（1）按照行文目的选用文种。

行文目的，即公文要解决什么问题。如请示工作用请示，汇报情况用报告。具体参考各文种的适用范围。

（2）按照行文方向选用文种。

《办法》明确了13种公文的行文方向（见图10－1）。

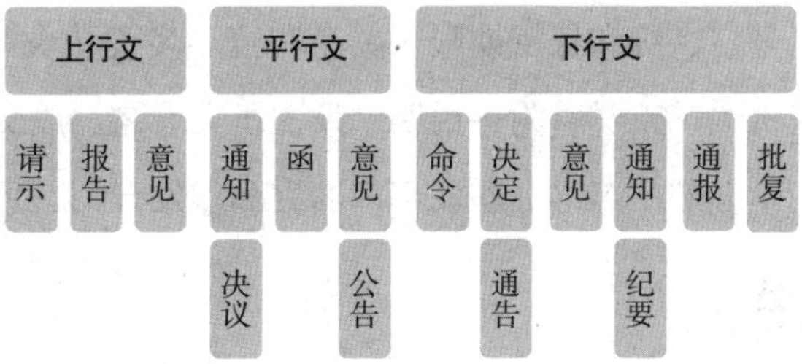

图10－1　公文行文方向

上行文有3种：请示、报告和意见。

平行文有3种：通知、函、意见。

下行文有6种：命令、决定、意见、通知、通报、批复。

注意：意见既可以上行、平行，也可以下行。通知既可以下行，也可以平行。

还有4种公文文种普遍适应，没有上行、平行、下行之分：决议、公告、通告、纪要。这意味着这4种公文不需要主送机关。

（3）按照隶属关系选用文种。

所谓隶属关系，分为有隶属关系的和没有隶属关系的。

对有隶属关系的下级税务机关来文请示有关事项的，使用“批复”来直接答复；若请示的问题具有普遍性，则使用“通知”或其他文种。

对没有隶属关系的平级机关或其他单位来文请求批准有关事项的，不能使用“批复”，应使用“通知”或“函”等其他文种。

向没有隶属关系的平级机关等有关单位请求批准事项、答复有关单位询问事项、向外单位咨询有关事项、与有关单位商洽工作、向有关单位报送工作进展情况、答复外单位来文征求意见时，使用“函”。

（4）按照公文内容重要程度选用公文。

这种情况常见于选用通告、公告、通报等文种时。

同样是用于表彰的公文，决定适用于命名性表彰，表彰事迹突出，有较大影响和贡献的个人或集体；通报则适用于一般性典型，表彰、表扬在某一具体活动或某些工作中表现突出的个人或集体。

第二节　公文格式

公文一般由份号、密级和保密期限、紧急程度、发文机关标志、发文字号、签发人、标题、主送机关、正文、附件说明、发文机关署名、成文日期、印章、附注、附件、抄送机关、承办部门名称、印发部门名称和印发日期、页码等组成。

一、公文密级

公文有绝密、机密和秘密三个等级之分。

起草公文，如引用标有密级公文的标题、文号或内容，须按原公文的密级标注密级。

回复标有密级的公文，必须按来文的密级标注密级。

保密期限，除有特殊规定外，绝密级事项不超过 30 年，机密级事项不超过 20 年，秘密级事项不超过 10 年。

二、公文的紧急程度

公文有特急、加急两种情形。

特急，是指内容重要并特别紧急，需要特别优先传递并处理的公文。

加急，是指内容重要并紧急，需要优先传递并处理的公文。

三、公文的发文字号

发文字号由发文机关代字、年份、发文顺序号组成。

年份用全称，用“〔〕”标注，如“〔2020〕”。

发文顺序号，不加“第”字，不编虚位（“1 号”，不写成“01 号”）。

联合行文，使用主办机关的发文字号。

另外，要了解国家税务总局规定的常用发文字号。

（1）国家税务总局党的组织发文字号。

· 税总党委发〔公元年份〕×号。适用于：向上级党的机关请示、报告和提出意见；制定党委重要工作制度；向下级党委部署重要工作等；转发上级党的机关重要文件。（重要发文）

· 税总党委函〔公元年份〕×号。适用于：向下级党委部署一般事务性工作；与平级党的机关商洽事宜、回复意见或报送需平级党的机关核批的事项等；转发上级党的机关的一般文件和平级党的机关文件。（一般事务性发文）

· 税总党委任〔公元年份〕×号。适用于：任免干部党内职务。

· 税总党委办发〔公元年份〕×号。适用于：印发省级税务局、副省级城市税务局“三定”方案；代表总局党委向下级党委部署阶段性、临时性、日常性事务工作等。

· 税总机关党办函〔公元年份〕×号。适用于：印发税务机关的设置、变动批复文件；总局党委各职能部门与平级党的机关内设机构商洽事宜、报送情况；征求下级党委意见；下发总局党委组织的重要会议、培训通知等。

（2）国家税务总局行政公文发文字号。

· 税总××发〔公元年份〕×号。适用于：向上级机关请示、报告和提出意见；向下级机关部署全局性税收工作，制定工作制度，提出指导性意见；下达年度税务经费安排；对税收收入、重要工作、重大事件的情况通报；对下级机关或个人给予重大奖励、表彰或批评、惩处；转发上级机关的重要文件；与平级机关或有关团体单位联合发文；其他有关重要事项的通知。

·税总××函〔公元年份〕×号。适用于：向下级机关部署局部的、阶段性的或临时性工作；对税务经费作局部和临时性安排；对税务工作情况的通报；一般性的表扬和批评；与平级机关商洽事宜、答复问题或报送需平级机关核批的事项；转发上级机关的一般性文件、平级机关与税收工作有关的文件；对下级机关的请示事项予以批复；对人大议案、建议和政协提案的答复等。

·税总任〔公元年份〕×号。适用于：任免干部行政职务。

·税总办××发〔公元年份〕×号。适用于：（代表总局）发布系统内部适用的各类制度规定；布置日常性事务工作、通报有关情况等。

·税总办××函〔公元年份〕×号。适用于：（代表总局）平级行文、通报、商洽、向上报送、提出意见建议；向下征求意见，下发总局组织的重要会议、培训通知，邀请；向有关单位提供证明等。

《全国税务机关公文处理办法》附有公文特定格式，主要包括：

（1）信函格式；

（2）命令格式；

（3）公告通告格式；

（4）纪要格式。

第三节　行文规则

一、哪些情况不得制发公文

（1）法律、法规中已有明确规定的，不再制发文件；

（2）现行文件规定仍然适用的，不再重复发文；

（3）已标注公开发布的文件，不再翻印；

（4）机关负责人的讲话，不以正式公文形式下发；

（5）对使用电话、内部网站等途径可以办理的事项，不发正式公文。

二、常见行文规则

（1）一般不得越级行文。

（2）原则上只主送一个上级机关。

（3）下级机关的请示事项，如需以本机关名义向上级机关请示，应当提出倾向性意见后上报，不得原文转报上级机关。

（4）请示必须在事前，应当一文一事，不得在报告等非请示性公文中夹带请示事项。

（5）不得以领导人个人对机关行文，也不得以机关名义向上级机关负责人行文（除领导人直接交办事项外）。

（6）向上、下级税务机关的内设机构和其他机关的有关内设机构行非正式公文时使用便函，机关内设机构之间根据工作需要也可以使用便函。

（7）税务系统内部，党的组织和行政机关之间一般不交叉行文。

（8）各级税务机关报送上级税务机关的公文，不得同时报送上级税务机关的内设机构。

（9）邮寄公文时，收件人（单位）应与公文主送单位一致。

（10）各地税务机关报送国家税务总局的公文，数量为 1 份。

三、便函

（1）各级税务机关的内设机构根据工作需要，在规定的职权范围内，向上、下级税务机关的内设机构和其他机关的有关内设机构行非正式公文时使用便函，机关内设机构之间根据工作需要也可以使用便函。

（2）便函不得以“×××税务局”为行文对象。

（3）便函适用于商洽工作，通报和汇报有关情况，询问和答复一般事务性问题。

（4）便函不得设定行政许可、行政审批、行政处罚、行政强制以及其他不得由便函设定的事项，也不得规定税务系统内部管理审批、税收政策解释、税收征管问题解释、具体税收征管工作、会议培训和书刊征订等事宜。

（5）税务机关各内设机构所发便函的版头，由税务机关名称和内设机构名称组成，不加“文件”字样。便函的发文字号按内设机构代字自行编号，成文日期上署内设机构名称，加盖内设机构印章，无版记。

第四节　公文审核

一、公文起草后的审核

主办部门负责人审核起草公文，审核的重点是：

（1）是否符合国家法律法规和党的路线方针政策，提出的新政策、规定和措施等是否可行；

（2）是否需要会签其他职能部门或者有关单位；

（3）公文文种的选用是否适当，拟制的公文是否符合行文规则和公文格式的有关要求；

（4）文稿的结构是否严谨，层次是否清楚，观点是否正确，情况是否真实，数据是否准确等。

二、公文签发前的审核

（1）行文理由是否充分，行文依据是否准确。

（2）内容是否符合国家法律法规和党的路线方针政策；是否完整准确体现发文机关意图；是否同现行有关公文相衔接；所提政策措施和办法是否切实可行。

（3）涉及有关部门职权范围内的事项是否经过充分协商并达成一致意见。

（4）文种是否正确，格式是否规范；人名、地名、时间、数字、段落顺序、引文等是否准确；文字、数字、计量单位和标点符号等用法是否规范。

（5）其他内容是否符合公文起草的有关要求。

第五节　公文签发

公文签发是领导干部应重点关注的内容。

一、如何签发公文

（1）签发人签发公文，应当签署意见、姓名和完整日期；圈阅或者签名的，视为同意。联合发文由所有联署机关的负责人会签。

（2）未经办公厅（室）审核的公文，机关负责人不予签发。

（3）文稿核准签发后即为定稿，未经签发人同意，不得改动。

（4）签发公文应当符合存档要求，不得使用圆珠油笔和铅笔，不得使用蓝黑色和黑色以外其他颜色的墨水。

（5）经复核需要对文稿进行实质性修改的，应当提请签发人复审并签名。

二、谁来签发

（1）以机关名义制发的公文，由机关负责人签发。

其中，以本机关名义制发的上行文，由主要负责人或者主持工作的负责人签发。

以本机关名义制发的平行文或下行文，由主要负责人或者主要负责人授权的其他负责人签发。

对涉及重要税收政策或重大问题的，由其他负责人审阅后送主要负责人签发。

（2）以本机关名义制发的命令（令）和人事任免的通知由机关主要负责人签发。

（3）纪要由会议主持人签发。

（4）联合制发的上行文，由机关主要负责人或者主持工作的负责人签发。

（5）电报由机关主要负责人或者主要负责人授权的其他负责人签发。

（6）拟稿人不得签发自己草拟的公文。

（7）以办公厅（室）名义代表本机关制发的公文，由机关负责人或者机关负责人授权的办公厅（室）负责人签发。

（8）不同意会签，机关负责人不签署姓名。

第六节　公文保密

各级税务机关要正确处理公文保密和公开的关系，既要执行保守国家秘密法，又要执行政府信息公开条例；既要保障国家秘密不受侵害，又要保障公民的知情权。健全机关公文管理制度，确保机关公文办理质量，是一项政治性、政策性、原则性、专业性都很强的工作。

一、归口管理

税务机关公文由文秘部门或者专人统一管理。县以上税务机关应当建立机关保密室和机要阅文室，按照保密规定配备工作人员和必要的安全保密设施设备。

二、依法规范

公文印发传达要确定范围，按照规定执行，需要变更传达范围的，应当经发文机关批准。传递涉密公文，必须采取保密措施。

利用计算机、传真机等传输涉密公文，必须符合国家有关保密规定。

收发密件，应当履行清点、登记、编号、签收手续。

传递密件，要通过机要交通或机要通信部门，不得通过普通邮政、快递等无保密措施的渠道传递。

指派专人传递时，要选择安全的交通工具和交通路线，并采取安全的保密措施。

三、正确定密

中央国家机关，省级机关及其授权的机关、单位可以确定绝密级、机密级和秘密级国家秘密。

设区的市、自治州一级的机关及其授权的机关、单位可以确定机密级和秘密级国家秘密。

具体的定密权限、授权范围由国家保密行政管理部门规定。

上级机关、单位对某一事项已经定密的，机关、单位在执行时应按该事项已定密级确定，不得擅自改变密级。

公文定密后，应当按照拟定的密级先行采取保密措施。确定密级后，应当按照所定密级严格管理。绝密级公文应确定专人管理。变更密级或者解除秘密，应由原定密机关或者其上级机关决定。

税务机关在确定国家秘密事项，标明密级的同时，应当确定保密期限。

（1）能预见解密时间的，根据解密时间确定保密期限。保密期限在 1 年以上的，以年为期；不满 1 年的，以月或天计。

（2）以某事件的发生或终止为解密条件的，根据事件的发生或终止情况确定保密期限。

（3）国家秘密的保密期限，除有特殊规定外，绝密级事项不超过 30 年，机密级事项不超过 20 年，秘密级事项不超过 10 年。确需延长期限的，按规定报中央有关机关批准。

四、流程控制

复制、汇编机密级、秘密级公文，应当符合有关规定并经本机关负责人批准。绝密级公文一般不得复制、汇编，如因工作需要的，应当经发文机关或其上级机关批准。复制、汇编的秘密公文视同原件管理。

不具备复制密件条件的单位，应当到保密工作部门审查批准的定点单位复制密件。

复制件应当加盖机关印章，翻印件应当标明翻印机关名称、日期。

汇编本的密级按编入公文的最高密级标注。

绝密件必须存放在符合国家保密标准的设施、设备中，阅读和使用必须在指定的符合保密要求规定的办公场所进行，对接触、知悉人员要做文字记载。

未经原定密机关、单位或者其上级机关批准，不得复制、摘抄。

携带绝密件外出，必须经本机关、本单位主管领导批准，两人以上同行，专人负责并采取绝对可靠的安全措施。

禁止携带绝密件参加涉外活动或出境。

不具备归档和保存价值的公文，经批准后可以销毁。清退或销毁涉密公文应当按照发文机关的要求和有关规定进行，应履行审批登记手续，确保不丢失、不漏销。

个人不得私自销毁、留存涉密公文。

第七节　公文改错

公文改错是常见的考题，一般应注意以下常见“病例”：

（一）标题

（1）常见的有语句不合语法规范、词语搭配不当、“关于”用错位置、语法毛病、标点符号错用乱用等。如“传达……精神”误用为“印发……精神”，“同意”与“批复”连用，“关于对”连用，“申请……请示”。

【例10－1】“关于××县税务局加强党性教育的通知”，“关于”应置于发文机关之后，为“××县税务局关于加强党性教育的通知”。

（2）标有引号的并列成分之间、标有书名号的并列成分之间通常不用顿号。若有其他成分插在并列的引号之间或并列的书名号之间，宜用顿号。

（3）标示时间、地域的起止一般用一字线（占一个字符位置），标示数值范围的起止一般用波浪线（~）。

（4）标题中缺少发文机关，或者发文机关用不规范省略、不规范简称。

（5）标题中标注文件的书名号用错位置。

（6）标题转行导致歧义。

（二）文种混用

（1）不同文种使用场所、范围不同，必须根据公文涉及事项、目的选择文种。常见的文种混用是：请示、函、报告三者混淆，“请示报告”连用，通告误用为通知，通知误用为通告，请示误用为报告，报告误用为请示，决定误用为决议，决议误用为决定，复函误用为批复，等等。

（2）根据隶属关系使用公文文种，平行关系用平行文，上下级关系要区别是上行还是下行，周知性、普发性公文不能使用请示、报告。

（3）超越权限使用文种、降格使用文种，如随意制定条例，本应用“命令”来发布的规章公文，却降格用“通知”发布。

（4）将日常应用文当作公文，如《××市税务局2021年工作要点》。

（5）生造文种，如“复函”“情况汇报”。

（三）主发送关系混乱

（1）主送机关和发送机关不对应，比如，主送机关是党的机关，发送机关却是行政机关，这属于党政不分。

（2）主送机关使用不规范化简称，如“省局”“总局”之类。

（3）多头主送，上行文如需要主送两个以上的机关，应该只写一个，抄送另一个。

（4）请示误抄送下级，上下级机关联合行文。

（5）上级机关直接向下级机关的部门行文。

（6）平行机关之间互相用请示，如“某县税务局”向“某区税务局”请示。

（四）数字错用

（1）公历世纪、年代、年、月、日、分、秒，要求使用阿拉伯数字。例如，公元前 9 世纪、公元前 221 年、20 世纪 80 年代、1949 年 10 月 1 日、15 时 20 分 45 秒等。年份一般不用简写，如 1980—1995 年不能写作 1980—95 年，2005 年不应简写成 05 年。

（2）记数与计量（包括正负整数、分数、小数、百分比、约数等）。例如，1302，1/16，4.5 倍，34%，3:1，45 万元，500 多种、30 多万千克等。

（3）物理量量值必须使用阿拉伯数字，并正确使用法定计量单位。如 300kg、15cm、35℃等。如果是多位的阿拉伯数字，则不能换行。非物理量，一般情况下应使用阿拉伯数字，如 235 元、11 个月、100 名。但小学和初中教科书、非专业书刊的计量单位可使用中文表示，如 200kg（200 千克）。

（4）部队番号、文件编号、证件号码和其他序号，须用阿拉伯数字。例如，38915 部队、总 3211 号、国办发〔2010〕号文件、T37/T38 次快车、HP－3000 型电子计算机、90 号汽油、维生素 B_1 等。

（5）公文中发文字号、版头左上角的编号、印发日期与印发份数，均应使用阿拉伯数字表述。

（6）公文引文标注中的版次、卷次、页码，除古籍应与所据版本一致外，一般要使用阿拉伯数字。

【例 10－2】 列宁：《新生的中国》，见《列宁全集》中文 2 版，第 22 卷，208 页，北京：人民出版社，1990。

（7）表示数字的范围也有写法的讲究。例如，3 万～8 万，不能写成“3～8 万”；5%～15%不能写成“5～15%”。应用时应注意以下几点：

第一，一个数值的书写形式要照顾到上下文。不是出现在一组具有统计意义数字中的一位数（一、二……九）可以用汉字，如“一个人”“四种产品”“六条意见”“重复三遍”。

第二，5 位以上的数字，尾数零多的，可改写为以万、亿做单位的数，一般不得以十、百、千、十万、百万、千万、十亿等做单位（千克、千米、千瓦等法定计量单位不在此列）。如 34000 可以改写为 3.4 万。

第三，一个用阿拉伯数字书写的多位数不能移行。

（8）应当使用汉字的几种情况。

汉语数字通常是指"一、二、三、四、五、六、七、八、九、十"及其大写"壹、贰、叁、肆、伍、陆、柒、捌、玖、拾"等数字。

数字作为词素构成定型的词、词组、惯用语、缩略语或具有修辞色彩的语句。例如，"十二五"规划、一律、二万五千里长征、第三世界、相差十万八千里、三心二意、四平八稳、五星红旗、六神无主、七上八下、八国联军、九死一生、十万火急、零点方案、星期五、第三季度、不管三七二十一、十六届四中全会等。

(9) 邻近的多个数字（一、二……九）并列连用，表示概数（连用的多个数字之间不应用顿号隔开）。例如，七八十种、一千七八百元、五六万套、三四天、五六米、七八个、十五六岁、三四百公里、四十五六岁。

(10) 星期几一律用汉字，如星期三。

(11) 中国历史纪年、干支纪年、夏历月日、各民族非公历纪年等，均使用汉字。如万历十五年、丙寅年十月十八日、八月十五中秋节、正月初五等。有时为了表达得更加明白，可以在它们的后边用阿拉伯数字括注公历。如藏历阳木龙年八月二十六日（1964 年 10 月 1 日）、日本庆应三年（1867 年）等。

(12) 含有月日简称表示事件、节日或其他特定意义的词组，应用汉字数字。如果涉及一月、十一月、十二月，为避免歧义，要将表示月和日的数字用间隔号"·"隔开，并外加引号。如"一·二八"事变（1 月 28 日）、"一二·九运动"（12 月 9 日）等。在涉及其他月份时，不用间隔号；是否使用引号，视事件的知名度而定。如五四运动、五一国际劳动节、十一国庆节、"九一三"事件、"七一"讲话等。

(13) 用"几、多、余、左右、上下、约"等表示约数时，使用汉语数字。如几千年、百多次、十余年、八万左右、三十上下、约五十人等。如果文中出现一组具有统计意义和比较意义的数字，用"多、约"等表示约数时，为保持局部体例上的一致，其约数也可以使用阿拉伯数字。如该省从机动财政中拿出近 2000 万元，调拨钢材 3000 多吨、水泥 3 万多吨、柴油 1400 吨，用于农田水利基本建设。

（五）序数层次错误

(1) 公文中结构序数层次应该用"一、""（一）""1.""(1)"表示。

(2) 附件顺序号用阿拉伯数字表示，后面不必加冒号。

（六）标点符号错用

（1）阿拉伯数字表示次序时使用点号不当。

（2）在图、表说明文字末尾错用句号（实际不需要用标点）。

（3）标示公文发文字号中的发文年份时，应使用〔〕。

（4）书名号内不用顿号表示停顿，空一格即可，如“根据《××省物价局 ××省财政厅关于××市建制镇城市基础设施配套费征收标准的批复》（××规〔2012〕59号）文件要求，特制定本管理办法”。

（5）括号内行文末尾需要时可用问号、叹号和省略号。除此之外，句内括号行文末尾通常不用标点符号。

（6）附件名称后不需要用任何标点符号。

（7）不该用标点符号的用了标点符号，如“工、农业生产”，应为“工农业生产”。

（8）百分比符号错误，如“税率3%～17%”，误作“税率3～17%”。

（七）发文字号错误

（1）发文字号不全，如〔2021〕，写作〔21〕。

（2）发文年份应用“〔　〕”括入，错用成“（　）”“［　］”“【　】”。

（3）序号累赘，发文顺序号中多加了“0”变成“02”。

（4）滥用“发”字，请参照国家税务总局关于发文字号的规定。

（八）公文中特定称谓不一致

同一个称谓在公文中出现多种不同的表述，如“第一分局”“第一税务分局”“一分局”等。

（九）公文中用词错误

要留心公文中容易混淆的词、成语，容易被忽视的习惯性用词错误。如“防患于未然”误作“防患于末然”，“公之于众”误作“公之与众”。一些习惯性错误，比如，“不良陋习”，难道还有好的陋习？“不必要的浪费”，难道还有必要的浪费？又如，“截止”和“截至”，“制定”与“制订”，“期间”与“其间”等词不加区分。

第八节 传统文化与现代文明

大纲将中华优秀传统文化、世界现代文明与公文及常用应用文写作一并列入测试内容。

中华优秀传统文化、世界现代文明内容丰富，不是本书能涵盖得了的，而是靠读者平时注意积累。

中华优秀传统文化包括中国传统哲学，如儒家、道家、法家、墨家等，宋明理学、阳明心学等，以及重要经典著作；历史，如三千多年的中国古代历史中重大历史事件、重要历史人物、重要时间节点都是应该掌握的范围；文学，如《诗经》《论语》《孟子》以及唐诗、宋词、元典、明清小说散文、民国文学、现代文学等。

世界现代文明包括中西方文明、世界重大科学技术创新等。

思考：

1. 古人的“姓”是随着自己的血缘传承而来的，而“氏”，则是受封而来的，是一种后天获得的身份符号。下列在先秦时期属于姓的是（　　）。

A. 姜　　B. 姚　　C. 赵　　D. 李

【答案】AB

2. 下列不属于在红军长征时期的诗句是（　　）。

A. 不到长城非好汉，屈指行程二万

B. 金沙水拍云崖暖，大渡桥横铁索寒

C. 横空出世，莽昆仑，阅尽人间春色

D. 鹰击长空，鱼翔浅底，万类霜天竞自由

【答案】D

3. 在中华文化里，牛是勤劳、奉献、奋进、力量的象征。人们把为民服务、无私奉献比喻为孺子牛，把创新发展、攻坚克难比喻为（　　），把艰苦奋斗、吃苦耐劳比喻为老黄牛。

A. 大犀牛　　B. 拓荒牛　　C. 挽车牛　　D. 高原牛

【答案】B

4. 2022 年 11 月底，一款名为 ChatGPT 的人工智能程序被推出，迅速在社交媒体上走红。下列有关 ChatGPT 表述不正确的是（　　）。

A. ChatGPT 是指人工智能对话聊天机器人

B. ChatGPT 能够通过理解和学习人类的语言来进行对话

C. ChatGPT 真正像人类一样来聊天交流

D. ChatGPT 是一种赋有底层技术逻辑的智能搜索引擎

【答案】D

第三编

重要准则与条例精要

第十一章

关于新形势下党内政治生活的若干准则（极简版）

本准则由中国共产党第十八届中央委员会第六次全体会议审议通过。

（1）办好中国的事情，关键在党，关键在党要管党、从严治党。党要管党必须从党内政治生活管起，从严治党必须从党内政治生活严起。

（2）开展严肃认真的党内政治生活，是我们党的优良传统和政治优势。形成了以实事求是、理论联系实际、密切联系群众、批评和自我批评、民主集中制、严明党的纪律等为主要内容的党内政治生活基本规范。

（3）新形势下加强和规范党内政治生活，必须以党章为根本遵循。

（4）新形势下加强和规范党内政治生活，重点是各级领导机关和领导干部。

（5）共产主义远大理想和中国特色社会主义共同理想，是中国共产党人的精神支柱和政治灵魂，也是保持党的团结统一的思想基础。必须高度重视思想政治建设，把坚定理想信念作为开展党内政治生活的首要任务。

（6）党在社会主义初级阶段的基本路线是党和国家的生命线、人民的幸福线，也是党内政治生活正常开展的根本保证。

（7）坚决维护党中央权威、保证全党令行禁止，是党和国家前途命运所系，是全国各族人民根本利益所在，也是加强和规范党内政治生活的重要目的。坚持党的领导，首先是坚持党中央的集中统一领导。一个国家、一个政党，领导核心至关重要。

（8）纪律严明是全党统一意志、统一行动、步调一致前进的重要保障，是党内政治生活的重要内容。必须严明党的纪律，把纪律挺在前面。

（9）必须把坚持全心全意为人民服务的根本宗旨、保持党同人民群众的血肉联系作为加强和规范党内政治生活的根本要求。

（10）民主集中制是党的根本组织原则，是党内政治生活正常开展的重要制度保障。坚持集体领导制度，实行集体领导和个人分工负责相结合，是民主集中制的重要组成部分。

（11）党内民主是党的生命，是党内政治生活积极健康的重要基础。

（12）坚持正确选人用人导向，是严肃党内政治生活的组织保证。坚持信念坚定、为民服务、勤政务实、敢于担当、清正廉洁的好干部标准。

（13）党的组织生活是党内政治生活的重要内容和载体，是党组织对党员进行教育管理监督的重要形式。时刻牢记自己第一身份是党员。

（14）批评和自我批评是我们党强身治病、保持肌体健康的锐利武器，也是加强和规范党内政治生活的重要手段。

（全文详见《关于新形势下党内政治生活的若干准则》。）

第十二章

重大事项请示报告制度（极简版）

《中国共产党重大事项请示报告条例》自2019年1月31日起施行。

税务系统重大事项请示报告制度实行清单管理。

相关规定：各级税务局党委要承担重大事项请示报告工作主体责任，主要负责同志为第一责任人，按照“分级负责、层层落实”的要求，在做好本级党组织重大事项请示报告工作的同时，加强对下级党组织的指导和监督。

一、党组织

党组织的请示报告分请示、报告、报备三项内容。

1. 党组织应当向上级党组织请示的事项（10项）

（1）贯彻落实党中央决策部署和上级党组织决定中的重要情况和问题，需要作出调整的政策措施，需要支持解决的特殊困难；

（2）重大改革措施、重大立法事项、重大体制变动、重大项目推进、重大突发事件、重大机构调整、重要干部任免、重要表彰奖励、重大违纪违法和复杂敏感案件处理等；

（3）明确规定需要请示的重要会议、重要活动、重要文件等；

（4）重大活动、重要政策的宣传报道口径，新闻宣传和意识形态工作中的全局性问题和不易把握的问题；

（5）出台重大创新举措，特别是遇到新情况新问题且无明文规定、需要先行先试，或者创新举措可能与现行规定相冲突、需经授权才能实施的情况；

（6）属于自身职权范围内但事关重大或者特殊敏感的事项；

（7）重大决策时存在较大意见分歧的情况；

（8）跨区域、跨领域、跨行业、跨系统工作中需要上级党组织统筹推进的重大事项；

（9）调整上级党组织文件、会议精神的传达知悉范围，使用上级党组织负责同志未公开的讲话、音像资料等；

（10）其他应当请示的重大事项。

不必向上级党组织请示的情况：属于自身职权范围内的日常工作；上级党组织就有关问题已经作出明确批复的；事后报告即可的事项等。

2. 党组织应当向上级党组织报告的事项（9项）

（1）学习贯彻习近平新时代中国特色社会主义思想，统筹推进“五位一体”总体布局和协调推进“四个全面”战略布局的重要情况；

（2）党中央以及上级党组织重要会议、重要文件、重大决策部署贯彻落实情况，习近平总书记重要指示批示贯彻落实情况，上级党组织负责同志交办事项的研究办理情况；

（3）加强党的建设，履行全面从严治党责任，包括集中学习教育活动、意识形态工作、党组织设置及隶属关系调整、民主生活会、党风廉政建设、落实中央八项规定精神、党员干部直接联系群众、巡视巡察整改、发现重大违纪违法问题等情况；

（4）全面工作总结和计划；

（5）重大专项工作开展情况；

（6）重大敏感事件、突发事件和群体性事件应对处置情况；

（7）经济社会发展中出现的重要情况和重大舆情；

（8）本地区、本部门、本单位工作中具有在更大范围推广价值的经验做法和意见建议；

（9）其他应当报告的重大事项。

不必向上级党组织报告的事项：具体事务性工作；没有实质性内容的表态和情况反映等。

3. 党组织应当按照有关规定向上级党组织报备的事项（5项）

（1）党内法规和规范性文件；

（2）领导班子成员分工；

（3）有关干部任免；

（4）党委委员、候补委员职务的辞去、免去或者自动终止；

（5）其他应当报备的重大事项。

二、党员

党员需要请示、报告的内容分为两类：一是请示，二是报告。

1. 党员应当向党组织请示的事项（5 项）

（1）从事党组织所分配的工作中的重要问题；

（2）代表党组织发表主张或者作出决定；

（3）按照规定需要请示的涉外工作交往活动；

（4）转移党的组织关系；

（5）其他应当向党组织请示的事项。

2. 党员应当向党组织报告的事项（5 项）

（1）贯彻执行党组织决议以及完成党组织交办工作任务情况；

（2）对党的工作和领导干部的意见建议；

（3）发现党员、领导干部违纪违法线索情况；

（4）流动外出情况；

（5）其他应当向党组织报告的事项。

三、领导干部

1. 领导干部应当向党组织请示的事项（5 项）

（1）超出自身职权范围，应当由所在党组织或者上级党组织作出决定的重大事项；

（2）属于自身职权范围但事关重大的问题和情况；

（3）代表党组织对外发表重要意见；

（4）因故无法履职或者离开工作所在地；

（5）其他应当向党组织请示的事项。

2. 领导干部应当向党组织报告的事项（8 项）

（1）学习贯彻习近平新时代中国特色社会主义思想，贯彻落实党中央决策部署和党组织决定中的重要情况和问题；

（2）遵守政治纪律和政治规矩，坚决维护习近平总书记党中央的核心、全党的核心地位，坚决维护党中央权威和集中统一领导情况；

（3）坚持民主集中制，发扬党内民主，正确行使权力，参与集体领导情况；

（4）参加领导班子民主生活会和所在党支部（党小组）组织生活会情况；

（5）履行管党治党责任，加强党风廉政建设和反腐败工作以及遵守廉洁纪律情况；

（6）重大决策失误或者应对突发事件处置失当，纪检监察、巡视巡察和审计中发现重要问题，以及违纪违法情况；

（7）可能影响正常履职的重大疾病等情况；

（8）其他应当向党组织报告的事项。

四、重大事项请示报告的原则

（1）坚持政治导向。

（2）坚持权责明晰。既牢记授权有限，又牢记守土有责。

（3）坚持客观真实。既报喜又报忧、既报功又报过、既报结果又报过程。

（4）坚持规范有序。

各地区各部门党组织承担重大事项请示报告工作主体责任，党组织主要负责同志为第一责任人，对请示报告工作负总责。

五、领导干部个人重大事项报告制度

区分两种情况，关注两个时间点。

1. 领导干部应当报告下列本人婚姻和配偶、子女移居国（境）外、从业等事项

（1）本人的婚姻情况；

（2）本人持有普通护照以及因私出国的情况；

（3）本人持有往来港澳通行证、因私持有大陆居民往来台湾通行证以及因私往来港澳、台湾的情况；

（4）子女与外国人、无国籍人通婚的情况；

（5）子女与港澳以及台湾居民通婚的情况；

（6）配偶、子女移居国（境）外的情况，或者虽未移居国（境）外，但连续在国（境）外工作、生活一年以上的情况；

（7）配偶、子女及其配偶的从业情况，含受聘担任私营企业的高级职务，在外商独资企业、中外合资企业、境外非政府组织在境内设立的代表机构中担任由外方委派、聘任的高级职务，以及在国（境）外的从业情况和职务情况；

（8）配偶、子女及其配偶被司法机关追究刑事责任的情况。

本规定所称“子女”，包括领导干部的婚生子女、非婚生子女、养子女和有抚养关系的继子女。

2. 领导干部应当报告下列收入、房产、投资等事项

（1）本人的工资及各类奖金、津贴、补贴等；

（2）本人从事讲学、写作、咨询、审稿、书画等劳务所得；

（3）本人、配偶、共同生活的子女为所有权人或者共有人的房产情况，含有单独产权证书的车库、车位、储藏间等（已登记的房产，面积以不动产权证、房屋所有权证记载的为准，未登记的房产，面积以经备案的房屋买卖合同记载的为准）；

（4）本人、配偶、共同生活的子女投资或者以其他方式持有股票、基金、投资型保险等的情况；

（5）配偶、子女及其配偶经商办企业的情况，包括投资非上市股份有限公司、有限责任公司，注册个体工商户、个人独资企业、合伙企业等，以及在国（境）外注册公司或者投资入股等的情况；

（6）本人、配偶、共同生活的子女在国（境）外的存款和投资情况。

本规定所称“共同生活的子女”，是指领导干部不满18周岁的未成年子女和由其抚养的不能独立生活的成年子女。

本规定所称“股票”，是指在上海证券交易所、深圳证券交易所、全国中小企业股份转让系统等发行、交易或者转让的股票。所称“基金”，是指在我国境内发行的公募基金和私募基金。所称“投资型保险”，是指具有保障和投资双重功能的保险产品，包括人身保险投资型保险和财产保险投资型保险。

3. 两个时间点

（1）每年1月31日前集中报告一次上一年度的重大事项。

（2）年度集中报告后，领导干部发生本规定第三条所列事项（本小节第“1.”小点所列事项）的，应当在事后30日内按照规定报告。因特殊原因不能按时报告的，特殊原因消除后应当及时补报，并说明原因。

（全文详见《中国共产党重大事项请示报告条例》。）

第十三章

问责条例（极简版）

2019 年 9 月 4 日，中共中央印发修订后的《中国共产党问责条例》。

一、六大原则

（1）依规依纪、实事求是。

（2）失责必问、问责必严。

（3）权责一致、错责相当。

（4）严管和厚爱结合、激励和约束并重。

（5）惩前毖后、治病救人。

（6）集体决定、分清责任。

二、责任

党委（党组）应当履行全面从严治党主体责任，加强对本地区本部门本单位问责工作的领导，追究在党的建设、党的事业中失职失责党组织和党的领导干部的主体责任、监督责任、领导责任。

纪委应当履行监督专责，协助同级党委开展问责工作。纪委派驻（派出）机构按照职责权限开展问责工作。

党的工作机关履行监督职责，实施本机关本系统本领域的问责工作。

三、问责对象

问责对象是党组织、党的领导干部，重点是党委（党组）、党的工作机关及其领导成员，纪委、纪委派驻（派出）机构及其领导成员。

四、问责责任

问责应当分清责任。党组织领导班子在职责范围内负有全面领导责任，领导班子主要负责人和直接主管的班子成员在职责范围内承担主要领导责任，参与决策和工作的班子成员在职责范围内承担重要领导责任。

对党组织问责的，应当同时对该党组织中负有责任的领导班子成员进行问责。

五、问责情形（11种）

（1）党的领导弱化，“四个意识”不强，“两个维护”不力，党的基本理论、基本路线、基本方略没有得到有效贯彻执行，在贯彻新发展理念，推进经济建设、政治建设、文化建设、社会建设、生态文明建设中，出现重大偏差和失误，给党的事业和人民利益造成严重损失，产生恶劣影响的；

（2）党的政治建设抓得不实，在重大原则问题上未能同党中央保持一致，贯彻落实党的路线方针政策和执行党中央重大决策部署不力，不遵守重大事项请示报告制度，有令不行、有禁不止，阳奉阴违、欺上瞒下，团团伙伙、拉帮结派问题突出，党内政治生活不严肃不健康，党的政治建设工作责任制落实不到位，造成严重后果或者恶劣影响的；

（3）党的思想建设缺失，党性教育特别是理想信念宗旨教育流于形式，意识形态工作责任制落实不到位，造成严重后果或者恶劣影响的；

（4）党的组织建设薄弱，党建工作责任制不落实，严重违反民主集中制原则，不执行领导班子议事决策规则，民主生活会、“三会一课”等党的组织生活制度不执行，领导干部报告个人有关事项制度执行不力，党组织软弱涣散，违规选拔任用干部等问题突出，造成恶劣影响的；

（5）党的作风建设松懈，落实中央八项规定及其实施细则精神不力，“四风”问题得不到有效整治，形式主义、官僚主义问题突出，执行党中央决策部署表态多调门高、行动少落实差，脱离实际、脱离群众，拖沓敷衍、推诿扯皮，造成严重后果的；

（6）党的纪律建设抓得不严，维护党的政治纪律、组织纪律、廉洁纪律、群众纪律、工作纪律、生活纪律不力，导致违规违纪行为多发，造成恶劣影响的；

（7）推进党风廉政建设和反腐败斗争不坚决、不扎实，削减存量、遏制增量不力，特别是对不收敛、不收手，问题线索反映集中、群众反映强烈，政治问题和经济问题交织的腐败案件放任不管，造成恶劣影响的；

（8）全面从严治党主体责任、监督责任落实不到位，对公权力的监督制约不力，好人主义盛行，不负责不担当，党内监督乏力，该发现的问题没有发现，发现问题不报告不处置，领导巡视巡察工作不力，落实巡视巡察整改要求走过场、不到位，该问责不问责，造成严重后果的；

（9）履行管理、监督职责不力，职责范围内发生重特大生产安全事故、群体性事件、公共安全事件，或者发生其他严重事故、事件，造成重大损失或者恶劣影响的；

（10）在教育医疗、生态环境保护、食品药品安全、扶贫脱贫、社会保障等涉及人民群众最关心最直接最现实的利益问题上不作为、乱作为、慢作为、假作为，损害和侵占群众利益问题得不到整治，以言代法、以权压法、徇私枉法问题突出，群众身边腐败和作风问题严重，造成恶劣影响的；

（11）其他应当问责的失职失责情形。

六、问责方式

问责方式可分两类：一是对党组织的问责，二是对领导干部的问责。

1. 对党组织的问责

（1）检查。责令作出书面检查并切实整改。

（2）通报。责令整改，并在一定范围内通报。

（3）改组。对失职失责，严重违犯党的纪律、本身又不能纠正的，予以改组。

2. 对领导干部的问责

（1）通报。进行严肃批评，责令作出书面检查、切实整改，并在一定范围内通报。

（2）诫勉。以谈话或者书面方式进行诫勉。

（3）组织调整或者组织处理。对失职失责、危害较重，不适宜担任现职的，应当根据情况采取停职检查、调整职务、责令辞职、免职、降职等措施。

（4）纪律处分。对失职失责、危害严重，应当给予纪律处分的，依照《中国共产党纪律处分条例》追究纪律责任。

上述问责方式，可以单独使用，也可以依据规定合并使用。问责方式有影响期的，按照有关规定执行。

实行终身问责，对失职失责性质恶劣、后果严重的，不论其责任人是否调离转岗、提拔或者退休等，都应当严肃问责。

七、其他规定

1. 不予问责或者免予问责

（1）在推进改革中因缺乏经验、先行先试出现的失误，尚无明确限制的探索性试验中的失误，为推动发展的无意过失；

（2）在集体决策中对错误决策提出明确反对意见或者保留意见的；

（3）实施中已经履职尽责，但因不可抗力、难以预见等因素造成损失的。

2. 从轻或者减轻问责

（1）及时采取补救措施，有效挽回损失或者消除不良影响的；

（2）积极配合问责调查工作，主动承担责任的；

（3）党内法规规定的其他从轻、减轻情形。

3. 从重或者加重问责

（1）对党中央、上级党组织三令五申的指示要求，不执行或者执行不力的；

（2）在接受问责调查和处理中，不如实报告情况，敷衍塞责、推卸责任，或者唆使、默许有关部门和人员弄虚作假，阻扰问责工作的；

（3）党内法规规定的其他从重、加重情形。

八、权益保障

问责对象对问责决定不服的，可以自收到问责决定之日起 1 个月内，向作出问责决定的党组织提出书面申诉。作出问责决定的党组织接到书面申诉后，应当在 1 个月内作出申诉处理决定，并以书面形式告知提出申诉的党组织、领导干部及其所在党组织。

申诉期间，不停止问责决定的执行。

滥用问责，或者在问责工作中严重不负责任，造成不良影响的，应当严肃追究责任。

正确对待被问责干部，对影响期满、表现好的干部，符合条件的，按照干部选拔任用有关规定正常使用。

（全文详见《中国共产党问责条例》。）

第十四章

纪律处分条例（极简版）

一、指导思想

党章是最根本的党内法规，是管党治党的总规矩。党的纪律是党的各级组织和全体党员必须遵守的行为规则。党组织和党员必须牢固树立政治意识、大局意识、核心意识、看齐意识，自觉遵守党章，严格执行和维护党的纪律，自觉接受党的纪律约束，模范遵守国家法律法规。

二、基本原则

（1）坚持党要管党、全面从严治党。

（2）党纪面前一律平等。

（3）实事求是。

（4）民主集中制。

（5）惩前毖后、治病救人。

三、监督执纪“四种形态”

（1）运用监督执纪“四种形态”，经常开展批评和自我批评、约谈函询，让“红红脸、出出汗”成为常态。

（2）党纪轻处分、组织调整成为违纪处理的大多数。

（3）党纪重处分、重大职务调整的成为少数。

（4）严重违纪涉嫌违法立案审查的成为极少数。

四、对党员的纪律处分

（1）警告。

（2）严重警告。

（3）撤销党内职务。

（4）留党察看。

（5）开除党籍。

五、对党组织的处分

（1）改组。

（2）解散。

六、处分期

（1）党员受到警告处分一年内、受到严重警告处分一年半内，不得在党内提升职务和向党外组织推荐担任高于其原任职务的党外职务。

（2）党员受到撤销党内职务处分，或者依照前款规定受到严重警告处分的，二年内不得在党内担任和向党外组织推荐担任与其原任职务相当或者高于其原任职务的职务。

（3）留党察看处分，分为留党察看一年、留党察看二年。对于受到留党察看处分一年的党员，期满后仍不符合恢复党员权利条件的，应当延长一年留党察看期限。留党察看期限最长不得超过二年。

（4）党员受留党察看处分期间，没有表决权、选举权和被选举权。留党察看期间，确有悔改表现的，期满后恢复其党员权利；坚持不改或者又发现其他应当受到党纪处分的违纪行为的，应当开除党籍。

（5）党员受到留党察看处分，其党内职务自然撤销。对于担任党外职务的，应当建议党外组织撤销其党外职务。受到留党察看处分的党员，恢复党员权利后二年内，不得在党内担任和向党外组织推荐担任与其原任职务相当或者高于其原任职务的职务。

（6）党员受到开除党籍处分，五年内不得重新入党，也不得推荐担任与其原任职务相当或者高于其原任职务的党外职务。另有规定不准重新入党的，依照规定。

七、运用规则

（1）一人有两种以上（含两种）应当受到党纪处分的违纪行为，应当合并处理，按其数种违纪行为中应当受到的最高处分加重一档给予处分；其中一种违纪行为应当受到开除党籍处分的，应当给予开除党籍处分。

（2）一个违纪行为同时触犯本条例两个以上（含两个）条款的，依照处分较重的条款定性处理。

（3）二人以上（含二人）共同故意违纪的，对为首者，从重处分，本条例另有规定的除外；对其他成员，按照其在共同违纪中所起的作用和应负的责任，分别给予处分。

（4）对于经济方面共同违纪的，按照个人所得数额及其所起作用，分别给予处分。对违纪集团的首要分子，按照集团违纪的总数额处分；对其他共同违纪的为首者，情节严重的，按照共同违纪的总数额处分。

（5）教唆他人违纪的，应当按照其在共同违纪中所起的作用追究党纪责任。

（6）党组织领导机构集体作出违犯党纪的决定或者实施其他违犯党纪的行为，对具有共同故意的成员，按共同违纪处理；对过失违纪的成员，按照各自在集体违纪中所起的作用和应负的责任分别给予处分。

八、责任区分

（1）直接责任者，是指在其职责范围内，不履行或者不正确履行自己的职责，对造成的损失或者后果起决定性作用的党员或者党员领导干部。

（2）主要领导责任者，是指在其职责范围内，对直接主管的工作不履行或者不正确履行职责，对造成的损失或者后果负直接领导责任的党员领导干部。

（3）重要领导责任者，是指在其职责范围内，对应管的工作或者参与决定的工作不履行或者不正确履行职责，对造成的损失或者后果负次要领导责任的党员领导干部。

九、具体规定

（1）违反政治纪律行为的处分。

（2）违反组织纪律行为的处分。

（3）违反廉洁纪律行为的处分。

（4）违反群众纪律行为的处分。

（5）违反工作纪律行为的处分。

（6）违反生活纪律行为的处分。

（全文详见《中国共产党纪律处分条例》。）

第十五章

党政领导干部选拔任用工作条例（极简版）

2019年3月，中共中央印发修订后的《党政领导干部选拔任用工作条例》。

一、六大原则

（1）党管干部。

（2）德才兼备、以德为先，五湖四海、任人唯贤。

（3）事业为上、人岗相适、人事相宜。

（4）公道正派、注重实绩、群众公认。

（5）民主集中制。

（6）依法依规办事。

二、基本要求

（1）选拔任用党政领导干部，必须把政治标准放在首位。

（2）树立注重基层和实践的导向，大力选拔敢于负责、勇于担当、善于作为、实绩突出的干部。

（3）注重发现和培养选拔优秀年轻干部，用好各年龄段干部。

（4）统筹做好培养选拔女干部、少数民族干部和党外干部工作。

（5）对不适宜担任现职的领导干部应当进行调整，推进领导干部能上能下。

三、六大条件

党政领导干部必须信念坚定、为民服务、勤政务实、敢于担当、清正廉洁，具备下列基本条件：

（1）坚决维护习近平总书记核心地位，坚决维护党中央权威和集中统一领导，自觉在思想上政治上行动上同党中央保持高度一致，经得起各种风浪考验。

（2）具有共产主义远大理想和中国特色社会主义坚定信念，坚定“四个自信”政绩观正确，有实绩。

（3）坚持解放思想，实事求是，与时俱进，求真务实。

（4）有强烈的革命事业心、政治责任感和历史使命感，有斗争精神和斗争本领，有实践经验，有胜任领导工作的组织能力、文化水平和专业素养。

（5）正确行使人民赋予的权力。

（6）坚持和维护党的民主集中制。

四、七条资格

提拔担任党政领导职务的，应当具备下列基本资格：

（1）提任县处级领导职务的，应当具有五年以上工龄和两年以上基层工作经历。

（2）提任县处级以上领导职务的，一般应当具有在下一级两个以上职位任职的经历。

（3）提任县处级以上领导职务，由副职提任正职的，应当在副职岗位工作两年以上；由下级正职提任上级副职的，应当在下级正职岗位工作三年以上。

（4）一般应当具有大学专科以上文化程度，其中厅局级以上领导干部一般应当具有大学本科以上文化程度。

（5）应当经过党校（行政学院）、干部学院或者组织（人事）部门认可的其他培训机构的培训，培训时间应当达到干部教育培训的有关规定要求。确因特殊情况在提任前未达到培训要求的，应当在提任后一年内完成培训。

（6）具有正常履行职责的身体条件。

（7）符合有关法律规定的资格要求。提任党的领导职务的，还应当符合《中国共产党章程》等规定的党龄要求。

五、选拔任用程序

1. 分析研判和动议

（1）党委（党组）或组织（人事）部门提出启动干部选拔任用工作意见。

（2）组织（人事）部门进行动议分析。

（3）组织（人事）部门向党委（党组）汇报，完善建议，形成工作方案。

根据工作需要和实际情况，如确有必要，也可以把公开选拔、竞争上岗作为产生人选的一种方式。

领导职位出现空缺且本地区本部门没有合适人选的，特别是需要补充紧缺专业人才或者配备结构需要干部的，可以通过公开选拔产生人选；领导职位出现空缺，本单位本系统符合资格条件人数较多且需要进一步比选择优的，可以通过竞争上岗产生人选。

公开选拔、竞争上岗一般适用于副职领导职位。

在公开选拔、竞争上岗中，防止简单以分数、票数取人。

2. 民主推荐

民主推荐包括谈话调研推荐和会议推荐，推荐结果作为选拔任用的重要参考，在一年内有效。

领导班子换届，民主推荐按照职位设置全额定向推荐。

个别提拔任职或者进一步使用，可以按照拟任职位进行定向推荐，也可以根据拟任职位的具体情况进行非定向推荐；进一步使用的，可以采取听取意见的方式进行，其中正职也可以参照个别提拔任职进行民主推荐。

3. 考察

（1）确定考察对象，应当深入分析、比较择优，防止把推荐票等同于选举票、简单以推荐票取人。

（2）有下列情形之一的，不得列为考察对象：

· 违反政治纪律和政治规矩的；

· 群众公认度不高的；

· 上一年年度考核结果为基本称职以下等次的；

· 有跑官、拉票等非组织行为的；

· 除特殊岗位需要外，配偶已移居国（境）外，或者没有配偶但子女均已移居国（境）外的；

· 受到诫勉、组织处理或者党纪政务处分等影响期未满或者期满影响使用的；

· 其他原因不宜提拔或者进一步使用的。

（3）考察内容要点：

·突出政治标准；

·深入考察道德品行；

·强化专业素养考察；

·注重考察工作实绩；

·加强作风考察；

·强化廉政情况考察。

（4）考察程序：

·制定考察工作方案；

·征求意见；

·发布干部考察预告；

·广泛深入地了解情况；

·同考察对象面谈；

·作出评价；

·反馈考察情况，并交换意见；

·提出人选任用建议，提出任用建议方案，向本级党委（党组）报告。

（5）讨论决定。

工作部门领导成员拟任人选，应当征求上级分管领导成员的意见。

非中共党员拟任人选，应当征求党委统战部门和民主党派、工商联主要领导成员、无党派代表人士的意见。

双重管理干部的任免，主管方应当事先征求协管方意见，进行酝酿。征求意见一般采用书面形式进行。

选拔任用党政领导干部，应当按照干部管理权限由党委（党组）集体讨论作出任免决定，或者决定提出推荐、提名的意见。

不得提交会议讨论的几种情形：

·没有按照规定进行民主推荐、考察的；

·拟任人选所在单位党委（党组）对廉洁自律情况没有作出结论性意见的，或者纪检监察机关未反馈意见的，或者纪检监察机关有不同意见的；

·个人有关事项报告未查核或者经查核存疑尚未查清的；

·线索具体、有可查性的信访举报尚未调查清楚的；

· 干部人事档案中身份、年龄、工龄、党龄、学历、经历等存疑尚未查清的；

· 巡视巡察、审计等工作中发现重大问题尚未作出结论的；

· 没有按照规定向上级报告或者报告后未经批复同意的干部任免事项；

· 其他原因不宜提交会议讨论的。

党委（党组）讨论决定干部任免事项，必须有2/3以上成员到会，并保证与会成员有足够时间听取情况介绍、充分发表意见。与会成员对任免事项，应当逐一发表同意、不同意或者缓议等明确意见，党委（党组）主要负责人应当最后表态。

在充分讨论的基础上，采取口头表决、举手表决或者无记名投票等方式进行表决。意见分歧较大时，暂缓进行表决。

（6）任职。

党政领导职务实行选任制、委任制，部分专业性较强的领导职务可以实行聘任制。

实行党政领导干部任职前公示制度。公示期不少于五个工作日。公示结果不影响任职的，办理任职手续。

实行党政领导干部任职试用期制度。非选举产生的厅局级以下领导职务，试用期为 ·年。

实行任职谈话制度。对决定任用的干部，由党委（党组）指定专人同本人谈话。对破格提拔以及通过公开选拔、竞争上岗任职的干部，试用期满正式任职时，党委（党组）还应当指定专人进行谈话。

由党委（党组）决定任职的，自党委（党组）决定之日起计算。

六、交流、回避

党政领导干部任职回避的亲属关系为：夫妻关系、直系血亲关系、三代以内旁系血亲以及近姻亲关系。有上列亲属关系的，不得在同一机关担任双方直接隶属于同一领导人员的职务或者有直接上下级领导关系的职务，也不得在其中一方担任领导职务的机关从事组织（人事）、纪检监察、审计、财务工作。

七、纪律和监督

加强干部选拔任用工作全程监督，严格执行干部选拔任用全程纪实和任前事项报告、“一报告两评议”、专项检查、离任检查、立项督查、“带病提拔”问题倒查等制度。

对无正当理由拒不服从组织调动或者交流决定的，依规依纪依法予以免职或者降职使用，并视情节轻重给予处分。

实行党政领导干部选拔任用工作责任追究制度。

（全文详见《党政领导干部选拔任用工作条例》。）

第四编

考点训练与分析题

第十六章 政治类试题与答案解析

题型一　单项选择题

1. “墙上芦苇，头重脚轻根底浅；山间竹笋，嘴尖皮厚腹中空。”毛泽东在延安整风运动期间用这副对联形象地讽刺了（　　）。

A. 主观主义的学风　　B. 宗派主义的党风

C. 党八股的文风　　D. 官僚主义的作风

【参考答案】A

【答案解析】主观主义的学风是主观和客观相分裂，认识和实践相脱离，只重主观想象，不顾客观实际，单凭书本或经验，无视客观规律的行为。主观主义就是不从客观实际出发，不从现实可能性出发，而是从主观愿望出发。

“教条主义、经验主义，两者都是主观主义，是从不同的两极发生的东西。”（《毛泽东选集》第3卷，第819页）教条主义重视理论，轻视实践，不从实际出发，仅从书本或文件出发，把马列主义的只语片言当成教条，不顾具体情况，到处生搬硬套；经验主义强调片段经验，轻视理论，把局部经验当成普遍真理，到处搬用。两者共同之处是主观和客观相分裂，认识和实践相脱离。它是党内“左”倾、右倾机会主义错误产生的思想根源，也是人们在实践中犯错误的一个极重要原因。

宗派主义的党风指党内存在的一种以宗派利益为出发点的思想和行为，是封建宗派思想、资产阶级、小资产阶级思想在组织上的表现。其主要表现为：在个人与党的关系上，把个人放在第一位，把党放在第二位，向党闹独立；在组织上，任人唯亲，在同志中拉拉扯扯，把资产阶级的庸俗作风搬进党里来；在党内关系上，只强调局部利益，只要民主，不要集中，不遵守个人服从组织、少数服从多数、下级服从上级、全党服从中央的民主集中制原则，进行无原则的派别斗争；在和党外人士的关系上，妄自尊大，骄傲自满，不尊重人家，不学习人家的长处，不愿和人家合作；等等。

党八股的文风，是指宣传工作中一种脱离实际、华而不实、形式主义的文风。党八股即写文章和讲话中的空话、套话之风，是主观主义和宗派主义的表现形式。毛泽东列举党八股的八大罪状：空话连篇，言之无物；装腔作势，借以吓人；无的放矢，不看对象；语言无味，像个瘪三；甲乙丙丁，开中药铺；不负责任，到处害人；流毒全党，妨害革命；传播出去，祸国殃民。

官僚主义的作风，指脱离实际、脱离群众、欺软怕硬、做官当老爷、官官相护、贪污腐败的领导作风，有命令主义、文牍主义、事务主义等表现形式。官僚主义是剥削阶级思想和旧社会衙门作风的反映。官僚主义是不负责任的领导作风。官僚主义的特征是领导者脱离实际，不了解下情，高高在上，贪图享乐，满足现状，做官当老爷；饱食终日，无所作为；遇事推诿，办事拖拉，不负责任；不按客观规律办事，独断专行；讲求官样文章，繁文缛节；等等。

2. 1939 年，毛泽东在《中国革命和中国共产党》中指出，中国是在许多帝国主义国家的统治或半统治之下，实际上处于长期的不统一状态，再加上土地广大，其结果是（　　）。

A. 帝国主义侵略势力日益成为统治中国的决定性力量

B. 封建经济在社会经济生活中占着明显的优势

C. 经济、政治和文化的发展表现出极端的不平衡

D. 人民的贫困和不自由的程度是世界所少见的

【参考答案】 C

3. 土地革命战争时期，毛泽东指出：“一国之内，在四周白色政权的包围中，有一小块或若干小块红色政权的区域长期地存在，这是世界各国从来没有的事。这种奇事的发生，有其独特的原因。”红色政权能够存在和发展的根本原因是(　　)。

A. 中国是一个经济、政治发展极端不平衡的半殖民地、半封建大国

B. 国民革命的政治影响及良好的群众基础

C. 全国革命形势的继续发展

D. 相当力量的正式红军的存在以及共产党组织的坚强有力和正确领导

【参考答案】A

4. “我们的共产党和共产党领导的八路军、新四军，是革命的队伍。我们这个队伍完全是为着解放人民的，是彻底地为人民的利益工作的。”这段话所反映的思想观点是(　　)。

A. 一切为了群众，一切依靠群众　　B. 从群众中来，到群众中去

C. 一切从实际出发，理论联系实际　　D. 自力更生，艰苦奋斗

【参考答案】A

5. 毛泽东第一次提出“马克思列宁主义理论和中国革命的实践相结合”这个根本思想原则的著作是(　　)。

A. 《〈共产党人〉发刊词》　　B. 《中国革命和中国共产党》

C. 《目前的形势和党的任务》　　D. 《新民主主义论》

【参考答案】A

【答案解析】1939年10月4日，《〈共产党人〉发刊词》：由于我们的干部更多地领会了马克思列宁主义的理论，更多地学会了将马克思列宁主义的理论和中国革命的实践相结合，我们党就能够进行了胜利的十年土地革命斗争。故正确答案为选项A。

6. 20世纪40年代前期，为了提高广大党员的思想理论水平，增强党的凝聚力和战斗力，中国共产党在全党范围内开展了一场整风运动。这场整风运动最主要的任务是(　　)。

A. 反对主观主义以整顿学风　　B. 反对宗派主义以整顿党风

C. 反对党八股以整顿文风　　D. 反对享乐主义以整顿作风

【参考答案】A

7. 最先提出“马克思主义中国化”这一命题的是(　　)。

A. 陈独秀　　B. 毛泽东　　C. 周恩来　　D. 刘少奇

【参考答案】B

8. 毛泽东思想形成和发展的时代特征是(　　)。

A. 战争与革命　　B. 战争与和平　　C. 和平与发展　　D. 发展与改革

【参考答案】A

9. 毛泽东思想被确立为中国共产党的指导思想是在党的(　　)。

A. 一大　　B. 三大　　C. 六大　　D. 七大

【参考答案】D

10. 超市中出现一种水果：长得像波罗蜜，看上去像蜜柚，披着红苹果的外套，本质上属于梨家庭的啤梨。这个有趣的生活现象说明了一个哲学道理(　　)。

A. 矛盾双方相互贯通　　B. 矛盾的特殊性离不开普遍性

C. 矛盾双方相互对立　　D. 矛盾的普遍性寓于特殊性之中

【参考答案】B

【答案解析】本题考查了马克思主义哲学的四个原理，都属于矛盾论。题干中的水果本质上属于梨，只是长得比较特殊，但是再特殊也离不开梨的普遍属性。因此，这是矛盾的特殊性离不开普遍性的原理。

11. 古有一父，为解决家中鼠患，买了一只猫。猫抓老鼠的同时，也偷吃鸡，其子甚怨。父曰：宁无鸡也不能无猫，无鸡不会挨冻受饿，无猫则会挨冻受饿。其子不再怨。这个故事启示我们在处理和解决问题时要注意(　　)。

A. 整体与部分的辩证关系　　B. 两点论和重点论的统一

C. 量变与质变的辩证关系　　D. 矛盾的同一性和斗争性

【参考答案】B

【答案解析】题干中表明，猫既吃鼠，又吃鸡，这是矛盾的两个主要方面，但解决鼠患是家中的重点，因此，父亲的观点是两点论和重点论的统一，与整体和部分、量变和质变无关，也不是矛盾的同一性和斗争性的问题。

12. “蝴蝶效应”是由气象学家洛伦兹于1963年提出的，大意是：南美洲亚马孙河流域热带雨林中的一只蝴蝶，偶尔扇动几下翅膀，可能在2周后引起美国得克萨斯州一场龙卷风。“蝴蝶效应”不仅体现了惊人的想象力，更蕴含着深刻的哲学内涵，它揭示了(　　)。

①世界上万事万物无不处于相互影响、相互制约的关系之中

②世界上所有重大事件的发生都是偶然因素相互作用的结果

③世界上万事万物的普遍联系都是大胆想象和合理推论的结果

④某个微小因素的变化在一定条件下会对系统产生决定性影响

A. ①②　　B. ①④　　C. ②③　　D. ③④

【参考答案】 B

【答案解析】“蝴蝶效应”表明的是事物是普遍联系的这一原理，说明了部分与整体的关系，合乎系统论的原理。

13. 从群众中来，到群众中去，是党的群众路线的领导方法和工作方法，它的哲学理论基础是(　　)。

A. 物质决定意识的原理　　B. 矛盾推动事物发展的原理

C. 认识能动作用的原理　　D. 认识辩证运动过程的原理

【参考答案】 D

【答案解析】 马克思主义哲学原理告诉我们，事物是运动的，而且是辩证的运动。群众路线正好反映了这一原理。

14. 在实际工作中，少数单位对上级精神不加消化，搞“上下一般粗”的传达、“一刀切”的落实，这种形式主义、官僚主义现象的出现，是由于忽视了(　　)。

A. 矛盾的普遍性　　B. 矛盾的特殊性

C. 矛盾的同一性　　D. 矛盾的斗争性

【参考答案】 B

【答案解析】“一刀切”的做法，认为问题都是普遍存在的，肯定了矛盾的普遍性，否定了矛盾的特殊性。与矛盾的同一性、斗争性无关。

15. 贯穿邓小平理论形成和发展的全过程，体现在邓小平理论作出的每一项重大决策中的思想是(　　)。

A. 解放思想、实事求是

B. 以经济建设为中心

C. 什么是社会主义，怎样建设社会主义

D. 坚持共产党的领导，坚持改革开放

【参考答案】 A

【答案解析】 解放思想、实事求是、与时俱进是马克思列宁主义的精髓；实事求是是毛泽东思想的精髓；解放思想、实事求是是邓小平理论的精髓。这条思想路线贯穿邓小平理论形成和发展的全过程，体现在邓小平理论内容的各个方面和邓小平所作出的每一项重大决策中。

16. 邓小平理论解决的首要的基本理论问题是(　　)。

A. 党的建设

B. 什么是社会主义、怎样建设社会主义

C. 打破旧世界建设新中国

D. 建设什么样的党、怎样建设党

【参考答案】B

17. 在新冠肺炎疫情防控阻击战决胜阶段，习近平总书记指出："武汉胜则湖北胜，湖北胜则全国胜。"这体现出深刻的哲学原理是(　　)。

A. 整体与部分的辩证关系

B. 矛盾的主次关系

C. 矛盾的特殊性与普遍性关系

D. 主次矛盾关系

【参考答案】A

18. 党的二十大报告指出，实践告诉我们，中国共产党为什么能，中国特色社会主义为什么好，归根到底是马克思主义行，是中国化时代化的马克思主义行。我们党坚定信仰信念、把握历史主动的根本所在是（　　）。

A. 拥有马克思主义科学理论指导

B. 拥有党的理论创新

C. 拥有伟大建党精神

D. 拥有科学社会主义理论武装

【参考答案】A

19. "两个一百年"奋斗目标的历史交汇期是(　　)。

A. 从 2020 年到 2035 年

B. 从十九大到二十大

C. 从二十大到二十一大

D. 从 2035 年到本世纪中叶

【参考答案】B

20. 综合分析国际国内形势和我国发展条件，从 2020 年到本世纪中叶可以分两个阶段来安排。第一个阶段，在全面建成小康社会的基础上，再奋斗十五年，基本实现社会主义现代化，这个阶段是(　　)。

A. 从 2020 年到 2035 年

B. 从 2025 年到 2040 年

C. 从 2030 年到 2045 年

D. 从 2035 年到本世纪中叶

【参考答案】A

21. 习近平在2022年3月中央党校（国家行政学院）中青年干部培训班开班式上发表讲话指出，年轻干部要胜任领导工作，需要掌握的本领是很多的。最根本的本领是（　　）。

A. 政治能力　　B. 应急处突能力

C. 理论素养　　D. 群众工作能力

【参考答案】C

22. 新时代中国特色社会主义发展的战略安排是从全面建成小康社会到基本实现现代化，再到全面建成（　　）。

A. 创新型国家　　B. 社会主义现代化强国

C. 社会主义现代化大国　　D. 世界一流强国

【参考答案】B

23. 实现“两个一百年”奋斗目标、实现中华民族伟大复兴的中国梦，不断提高人民生活水平，必须坚定不移把（　　）作为党执政兴国的第一要务。

A. 创新　　B. 改革　　C. 发展　　D. 开放

【参考答案】C

24. 我国经济经历了两个阶段，正处在转变发展方式、优化经济结构、转换增长动力的攻关期，建设现代化经济体系是跨越关口的迫切要求和我国发展的战略目标，这两个阶段是(　　)。

A. 高速增长阶段转向高水平发展阶段

B. 高速发展阶段转向高水平发展阶段

C. 高速增长阶段转向高质量发展阶段

D. 高速发展阶段转向高质量发展阶段

【参考答案】C

25. 贯彻新发展理念，建设现代化经济体系，必须坚持质量第一、效益优先，其主线是(　　)。

A. 转变发展方式　　B. 优化经济结构

C. 供给侧结构性改革　　D. 转换增长动力

【参考答案】C

26. （　　）是引领发展的第一动力，同时也是建设现代化经济体系的战略支撑。

A. 改革　　B. 创新　　C. 开放　　D. 科技

【参考答案】B

27. 加快完善社会主义市场经济体制，经济体制改革必须有重点，实现产权有效激励、要素自由流动、价格反应灵活、竞争公平有序、企业优胜劣汰。这个重点是(　　)。

A. 完善产权制度，要素市场化配置

B. 要素市场化配置，建立现代财政制度

C. 建立现代财政制度，创新和完善宏观调控

D. 完善产权制度，创新和完善宏观调控

【参考答案】A

28. 推动形成全面开放新格局，建设要有重点，坚持“引进来”和“走出去”并重，遵循共商共建共享原则，加强创新能力开放合作，形成陆海内外联动、东西双向互济的开放格局。这个重点是(　　)。

A. “金砖机制”　　B. 自贸区　　C. “一带一路”　　D. 区域合作

【参考答案】C

29. 坚持党的领导、人民当家作主、依法治国有机统一。社会主义民主政治的本质特征是(　　)。

A. 党的领导　　B. 人民当家作主

C. 依法治国　　D. 政治体制改革

【参考答案】B

30. 全党必须牢记，检验一个政党、一个政权性质的试金石是(　　)。

A. 为什么人的问题　　B. 执政宗旨的问题

C. 建党宗旨的问题　　D. 权力来源的问题

【参考答案】A

31. 中华民族伟大复兴的基础工程是建设(　　)。

A. 经济强国　　B. 政治强国　　C. 教育强国　　D. 文化强国

【参考答案】C

32. 加快建立绿色生产和消费的法律制度和政策导向，建立健全的经济体系。这个体系的关键词是(　　)。

A. 绿色低碳，循环发展　　B. 绿色节约，循环发展

C. 绿色低碳，节约发展　　D. 节约低碳，循环发展

【参考答案】A

33. 深刻认识党面临的“四大危险”的尖锐性和严峻性，坚持问题导向，保持战略定力，推动全面从严治党向纵深发展。这“四大危险”是(　　)。

A. 精神懈怠危险、能力不足危险、脱离群众危险、消极腐败危险

B. 精神懈怠危险、封闭僵化危险、脱离群众危险、消极腐败危险

C. 精神懈怠危险、能力不足危险、官僚主义危险、消极腐败危险

D. 精神懈怠危险、能力不足危险、脱离群众危险、腐化堕落危险

【参考答案】A

34. 党的根本性建设，决定党的建设方向和效果的是(　　)。

A. 思想建设　　B. 政治建设　　C. 组织建设　　D. 制度建设

【参考答案】B

35. 要尊崇党章，严格执行新形势下党内政治生活的若干准则，增强党内政治生活的(　　)。

A. 政治性、时代性、原则性、战斗性

B. 思想性、政治性、时代性、原则性

C. 政治性、思想性、时代性、原则性

D. 政治性、思想性、时代性、战斗性

【参考答案】A

36. 坚决防止和反对五个“主义”，坚决防止和反对宗派主义、圈子文化、码头文化，坚决反对搞两面派、做两面人。这五个“主义”是(　　)。

A. 个人主义、享乐主义、自由主义、本位主义、好人主义

B. 个人主义、分散主义、山头主义、本位主义、好人主义

C. 个人主义、分散主义、自由主义、本位主义、好人主义

D. 个人主义、分散主义、自由主义、本位主义、享乐主义

【参考答案】C

37. 既是中国共产党人的精神支柱和政治灵魂，也是保持党的团结统一的思想基础。它们是(　　)。

A. 共产主义远大理想、新时代中国特色社会主义共同理想

B. 共产主义远大理想、中国特色社会主义共同理想

C. 共产主义崇高理想、新时代中国特色社会主义共同理想

D. 共产主义崇高理想、中国特色社会主义共同理想

【参考答案】B

38. 突出政治功能，把企业、农村、机关、学校、科研院所、街道社区、社会组织等基层党组织建设成为宣传党的主张、贯彻党的决定、领导基层治理、团结动员群众、推动改革发展的坚强战斗堡垒，重点是要提升(　　)。

A. 凝聚力　　B. 领导力　　C. 组织力　　D. 战斗力

【参考答案】C

39. 增强党自我净化能力，根本靠强化(　　)。

A. 党的自我监督和舆论监督　　B. 党的自我监督和群众监督

C. 党的自我监督和司法监督　　D. 党的自我监督和民主监督

【参考答案】B

40. 建设覆盖纪检监察系统的检举举报平台，强化不敢腐的震慑，扎牢不能腐的笼子，增强不想腐的自觉，通过不懈努力换来海晏河清、朗朗乾坤，就要推进(　　)。

A. 监察领域国家立法　　B. 预防腐败国家立法

C. 反腐败国家立法　　D. 廉政国家立法

【参考答案】C

41. 激励全党全国各族人民奋勇前进的强大精神力量是(　　)。

A. 中国特色社会主义道路　　B. 中国特色社会主义理论体系

C. 中国特色社会主义制度　　D. 中国特色社会主义文化

【参考答案】D

42. 新时代中国特色社会主义思想，明确中国特色社会主义最本质的特征是(　　)。

A. “五位一体”总体布局　　B. 建设中国特色社会主义法治体系

C. 人民利益为根本出发点　　D. 中国共产党领导

【参考答案】D

43. 中国特色社会主义的本质要求和重要保障是(　　)。

A. 全面依法治国　　B. 全面从严治党

C. 全面发展经济　　D. 全面可持续发展

【参考答案】A

44. 一个国家、一个民族发展中更基本、更深沉、更持久的力量是(　　)。

A. 道路自信　　B. 理论自信　　C. 制度自信　　D. 文化自信

【参考答案】D

45. “十四五”时期经济社会发展主要目标除了经济发展取得新成效、改革开放迈出新步伐、社会文明程度得到新提高、生态义明建设实现新进步、民生福祉达到新水平之外，还有一个与十九届四中全会相衔接的目标，是(　　)。

A. 国家治理效能得到新提升　　B. 民主法治建设取得新发展

C. 国家治理能力获得新提高　　D. 经济治理能力取得新增长

【参考答案】A

46. 习近平总书记在二十届中央纪委二次全会上强调，党的长期战略和永恒课题是（　　）。

A. 全面从严治党

B. 坚持伟大自我革命

C. 时刻保持解决大党独有难题的清醒和坚定

D. 营造风清气正的政治生态

【参考答案】A

47. 以会议贯彻会议，以文件落实文件，在实际工作中不见诸行动，这些做法违反了党的(　　)。

A. 政治纪律　B. 组织纪律　C. 工作纪律　D. 群众纪律

【参考答案】C

48. 习近平总书记在党的十九大报告中指出，必须统筹国内国际两个大局，始终不渝走和平发展道路，奉行的开放战略是(　　)。

A. 互利共赢　B. 互相合作　C. 包容互信　D. 开放共赢

【参考答案】A

49. 习近平总书记在讲话中指出，要深化机构和行政体制改革，转变政府职能，深化简政放权，创新监管方式，增强政府公信力和执行力，建设人民满意的(　　)。

A. 法治政府　B. 创新型政府　C. 廉洁政府　D. 服务型政府

【参考答案】D

50. 习近平总书记指出，党的干部是党和国家事业的中坚力量。要坚持党管干部原则，(　　)，把好干部标准落到实处。

A. 坚持德才兼备、以德为先，坚持立场坚定、素质过硬，坚持事业为上、公道正派

B. 坚持德才兼备、以德为先，坚持五湖四海、任人唯贤，坚持立场坚定、素质过硬

C. 坚持德才兼备、以德为先，坚持五湖四海、任人唯贤，坚持事业为上、公道正派

D. 坚持立场坚定、素质过硬，坚持五湖四海、任人唯贤，坚持事业为上、公道正派

【参考答案】C

51. 在新的时代条件下，我们要进行伟大斗争、建设伟大工程、推进伟大事业、实现伟大梦想，仍然需要保持和发扬马克思主义政党的理论品格是(　　)。

A. 实事求是　B. 理论联系实际

C. 改革创新　D. 与时俱进

【参考答案】D

52. 习近平总书记指出，中华民族永续发展的千年大计是(　　)。

A. 依法治国　　B. 建设生态文明

C. 增进民生福祉　　D. 建成小康社会

【参考答案】B

53. 习近平总书记指出，必须严明党的纪律，强化党内监督，发展积极健康的党内(　　)。全面净化党内（　　），坚决纠正各种不正之风，以零容忍态度惩治腐败。

A. 政治文化　政治生态　　B. 政治文化　政治生活

C. 政治文明　政治生态　　D. 政治文明　政治生活

【参考答案】A

54. 习近平总书记强调，要坚持依法治国和以德治国相结合，（　　）有机统一，深化司法体制改革，提高全民族法治素养和道德素质。

A. 依法治国和依规治党　　B. 依法治国和改革开放

C. 依法治国和道德建设　　D. 依法治国和思想建设

【参考答案】A

55. 中国共产党最鲜明的品格就是从严管党治党，勇于（　　）。

A. 批评与自我批评　　B. 自我革命

C. 探索创新　　D. 检视问题

【参考答案】B

56. 习近平总书记指出，坚持爱国者为主体的“港人治港”“澳人治澳”，发展壮大爱国爱港爱澳力量，增强香港、澳门同胞的（　　）和爱国精神，让香港、澳门同胞同祖国人民共担民族复兴的历史责任，共享祖国繁荣富强的伟大荣光。

A. 民族意识　　B. 国家意识　　C. 民主意识　　D. 主人翁意识

【参考答案】B

57. 习近平总书记指出，制定国家监察法，依法赋予监察委员会职责权限和调查手段，用（　　）取代“双规”措施。

A. 留置　　B. 拘留　　C. 拘役　　D. 羁押

【参考答案】A

58. 中国共产党领导人民构建社会主义和谐社会，重点是(　　)。

A. 安定有序　　B. 实行依法治国和以德治国

C. 人与自然和谐相处　　D. 保障和改善民生

【参考答案】 D

59. 习近平总书记多次引用“合抱之木，生于毫末；九层之台，起于累土”这一古语。这一古语体现出的辩证法思想是(　　)。

A. 实事求是、夯实基础　　B. 矛盾对立统一并相互转化

C. 大与小、多与少、成与始　　D. 否定之否定

【参考答案】 A

60. 学习习近平法治思想，应该明白我国社会主义法治之魂，同时也是我国法治同西方资本主义国家法治最大的区别的是(　　)。

A. 党的领导　　B. 人民至上

C. 全面依法治国　　D. 依宪治国与依规治党相统一

【参考答案】 A

61. 改革开放以来党的全部理论和实践的主题是(　　)。

A. 中华民族伟大复兴　　B. 中国特色社会主义

C. 全面深化改革　　D. 全面建成小康社会

【参考答案】 B

【答案解析】 坚持和发展中国特色社会主义是改革开放以来我们党全部理论和实践的鲜明主题，也是习近平新时代中国特色社会主义思想的核心要义。

62. 从政府改革的角度来看，供给侧结构性改革可谓中国改革开放40多年时间里最深刻的一次政府功能转变，这一改革的导向是(　　)。

A. 产业结构调整　　B. 市场化

C. 国民待遇均等化　　D. 供给方式改革

【参考答案】 C

【答案解析】 现阶段社会主要矛盾变了，中国特色社会主义进入新时代，我国社会主要矛盾已经转化为人民日益增长的美好生活需要和不平衡不充分的发展之间的矛盾。改革开放的基本国策没有变，但不属于“两个没有变”。

63. 中国人喜欢喝茶但讲究看体质喝茶，不同的茶有不同的养生功效，如红茶

甘温可养人体阳气，绿茶性寒可清热，乌龙茶润喉生津，花茶养肝利胆。上述材料体现的哲理是(　　)。

A. 主要矛盾和次要矛盾在一定条件下可以相互转化

B. 矛盾具有特殊性

C. 事物的发展过程中存在着自始至终的矛盾运动

D. 矛盾的性质取决于人的需要

【参考答案】B

【答案解析】不同的茶有不同的养生功效，“不同”强调的就是矛盾的特殊性。

64. 税务系统各级党委（　　）与同级纪检机构共同分析研究全面从严治党、党风廉政建设和反腐败工作 1 次，遇有重大问题或上级安排的重要工作，及时研究部署。

A. 每月　　B. 每季度　　C. 每半年　　D. 每年

【参考答案】C

【答案解析】《税务系统落实全面从严治党主体责任和监督责任实施办法（试行)》规定，党委每半年与同级纪检机构共同分析研究全面从严治党、党风廉政建设和反腐败工作 1 次，遇有重大问题或上级安排的重要工作，及时研究部署。

65. 探索建立政治生态评价机制体系，需要纳入各级税务局党委书记抓党建述职评议和党建考核评价体系，并突出其权重的工作是(　　)。

A. 政治建设　　B. 税收　　C. 政治生态　　D. 党的建设

【参考答案】A

【答案解析】《税务系统落实全面从严治党主体责任和监督责任实施办法（试行)》规定，各级税务局党委承担本单位本系统全面从严治党主体责任，履行政治领导责任。探索建立政治生态评价机制体系，将政治建设工作情况纳入各级党委书记抓党建述职评议和党建考核评价体系，并突出其权重。

66. 税务系统执纪审查工作，线索处置和执纪审查情况在向本级党委报告的同时向上级纪检机构报告，要以(　　)。

A. 本级纪检机构领导为主　　B. 本级党委领导为主

C. 上一级纪检机构领导为主　　D. 上一级党委领导为主

【参考答案】C

【答案解析】《税务系统落实全面从严治党主体责任和监督责任实施办法（试行)》规定，执纪审查工作以上一级纪检机构领导为主，线索处置和执纪审查情况在向本级党委报告的同时向上级纪检机构报告。

67. 增强党内政治生活原则性，积极运用互联网、大数据等新兴技术，探索更加贴近党员实际需求、更富吸引力感染力的党组织活动内容方式，需要深入推进的是(　　)。

A. “互联网＋税务党建”　　B. “互联网＋政治建设”

C. “大数据＋税务党建”　　D. “大数据＋政治建设”

【参考答案】A

【答案解析】《税务系统贯彻〈中共中央关于加强党的政治建设的意见〉若干措施》规定，增强党内政治生活时代性，深入推进“互联网＋税务党建”，积极运用互联网、大数据等新兴技术，探索更加贴近党员实际需求、更富吸引力感染力的党组织活动内容方式。

68.《关于解决税务系统形式主义突出问题为基层减负若干措施的通知》要求，开短会讲短话，局领导出席的会议，讲话一般不超过 2 小时；视频会议一般不超过(　　)；会议交流发言单位一般不超过 5 个，发言时间不超过 6 分钟。

A. 2 小时　　B. 3 小时　　C. 1 小时　　D. 2.5 小时

【参考答案】A

【答案解析】国家税务总局党委《关于解决税务系统形式主义突出问题为基层减负若干措施的通知》要求，局领导出席的会议，讲话一般不超过 2 小时；视频会议一般不超过 2 小时；会议交流发言单位一般不超过 5 个，发言时间不超过 6 分钟。

69. 依据《关于领导干部报告个人有关事项的规定》，不需要报告的事项是(　　)。

A. 子女与外国人、无国籍人通婚的情况

B. 本人从事讲学、写作、咨询、审稿、书画等劳务

C. 本人、配偶、共同生活的子女投资或者以其他方式持有股票、基金、投资型保险等的情况

D. 非共同生活子女的房产

【参考答案】D

【答案解析】《关于领导干部报告个人有关事项的规定》需要报告的是“共同生活的子女”，是指领导干部不满 18 周岁的未成年子女和由其抚养的不能独立生活的成年子女。非共同生活子女的房产不需报告。

70. 1922 年召开的中共二大第一次明确提出了(　　)。

A. 新民主主义革命总路线　　B. 土地革命总路线

C. 实现共产主义的最高纲领　　D. 反帝反封建的民主革命纲领

【参考答案】D

71. 中国共产党第一次独立自主地运用马列主义基本原理，解决自己的路线、方针和政策的会议是(　　)。

A. 八七会议　　B. 洛川会议　　C. 遵义会议　　D. 瓦窑堡会议

【参考答案】C

72. 第二十六届联合国大会以压倒多数票通过 2758 号决议，恢复中华人民共和国在联合国的一切合法权利。这一历史性的时刻是（　　）。

A. 1971 年 10 月 25 日　　B. 1972 年 10 月 25 日

C. 1978 年 10 月 15 日　　D. 1979 年 10 月 15 日

【参考答案】A

73. 1978 年 5 月 11 日，公开发表《实践是检验真理的唯一标准》的媒体是(　　)。

A. 人民日报　　B. 光明日报

C. 解放日报　　D. 经济日报

【参考答案】B

74. 宁波保税区税务局打造“1 + N”党建共同体，与属地党委政府及有关部门深化党建合作，与企业、乡村、学校开展党建共建共促，切实盘活各类党建资源，激发党建工作动能，强化党建引领作用。这一做法属于新“纵合横通强党建”机制体系中的(　　)。

A. 条主责、块双重　　B. 纵合力、横联通

C. 齐心抓、党建兴　　D. 三纳入、延伸抓

【参考答案】B

75. 形成中国工农红军建设的纲领性文献，解决了在农村进行战争的环境中如何将以农民为主要成分的革命军队建设成为无产阶级领导的新型人民军队这一根本性问题的会议是(　　)。

A. 党的六大　　B. 党的七大　　C. 古田会议　　D. 八七会议

【参考答案】C

76. 中华人民共和国成立以来，我们在社会主义建设中所经历的曲折和失误，归根到底就在于没有搞清楚(　　)。

A. 什么是社会主义的本质

B. 什么是社会主义、怎样建设社会主义

C. 什么是社会主义的主要矛盾

D. 什么是社会主义的根本任务

【参考答案】B

77. 《中国共产党问责条例》规定，对失职失责性质恶劣、后果严重的，不论其责任人是否调离转岗、提拔或者退休等，都应当严肃问责，实行(　　)。

A. 全程问责　　B. 终身问责

C. 实时问责　　D. 固定问责

【参考答案】B

【答案解析】《中国共产党问责条例》第十六条规定，实行终身问责，对失职失责性质恶劣、后果严重的，不论其责任人是否调离转岗、提拔或者退休等，都应当严肃问责。

题型二　多项选择题

1. 反对奢靡之风是反“四风”的重要内容。古语说：“奢靡之始，危亡之渐。”这句话中体现的哲学原理是(　　)。

A. 现象是本质的外在表现

B. 特殊性中包含着普遍性

C. 量变的积累是质变的必要条件

D. 质变是量变发展到一定程度的必然结果

E. 历史的发展是由人们的思想和行动决定的

【参考答案】ACD

【答案解析】本题考查了5个马克思主义哲学原理，现象是本质的外在表现、量变的积累是质变的必要条件、质变是量变发展到一定程度的必然结果。但特殊性中有普遍性不能用来解释这句古语。根据马克思主义哲学原理，历史的发展方向不是由人的思想和行动决定的，而是由物质生活资料的生产方式即社会生产方式决定的。

2. 土地革命战争时期，毛泽东同志以马克思主义为指导，发表了《中国的红色政权为什么能够存在?》《井冈山的斗争》《星星之火，可以燎原》《反对本本主义》等重要著作，这些著作(　　)。

A. 是毛泽东思想形成阶段的主要成果

B. 分清了革命斗争中的敌友问题

C. 概括了新民主主义革命的总路线和基本纲领

D. 提出了农村包围城市、最后夺取城市的革命道路理论

【参考答案】AD

【答案解析】本题考查两个知识点，一是毛泽东思想形成阶段的主要理论成果和基本内容，二是毛泽东的科学著作是毛泽东思想的集中概括。选项B是毛泽东思想萌芽阶段的基本思想，选项C是毛泽东思想成熟时期的思想，均不符合题干的要求。

3. “总之，我们不要四面出击。四面出击，全国紧张，很不好。我们绝不可树敌太多，必须在一个方面有所让步，有所缓和，集中力量向另一方面进攻。我们一定要做好工作，使工人、农民、小手工业者都拥护我们，使民族资产阶级和知识分子中的绝大多数人不反对我们。这样一来，国民党残余、特务、土匪就孤立了，地主阶级就孤立了，台湾、西藏的反动派就孤立了，帝国主义在我国人民中间就孤立了。”对这段话分析正确的有(　　)。

A. 这段话是对党的统一战线法宝的集中概括

B. 这段话的时代背景是中国正处于国民经济恢复时期

C. 这段话反映的主要思想后来成为我国经济建设的指导方针

D. 这段话提到的孤立对象是新民主主义革命的主要对象

【参考答案】BCD

【答案解析】这段话是1950年6月6日毛泽东在党的七届三中全会上讲话的一部分，这时是国民经济恢复时期，所以选项B是正确的。这段话的主要思想是团结一切可以团结的人，为新民主主义社会服务，后来进一步发展成了党的八大确定的社会主义经济建设的指导方针，即“调动国内外一切积极因素，为社会主义建设服务”，故选项C也是正确的分析。这段话提到的孤立对象是“国民党残余、特务、土匪”“地主阶级”“台湾、西藏的反动派”“帝国主义”，这些孤立的对象概括起来就是帝国主义分子、封建地主阶级和官僚资产阶级，实质上就是新民主主义革命的主要对象，因此选项D的分析也是正确的。这段话虽然提到了“使工人、农民、小手工业者都拥护我们，使民族资产阶级和知识分子中的绝大多数人不反对我们”来最大限度地孤立敌人，但这包含了党的统一战线的些许因素，并不是对党的统一战线法宝的集中概括，因此选项A的分析是错误的。

4. 在土地革命战争后期和抗日战争时期，毛泽东思想得到系统总结和多方面展开而达到成熟。下列毛泽东的科学著作中，写于这个时期的有(　　)。

A.《星星之火，可以燎原》　　B.《反对本本主义》

C.《新民主主义论》　　D.《论联合政府》

【参考答案】CD

5. 抗日战争是近代以来中华民族反抗外敌入侵第一次取得完全胜利的民族解放战争。中国赢得抗日战争胜利的主要原因是(　　)。

A. 中国共产党发挥了中流砥柱的作用

B. 中国的国力空前强大

C. 得到了国际反法西斯力量的同情和支持

D. 中国实现了空前的民族觉醒和民族团结

【参考答案】ACD

【答案解析】本题考查抗日战争胜利的原因。

6. 以毛泽东同志为核心的党的第一代中央领导集体带领全党全国和各族人民完成了新民主主义革命，进行了社会主义改造，确立了社会主义基本制度，这一基本制度的确立(　　)。

A. 为当代中国一切发展进步奠定了根本政治前提和制度基础

B. 是中国历史上最深刻最伟大的社会变革

C. 标志着马克思主义同中国实际第二次结合的完成

D. 使广大劳动人民真正成为国家的主人

【参考答案】 ABD

【答案解析】 本题考查社会主义制度的伟大意义。

7. 忠诚于党、听党指挥是我军的光荣传统。1929 年 12 月下旬，红四军党的第九次代表大会在福建省上杭县古田村召开。这次会议史称“古田会议”。会议通过的毛泽东起草的决议案，确立了思想建党、政治建军原则，规定红军是一个执行革命的政治任务的武装集团，必须(　　)。

A. 绝对服从共产党的领导

B. 担负打仗、筹款和做群众工作的任务

C. 加强政治工作

D. 实行全国军事的总动员

【参考答案】 ABC

8. 新民主主义革命的三大法宝是（　　）。

A. 统一战线　　B. 根据地建设　　C. 武装斗争　　D. 党的建设

E. 思想建设

【参考答案】 ACD

9. 下列属于中国特色社会主义理论体系的内容的是（　）

A. 马列主义　　B. 毛泽东思想

C. 邓小平理论　　D. “三个代表”重要思想

E. 科学发展观

【参考答案】 CDE

10. 1992 年初，邓小平在南方谈话中指出：“社会主义的本质是，解放生产力，发展生产力，消灭剥削，消除两极分化，最终达到共同富裕。”这一概括对社会主义传统认识的突破主要体现在(　　)。

A. 破除了脱离生产力水平抽象谈论社会主义的认识

B. 否定了社会主义必须坚持公有制和按劳分配原则的认识

C. 摆脱了长期以来忽视建设社会主义根本目的和目标的认识

D. 制止了把社会主义本质等同于社会主义具体做法的认识

【参考答案】ACD

【答案解析】本题考查社会主义本质。

11. 习近平总书记在十九届中央纪委五次全会上指出，党的十八大以来，尽管党风廉政建设和反腐败斗争取得了历史性成就，但形势依然严峻复杂，必须清醒看到(　　)。

A. 腐败这个党执政的最大风险依然存在，存量虽然清底，增量却仍有发生

B. 传统腐败和新型腐败交织，贪腐行为更加隐蔽复杂

C. 腐败问题和不正之风交织，“四风”成为腐败滋长的温床

D. 政治问题和经济问题交织，威胁党和国家政治安全

【参考答案】BCD

【答案解析】习近平总书记指出，腐败这个党执政的最大风险依然存在，存量还未清底，增量仍有发生。

12. 2023 年 3 月，习近平总书记在中央党校建校 90 周年庆祝大会暨 2023 年春季学期开学典礼上强调，对领导干部来说，马克思主义这个看家本领掌握得越牢靠，政治站位就越高。下列有关领导干部的要求和论述正确的有(　　)。

A. 理论修养是领导干部综合素质的核心

B. 理论上的成熟是政治上成熟的基础

C. 理论上的清醒源于政治上的坚定

D. 政治上的坚定源于理论上的清醒

【参考答案】ABD

13. 习近平总书记在纪念马克思 200 周年诞辰大会上指出，回顾党的奋斗历程可以发现，中国共产党之所以能历经艰难困苦而不断壮大，很重要的一个原因是(　　)。

A. 重视思想建党

B. 重视组织建党

C. 重视理论强党

D. 重视领导核心

【参考答案】AC

【答案解析】本题考查考生对《习近平谈治国理政》第三卷的熟悉程度。

14. 税务机关召开民主生活会需要前期做好准备工作。下列说法正确的是(　　)。

A. 召开民主生活会应当制定会议方案，提前10日报上级党组织审核

B. 领导班子成员认真学习党章党规和党的创新理论以及有关文件，提高思想认识，把握标准要求

C. 由党委（党组）或者委托组织部门、机关党组织征求党员、干部和群众的意见建议，并如实向领导班子及其成员反馈。领导班子成员应当就反映本人的有关问题，向组织作出说明

D. 领导班子成员之间互相谈心谈话，交流思想，交换意见，并与分管单位主要负责人谈心，也应当接受党员、干部约谈

E. 撰写领导班子对照检查材料和个人发言提纲，查摆问题，进行党性分析，提出整改措施。个人发言提纲应当自己动手撰写，并按规定说明个人有关事项

【参考答案】ABCDE

15. 新时代坚持和发展中国特色社会主义的基本方略是(　　)。

A. 坚持党对一切工作的领导，坚持以人民为中心，坚持全面深化改革

B. 坚持新发展理念，坚持人民当家作主，坚持全面依法治国

C. 坚持社会主义核心价值体系，坚持在发展中保障和改善民生，坚持人与自然和谐共生

D. 坚持总体国家安全观，坚持党对人民军队的绝对领导，坚持“一国两制”和推进祖国统一

E. 坚持推动构建人类命运共同体，坚持全面从严治党

【参考答案】ABCDE

16. 加强社会治理制度建设，完善党委领导、政府负责、社会协同、公众参与、法治保障的社会治理体制，提高社会治理（　　）水平。

A. 社会化　　B. 法治化　　C. 智能化　　D. 专业化

【参考答案】ABCD

17. 新时代党的建设总要求是（　　）。

A. 坚持和加强党的全面领导，坚持党要管党、全面从严治党

B. 以加强党的长期执政能力建设、先进性和纯洁性建设为主线，以党的政治建设为统领，以坚定理想信念宗旨为根基，以调动全党积极性、主动性、创造性为着力点

C. 全面推进党的政治建设、思想建设、组织建设、作风建设、纪律建设

D. 把制度建设贯穿其中，深入推进反腐败斗争，不断提高党的建设质量

E. 把党建设成为始终走在时代前列、人民衷心拥护、勇于自我革命、经得起各种风浪考验、朝气蓬勃的马克思主义执政党

【参考答案】ABCDE

18. “十四五”规划指出，未来五年，我们应将继续把握好改革和发展的内在联系，继续在新发展理念引领下，做到(　　)。

A. 坚持以创新为引领发展的第一动力

B. 坚持以协调为持续健康发展的内在要求

C. 坚持以绿色为永续发展的必要条件和人民对美好生活追求的重要体现

D. 坚持以开放为国家繁荣发展的必由之路

E. 坚持以共享作为中国特色社会主义的本质要求，构建国内大循环为主体、国内国际双循环相互促进的新发展格局。

【参考答案】ABCDE

【答案解析】对这些论述，不必死记硬背，但一定要熟悉，否则命题人稍微换一种表述，故意弄错某个观点，就可能导致选错。

19. 习近平总书记在二十届中央纪委二次全会上发表重要讲话强调，要推动党的二十大精神、党中央决策部署同部门、行业、领域实际紧密结合，要(　　)。

A. 看党的二十大关于全面贯彻新发展理念、着力推动高质量发展、主动构建新发展格局等战略部署落实了没有

B. 看党中央提出的重点任务、重点举措 、重要政策、重要要求贯彻得怎么样

C. 看属于本部门本地区本单位的职责有没有担当起来

D. 看政治监督在具体化、精准化、常态化上是否有力

【参考答案】ABC

20. 党的二十大报告强调，我们党在长期实践中得出的至关紧要的规律性认识有（　　）的迫切需要。

A. 坚持党的全面领导是坚持和发展中国特色社会主义的必由之路

B. 中国特色社会主义是实现中华民族伟大复兴的必由之路

C. 自我革命是中国人民创造历史伟业的必由之路

D. 贯彻新发展理念是新时代我国发展壮大的必由之路

E. 全面从严治党是党永葆生机活力、走好新的赶考之路的必由之路

【参考答案】 ABDE

【答案解析】 本题考查的是“五个必由之路”。

21. 习近平总书记近年来多次强调“四个自信”，进而又提出历史自信，下列论述符合习近平新时代中国特色社会主义思想的有（　　）。

A. 中国有坚定的道路自信、理论自信、制度自信，其本质是建立在5000多年文明传承基础上的文化自信

B. 中华文化、中华精神是我们文化自信的源泉

C. 文化自信是一个国家、一个民族发展中最基本、最深沉、最持久的力量

D. 历史自信是中国特色社会主义道路自信、理论自信、制度自信、文化自信“四个自信”的总概括

【参考答案】 ABC

22. 习近平总书记指出，青年兴则国家兴，青年强则国家强。青年一代(　　)，国家就有前途，民族就有希望。

A. 有理想　　B. 有朝气　　C. 有本领　　D. 有担当

【参考答案】 ACD

23. 习近平法治思想内涵丰富，下列表述符合这一战略思想的有（　　）。

A. 党的领导是推进全面依法治国的根本保证

B. 推进全面依法治国根本目的是依法保障人民权益

C. 法治是国家治理体系和治理能力的重要依托

D. 中国特色社会主义法治体系是推进全面依法治国的总抓手

【参考答案】 ABCD

24. 习近平总书记强调，要深刻认识党面临的长期性和复杂性的考验有(　　)。

A. 执政考验　　B. 市场经济考验

C. 生态保护考验　　D. 改革开放考验

E. 外部环境考验

【参考答案】ABDE

25. 人才是实现民族振兴、赢得国际竞争主动的战略资源。要以（　　），把党内和党外、国内和国外各方面优秀人才集聚到党和人民的伟大奋斗中来。

A. 识才的慧眼　　B. 爱才的诚意

C. 育才的舞台　　D. 聚才的良方

E. 用才的胆识　　F. 容才的雅量

【参考答案】ABDEF

26. 习近平总书记指出，加强纪律教育，强化纪律执行，让党员、干部(　　)，习惯在受监督和约束的环境中工作生活。

A. 明规矩　　B. 知敬畏　　C. 存戒惧　　D. 守底线

【参考答案】BCD

27. 习近平总书记指出，把党的政治建设摆在首位，要弘扬的价值观是(　　)。

A. 忠诚老实　　B. 公道正派　　C. 实事求是　　D. 清正廉洁

【参考答案】ABCD

28. 习近平总书记指出，推动新型（　　）同步发展，主动参与和推动经济全球化进程，发展更高层次的开放型经济，不断壮大我国经济实力和综合国力。

A. 产业化　　B. 信息化　　C. 工业化　　D. 城镇化

E. 农业现代化

【参考答案】BCDE

29. 中国共产党的三大历史任务是(　　)。

A. 完成祖国统一　　B. 实现中华民族伟大复兴

C. 维护世界和平与促进共同发展　　D. 推进现代化建设

【参考答案】ACD

30. 习近平总书记指出，要完善干部考核评价机制，建立激励机制和容错纠错机制，旗帜鲜明地为那些（　　）的干部撑腰鼓劲。

A. 敢于担当　　B. 务实进取　　C. 踏实做事　　D. 不谋私利

【参考答案】ACD

31. 习近平总书记强调，要坚持以上率下，巩固拓展落实中央八项规定精神成果，继续整治“四风”问题，坚决反对(　　)。

A. 不作为　　B. 乱作为　　C. 特权思想　　D. 特权现象

【参考答案】CD

32. 下列选项中的行为违反了中央八项规定精神的有(　　)。

A. 某市税务局召开县区税务局人事科长工作会议，要求会议费由各与会人员所在单位承担

B. 为方便前来办理稽查案件的外省工作组同志，某市税务局为他们提供了交通工具

C. 某市税务局的2名干部赴党校参加培训，在报到前一天晚上接受多年不见的老同学邀请外出饮酒

D. 在上级单位检查工作时，某市税务局领导出于保护单位荣誉没有报告某案，导致上级向公众披露信息时严重失实

【参考答案】ABC

33. 根据国家税务总局《关于严肃查处税务系统诬告陷害行为的办法（试行）》的规定，对诬告陷害行为的处理，正确的说法有(　　)。

A. 对诬告陷害人相关处理落实后，纪检机构应当及时向诬告陷害人所在单位党组织通报，并将调查结论存入其本人档案

B. 对诬告陷害行为，纪检机构应当直接或委托相关党组织在一定范围内通报，予以澄清、消除不良影响

C. 对涉及群体性利益或群众关注度较高的问题，应当在税务系统内予以公开

D. 澄清或公开，应当事先征求被诬告陷害人本人意见，未经同意，不得公开或泄露其个人信息

【参考答案】ABD

34. 新时代坚持和发展中国特色社会主义的基本方略是坚持新发展理念，这一理念的科学内涵有(　　)。

A. 创新是发展的第一动力　　B. 协调是持续健康发展的内在要求

C. 绿色是永续发展的必要条件　　D. 开放是国家繁荣发展的必由之路

E. 共享是中国特色社会主义的本质要求

【参考答案】ABCDE

35. 建设生态文明是关系人民福祉、关乎民族未来的大计，是实现中华民族伟大复兴的中国梦的重要内容。习近平总书记指出：“我们既要绿水青山，也要金山银山。宁要绿水青山，不要金山银山，而且绿水青山就是金山银山。”关于这句话，下列说法正确的有(　　)。

A. 生态文明是人类社会进步的重大成果，是实现人与自然和谐发展的必然要求

B. 保护生态环境就是保护生产力

C. 以政治工作思路抓生态建设

D. 建设生态文明，是一场涉及生产方式、生活方式、思维方式和价值观念的革命性变革

【参考答案】ABD

【答案解析】选项 C 不正确，正确的说法是以系统工程思路抓生态建设。

36. 中共中央办公厅印发的《关于在全党大兴调查研究的工作方案》指出，针对相关领域或工作中最突出的难点问题进行专项调研，坚持因地制宜，要综合运用的调查研究方式有(　　)。

A. 座谈访谈和随机走访

B. 问卷调查

C. 专家调查

D. 抽样调查和统计分析

【参考答案】ABCD

37. 中华人民共和国成立 70 多年来，我国取得了翻天覆地的变化。我们党领导人民取得的成就可以概括为两大奇迹，分别是(　　)。

A. 社会长期稳定　　B. 科技飞速进步

C. 经济快速发展　　D. 制度巩固完善

E. 民生逐步改善

【参考答案】AC

38. 人类社会发展的历史表明，对一个民族、一个国家来说，最持久、最深层的力量是全社会共同认可的核心价值观。核心价值观，承载着一个民族、一个国家的精神追求，体现着一个社会评判是非曲直的价值标准。由此可以得出的结论

是(　　)。

A. 核心价值体系决定着人类社会历史发展的总趋势和方向

B. 一国的综合国力从根本上说取决于核心价值体系的力量

C. 不同文化的竞争很大程度上表现为核心价值体系的竞争

D. 现阶段我国必须用社会主义核心价值体系引领社会思潮

【参考答案】 CD

【答案解析】 核心价值观承载着一个民族、一个国家的精神追求，体现着一个社会评判是非曲直的价值标准。由此可以得出的结论是，不同文化的竞争很大程度上表现为核心价值体系的竞争，现阶段我国必须用社会主义核心价值体系引领社会思潮，选项C、D正确且符合题意。选项A错误，社会基本矛盾决定着人类社会历史发展的总趋势和方向。选项B错误，一国的综合国力从根本上说取决于经济和科技实力。

39. 把权力关进制度笼子的根本之策是(　　)。

A. 坚持用制度管权管事管人

B. 让人民监督权力

C. 加大审查违纪违法党员领导干部的力度

D. 让权力在阳光下运行

【参考答案】 ABD

【答案解析】《中共中央关于全面深化改革若干重大问题的决定》提出："坚持用制度管权管事管人，让人民监督权力，让权力在阳光下运行，是把权力关进制度笼子的根本之策。"

40. 很多党员干部不知道，下述违反了政治纪律的行为有（　　）。

A. 信仰宗教　　B. 干扰巡视巡察

C. 不按规定请示报告　　D. 搞有组织的拉票贿选

【参考答案】 ABC

41. 税务机关领导干部应当掌握"灰犀牛"风险（危机）的应对策略。下列说法正确的是(　　)。

A. 要承认危机的存在

B. 要定义"灰犀牛"风险的性质

C. 不要静止不动，也就是不要在危机冲击面前僵在原地

D. 不要浪费已经发生的危机，要真正做到从灾难中吸取教训

E. 要站在顺风处，眼睛紧紧盯住远方，准确预测远处看似遥远的风险，摒除犹疑心态，优化决策和行动过程

【参考答案】 ABCDE

【答案解析】《灰犀牛》一书的作者米歇尔·渥克提出了上述五点应对策略，同时他提醒人们，成为发现“灰犀牛”风险的人，就能成为控制“灰犀牛”风险的人。

42. 我们经常编出简单的理由或故事来解释我们尚不知晓（而很有可能是我们根本就不可能知道的）复杂的事情。事实上，真正重大的事件是无法预知的，纳西姆·尼古拉斯·塔勒布把这称为“‘黑天鹅’事件”。下列属于“黑天鹅”事件的是(　　)。

A. 2020 年全球新冠肺炎疫情蔓延　　B. 2016 年特朗普赢得美国大选

C. 2016 年英国宣布退出欧盟　　D. 1912 年泰坦尼克号事件

E. 2016 年二线城市如合肥、南京、苏州、厦门的房价暴涨

【参考答案】 ABCD

【答案解析】 房价暴涨属于“灰犀牛”事件，是有苗头的，只是人们没有察觉，习以为常。

43. “十四五”时期我国发展必须遵循的重要原则有(　　)。

A. 坚持党的全面领导　　B. 坚持以人民为中心

C. 坚持新发展理念　　D. 坚持深化改革开放

E. 坚持系统观念

【参考答案】 ABCDE

【答案解析】 党的十九届五中全会明确了“十四五”时期经济社会发展的指导思想，提出了必须遵循的重要原则。这就是坚持党的全面领导，坚持以人民为中心，坚持新发展理念，坚持深化改革开放，坚持系统观念。这“五个坚持”，是党的十八大以来以习近平同志为核心的党中央治国理政实践经验的升华，是我们党对我国发展规律认识的进一步深化。

44.《关于进一步深化税收征管改革的意见》中明确不断完善税务执法制度和

机制，下列属于这一范畴的内容是（　　）。

A. 健全税费法律法规制度　　B. 严格规范税务执法行为

C. 不断提升税务执法精确度　　D. 加强税务执法部门协同

【参考答案】ABC

45. 税务系统党委承担本单位本系统党的建设、全面从严治党主体责任，重点履行(　　)。

A. 政治领导责任　　B. 严格把关责任

C. 压力传导责任　　D. 组织保障责任

【参考答案】ACD

【答案解析】国家税务总局党委新修订的《税务系统落实全面从严治党主体责任和监督责任实施办法（试行)》明确规定，党委责任有政治领导责任、统筹落实责任、压力传导责任、组织保障责任。

46. 加强对本税务系统各级党组织落实问责情况的监督检查，对该问责而不问责的，严肃追究责任，对不敢问责、不愿问责的，约谈(　　)。

A. 部门领导　　B. 直接责任人　　C. 党委书记　　D. 纪检组长

【参考答案】CD

【答案解析】国家税务总局党委新修订的《税务系统落实全面从严治党主体责任和监督责任实施办法（试行)》规定，加强对本系统各级党组织落实问责情况的监督检查，对该问责而不问责的，严肃追究责任，对不敢问责、不愿问责的，约谈党委书记和纪检组长。

47. 税务系统开展违规收送礼品礼金、私车公养问题专项整治工作，下列行为属于违规收送礼品礼金行为的是(　　)。

A. 收受与行使职权有关或可能影响公正执行公务的礼品礼金

B. 收受管理、服务对象的礼品礼金

C. 收受下属单位的礼品礼金

D. 收受亲戚间礼尚往来的礼品礼金

E. 借节假日或办理婚丧喜庆等事宜收送礼品礼金

【参考答案】ABCE

【答案解析】《税务系统开展违规收送礼品礼金、私车公养问题专项整治工作方案》明确规定，违规收送礼品礼金专项整治主要包括七个方面的内容：收受与行使职权有关或可能影响公正执行公务的礼品礼金；收受下属单位的礼品礼金；向上级单位（领导）或利害关系单位（个人）赠送礼品礼金；收受管理、服务对象的礼品礼金；借节假日或办理婚丧喜庆等事宜违规收送礼品礼金；收送明显超出正常礼尚往来的礼品礼金；其他违规收送礼品礼金的行为。

48. 下列属于私车公养行为的是(　　)。

A. 使用公务加油卡为私车加油

B. 单位为个人发放燃油补助

C. 开私家车公务出差

D. 使用公务加油卡用于购物或其他个人消费

【参考答案】 ABD

【答案解析】《税务系统开展违规收送礼品礼金、私车公养问题专项整治工作方案》明确规定，私车公养问题专项整治主要包括八个方面的内容：使用公务加油卡为私车加油；使用公务加油卡用于购物或其他个人消费；单位为个人发放燃油补助；在公务用车费用中列支应由个人支付的费用；单位报销私车维修费、保养费、装饰费、洗车费、路桥费、违章罚款等；个人侵占公务用车车辆备品；假借私车公用之名，报销相关费用；其他私车公养的情形。

49. 全面从严治党不力，主体责任、监督责任落实不到位，属于（　　）情形的，应当予以问责。

A. 管党治党失之于宽松软，好人主义盛行、搞一团和气，不负责、不担当，造成严重后果

B. 党内监督乏力，不履行或者不正确履行党内监督职责，落实监督执纪“四种形态”不力，该发现的问题没有发现，发现问题不报告不处置、不整改不问责

C. 领导巡视巡察工作不力，发生严重问题

D. 对巡视巡察等发现的问题，不按要求落实整改、敷衍整改、虚假整改、整改不力、拒不整改

【参考答案】 ABCD

【答案解析】 全面从严治党不力，主体责任、监督责任落实不到位，应当予以问责：①管党治党失之于宽松软，好人主义盛行、搞一团和气，不负责、不担当，

造成严重后果；②党内监督乏力，不履行或者不正确履行党内监督职责，落实监督执纪“四种形态”不力，该发现的问题没有发现，发现问题不报告不处置、不整改不问责；③领导巡视巡察工作不力，发生严重问题；④对巡视巡察等发现的问题，不按要求落实整改、敷衍整改、虚假整改、整改不力、拒不整改。

50. 《新时代公民道德建设实施纲要》强调，要大力倡导解放思想、实事求是、与时俱进、求真务实的理念，倡导（　　）的理念，弘扬改革开放精神、劳动精神、劳模精神、工匠精神、优秀企业家精神、科学家精神。

A. “幸福源自奋斗”　　B. “成功在于奉献”

C. “平凡孕育伟大”　　D. “功成不必在我”

【参考答案】ABC

【答案解析】《新时代公民道德建设实施纲要》紧紧围绕全面深化改革开放、深入推进社会主义现代化建设，大力倡导解放思想、实事求是、与时俱进、求真务实的理念，倡导“幸福源自奋斗”“成功在于奉献”“平凡孕育伟大”的理念，使全体人民保持昂扬向上、奋发有为的精神状态。

51. 习近平总书记一直强调学以致用、知行合一。他曾引用很多名言典故来讲述这个道理，这些名言典故是(　　)。

A. “纸上得来终觉浅，绝知此事要躬行”

B. “耳闻之不如目见之，目见之不如足践之”

C. “博学之，审问之，慎思之，明辨之，笃行之”

D. “学而不思则罔，思而不学则殆”

【参考答案】ABC

【答案解析】“学而不思则罔，思而不学则殆”出自《论语·为政》，意思是只学习却不思考，就会迷茫；只思考却不学习，就会精神疲倦而无所得。

52. 依据《关于领导干部报告个人有关事项的规定》，关于查阅有关领导干部报告个人有关事项材料的说法，正确的有(　　)。

A. 组织（人事）部门在干部监督工作和干部选拔任用过程中，按照干部管理权限，经本机关、本单位负责人批准，可以查阅有关领导干部报告个人有关事项的材料

B. 纪检监察机关（机构）在履行职责时，按照干部管理权限，经本机关负责

人批准，可以查阅有关领导干部报告个人有关事项的材料

C. 巡视机构在巡视工作期间，根据工作需要，经巡视工作领导小组负责人批准，可以查阅有关领导干部报告个人有关事项的材料

D. 检察机关在查办职务犯罪案件时，经本机关负责人批准，可以查阅案件涉及的领导干部报告个人有关事项的材料

【参考答案】ABCD

53. 查核结果与领导干部当年年度集中报告的个人有关事项内容不一致，一般认定为隐瞒不报行为的情形有(　　)。

A. 未报告配偶、子女及其配偶从业情况的

B. 未报告配偶、子女及其配偶被司法机关追究刑事责任情况的

C. 未报告房产1套以上（不含车库、车位、储藏间）的

D. 未报告持有股票、基金、投资型保险等情况和投资非上市股份有限公司、有限责任公司或者注册个体工商户、个人独资企业、合伙企业等1家以上的

【参考答案】ABCD

54. 《关于党政机关工作人员个人证券投资行为若干规定》规定，党政机关工作人员个人可以买卖股票和证券投资基金。在买卖股票和证券投资基金时，应当遵守有关法律、法规的规定，严禁(　　)。

A. 借用本单位的公款

B. 借用管理和服务对象的资金

C. 借用主管范围内的下属单位和个人的资金

D. 借用其他与其行使职权有关系的单位和个人的资金

【参考答案】ABCD

55. 《关于对配偶子女均已移居国（境）外的国家工作人员加强管理的暂行规定》中所说的“移居国（境）外”是指(　　)。

A. 获得外国国籍

B. 获得国（境）外永久居留权

C. 获得国（境）外长期居留许可

D. 在我驻外机构工作

【参考答案】ABC

【答案解析】根据《关于对配偶子女均已移居国（境）外的国家工作人员加强管理的暂行规定》第二条，“移居国（境）外”，是指获得外国国籍，或者获得国

(境)外永久居留权、长期居留许可。

56.《中共中央关于加强党的政治建设的意见》指出，发展积极健康的党内政治文化，要大力倡导(　　)。

A. 清清爽爽的同志关系　　B. 规规矩矩的上下级关系

C. 干干净净的政商关系　　D. 亲而又清的政商关系

【参考答案】 ABC

【答案解析】《中共中央关于加强党的政治建设的意见》大力倡导清清爽爽的同志关系、规规矩矩的上下级关系、干干净净的政商关系，弘扬正气、树立新风。

57. 党的问责工作是由党组织按照职责权限，追究在党的建设、党的事业中失职失责党组织和党的领导干部的(　　)。

A. 主体责任　　B. 监督责任　　C. 领导责任　　D. 直接责任

【参考答案】 ABC

【答案解析】《中国共产党问责条例》规定，党委(党组)应当履行全面从严治党主体责任，加强对本地区本部门本单位问责工作的领导，追究在党的建设、党的事业中失职失责党组织和党的领导干部的主体责任、监督责任、领导责任。

58. 在干部选拔任用工作中，应当在事前向上级组织(人事)部门报告的情形有(　　)。

A. 破格、越级提拔干部

B. 国家级贫困县、集中连片特困地区地市在完成脱贫任务前党政正职职级晋升或者岗位变动的

C. 领导干部因问责引咎辞职或者被责令辞职、免职、降职、撤职，影响期满拟重新担任领导职务或者提拔任职的

D. 领导干部秘书等身边工作人员提拔任用的

【参考答案】 ABCD

59. 完整、准确、全面贯彻新发展理念，应该(　　)。

A. 从根本宗旨把握新发展理念　　B. 从问题导向把握新发展理念

C. 从忧患意识把握新发展理念　　D. 从经济循环把握新发展理念

【参考答案】 ABC

【答案解析】 新发展阶段、新发展理念、新发展格局是重要考点。

60. 中共中央办公厅印发的《关于在全党大兴调查研究的工作方案》指出，要采取“四不两直”方式，多到困难多、群众意见集中、工作打不开局面的地方和单位开展调研。“四不两直”是指（　　）。

A. 不发通知、不打招呼　　B. 不听汇报、不住宾馆

C. 直奔基层、直插现场　　C. 直奔基层、直面问题

【参考答案】 AC

题型三　判断题

1. “实事求是”，“实事”就是指客观事物的内部联系，“是”就是指客观存在着的一切事物，“求”就是我们去研究。（　　）

【参考答案】 ×

【答案解析】 正确理解“实事求是”，“实事”就是指客观存在着的一切事物，“是”就是指客观事物的内部联系，“求”就是我们去研究。

2. 全国人大的常设性委员会，是独立行使职权的国家机关。（　　）

【参考答案】 √

【答案解析】 国家机关是指从事国家管理和行使国家权力的机关。包括国家元首、立法机关、行政机关、监察机关、审判机关、检察机关和军事机关。

既是指行使国家权力、管理国家事务的机关，包括国家权力机关、国家行政机关、审判机关、检察机关等，如全国人民代表大会、国务院、地方各级人民代表大会和人民政府、各级人民法院、各级人民检察院等，也叫政权机关。中华人民共和国主席也在国家机关之列。

也特指中央一级机关。中华人民共和国主席、副主席，全国人民代表大会及其常务委员会、地方各级人民代表大会及其常务委员会和各专门委员会及其办事机构；国务院及其所属各部、委，各直属机构和办事机构；派驻国外的大使馆、代办处、领事馆和其他办事机构；地方各级人民政府及其所属的各工作部门；地方各级人民政府及其工作部门的派出机构，如行政公署、开发区管委会、公安局派出所、乡镇工商所、税务所等。

3. 习近平总书记在做关于“十四五”规划的说明时指出，“十四五”时期是我

国在全面建成小康社会、实现第一个百年奋斗目标之后，乘势而上开启全面建设社会主义现代化国家新征程、向第二个百年奋斗目标进军的第一个五年。 （ ）

【参考答案】 √

4. 我国发展环境面临深刻复杂变化，发展不平衡不充分问题仍然突出，经济社会发展中矛盾错综复杂，必须从新发展理念出发加以谋划和解决，全面协调推动各领域工作和社会主义现代化建设。 （ ）

【参考答案】 ×

【答案解析】 这是习近平总书记在做关于“十四五”规划的说明时的讲话，他指出必须从系统观念出发来加以谋划和解决。

5. 新发展格局不是封闭的国内循环，而是开放的国际循环。 （ ）

【参考答案】 ×

【答案解析】 新发展格局不是封闭的国内循环，而是开放的国内国际双循环。

6. 实现中华民族伟大复兴的中国梦，就要以铸牢中华民族共同体意识为主线，把民族团结进步事业作为关键事业抓紧抓好。（ ）

【参考答案】 ×

【答案解析】《习近平谈治国理政》第三卷指出，实现中华民族伟大复兴中国梦，主线是铸牢中华民族共同体意识，把民族团结进步事业作为基础性事业抓紧抓好。

7. 《习近平谈治国理政》第三卷收录的是习近平总书记在2016年10月18日至2020年1月13日的重要著作，共有报告、讲话等92篇，每个专题内容按时间顺序编排。 （ ）

【参考答案】 ×

【答案解析】《习近平谈治国理政》第三卷收录的著作时间范围是2017年10月18日至2020年1月13日。

8. 2020年中国抗击新冠肺炎疫情斗争的实践再次证明，中国共产党是风雨来袭时中国人民最可靠的主心骨，我国社会主义制度是抵御风险挑战的最有力制度保证。 （ ）

【参考答案】 √

9. 根据《中华人民共和国公职人员政务处分法》，监察机关发现公职人员任免机关、单位应当给予处分而未给予，或者给予的处分违法、不当的，应当及时提出惩改。（　）

【参考答案】×

【答案解析】在这种情形下，监察机关应当及时提出监察建议。

10. 《中华人民共和国公职人员政务处分法》给予公职人员政务处分，做到事实清楚、证据确凿、定性准确、处理恰当就可以了。（　）

【参考答案】×

【答案解析】不完整，还应当做到程序合法、手续完备。

11. 根据《中华人民共和国公职人员政务处分法》，公职人员依法履行职责受法律保护，不受政务处分。（　）

【参考答案】×

【答案解析】公职人员依法履行职责受法律保护，非因法定事由、非经法定程序，不受政务处分。

12. 根据《中华人民共和国公职人员政务处分法》，公职人员对监察机关作出的涉及本人的政务处分决定不服的，可以依法向作出决定的监察机关申请复审；公职人员对复审决定仍不服的，可以向上一级监察机关申请复核。复审、复核期间，原政务处分决定暂停执行。（　）

【参考答案】×

【答案解析】《中华人民共和国公职人员政务处分法》规定，复审、复核期间，不停止原政务处分决定的执行。

13. 《中华人民共和国民法典》是中华人民共和国第一部以法典命名的法律，开创了我国法典编纂立法的先河，具有里程碑意义。（　）

【参考答案】√

14. 民主生活会上，列席人员可以发言，对领导班子及其成员提出批评或者建议。（　）

【参考答案】√

15. 发展是党执政兴国的第一要务，是带有基础性、根本性的工作，只要经济

发展了，税收收入增加了，人心向背问题就会自然得到解决。（　　）

【参考答案】×

【答案解析】经济发展、物质生活改善并不是全部，人心向背也不仅仅决定于这一点。

16. 中国共产党自成立之初，就始终把人民当家作主作为党的最高理想和最终目标，自觉肩负起实现中华民族伟大复兴的历史使命。（　　）

【参考答案】×

【答案解析】党的最高理想和最终目标是实现共产主义。

17. 习近平总书记指出，从十八大到二十大，是“两个一百年”奋斗目标的历史交汇期。我们既要全面建成小康社会、实现第一个百年奋斗目标，又要乘势而上开启全面建设社会主义现代化国家新征程，向第二个百年奋斗目标进军。（　　）

【参考答案】×

【答案解析】此题考核的是对“两个一百年”的了解，应为“从十九大到二十大”。

18. 习近平总书记指出，全党必须毫不动摇坚持以政治建设为中心，聚精会神抓好发展这个党执政兴国的第一要务。（　　）

【参考答案】×

【答案解析】以经济建设为中心，这个没有变。

19. 习近平总书记在省部级主要领导干部坚持底线思维着力防范化解重大风险专题研讨班上强调，面对波谲云诡的国际形势、复杂敏感的周边环境、艰巨繁重的改革发展稳定任务，我们必须始终保持高度警惕，既要高度警惕“灰犀牛”事件，也要防范“黑天鹅”事件。（　　）

【参考答案】×

【答案解析】既要高度警惕“黑天鹅”事件，也要防范“灰犀牛”事件。

20. “灰犀牛”事件是太过于常见以至于人们习以为常的风险，“黑天鹅”事件则是极其罕见的、出乎人们意料的风险。如“9·11”事件就是典型的“黑天鹅”事件，出乎意料，影响重大。（　　）

【参考答案】√

【答案解析】“灰犀牛”和“黑天鹅”是相互补足的概念，前者是很常见的风险，后者是极其罕见的、出乎人们意料的风险。

21. 文化自信是一个国家、一个民族发展中更基本、更深沉、更持久的力量。（　　）

【参考答案】√

22. 在每一次、每一组“黑天鹅”事件的背后，都隐藏着一个巨大的“灰犀牛”危机。（　　）

【参考答案】√

【答案解析】反常的背后必有一些常见的东西不为人们所重视。

23. 习近平新时代中国特色社会主义思想，明确全面推进依法治国总目标是建设社会主义法治国家。（　　）

【参考答案】×

【答案解析】正确答案是建设中国特色社会主义法治体系、建设社会主义法治国家。

24. 党的二十大报告指出，第二个百年奋斗目标是中国式现代化。（　　）

【参考答案】×

【答案解析】第二个百年奋斗目标是把我国建成富强民主文明和谐美丽的社会主义现代化强国。

25. 习近平总书记指出，我们讲的供给侧结构性改革与西方经济学的供给学派不是一回事，这不只是一个税收和税率问题，而是要通过一系列政策举措，特别是推动科技创新、发展实体经济、保障和改善人民生活的政策措施，来解决我国经济供给侧存在的问题。（　　）

【参考答案】√

26. 习近平总书记强调，坚持社会主义核心价值体系，必须更好构筑中国精神、中国价值、中国力量，为人民提供精神指引。（　　）

【参考答案】√

27. 在中华人民共和国成立 100 周年之际，实现建立比较完善的党内法规制度体系目标。（　　）

【参考答案】×

【答案解析】《中央党内法规制定工作第二个五年规划（2018—2022年）》明确在中国共产党成立100周年之际，实现建立比较完善的党内法规制度体系目标。

28. 全面从严治党是党的十九大以来党中央作出的重大战略部署。（　　）

【参考答案】×

【答案解析】全面从严治党是党的十八大以来党中央作出的重大战略部署。

29. 中国式现代化道路破解了人类社会发展的诸多难题，摒弃了西方以福利为中心的现代化。（　　）

【参考答案】×

30. 正确处理新形势下人民内部矛盾，坚持和发展新时代“晋江经验”，畅通和规范群众诉求表达、利益协调、权益保障通道，完善信访制度。（　　）

【参考答案】×

【答案解析】应为“枫桥经验”。20世纪60年代初，浙江省绍兴市诸暨县（现诸暨市）枫桥镇干部群众创造了“发动和依靠群众，坚持矛盾不上交，就地解决。实现捕人少，治安好”的“枫桥经验”之后，“枫桥经验”得到不断发展，形成了具有鲜明时代特色的“党政动手，依靠群众，预防纠纷，化解矛盾，维护稳定，促进发展”的枫桥新经验，成为新时期把党的群众路线坚持好、贯彻好的典范。习近平同志在福建工作期间，始终高度关注晋江发展，6年中7次深入晋江，进基层、下企业、访农村，提出了以“六个始终坚持”和“正确处理好五个关系”为核心内涵的“晋江经验”。

31. 坚持识人察人看担当，进一步完善数字人事考核指标体系，在个人岗位纪实中突出实践实干实效，将其作为干部画像的“浓墨重彩”。（　　）

【参考答案】×

【答案解析】《中共国家税务总局委员会关于进一步激励税务干部担当作为具体措施的通知》规定，坚持识人察人看担当，进一步完善数字人事考核指标体系，在“个人成长账户”中突出实践实干实效，将其作为干部画像的“浓墨重彩”。

32. 《关于进一步深化税收征管改革的意见》中提出，坚持包容审慎原则，积极支持新产业、新业态、新模式健康发展，以大数据为导向完善税务执法，促进依

法纳税和公平竞争。 （ ）

【参考答案】×

33.《关于切实发挥党建引领作用 促进党建工作与税收业务深度融合的若干措施》要求，把纪律教育纳入“两学一做”支部学习内容，采取实地参观、现场研讨、情境教学等方式，教育引导税务干部知敬畏、存戒惧、守底线。 （ ）

【参考答案】×

【答案解析】文件要求把纪律教育纳入“三会一课”支部学习内容。

34. 加强对本税务系统各级党组织落实问责情况的监督检查，对该问责而不问责的，严肃追究责任，对不敢问责、不愿问责的，约谈党委书记、部门领导和直接责任人。 （ ）

【参考答案】×

【答案解析】《税务系统落实全面从严治党主体责任和监督责任实施办法（试行）》规定，加强对本系统各级党组织落实问责情况的监督检查，对该问责而不问责的，严肃追究责任，对不敢问责、不愿问责的，约谈党委书记和纪检组长。

35. 被巡视党组织根据巡视反馈意见，在 10 个工作日内制定上报巡视整改方案，召开专题民主生活会，建立问题清单、任务清单、责任清单，实行台账管理，层层压实责任，并于 1 个月内将巡视整改情况报告和主要负责人组织落实情况报告报送巡视办。 （ ）

【参考答案】×

【答案解析】《巡视工作“双闭环”管理办法》规定，被巡视党组织根据巡视反馈意见，在 10 个工作日内制定上报巡视整改方案，及时召开专题民主生活会，建立问题清单、任务清单、责任清单，实行台账管理，对账销号，层层压实责任，抓实落细整改工作，并于 2 个月内将巡视整改情况报告和主要负责人组织落实情况报告报送巡视办。

36. 党委理论学习中心组应把个人自学作为学习的主要形式，深入开展学习讨论和交流互动。 （ ）

【参考答案】×

【答案解析】《税务系统党委理论学习中心组学习制度》规定，党委理论学习中心组应把集体学习研讨作为学习的主要形式，深入开展学习讨论和交流互动。

37. 对纳税人和缴费人反映的执法问题、提出的行政复议申请积极依法受理、及时办理。对纳税人和缴费人有主动消除或者减轻违法行为危害后果等情形的，依法不予处罚；对违法行为轻微并及时纠正，没有造成危害后果的，依法从轻或者减轻行政处罚。（　　）

【参考答案】×

【答案解析】《关于新形势下推进税务系统干部队伍管理法治化规范化专业化的意见》规定，对纳税人和缴费人反映的执法问题、提出的行政复议申请积极依法受理、及时办理。对纳税人和缴费人有主动消除或者减轻违法行为危害后果等情形的，依法从轻或者减轻行政处罚；对违法行为轻微并及时纠正，没有造成危害后果的，依法不予处罚。

38.《关于解决税务系统形式主义突出问题为基层减负若干措施的通知》要求，对制度性、规范性文件征求意见，一般应为下级税务机关预留 2 天时间。（　　）

【参考答案】×

【答案解析】国家税务总局党委《关于解决税务系统形式主义突出问题为基层减负若干措施的通知》要求，对制度性、规范性文件征求意见，一般应为下级税务机关预留 3 天时间。

39. 在执行预算过程中超预算、无预算、虚列支出和转移或者套取预算资金都属于《党政机关厉行节约反对浪费条例》规定的禁止性行为。（　　）

【参考答案】√

40. 2020 年 5 月 28 日下午，十三届全国人大三次会议举行闭幕会，会议表决通过了《中华人民共和国民法典》，这部法律自 2020 年 12 月 1 日起施行。（　　）

【参考答案】×

【答案解析】《中华人民共和国民法典》自 2021 年 1 月 1 日起施行。

41. 依据《关于领导干部报告个人有关事项的规定》，本人的工资无须报告。

（　　）

【参考答案】×

【答案解析】《关于领导干部报告个人有关事项的规定》第四条规定，领导干部应当报告下列收入、房产、投资等事项：①本人的工资及各类奖金、津贴、补贴等；②本人从事讲学、写作、咨询、审稿、书画等劳务所得；③本人、配偶、共同生活的子女为所有权人或者共有人的房产情况，含有单独产权证书的车库、车位、储藏间等（已登记的房产，面积以不动产权证、房屋所有权证记载的为准，未登记的房产，面积以经备案的房屋买卖合同记载的为准）；④本人、配偶、共同生活的子女投资或者以其他方式持有股票、基金、投资型保险等的情况；⑤配偶、子女及其配偶经商办企业的情况，包括投资非上市股份有限公司、有限责任公司，注册个体工商户、个人独资企业、合伙企业等，以及在国（境）外注册公司或者投资入股等的情况；本人、配偶、共同生活的子女在国（境）外的存款和投资情况。本规定所称"共同生活的子女"，是指领导干部不满 18 周岁的未成年子女和由其抚养的不能独立生活的成年子女。

42. 各级党政机关及其工作人员在涉外活动（包括与华侨和港澳台同胞交往活动）中，由于难以谢绝而接受的礼金和有价证券，必须在 15 日内全部交出并上缴国库。（　）

【参考答案】×

【答案解析】必须在 1 个月内全部交出并上缴国库。凡不按期交出的，以贪污论处。

43. 《关于持续解决困扰基层的形式主义问题　为决胜全面建成小康社会提供坚强作风保证的通知》要求，对清理后保留的"一票否决"、签订责任状事项以及涉及城市评选评比表彰的创建活动，实行清单管理。（　）

【参考答案】√

44. 维护党中央集中统一领导是具体的而不是抽象的，首先要落实到坚定维护习近平总书记的核心地位。（　）

【参考答案】×

45. 进入新发展阶段，完整、准确、全面贯彻新发展理念，必须更加注重国内国际两个大局问题。（　）

【参考答案】×

【答案解析】2021 年 1 月 28 日，习近平总书记在中央政治局第二十七次集体学习时指出，进入新发展阶段，完整、准确、全面贯彻新发展理念，必须更加注重共同富裕问题。

46. 利用职务上的便利为请托人谋取利益之前或者之后，约定在其离职后收受请托人财物，并在离职后收受。离职前后连续收受请托人财物的，离职前后收受部分均应计入违纪数额。（　）

【参考答案】√

47. 利用职务上的便利为请托人谋取利益，收受请托人房屋、汽车等物品，未变更权属登记或者借用他人名义办理权属变更登记的，不能直接认定为违纪行为。（　）

【参考答案】×

【答案解析】利用职务上的便利为请托人谋取利益，收受请托人房屋、汽车等物品，未变更权属登记或者借用他人名义办理权属变更登记的，不影响对违纪的认定。

48. 《中共中央纪委关于严格禁止利用职务上的便利谋取不正当利益的若干规定》明确规定，特定关系人是指与国家工作人员有近亲属、情妇（夫）以及其他共同利益关系的人。（　）

【参考答案】√

49. 问责决定作出后，有关问责情况应当向纪委和组织部门通报，纪委应当将问责决定材料归入被问责领导干部廉政档案，组织部门应当将问责决定材料归入被问责领导干部的人事档案，并报上一级组织部门备案；涉及组织调整或者组织处理的，相应手续应当在 2 个月内办理完毕。（　）

【参考答案】×

【答案解析】《中国共产党问责条例》第十三条规定，要求在 1 个月内办理完结相应手续。

50. 《关于新形势下党内政治生活的若干准则》指出，党员领导干部坚定党的立场是党的根本政治立场。（　）

【参考答案】×

【答案解析】人民立场是党的根本政治立场，人民群众是党的力量源泉。我们党来自人民，失去人民的拥护和支持，党就会失去根基。

题型四　实务题

试题一

【材料一】在十二届全国人大一次会议闭幕式上，国家主席习近平九次提及“中国梦”。其实每个人都有自己的梦想，每天的“柴米油盐”，都是我们在为自己的梦想打拼。老百姓千千万万个梦想，“打包”在一起就是我们的“中国梦”。

【材料二】2012 年 11 月 29 日，中央政治局常务委员会七位成员集体出现在《复兴之路》展览现场。新任中共中央总书记习近平说：“每个人都有理想和追求，都有自己的梦想。现在，大家都在讨论中国梦，我以为，实现中华民族伟大复兴，就是中华民族近代以来最伟大的梦想。我相信，中华民族伟大复兴的梦想一定能实现。”

【材料三】2013 年 3 月 17 日，第十二届全国人民代表大会第一次会议在人民大会堂举行闭幕会，中华人民共和国主席习近平同志发表重要讲话。他表示，实现全面建成小康社会、建成富强民主文明和谐的社会主义现代化国家的奋斗目标，实现中华民族伟大复兴的中国梦，就是要实现国家富强、民族振兴、人民幸福，既深深体现了今天中国人的理想，也深深反映了我们的先人们不懈奋斗、追求进步的光荣传统。

根据上述材料，回答下列问题：

1. “中国梦”的本质是(　　)。

A. 经济快速发展　　B. 法治社会建设

C. 国家富强、民族振兴、人民幸福　　D. 生产力水平大幅提高

2. 实现中华民族伟大复兴中国梦的着力点和落脚点是(　　)。

A. 坚持和发展中国特色社会主义　　B. 深化改革开放

C. 坚持党的领导　　D. 社会主义初级阶段

3. 中国精神是凝心聚力的兴国之魂、强国之要，为实现中国梦提供强大精神动力。中国精神包括民族精神和时代精神，其中时代精神的核心是(　　)。

A. 爱国主义　　B. 改革创新　　C. 艰苦奋斗　　D. 与时俱进

4. “实现中国梦必须凝聚中国力量。”这里的“中国力量”是指(　　)。

A. 武装力量　　B. 经济力量

C. 文化软实力　　D. 中国各民族大团结的力量

5. 改革开放以来，我们总结历史经验，不断艰辛探索，终于找到了实现中华民族伟大复兴的正确道路，取得了举世瞩目的成果。我们取得举世瞩目成果的根本原因是(　　)。

A. 开辟了中国特色社会主义道路，形成了中国特色社会主义理论体系

B. 经济快速发展

C. 人民生活水平大幅提高

D. 全面建成小康社会

【参考答案】1. C；2. A；3. B；4. D；5. A

【答案解析】

1. 习近平同志在参观《复兴之路》展览时说：“现在，大家都在讨论中国梦，我以为，实现中华民族伟大复兴，就是中华民族近代以来最伟大的梦想。”又说，“实现中华民族伟大复兴的中国梦，就是要实现国家富强、民族振兴、人民幸福。”

2. 党的十八大报告提出：“建设中国特色社会主义，总依据是社会主义初级阶段，总布局是五位一体，总任务是实现社会主义现代化和中华民族伟大复兴。”

3. 时代精神是时代发展的产物，是人类文明在每一个时代的精神体现。随着改革开放和中国特色社会主义事业不断发展，改革创新成为当代中国的最强音。以爱国主义为核心的民族精神和以改革创新为核心的时代精神交相辉映，为伟大的“中国精神”注入了崭新的时代元素。

4. 实现中国梦必须凝聚中国力量。这就是中国各族人民大团结的力量。中国梦是民族的梦，也是每个中国人的梦。

5. 改革开放以来我们取得一切成绩和进步的根本原因，归结起来就是：开辟了中国特色社会主义道路，形成了中国特色社会主义理论体系，确立了中国特色社会主义制度，发展了中国特色社会主义文化。

试题二

【材料一】2021 年 1 月下旬，中央纪委发布了 2020 年全国纪检监察机关监督检查审查调查年报，数据非常全面具体。对比 2018 年、2019 年数据，可以发现有一

些不同，如图 16 - 1 和图 16 - 2 所示。

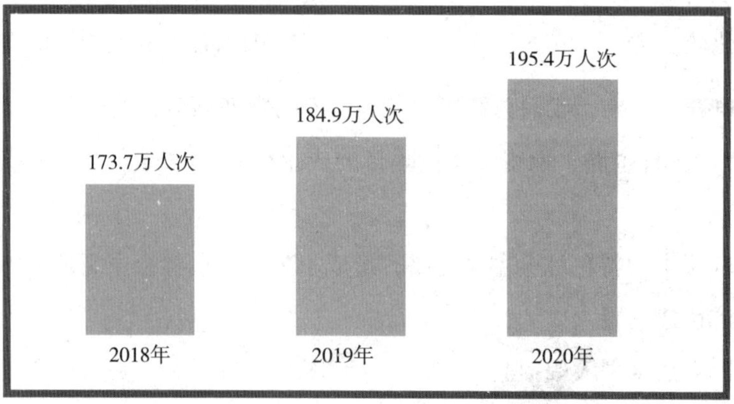

图 16 - 1　全国纪检监察机关运用“四种形态”批评教育帮助和处理人数

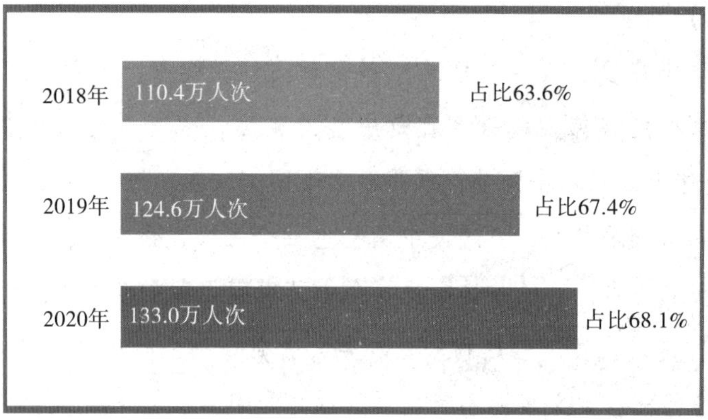

图 16 - 2　全国纪检监察机关运用第一种形态批评教育帮助和处理人数及比例

【材料二】2020 年全国纪检监察机关监督检查审查调查年报显示，2020 年全国纪检监察机关运用“四种形态”批评教育帮助和处理共 195.4 万人次。在 2018 年 173.7 万人次、2019 年 184.9 万人次的基础上，总人次再创新高。

根据上述材料，回答下列问题：

1.（多选）这些数据表明，纪检监察机关处理违规违纪时更加注重(　　)。

A. 把讲政治摆在首位，精准把握政策策略

B. 保持高压态势下，毫不手软

C. 既依规依纪，又讲思想政治工作

D. 高压态势，可是违纪违法数量仍然居高不下

2.（多选）年报显示，2020年全国纪检监察机关共谈话函询36.4万件次。从各地实践来看，通过严把研判关、审核关、处理关，谈话函询“辣味”更足、效果更好。关于“谈话函询”，正确的说法是(　　)。

A. 谈话函询是严格日常监督的方法

B. 谈话函询是属于第一种形态的重要方法

C. 谈话函询是属于第二种形态的主要方法

D. 谈话函询是执纪审查的第一步

3.（单选）年报显示，2020年全国纪检监察机关运用第三种形态处理7.1万人次，占总人数的3.6%；运用第四种形态处理6.8万人次，占总人数的3.5%。关于第三种、第四种形态说法正确的是(　　)。

A. 第三种形态是严重违纪的重处分的极少数

B. 第四种形态是严重违纪涉嫌违法立案审查的极少数

C. 第三种形态与第四种形态区别不明显，都需要立案审查

D. 第三种形态与第四种形态一般适用级别较高的领导干部

4.（单选）东方市税务局副局长赵四分管稽查工作。2020年，其辖区在稽查领域有多名干部受到党纪政纪处理，纳税人信访事件时有发生，书记兼局长以及市局纪检组长也曾提醒过赵四。针对这种情况，(　　)。

A. 应该把赵四列为第一种形态进行谈话批评

B. 应该把赵四列为第二种形态进行执纪问责

C. 应该把赵四列为第三种形态进行职务调整

D. 应该把赵四列为第四种形态进行立案调查

5.（多选）南方市税务局两位党委委员张三与李明同时收到了上级纪检监察机关的函询，张三在函询回复中主动说明了自己曾经收受了一位纳税人过节时送的一张价值5000元的购物卡，并且深刻反省了自己，退回了购物卡；李明在函询回复中具体解释了一位纳税人举报他周末打麻将的情形，反省非常深刻，承认了错误，剖析了自己，但是他没有正面回应打完麻将后去洗脚按摩且由他人付款的情形。结果，张三只是受到了批评教育、责令作出深刻检查的处理；李明则受到了组织处理，被免去职务。二人的不同遭遇说明(　　)。

A. 组织找你谈话和函询，既是了解情况，也是在给机会，能主动交代问题、知

错就改，就能够放下包袱、轻装前进，张三抓住了这个机会

B. 李四的情况属于欺瞒组织、对抗组织，错失组织给的机会，是错上加错。自己不主动交代，等组织通过深入了解把问题核实清楚，那样性质完全不同，就会是不一样的处理方式

C. 李四着重在函询回复上做文章，以为只要自己反省深刻，就可以大事化小、小事化了

D. 函询是将纪律挺在前面，发现问题就咬耳扯袖；对问题严重的，该组织处理的组织处理，该纪律处分的纪律处分

6. （多选）各级监察委员会是行使国家监察职能的专责机关，主要职能是(　　)。

A. 依照监察法对所有行使公权力的公职人员进行监察

B. 调查职务违法和职务犯罪

C. 开展廉政建设和反腐败工作

D. 维护宪法和法律的尊严

【参考答案】1. AC；2. AB；3. B；4. A；5. ABCD；6. ABCD

【答案解析】

1. 违纪违法处理人次的数据逐年递增，反映出全面从严治党不断走向深入，“四种形态”运用更加成熟，掌握政策策略更加精准，在思想教育中释纪释法，在执纪执法中传道传情。故选项 B、D 不选。

2. 谈话函询是从严治党的常态，是严肃的思想政治工作。以工作规则为尺子，用好谈话函询，让“红脸出汗”成为常态，实现党内政治生活正常化。谈话函询与执纪审查中的谈话不一样，谈话函询是严格日常监督、用好第一种形态的重要方法。

3. 第三种形态是指对严重违纪的重处分、做出重大职务调整应当是少数。第四种形态是指严重违纪涉嫌违法立案审查的只能是极少数。两种形态与领导干部的级别无关。

4. 对于领导干部分管领域廉洁风险问题多发、信访量大、群众满意度不高的情形，本人没有违纪事实，属于第一种形态运用的具体情况，应该谈话批评，“红红脸、出出汗”。

5. 本题考查“四种形态”的处理上如何做到“三个区分开来”。

6. 本题考查国家监察体系改革以及监察委员会的职能。

试题三

【材料一】我入党已经22年了，工作也30多年了，本期望着能够再好好为党工作几年，为人民奉献几年，平平安安，欢度晚年，但就是因为进了城，提拔无缘，升迁无望，我的心理产生了不平衡，世界观、人生观、价值观都发生了扭曲，从一点一滴开始，不知不觉就走向了堕落。“虚荣、贪婪、好胜、好权”，让我在人生最关键的时候，翻了船、掉了队、落了伍。

——江苏省盱眙县城管局党组原副书记、副局长王小华“忏悔录”

【材料二】局里调整了班子分工，我不再分管项目建设。此前常来我办公室的人不见了，那些每每见面都笑容可掬的老板与我偶遇时也是象征性地打个招呼……这让我心里有了不平。2013年，为快速推进黄华镇的“朝阳集镇”建设，县里决定抽调5名懂建设的领导去现场蹲点督促指导移民房屋建设，我是其中之一。建设任务完成后，一同前去的其他同志在职务上都有所变动。这让我在思想上有了一些期待，可最终，我的期待没有出现。于是，我慢慢地变了，变得不满现状，总认为自己做得比别人都好，感到自己的付出和收获不成正比。于是，我的理想信念逐渐动摇，宗旨意识不断淡化，最后没能守住底线、溃于一隅……在不知不觉中，我逐步放松了警惕，开始收钱了。

——云南省永善县教育局原副局长肖玖毅“忏悔录”

【材料三】在不正风气及身边某些人别有用心的攻击、浸染下，我的侥幸心理日渐严重，胆子越来越大，胡作非为也就在所难免了。在工程建设领域这个充满金钱和利润的环境中，一些人难抵金钱和利益的诱惑，感觉办事收送红包是必需的，大家心照不宣、心安理得，占占便宜也就无所谓了。我就是从占别人便宜开始的，直至走入犯罪之路。我的犯罪也是由小到大的，如果一开始就送我5万元现金，我是不敢收的。

——重庆市巴南区建设委员会原党组成员、纪检组长黄云华“忏悔录”

【材料四】剖析我自身蜕变的原因，首先是自己的世界观、人生观、价值观扭曲了。这“三观”是一名党员干部的“总开关”。总开关出了问题，对客观事物评判的标准就会出现偏差，对自己的行为就会迷失方向，对什么是美、什么是丑、什么事能做、什么事不能做等都变得模糊起来。把过去认为不正常的事认为是正常的事，认为随大流就是顺人意，独善其身则悖常理。这样一来，就使自己的行为脱离出党性原则的轨道。我在履职过程中，由原则性大于灵活性转变到由灵活性大于原则性，由拒收红包礼金到收受再到收受巨额贿赂，由不敢近“女色”到刻意追求，甚至想把失去的“青春”补回来，从而导致生活作风上的腐化，这就是“三观”发生扭曲的结果。

——岳阳市政法委原书记韩建国“忏悔录”

根据上述材料，回答下列问题：

1. （单选）公布“贪官忏悔录”的作用是(　　)。

A. 让贪官的所作所为透明化　　B. 唤起官员对权力的敬畏感

C. 扫一扫贪官的“面子”　　D. 反腐败的一项常规工作

2. （单选）以上四则材料反映出来的共同问题是(　　)。

A. 追求享受、追求权力、追求面子导致丧失了原则

B. “三观”扭曲导致丢了根本

C. 侥幸心理导致失足

D. 升迁无望，破罐子破摔

3. （多选）材料二中肖玖毅堕落的原因很典型，他说自己没有守住底线，他所说的底线是(　　)。

A. 做人、处事、用权、交友的底线　　B. 法律底线

C. 道德底线　　D. 纪律底线

4. （单选）底线不仅是衡量个人道德品质、法纪观念的“标尺”，更是实现人生“不出事”的警戒线。领导干部要守住底线，最根本的就是(　　)。

A. 纪律和规矩　　B. 道德和良知

C. 心态和信心　　D. 政治和权力

5. （多选）读了上述“贪官忏悔录”，对照中央决定 2021 年在全党开展中共党史学习教育的要求，每一个党员领导干部都应该激起不忘初心、牢记使命，在新时代不断加强党的建设的动力，在守住清正廉洁方面，学习党史要牢记(　　)。

A. “不拿群众一针一线”的好传统　　B. “自带干粮去办公”的好作风

C. “反对贪污浪费”的好制度　　D. 中央八项规定的好规矩

【参考答案】1. B；2. B；3. ABCD；4. A；5. ABCD

【答案解析】

1. 公布“贪官忏悔录”的作用，不是让贪官所作所为透明化，不是为了扫一扫贪官的“面子”，也不是反腐败的常规工作，而是为了唤起官员对权力的敬畏感，起到教育警示作用。

2. 材料中反映出来的共同问题都是“三观”扭曲。王小华、肖玖毅、黄云华、韩建国都在忏悔中表现了这一点。

3. 习近平总书记曾在“两学一做”学习教育的重要指示中强调，要“把做人做事的底线划出来”。党纪国法是不能触碰的红线，是从政做人的底线，也是人生的“高压线”。道德也是做人的底线。

4. 最根本的底线是纪律和规矩。党内规矩是党的各级组织和全体党员必须遵守的行为规范和规则，其中党章是总规矩、党纪是硬约束。

5. 学党史就是要牢记党的好传统、好作风、好制度和好规矩。

题型五　思考论述题

试题一

三年前，张斯被提拔为某市税务局局长。他要求大家不要称呼他为局长，而直呼其名“张斯”。慢慢地，随着时间的推移和社会交往的不断增加，张斯习惯了“张局长”的称呼，渐渐忘记了张斯这个名字。前不久，他在院子里行走，忽然听见有人在背后喊“张斯”。他愣了一下没有回头，继续往前走，那声音又从后边传了过来，他断定不是叫自己又往前走。后边的人终于追上了他，当手掌落在张局长的肩头时，他才猛然一惊，脚步随之停了下来。回头一看，原来是大学同学张飞。张飞在一个偏僻的穷县当副县长，张局长感觉他与农民待久了，少了礼节和规矩，脸上的表情有些呆板，淡淡地说：“你吓我一跳。”张飞说：“我喊了你多少遍，你咋不答应呢?”张局长说：“我以为你喊别人呢!”张飞愣了一下说：“怎么，你不叫张斯，改名了吗?”张局长冷冷地说：“叫张斯的多了，谁知道你叫的是哪个?”

请运用历史唯物主义的原理分析故事中称呼的变化。

【答案解析】本案例以税务局局长名称的变化为切入点，说明了社会存在决定社会意识这一哲学原理。三年前刚刚上任时，张局长从人民群众中脱颖而出，要求不要称呼他为局长。慢慢地，他习惯了“张局长”这个称呼，也逐渐改变了自己的思维方式，对自己张斯这个名字也陌生起来。

本案例通过与大学同学张飞的谈话，将张斯对自己称呼的思想变化表现得淋漓尽致。他还以为老同学是叫别人，当他意识到是叫自己时，他的脸却沉了下来，并认为同学缺少礼节和规矩。张斯三年的变化简直判若两人。

本案例用讽刺的手法表现了当今在部分领导干部中存在的现实问题：脱离群众，居官自傲，没有起到人民公仆的领导带头作用。这也违背了党一切为了群众，一切依靠群众，从群众中来，到群众中去的群众路线。坚持群众路线，不仅是我们党领导中国人民夺取革命胜利的重要保证，也是取得社会主义革命胜利、建设中国特色社会主义的重要保证。作为领导干部，必须时刻遵守党的群众观点和群众路线，克服居官自傲的心理，做到以人民为中心，为人民服务。

此外，随着局长角色意识的强化，张斯慢慢地忘记了自己的初心，忘记了自己是谁，忘记了自己从哪里来。

试题二

关于中国革命的性质与动力，在中国共产党早期历史上，曾经出现以下两种观点。一种观点认为，每个阶级的革命，都要建立在每个阶级的力量上面；资产阶级的民主革命如果没有资产阶级的有力参加，就会失去革命的阶级意义和社会基础。另一种观点认为，中国资产阶级民主革命，只有在坚决进行反对资产阶级的斗争中，才能得到彻底的胜利。

请回答以下问题：

1. 上述两种观点分别存在什么错误倾向？

2. 毛泽东在 1948 年明确指出：“决定革命性质的力量是主要的敌人和主要的革命者。”请依据这一观点分析中华人民共和国成立前中国共产党所领导的人民革命的性质。

【答案解析】

1. 第一种观点视资产阶级为中国民主革命的主体和阶级基础，夸大资产阶级的力量和作用，忽视无产阶级，特别是农民阶级的革命主力军地位，在指导革命实践过程中容易放弃无产阶级对革命的领导权，犯了右倾机会主义的错误。

第二种观点混淆民主革命和社会主义革命的性质，无视民族资产阶级有参加民主革命的可能性，在指导革命实践过程中容易排斥和打击民族资产阶级，犯了“左”倾教条主义和关门主义的错误。

2. 因为革命的主要敌人是帝国主义、封建主义和官僚资本主义，所以中国革命的性质不会是无产阶级的社会主义革命，只能是资产阶级性质的民主革命。由于主要的革命者是以工农联盟为主体的工人阶级同农民阶级、城市小资产阶级等其他劳动人民的联盟，其中无产阶级是革命的领导者，这就决定了中国革命又不同于一般的资产阶级民主革命，而是新式的、特殊的资产阶级民主革命，即新民主主义革命。

请留意：思考题也可以变成实务题。

第十七章
管理类试题与答案解析

题型一　单项选择题

1. 看起来制度有了，但就是对现实社会产生不了影响，因为没有人在意它，没有人维护它，也少有人遵守它。这句话对应的概念是(　　)。

A. 制度缺陷　　B. 制度空转　　C. 制度维护　　D. 制度缺失

【参考答案】 B

【答案解析】 制度空转就是明明有制度，可就像稻草人或者一台机器，摆在那里，或只听着响，却没有功效。

2. 工作中出现相互推诿、扯皮、刁难等现象，违背了税务行政管理的(　　)。

A. 系统和整体的原则　　B. 忠诚和服务的原则

C. 集中统一和分工协作的原则　　D. 质量和时效的原则

【参考答案】 C

【答案解析】 相互推诿、扯皮、刁难，是职责不明确、分工不协作、制度不遵守等原因造成的，违背了税务行政管理中集中统一和分工协作的原则。

3. 领导体制的核心是(　　)。

A. 各级各类领导机关职责与权限的划分　　B. 组织结构的设置

C. 领导层次与幅度　　D. 人事制度

【参考答案】 A

【答案解析】领导体制指独立的或相对独立的组织系统进行决策、指挥、监督等领导活动的具体制度或体系。它用严格的制度保证领导活动的完整性、一致性、稳定性和连贯性。领导体制的内容包括领导的组织结构、领导层次和领导跨度以及领导权限和责任的划分。其中，领导体制的核心是领导权限和责任的划分。领导权限和责任划分的中心内容是建立严格的自上而下的领导行政法规和岗位责任制，对不同领导机构、部门之间以及领导者之间的职责权作出明确的规定。

4. 某高校司法研究中心的一项研究成果表明：处于大城市“陌生人社会”的人群会更多地强调程序公正，选择诉诸法律解决纠纷；处于乡村“熟人社会”的人群则会更看重实体公正，倾向以调解、和解等中国传统方式解决纠纷。据此，关于人们对“公平正义”的理解与接受方式，下列哪一说法是不正确的？(　　)

A. 对公平正义的理解具有一定的文化相对性、社会差异性

B. 实现公平正义的方式既要符合法律规定，又要合于情理

C. 程序公正只适用于“陌生人社会”，实体公正只适用于“熟人社会”

D. 程序公正以实体公正为目标，实体公正以程序公正为基础

【参考答案】C

【答案解析】公平正义是人类追求的共同理想，但人们对公平正义的理解具有一定的相对性、差异性和多样性，故选项A说法正确。

合法合理是公平正义的内在品质，实现公平正义的方式应既合法又合理，故选项B说法正确。

“陌生人社会”更加偏好程序公正，“熟人社会”更加看重实体公正，但并不意味着程序公正只适用于“陌生人社会”，实体公正只适用于“熟人社会”，故选项C说法错误。

公平正义既有程序上的，也有实体上的，程序公正以实体公正为目标，实体公正以程序公正为基础，故选项D说法正确。

5. 某市税务系统在进行规范津补贴改革时，个别同志存在误解，产生了一些抱怨和意见。人事部门组织开展了规范津补贴工作讲座，详细解答大家的疑惑，收到了较好的效果。关于这则材料，说法正确的是(　　)。

A. 此事应该通过促进式协调达到问题化解

B. 由于人员的知识水平、能力结构、价值观念不同，对于同一个组织目标会有

不同的认识和理解，需要进行认识性协调

C. 规范津补贴直接关系个人的物质利益，因此需要进行利益性协调

D. 个别同志存在误解，产生了一些抱怨和意见，因此要进行纠偏式协调，通过严肃纠偏来维持组织正常秩序

【参考答案】 B

【答案解析】 促进式协调，即组织对那些贡献大、成绩突出的某些部门或个人给予积极的支持或奖励，以鞭策后进，通过积极促进达到新的平衡。纠偏式协调，即组织对那些从局部利益出发考虑问题，违反行为规范，破坏整体利益的部门或个人给予批评，坚定有力地消除这些破坏性消极因素，通过严肃纠偏来维持组织正常秩序。组织行为必然会直接或间接涉及组织成员的物质利益需求，因此需要进行利益性协调。选项 A、C、D 关于促进式协调、纠偏式协调、利益性协调说法不正确。

6. 按照管理学基本理论，管理的核心是(　　)。

A. 处理人际关系　　B. 拥有人事权

C. 资源控制权　　D. 组织采购

【参考答案】 A

【答案解析】 管理是指一定组织中的管理者，通过实施计划、组织、领导、协调、控制等职能来协调他人的活动，使别人同自己一起实现既定目标的活动过程。每个个体均有其独特思想、背景、态度、个性、行为模式及价值观，然而人际关系对每个人的情绪、生活、工作有很大的影响，甚至对组织气氛、组织沟通、组织运作、组织效率及个人与组织之关系均有极大的影响。管理的核心是处理人际关系。

7. 较早将科学方法应用于管理实践并进行了理论概括，成为科学管理启蒙者的人是(　　)。

A. 亚当·斯密　　B. 罗伯特·欧文

C. 查尔斯·巴贝奇　　D. 亨利·普尔

【参考答案】 C

8. “科学管理之父”泰勒的代表作是（　　）。

A.《国富论》　　B.《工业管理与一般管理》

C.《科学管理原理》　　D.《机器与制造业经济学》

【参考答案】 C

9. 一个人承受心理压力的过程包括三个阶段：惊恐阶段、抗拒阶段和（　　）。

A. 狂躁阶段　　B. 抑郁阶段　　C. 无望阶段　　D. 力竭阶段

【参考答案】D

10. 同一组织内，人员的知识水平、能力结构、心理素质、价值观念不同，其对于同一个组织目标会有不同的认识和理解，这会影响组织行为的和谐，所以需要进行的协调是（　　）。

A. 应变式协调　　B. 合作式协调　　C. 纠偏式协调　　D. 认识性协调

【参考答案】D

【答案解析】从内容来看，协调可分为认识性协调和利益性协调。由于同一组织内部人员的知识水平、能力结构、心理素质、价值观念不同，其对于同一个组织目标会有不同的认识和理解，这会影响组织行为的和谐，所以需要进行认识性协调；组织行为必然会以直接或间接的关系涉及组织成员的物质利益需求，所以需要进行利益性协调。

11. 20 世纪，水葫芦作为观赏植物被引入中国。由于水葫芦本身含有一定的植物蛋白，于是在 20 世纪六七十年代被用作家畜（尤其是猪）的饲料，从而得到大面积推广。没想到，水葫芦的繁殖能力惊人，经常会出现抢占水面影响航运、使鱼类窒息的问题，现在单是人工打捞费用每年就高达 1 亿元。这说明(　　)。

A. 矛盾是普遍存在的

B. 事物的性质是不确定的

C. 改造自然必然导致生态的失衡

D. 自然界因人类的出现丧失了客观性

【参考答案】A

【答案解析】题干中说水葫芦可以当作猪饲料，这是它的优点；但是又会带来影响航运、使鱼类窒息的问题，这是它的缺点。用一分为二的观点看问题，这属于承认矛盾的普遍性。

12. 群体决策的缺点主要体现在消耗时间长、少数人说了算、屈从压力和(　　)等方面。

A. 责任不清　　B. 方案太多

C. 意见太多　　D. 认知能力差距大

【参考答案】 A

13. 决策者既希望行动轰轰烈烈，又顾虑投入巨额成本，这是一种（　　）心理。

A. 双趋冲突　　B. 双避冲突　　C. 得失冲突　　D. 趋避冲突

【参考答案】 D

14. 对于一个特定的组织，最有效的组织形式在某种程度上取决于它的战略目标和(　　)。

A. 组织机制　　B. 环境状况　　C. 组织关系　　D. 组织文化

【参考答案】 B

15. 领导者素质的层次性可分为概念能力、人际能力和(　　)。

A. 技术能力　　B. 领导能力　　C. 协调能力　　D. 沟通能力

【参考答案】 A

16. 领导者信任和尊重下属的观点和情感的程度称为（　　）。

A. 关怀维度　　B. 结构维度　　C. 信任维度　　D. 认同维度

【参考答案】 A

17. 领导风格理论的提出者是(　　)。

A. 勒温　　B. 坦南鲍姆　　C. 菲德勒　　D. 赫塞

【参考答案】 A

18. 在获取有关胜任特征数据资料的方法中，要求被研究者列出他们在管理工作中发生的关键事例，并详细描述事件的起因、过程及感想的方法是(　　)。

A. 观察法　　B. 试验点法

C. 专家小组法　　D. 关键事件法

【参考答案】 D

【答案解析】 关键事件法是指确定关键的工作任务以获得工作上的成功。关键事件是使工作成功或失败的行为特征或事件（如成功与失败、盈利与亏损、高效与低产等）。关键事件法要求分析人员、管理人员、本岗位人员将工作过程中的“关键事件”详细地加以记录，并在大量收集信息后，对岗位的特征和要求进行分析研究的方法。在人力资源管理中，分析人员向工作者询问一些问题以了解其对于解决关键事件所需能力和素质，还可以让工作者进行重要性评价的一种收集职务信息的方法，称为“关键事件法”。

19. “静默语”即不知不觉中向周围的人发出的信号，这也就是形象。“在你开口之前，你已经把什么都说了。”这是不是一种沟通？(　　)

A. 是，属于视觉沟通

B. 不是，这属于视觉现象，是领导形象研究的问题

C. 是，属于非语言沟通

D. 不是，因为这是别人的看法，而沟通是主动的

【参考答案】C

20. 领导者定义角色，告诉下属应该干什么、怎么干以及何时何地去干，这种领导风格是(　　)。

A. 指挥式　　B. 教练式　　C. 支持式　　D. 授权式

【参考答案】A

21. 决策时，先由预测机构选定专家，通过书面的方式向这些专家提出所要预测的问题，得到答复后，将意见集中整理，再反馈、征询多次，这种决策方法是(　　)。

A. 德尔菲法　　B. 系统工程法　　C. 头脑风暴法　　D. 回归分析法

【参考答案】A

22. “政声人去后，民意巷谈时”警示领导干部在工作作风方面要时刻注意(　　)。

A. 保持对人民群众的深厚感情　　B. 倾听人民群众的呼声

C. 虚心向人民群众学习　　D. 端正对人民群众的态度

【参考答案】B

23. 我们平常所说的“三流企业卖产品，二流企业卖技术，一流企业卖标准”对应的效应是(　　)。

A. “蝴蝶效应”　　B. “马太效应”

C. “路径依赖效应”　　D. “破窗效应”

【参考答案】B

24. 各方都想运用全部的力量在冲突中获胜，以牺牲对方为代价来达到自己的目的，属于冲突应对策略中的(　　)。

A. 竞争　　B. 迁就　　C. 妥协　　D. 合作

【参考答案】 A

25. 行政管理活动的实质和核心是(　　)。

A. 行政决策　　B. 行政绩效　　C. 行政职能　　D. 行政方法

【参考答案】 C

26. 一般管理理论中，能够连接、联合、调和所有活动和力量的管理要素是(　　)。

A. 协调　　B. 指挥　　C. 控制　　D. 组织

【参考答案】 A

【答案解析】 协调是连接、联合、调和所有活动和力量的管理要素。

27. 某市税务局领导为了了解干部队伍建设情况，到一个具有典型意义的区县局进行全面深入的调查，取得了各种数据资料。这种领导方法是(　　)。

A. “解剖麻雀”的方法　　B. “蹲点种试验田”的方法

C. 全面普查与重点调查相结合的方法　　D. 抓主要矛盾的方法

【参考答案】 A

【答案解析】 “解剖麻雀”是一种重要的领导方法，具体是指通过深入研究具体典型，从中找出事物规律的领导方法。这一科学方法体现了辩证唯物主义由个别到一般、由特殊到普遍、由个性到共性的认识原理，符合人们科学归纳推理的思维规律，是被实践证明的行之有效的领导方法和领导艺术。

28. 行为科学最基本的理论核心是(　　)。

A. 动机激励理论　　B. 组织与冲突理论

C. 组织管理中的“人性”理论　　D. 领导方式的理论

【参考答案】 A

【答案解析】 动机激励理论是行为科学最基本的理论核心。

29. 人一般是勤奋的，人能够自我激励与自我管理，人们要求提高和发展自己，期望获取个人成功，这体现的观点是(　　)。

A. 经济人假设　　B. 社会人假设
C. 自我实现人假设　　D. 复杂人假设

【参考答案】C

【答案解析】自我实现人假设是马斯洛在“需要层次理论”中最早提出的，其观点是：人一般是勤奋的，人能够自我激励与自我管理，人们要求提高和发展自己，期望获取个人成功。

30. 会议管理要求会前准备的首要工作是(　　)。

A. 厘清会议目的与诉求　　B. 确定会议规模和与会者
C. 选择会议地点与时间　　D. 设计会议议程

【参考答案】A

【答案解析】会议规划主要包括五个方面的内容：厘清会议目的与诉求，确定会议规模和与会者，选择会议地点与时间，设计会议议程，传达会议通知。首要工作是厘清会议目的与诉求。

31. 学习型团队的本质特征是(　　)。

A. 共同愿景　　B. 创造性个体
C. 善于不断学习　　D. 自主管理

【参考答案】C

【答案解析】学习型团队的特征有：团队成员拥有一个共同的愿景，团队由多个创造性个体组成，善于不断学习，自主管理，等等。其中，善于不断学习是本质特征。

32. “管理就是决策”是（　　）的观点。

A. 亨利·法约尔　　B. 弗雷德里克·泰勒
C. 马克斯·韦伯　　D. 希尔伯特·西蒙

【参考答案】D

【答案解析】“管理就是决策”是美国著名管理学家希尔伯特·西蒙的一句名言。

33. 马斯洛的“需要层次理论”中，最高层次的需要指的是(　　)。

A. 生理需要　　B. 自我实现需要
C. 安全需要　　D. 尊重需要

【参考答案】B

【答案解析】马斯洛的“需要层次理论”把需要分成生理需要、安全需要、爱和归属需要、尊重需要和自我实现需要五类，依次由较低层次到较高层次排列。自我实现需要是最高层次的需要。

34. 在领导活动中表现出来的相对稳定、一贯的态度和行为就是(　　)。

A. 领导作风　　B. 领导方法　　C. 领导艺术　　D. 领导行为

【参考答案】A

【答案解析】领导作风是领导者在领导活动中表现出来的相对稳定的、具有一贯性的态度和行为，是领导者及其阶级的世界观的反映，是领导者思想文化素养的综合反映。

35. 领导活动的有效性在一定程度上取决于领导者选用人才的(　　)。

A. 封闭性　　B. 主观性　　C. 情感性　　D. 正确性

【参考答案】D

【答案解析】决策和用人是领导者的两件大事，领导活动的有效性在一定程度上取决于领导者选用人才的正确性。

36. 领导者把不必要亲自处理的繁杂而琐碎的事务，或者是领导者自己也不知道如何处理的一些技术性事务交由下属去处理的授权方式是(　　)。

A. 刚性授权　　B. 弹性授权　　C. 模糊授权　　D. 惰性授权

【参考答案】D

【答案解析】行政领导授权的类型包括四种。①刚性授权，即对所授权力、责任、完成任务的要则、时间均有明确规定与交代，被授权人必须严格遵守，不得有任何逾越。②弹性授权，即领导者只指示一个大纲或轮廓，让被授权人有较大的自由做随机应变的处理。③惰性授权，即领导者将自己不愿也不必处理的繁杂事务交由下属处理，其中包括领导者本人也不知道如何处理的事务。④模糊授权，即领导者给予被授权人的权力限度和权力容量比较模糊。题干描述的是惰性授权。

37. 在行政组织内部的人际关系中，最大量、最经常的关系是(　　)。

A. 行政人员与行政环境的关系　　B. 行政领导者相互之间的关系

C. 行政领导者与被领导者之间的关系　　D. 一般工作人员之间的关系

【参考答案】D

【答案解析】行政组织中一般工作人员之间关系的好坏，是组织团结与否的最终表现。一般工作人员之间的关系是行政组织内部人际关系中最大量、最经常的关系，也是行政组织内聚力、吸引力强弱的直接表现。

38. 绩效管理与绩效考评的概念，既有明显的区别，又存在十分密切的联系，下面叙述正确的是（　　）。

A. 绩效考评是以绩效管理为基础的人力资源管理的子系统

B. 绩效考评是绩效管理的重要支撑点

C. 绩效管理为绩效考评的运行与实施提供了依据

D. 相比较而言，绩效考评更注重员工绩效与组织绩效的有机结合

【参考答案】B

【答案解析】绩效考评是绩效管理的重要支撑点。选项 A、C、D 颠倒了绩效考评与绩效管理的关系。

39. 根据国家税务总局数字人事结果运用办法的有关规定，下列做法不正确的是(　　)。

A. 小吴连续两年数字人事年度考核位于第 3 段，县税务局将其评定为“不称职”等次

B. 小赵晋升市局副科长已有 3 年，今年 4 月拟晋升为三级主办兼副科长，李副局长提出，小赵没有通过相应的领导胜任力测试，不能晋级

C. 小张与小明在今年 4 月正科级领导干部选拔中同时进入考察环节，在确定考察对象时，小张的民主推荐票高于小明，而数字人事中平时考核、年度考核、当年综合评价、历史综合评价等数据比较，小明位于第 1 段，市局决定将小明列为考察对象

D. 县税务局副局长老张分管纳税服务，2019 年和 2021 年两年数字人事年度考核位于第 3 段，市局税务局党委研究决定，认为其不适宜担任现职，调整其为市局某科副科长

【参考答案】D

【答案解析】根据 2021 年国家税务总局数字人事实施办法，应是连续两年数字人事年度考核位于第 3 段，才可以调整其人的职位，选项 D 中老张虽然有两年数字人事年度考核位于第 3 段，但不是连续两年。

40. 领导在批评下属时，下列做法中不正确的是（　　）。

A. 批评的目的就是明确事情的对与错

B. 要避免当众批评

C. 批评的时候要对事不对人

D. 只批评一次，不要旧账重提

【参考答案】A

题型二　多项选择题

1. 法家管理思想的核心是“法治”，但也要注意管理者的方法和威信，即韩非子的(　　)。

A. 法　　B. 术　　C. 信　　D. 势

【参考答案】ABD

2. 决策的基本步骤一般是问题发现和诊断、(　　)。

A. 确定目标　　B. 拟订备选方案　　C. 分析方案　　D. 选择方案

E. 确认方案

【参考答案】ABCD

3. 决策目标是以较低的成本获取较高的收益，它包括(　　)。

A. 综合效益　　B. 社会效益

C. 经济效益　　D. 民众基础效益

【参考答案】BC

4. 组织结构的发展趋势是组织结构扁平化和(　　)。

A. 组织结构网络化　　B. 组织结构虚拟化

C. 组织结构柔性化　　D. 组织结构多元化

E. 组织结构实用化

【参考答案】ABCD

5. 人员配备原则应包括经济效益、任人唯贤及（　　）等原则。

A. 因事择人　　B. 量才适用　　C. 制度规范　　D. 促进发展

E. 人岗相适

【参考答案】ABCD

6. 组织文化的功能主要有导向功能、凝聚功能及（ ）等。

A. 激励功能 B. 监督功能 C. 辐射功能 D. 可塑功能

E. 约束功能

【参考答案】ACE

7. 领导者用权应遵循的基本原则除了合法原则之外，还有( )。

A. 公正原则 B. 民主原则

C. 原则性与灵活性相统一原则 D. 例外原则

【参考答案】ABD

8. 领导艺术与权术的本质区别主要表现在( )。

A. 目的不同 B. 实施标准不同

C. 活动方式不同 D. 实际效果不同

E. 方法措施不同

【参考答案】ABCD

【答案解析】领导艺术包括用权艺术，但它是出于公心、手段正当；权术，本义就是权变，即衡量是非轻重以因事制宜的手段、策略或者方法。权术既不受时空限制，可用于各种公私场合，包括政治和社会各领域；也无敌我界限，无论是敌对阶级、个人还是本阶级、集团或个人都可以使用。权术延伸为领导者在领导活动中为了获取或巩固权力而使用的种种隐蔽的、巧妙的、出其不意的手段，包括欺诈等不正当手段。

9. 维克多·弗罗姆的期望理论认为，为有效发挥个体在工作中的动机，需要做好( )。

A. 目标设定科学 B. 功绩制原则

C. 了解员工需要 D. 注重物质激励

【参考答案】BCD

10. 人际沟通的障碍首先是人际因素，还有( )。

A. 个人因素 B. 结构因素 C. 风俗习惯 D. 技术因素

E. 语言因素

【参考答案】ABD

11. 领导者的基础性权力有法定权、(　　)。

A. 强制权　　B. 奖励权　　C. 专长权　　D. 个人影响权

E. 惩戒权

【参考答案】ABCD

12. 德国心理学家勒温把领导方式分为(　　)。

A. 专制型　　B. 民主型　　C. 任务型　　D. 自由放任型

E. 激励型　　F. 引领型

【参考答案】ABD

13. 组织管理实践中运用了多种控制方法，一般的管理控制方法有(　　)。

A. 财务控制　　B. 人员行为控制

C. 综合控制　　D. 审计控制

E. 制度控制

【参考答案】ABC

14. 激发创新思维的因素有目标、(　　)。

A. 价值取向　　B. 意志　　C. 兴趣　　D. 情感

【参考答案】BCD

15. 创新思维的特征主要有(　　)。

A. 新颖性　　B. 灵活性　　C. 艺术性　　D. 探索性

【参考答案】ABCD

16. 团队是指有明确目标与个人角色定位，强调自主管理、自我控制、良好沟通、和谐合作的一种扁平型组织形式。以下属于团队的有(　　)。

A. 到西天取经的唐僧师徒　　B. 一辆公交车上的所有乘客

C. 在某广场跳广场舞的人　　D. 某市税务局领导班子

E. 临时组建的工作项目组

【参考答案】ADE

17. 管理心理学中，X 理论和 Y 理论对于现代管理工作有一定的帮助，什么情况下用X理论，什么时候用Y理论，下面说法正确的是(　　)。

A. 一些人刚踏足社会时，会有不适应期，不喜欢工作，喜欢多休息，找不到工作乐趣，总感觉上班是很痛苦的事情。在这个时期就需要用X理论来管理。等他慢慢成熟起来，懂得工作的价值就是通过帮助别人来帮助自己，就会有自豪感和成就感，到这个时候，就适合Y理论了

B. 所做工作不同，这个人做的工作，如果是他喜欢的，就适合Y理论；如果是他极度反感的，就适合X理论

C. 凡事消极悲观的人，能躲就躲，能推就推，不喜欢学习，对任何事情都不感兴趣，这些人如果在工作中就需要使用X理论；有些人成长速度很快，迅速理解了生活的意义，凡事积极乐观，善于观察学习，这些人只要给他们适当的环境，他们就会发挥巨大的作用，对这些人就需要使用Y理论

D. Y理论过低地估计了人的能动性，X理论则把人完全理性化。X理论并非一无是处，Y理论也未必普遍适用。管理应针对不同的情况，科学地选择和综合运用科学理论

【参考答案】ABC

【答案解析】X理论过低地估计了人的能动性，Y理论则把人完全理性化。

18. 管理学中以人为中心的人本原理强调(　　)。

A. 组织是人的集合体，组织活动是由人来进行的

B. 人们为了组织的利益最大化而工作

C. 组织要通过激励调动和发挥员工的积极性

D. 要最大限度地发挥人的作用

E. 应提高员工的工作质量和生活质量

【参考答案】ACDE

【答案解析】人本原理是管理学四大原理之一。以人为本的管理强调组织是由人组成的，组织要满足人不断增长的需求，同时提高员工的工作质量和生活质量，必须依靠全体员工的智慧和力量。其实质就是充分肯定人在管理活动中的主体地位和作用，同时，通过激励调动和发挥员工的积极性，引导员工去实现预定的目标。

19. 领导与管理的不同之处在于(　　)。

A. 领导与管理的职能不同

B. 领导与管理的主要活动方式不同

C. 领导者与管理者的素质要求不同　　D. 领导者和管理者的成长途径不同

E. 领导与管理的最终目的不同

【参考答案】 ABCD

【答案解析】 领导和管理的相同之处在于：领导与管理在理念层面是一致的，领导与管理最终目的是一致的，在管理活动过程中两者不能截然分开。领导与管理的差异在于：领导与管理的职能不同，领导与管理的功用不同，领导与管理的主要活动方式不同，领导者与管理者的素质要求不同，领导者和管理者的成长途径不同。

20. 下列选项中，体现马斯洛"需要层次理论"最高层次的有(　　)。

A. 归属感　　B. 胜任感　　C. 尊重感　　D. 成就感

E. 安全感

【参考答案】 BD

【答案解析】 马斯洛的"需要层次理论"把需要分成生理需要、安全需要、爱和归属需要、尊重需要和自我实现需要五类，依次由较低层次到较高层次排列。胜任感和成就感体现了自我实现需要。

21. 《行政机关公务员处分条例》规定，被调查的公务员在违法违纪案件立案调查期间，不得(　　)。

A. 交流　　B. 出境

C. 辞去公职　　D. 办理退休手续

【参考答案】 ABCD

22. 某市税务局副局长张某嗜赌成性，在一次赌博中输掉10万元，张某不甘心，急于赢回输掉的钱，遂私自挪用公款参与赌博。他原打算尽快把挪用的公款补上，不料遭出差数日耽搁，东窗事发。针对张某挪用公款赌博一事，错误的处分是(　　)。

A. 警告　　B. 记过处分

C. 降级处分　　D. 撤职或者开除处分

【参考答案】 ABC

【答案解析】《行政机关公务员处分条例》第三十二条规定，在工作时间赌博的，给予记过、记大过或者降级处分；屡教不改的，给予撤职或者开除处分。挪用公款赌博的，给予撤职或者开除处分。

23. 美国管理大师彼得·德鲁克说过，如果你理解管理理论，但不具备管理技术和管理工具的运用能力，那么你还不是一个有效的管理者；反过来说，如果你具备管理技术和能力，但是不掌握管理理论，那么充其量你只是一个技术员。理解这句话错误的观点是(　　)。

A. 有效的管理者应该既掌握管理理论，又具备管理技术与管理工具的运用能力

B. 如果理解管理理论，就能成为一名有效的管理者

C. 是否掌握管理理论对于管理者工作的有效性来说并不重要

D. 有效的管理者应该注重管理技术与管理工具的运用能力，其次是管理理论。

【参考答案】BCD

【答案解析】有效的管理者应该是既掌握管理理论，又具备管理技术与管理工具的运用能力。

24. 组织设计有其最为重要的基础工作，下列说法不符合的是(　　)。

A. 部门划分与结构形成　　B. 职务设计与人员调配

C. 管理人员的素质和能力　　D. 职务设计与分析

【参考答案】ABC

【答案解析】职务设计与分析是组织设计最为重要的基础工作。

25. 关于组织文化的功能，说法错误的是(　　)。

A. 组织文化具有某种程度的强制性和改造性

B. 组织文化对组织成员具有明文规定的具体硬性要求

C. 组织的领导层一旦变动，组织文化一般会受到很大影响，甚至立即消失

D. 组织文化无法从根本上改变组织成员旧有的价值观念

【参考答案】BCD

【答案解析】组织文化的约束功能是指组织文化对每个组织成员的思想、心理和行为具有的约束和规范作用，这种约束不是制度式的硬约束，而是一种软约束。组织文化一旦形成，组织价值观念就会深入人心，能从根本上改变旧有的价值观念，即使领导层变动，也不会受到太大影响。

26. 管理方格理论的方格图中，9.1 型对应的领导方式不应该是(　　)。

A. 贫乏型　　B. 任务型　　C. 乡村俱乐部型　　D. 中庸之道型

【参考答案】ACD

27. 某税务局小张是业务型干部，原来主要从事业务工作，业务精湛，绩效显著，最近被提拔到所在科室负责人岗位。随着工作性质的转变，他今后应当注意把自己的工作重点进行调整。下列说法错误的是（　　）。

A. 放弃业务工作，全力以赴，抓好管理和领导工作

B. 重点仍以业务工作为主，以自身榜样带动下级

C. 以抓管理工作为主，同时参与部分业务工作

D. 在抓好业务工作的同时，做好管理工作

【参考答案】ABD

【答案解析】正确的做法是以抓管理工作为主，同时参与部分业务工作，转变工作重心。

28. 根据马斯洛的“需要层次理论”，不能得出的结论是(　　)。

A. 对于具体的个人来说，其行为主要受主导需要的影响

B. 越是低层次的需要，其对于人们行为所能产生的影响越大

C. 任何人都有五种不同层次的需要，而且各层次需要的程度相等

D. 层次越高的需要，其对于人们行为产生的影响越大。

【参考答案】BCD

【答案解析】“需要层次理论”表明，对于具体的个人来说，其行为主要受主导需要的影响。

29. 菲德勒模型所确定的对领导有效性起影响作用的三个维度是(　　)。

A. 职位权力　　B. 任务结构

C. 领导者素质　　D. 领导与下属的关系

【参考答案】ABD

【答案解析】菲德勒是权变理论的创始人，他认为有效的领导行为依赖于情境因素对领导者是否有利，与领导者素质关系不大。

30. 根据公平理论，以下做法与报酬的不公平性相关的是(　　)。

A. 根据时间计酬，感到报酬过高的员工会比感到报酬公平的员工有更高的生产率

B. 根据产量计酬，感到报酬过高的员工会比感到报酬公平的员工产量低但质量高

C. 根据时间计酬，感到报酬过低的员工的产量更低，质量更差

D. 根据产量计酬，感到报酬过低的员工会比感到报酬公平的员工产量高而质量低

【参考答案】ABCD

题型三　判断题

1. 管理者若想有效地做好工作，则必须经常了解下属的感受、态度与观念。（　　）

【参考答案】√

2. 管理者对员工详细说明工作的细节，员工将能以最有效率的方式进行工作。（　　）

【参考答案】×

【答案解析】管理者是参与和帮助他人工作的人，而不是事无巨细替他人工作，管理者详细说明工作细节，忽视了员工的创造性和主动性，效率反而不高。

3. 在倔强和严格要求的管理者手下工作，员工会做得更好。（　　）

【参考答案】×

【答案解析】在管理活动中，管理者仅具有法定的权力，是难以做好管理工作的。管理者在工作中应重视“个人影响力”，成为具有一定权威的管理者。

4. 惩罚员工时，管理者应避免说出或做出任何足以让员工憎恨的事。（　　）

【参考答案】√

5. 管理者没有必要与下属讨论组织的远期目标，只要下属能了解组织的当前目标，他们便能有效履行任务。（　　）

【参考答案】×

【答案解析】管理者要让下属既了解组织的当前目标，也了解组织的长远目标。

6. 冤情或士气问题，一般应由员工的直属上司处理，不宜诉诸特别指定的专人处理。（　　）

【参考答案】√

7. 同事之间人缘最佳者应成为合适的管理者。（ ）

【参考答案】×

【答案解析】责任是对管理者的基本要求，管理者被授予权力的同时，应该对组织或团体负有相应的责任，对组织或团体的成员负有相应的义务。人缘只是管理风格的要素之一。

8. 技术人员当管理人员比其他人更合适。（ ）

【参考答案】×

【答案解析】技术人员和管理人员在思维上有着明显的差异，只有当技术人员具备较高的管理能力时，才能做一个称职的管理人员，因此，技术人员不一定比其他人更适合当管理人员。

9. 良好的管理者应尽量授权下属，以履行他职务范围内的工作。（ ）

【参考答案】√

10. 管理者如在下属面前认错，则会丧失下属对他的尊敬和自己的权威。（ ）

【参考答案】×

【答案解析】管理者在下属面前认错，不仅不会丧失权威和他人的尊敬，反而会提升其领导魅力。

11. 政府的管理具有典型的合法性和强制性。（ ）

【参考答案】√

12. 公共管理过程是公共权力的运用过程。（ ）

【参考答案】√

13. 领导者素质理论起源于中国，被称为“领导者品质理论”。（ ）

【参考答案】×

【答案解析】领导者素质理论主要研究领导者的个人素质对领导成败的影响，是指从领导者的性格、生理、智力及社会因素等方面寻找领导者特有的品质或应有的品质的理论，也叫领导特质理论。1994 年，行为科学家亨利（W. Henry）在调查研究的基础上归纳出了一个成功的领导者应具备的十二个品质，是较具代表性的领导者品质理论。

14. 德国社会学家马克斯·韦伯的组织理论学对管理有很大影响，他被称为“组织理论之父”。（　）

【参考答案】√

15. 中国古代社会“重农抑商”，商家经营思想在我国管理思想史上不占有重要位置。（　）

【参考答案】×

【答案解析】中国古代重农抑商，但商家经营思想在我国管理思想史上依然有着重要位置。代表人物如范蠡、管仲、白圭等。

16. 决策效益原则是指决策以经济效益为衡量标准。（　）

【参考答案】×

【答案解析】决策效益原则的衡量标准应该是：有明显经济效益、社会效益、生态效益，花费代价小而取得的效果大。

17. 参与决策是削弱和制衡集权式领导的手段。（　）

【参考答案】√

18. “情人眼里出西施”是光环效应的典型反映。（　）

【参考答案】√

【答案解析】光环效应又称晕轮效应，它是一种影响人际知觉的因素。这种爱屋及乌的强烈知觉的品质或特点，就像月晕的光环一样，向周围弥漫、扩散，所以人们形象地称这一心理效应为光环效应。

19. 因人择事是人员配备的重要内容。（　）

【参考答案】×

【答案解析】因人择事如同因人设岗。人员配备应当是因事择人。

20. 著名管理大师彼得·德鲁克曾说过，管理是一种实践，其本质不在于行，而在于知。（　）

【参考答案】×

【答案解析】管理是一种实践，其本质不在于知，而在于行；其验证不在于逻辑，而在于成果；其唯一权威就是成就。这是德鲁克的名言。

21. 领导素质具有先天禀赋生理特征，表现出来的差异性不会改变。（　）

【参考答案】×

【答案解析】领导素质在领导系统中是一个根本性、战略性的范畴，是领导者凭借个人素质综合作用在一定条件下对特定个人或组织产生的人格凝聚力和感召力，是保持组织卓越成长和可持续发展的重要驱动力。它具有高可塑性、强灵活性、变异性等特点。它不是先天的，题干中所说的差异性也是可以改变的。

22. 沙因“复杂人”假设理论认为，人的需要是多方面的，因此没有适合于任何组织、任何时间、任何个人的统一管理模式。（　　）

【参考答案】√

23. 行政命令是一种最直观、最简单、能获得直接效果的控制办法。（　　）

【参考答案】√

24. 观念是创新文化的保障，制度是创新文化的核心。（　　）

【参考答案】×

【答案解析】观念是创新文化的核心，制度是创新文化的保障。

25. 概念创新的基本来源是激发创意和创新管理手段。（　　）

【参考答案】×

【答案解析】概念创新，引发思维创新。一个新概念的提出，可以开拓一片新的思维天地。它不是创新管理手段。

26. 管理的本质是对人的行为进行协调。（　　）

【参考答案】√

【答案解析】管理是对人或对人的行为的管理。管理的本质是对人的行为进行协调。

27. 领导与管理密不可分，领导是管理的灵魂，管理是领导的基础。（　　）

【参考答案】√

【答案解析】领导是管理的灵魂，是管理的升华；管理是领导的基础，是领导的保证。

28. 支持关系理论中，参与民主型的管理方式是效率最低的管理方式。（　　）

【参考答案】×

【答案解析】支持关系理论中，参与民主型的管理方式是效率最高的管理方式。

29. 领导权变理论是指关于领导者在不同的领导环境因素条件下，如何选择相应的领导方式，最终达到理想的领导效果的理论。（　　）

【参考答案】√

【答案解析】领导权变理论亦称“领导情境理论”，是关于领导者在不同的领导环境因素条件下，如何选择相应的领导方式，最终达到理想的领导效果的理论。

30. “关怀维度”以人际关系为中心，是指领导者在工作中尊重下属的看法与情感并与下属建立相互信任的程度，包括营造相互信任的气氛，尊重下级的意见，注重下级的感情和问题等。（　　）

【参考答案】√

【答案解析】“结构维度”和“关怀维度”是两大领导行为因素。题干所述符合“关怀维度”的定义。

31. 行政效率是行政管理的核心问题，是检验行政活动是否科学的重要指标。（　　）

【参考答案】√

【答案解析】行政效率是行政管理学的核心问题，也是行政管理学的出发点和归宿。行政效率的高低，是衡量行政管理活动是否科学的重要标准。

32. 依据《事业单位工作人员处分暂行规定》，已经退休的事业单位工作人员有违法违纪行为应当受到处分的，必须作出处分决定，可不执行。但是，应当给予降低岗位等级或者撤职以上处分的，相应降低或者取消其享受的待遇。（　　）

【参考答案】×

【答案解析】已经退休的事业单位工作人员有违法违纪行为应当受到处分的，不再作出处分决定。

33. 依据《事业单位工作人员处分暂行规定》，行政机关任命的事业单位工作人员，被依法判处刑罚的，给予撤销处分。（　　）

【参考答案】×

【答案解析】行政机关任命的事业单位工作人员，被依法判处刑罚的，给予开除处分。

34. 在行政许可工作中违反法定权限、条件和程序设定或者实施行政许可的，

情节较重的，给予记大过或者降级处分；情节严重的，给予撤职处分。（ ）

【参考答案】√

35.《行政机关公务员处分条例》规定，行政机关公务员同时有两种以上需要给予处分的行为的，应当从重给予其处分。（ ）

【参考答案】×

【答案解析】行政机关公务员同时有两种以上需要给予处分的行为的，应当分别确定其处分。应当给予的处分种类不同的，执行其中最重的处分；应当给予撤职以下多个相同种类处分的，执行该处分，并在一个处分期以上、多个处分期之和以下，决定处分期。

36. 世界的一切都在变化，计划赶不上变化，所以在复杂多变的环境下，计划是没有多大意义的，在今天的环境下，管理中计划的职能显得不再重要。（ ）

【参考答案】×

【答案解析】计划是管理基本职能的首要职能，在复杂多变的环境下，计划工作显得更为重要。计划工作促使我们要对未来的环境做出更科学的预测，促使我们对未来的环境做出更多的设想，促使我们对未来的环境做出更多的准备和安排，这都是确保工作成功的关键。

37. 公平理论告诉我们，公平对待干部是一种重要的激励手段，可是尽管管理者努力公平地对待每一位干部，仍然有不少干部觉得不公平。这是因为干部对公平的判断是主观的，人们总是高估自己的付出，而低估自己的所得，低估他人的付出，高估他人的所得。（ ）

【参考答案】√

【答案解析】员工对收入的满意程度取决于一个社会比较过程，一个人不仅关心自己绝对收入的多少，而且关心自己相对收入的多少。每个人会把自己付出的劳动和所得的报酬与他人付出的劳动和所得的报酬进行社会比较，也会把自己现在付出的劳动和所得的报酬与自己过去付出的劳动和所得的报酬进行历史比较。员工个人需要保持一种分配上的公平感，当他发现自己的收支比例与他人的收支比例相等，或现在的收支比例与过去的收支比例相等时，他就会认为公平、合理，从而心情舒畅，努力工作；当他发现自己的收支比例与他人的收支比例不相等，或现在的收支比例与过去的收支比例不相等时，他就会产生不公平感，内心不满，工作积极性随之降低。国外一些企业依据公平理论的基本观点，采取种种措施，如单独秘密发放奖金等，努力使员工产生一种主观上的公平感，从而调动员工积极性。

38. 领导行为是否公正将直接影响员工对比较对象的正确选择，如领导处事不公，员工必将选择受领导“照顾者”作为比较基准，以致增大比较结果的反差而产生不公平心理。因此，管理者要平等地对待每一位员工，公正地处理每一件事情，依法行政，避免因情感因素导致管理行为不公正。（　　）

【参考答案】√

39. 管理者需要三种基本技能：技术技能、人际技能和概念技能。我们常说，管理者要从基层做起，是借此锻炼提高管理者的人际技能。（　　）

【参考答案】×

【答案解析】管理者从基层做起，对管理者来说是帮助其了解本行业，锻炼其对本行业的概念技能。概念技能是指管理者统观全局、面对复杂多变的环境，具有分析、判断、抽象和概括并认清主要矛盾，抓住问题实质，形成正确概念，从而形成正确决策的能力，也是洞察组织与环境要素间相互影响和作用关系的能力。也就是说，概念技能是感知和发现环境中的机会与威胁的能力，是理解事物的相关性并找出关键影响因素的能力，以及权衡不同方案的优劣及其内在风险的能力，是一种洞察既定环境复杂程度的能力。

40. 在组织中，下属出现很大程度的不满意是普遍现象。因此，对管理者来说，消除引起下属不满意的根源、解决下属不满意的现象是管理工作的重中之重。

（　　）

【参考答案】×

【答案解析】双因素理论认为，不满意现象的对立面是没有不满意，没有满意现象的对立面是满意，消除不满意现象并不能促使满意现象的发生。因此，在管理过程中促使满意现象发生是十分必要的，也就是说，管理者要利用激励因素。

题型四　实务题

试题一

为了落实国家税务总局《关于进一步加强办税服务厅管理的意见》，天南市税务局出台了制度，在办税服务厅实施“五统一、五禁止”，要求统一着装、统一服务用语、统一区域设置，禁止化浓妆、禁止披散头发等，要求接待服务对象做到“来有迎声、问有答声、去有送声”。该局还在办税服务厅设置了心理减压室，室内配备有休息设施、活动器械和文娱设备，供办税服务厅工作人员在工作之余放松身心，缓解压力。5月申报期内，一名纳税人前来办理纳税申报事宜，因为资料不齐全被告知要补齐所缺资料，该纳税人出言不逊，对工作人员小田进行辱骂指责，场面混乱。值班主任及时制止，并将小田劝回后台休息室，安排导税员对该名纳税人进行详细讲解。小田感觉特别委屈，值班主任对其进行开导，言明利弊，耐心劝导，帮助小田正确看待问题，并安排小田到心理减压室透透气，缓解心理压力。

根据上述材料，回答下列问题：

1. （单选）关于该市税务局设立心理减压室，下列说法正确的是(　　)。

A. 压力管理在税务机关不重要

B. 个人压力无法缓解

C. 设置心理减压室只是为了树立形象

D. 税务人员可以通过减压室等心理调适的方法来进行压力管理

2. （单选）天南市税务局在办税服务厅实施“五统一、五禁止”等，体现了税务机关干部自我管理的(　　)。

A. 内在形象管理　　B. 外在形象管理

C. 服装礼仪管理　　D. 税容税貌管理

3. （单选）小田受到辱骂后做到了“骂不还口”，经值班主任开导后缓释了怒气，这些体现了小田(　　)。

A. 没有自我情绪管理能力　　B. 言语能力有缺陷

C. 与人沟通能力欠缺　　D. 有一定的自我管理能力

4. （单选）纳税人辱骂税务干部，下列说法错误的是(　　)。

A. 征纳双方应该相互理解

B. 不利于构建和谐征纳关系

C. 纳税人的任何言行都是正确的

D. 可以通过纳税人学校等形式提高纳税人素质

5. （单选）对于上述纳税人的辱骂行为，下列处置失当的是(　　)。

A. 大声严厉斥责，维护大厅秩序

B. 安排导税员对该纳税人进行详细业务讲解

C. 对纳税人进行情绪安抚

D. 做好后续工作，防止负面舆情发生

【参考答案】 1. D；2. B；3. D；4. C；5. A

试题二

A市某县税务局的纳税人满意度指数排名长期处于全省末三位，营商环境排名评价也不是很高，市局决定采取紧急措施，调整该局领导班子，加强领导力量。原来的领导班子成员，有的调出，有的退居二线，新的领导班子中的主要领导——局长和副局长，都是新调进来的，他们都很年轻，有较高的学历和丰富的管理经验。新班子组建后，大家的热情都很高。新旧领导班子交接时，两位局长请了几位前任领导来局里虚心请教。在一定的调研基础上，局党委就下一步工作应如何开展达成了共识。在中层干部大会上，新局长发表了热情洋溢的讲话，大家都很赞许。

接下来，新局长“新官上任三把火”：

第一，他深入基层调研，了解情况，掌握了第一手资料。有时他在纳税企业一待就是一天，广泛接触纳税人；或者经常出现在办税大厅。为此，他还提出领导和中层干部要提早上班，推迟下班。但大家认为这是不可长久的。

第二，他从调研中发现，纳税人满意度指数上不去，很大程度不是纳税人不满意，而是很多纳税人对不满意度指数调查干扰到他们的工作感到不满意。局长利用自己在市里的人脉，到处想办法。有人统计，仅仅8月，局长就出了4趟差。

第三，他最关心他的3年远景规划，要将纳税人满意度指数提升到前列。为了这个目标，他常常带队到外地考察，形容自己“睡不好觉，常吃冷饭，衣服一个月一洗”。

年终在上级领导的测评会上，两位副局长谈了对局长的看法。一位说：“我们不能很好地理解局长的意图，局长很少在办公室，我们有事找他商量，常常要跟踪追击，可是我们哪有局长的小汽车跑得快啊!”另一位说：“局长常在外考察，对我们做了交代，帮他把纳税人满意度抓一下，可是具体抓什么，怎么抓，抓到什么程度都没有交代，我们无从下手啊!”

上级将这些看法通报给了局长，局长却说：“我的副职不得力，虽然他们人不错，但缺乏干劲。”两位副局长听到这个评价后，工作上也心灰意冷了。

一年后，该县局的纳税人满意度评价排名不仅没有好转，反而降到了全省倒数第二。

根据上述材料，回答下列问题：

1. （单选）局长的领导方式是(　　)。

A. 事必躬亲　　B. 自由放任式　　C. 弹钢琴式　　D. 专制型

2. （多选）局长的领导方法和工作方式存在的问题有(　　)。

A. 不注意权力和规章制度，对下属采取自由放任式管理，容易出现混乱

B. 事必躬亲，处理问题没有轻重缓急之分，重要问题得不到解决，次要问题牵扯太多精力

C. 授权过于模糊，没有界定，副职没有自主决策权，不敢行使职责

D. 工作方法落后，没有创新

3. （多选）完善的领导激励行为应该包括(　　)。

A. 洞察需要，满足需要　　B. 明确动机

C. 建立激励机制和反馈机制　　D. 要有约束机制相补充

4. （单选）让两位副局长感到心灰意冷的原因有(　　)。

A. 没有得到领导的肯定和鼓励，工作没有成就感

B. 没有得到局长的授权，无权不好办事

C. 上级领导将他们对局长的意见透露给了局长

D. 一年半载，纳税人满意度评价很难提高，离局长的目标太远

5. （多选）面对这种情况，局长改善领导的方法有(　　)。

A. 改变现有的领导权力运转体系，克服过分集权情况

B. 明确领导职能，实现领导职能转变

C. 少出去跑，多待在局里研究情况

D. 掌握授权的要领，充分授权，权责一致，调动副职积极性

【参考答案】 1. A；2. ABCD；3. ABCD；4. A；5. ABC

试题三

赵四，“双一流”重点高校硕士研究生毕业，通过公务员考试后，被录用到某

市税务局工作，现已从事税务工作三年。他发现，在税务系统，市局的主要负责人往往都是由省局下派的，副职领导很多长时间停留在原有岗位上没有晋升；县区局主要负责人则往往是由市局下派的，其副职领导有的长达十年、二十年待在原岗位上。其他科级层次的干部大多数终身止步于此。发现这个现象后，原本想在税务局一展才华、实现自己理想的赵四不仅感觉没有平台，而且收入不理想，连找女朋友都困难，于是萌生了跳槽的想法。市局主要负责人老刘了解到这种情况后做了深入调研，并决定在现有体制条件下打破目前这种层级制管理方式，借鉴扁平化组织的经验，采取团队建设的方法，留下那些晋升无望的干部，激励想干活的干部。实施两年后，效果却不佳。

根据上述材料，回答下列问题：

1. （单选）根据马斯洛的“需要层次理论”，赵四的主导需要是(　　)。

A. 晋升　　B. 自我实现　　C. 公平　　D. 尊重

2. （单选）老刘对赵四这类晋升无望的干部，应该考虑(　　)。

A. 创造条件让赵四有锻炼机会，逐步晋升

B. 晋升只是干部的一种追求，不必强留

C. 只要针对赵四这类干部的主导需求，就能留住人才

D. 做好赵四这类干部的思想工作，希望他看清现实，外面的世界都一样

3. （多选）扁平化组织是指管理层次少而管理幅度大的一种组织结构形态，上下级关系密切，信息纵向流动快，管理费用低。由于管理幅度较大，被管理者有较大的自主权、积极性和满足感。它还具有的其他特点包括(　　)。

A. 扁平化组织是以工作流程为中心而不是以部门职能来构建

B. 扁平化组织减少了管理层次，干部晋升仍然困难，容易挫伤员工积极性

C. 除了团队型组织外，扁平化组织管理还有矩阵型组织和网络型组织

D. 扁平化组织由于上下级关系更密切，因而更容易控制

4. （多选）留住公务员，保持公务员队伍的稳定是社会关切的大事，现实语境下，基层时常陷入留人难的尴尬。待遇低、离家远、责任大、平台小、任务重、配套设施不完善等原因，都可能成为基层公务员尤其是年轻公务员逃离“围城”的理由。下列做法可能有效的有(　　)。

A. 完善体制机制，为年轻公务员发展保驾护航

B. 给予年轻人重要岗位锻炼的机会，鼓励年轻人深造学习

C. 真情关爱干部，帮助解决他们的实际困难，让他们有幸福感

D. 设置最低服务年限，严格公务员管理

5. （多选）年纪轻轻的赵四感觉晋升无望，暗含着他心里的一种不公平感。根据公平理论，管理者应该(　　)。

A. 引起高度重视，干部的公平感不仅对个体行为有直接影响，而且将通过个体行为影响整个组织的积极性

B. 调整县市局“一把手”空降的做法，或者畅通干部晋升渠道，营造一种公平感

C. 深入群众，了解实际困难，关心关爱弱势群体

D. 正确引导，关心因不正常的舆论传播而产生的消极情绪

【参考答案】 1. B；2. A；3. ABC；4. ABC；5. ABCD

【答案解析】 3. 扁平化组织有一个缺点是由于管理幅度较宽，权力分散，不易实现严格控制。

试题四

尚小龙是A省税务局货劳处副处长，也是国家税务总局第一批领军人才，此前他担任过某县税务局局长，后被提拔为某市税务局副局长，再回到A省税务局任副处长，2019年被提拔为处长，不久受派至B市税务局任局长。尚局长年轻帅气，名校毕业，业务精湛，颇爱学习，不喜交际，业余时间还坚持学英语，为人也很老实、低调，人际关系很好，在省税务局口碑很好。走马上任之际，他自己坐高铁于周日下午提前赶到了B市税务局，等待第二天省税务局领导在干部大会上宣布他到任。他见时间尚早，就到办公楼附近走走，发现很多干部在加班，他借上卫生间之机走进大楼看看。刚进卫生间，后面就跟进来三个人。他们聊得很欢，尚局长听见他们议论的正是自己。一个说，听说新来的“一把手”很年轻、很能干，看来我们局可以看到曙光了。一个说，省税务局下来的干部嘛，一般都是镀金的，何况人家是领军人才，人家只要求稳不出事就好。一个说，嘿嘿，你们别抱什么希望，我听说这个处长是个“糯米团”，干什么都没有担当，什么事都不敢做主，不敢签字，甚至不敢汇报，下面有问题、意见，总是让下面想办法解决，喜欢让干部签责任状，这样的领导不可能有什么作为。另一个说，那就麻烦了，在省局机关，担当不担当倒

无所谓，要是做“一把手”没有担当，干部就要受苦了。一个接着说，没有担当，当什么领导，更不能当“一把手”。还有一个叹了一口气，说，反正我是不抱什么希望，现在中央领导天天讲担当，可下面的领导有几个敢担当的？动不动就只会把压力传导给基层。尚局长听得满脸通红，几乎冒出了冷汗，看都不敢看他们。好在那几个人很快就走出了卫生间。尚局长不敢停留，几乎是逃出了办公楼。

根据上述材料，回答下列问题：

1. （多选）听了几位干部的议论，尚局长应该(　　)。

A. 当作什么都没有发生，让它过去

B. 第二天在开完见面会后，召集干部开大会，不点名地批评背后议论领导是非的不良风气

C. 深刻反省自己，对照干部的议论，寻找差距

D. 在新的领导岗位，改变自己过去的做法，用实际行动改变干部的印象，取得干部的信任

2. （多选）习近平总书记在系列重要讲话中多次指出，责任担当是领导干部必备的基本素质，并强调干部就要有担当，有多大担当才能干多大事业。习近平总书记对责任担当提出的要求有（　　）。

A. 坚持原则、认真负责，面对大是大非敢于亮剑

B. 面对矛盾敢于迎难而上

C. 面对危机敢于挺身而出，面对失误敢于承担责任，面对歪风邪气敢于坚决斗争

D. 讲实话、干实事

3. （多选）签责任状，是很多机关单位的做法，这种做法是(　　)。

A. 为了实现责任分解，传导压力

B. 为了摆脱责任，应对上级问责

C. 事实证明很多责任状纯粹是形式主义，签了就签了

D. 事实证明责任状一签就灵，效果很好

4. （多选）下列表述中属于责任担当表现的有(　　)。

A. 苟利国家生死以，岂因祸福避趋之

B. 为官避事平生耻

C. 愿得此身长报国，何须生入玉门关

D. 我也不登天子船，我也不上长安眠

5.（多选）尚局长要改变自己不敢担当的做法，下列措施正确的是（　　）。

A. 将敢担当、善作为的干部及时发掘出来、用起来

B. 率先垂范，不回避矛盾，主动替犯错的干部担责

C. 工作中多向省局及市委、市政府要政策、要经费

D. 党委会上不考虑反对意见，按自己的想法敢于拍板、果断决策

E. 多调查研究，多问计于民，多寻找解决办法

6.（多选）提高领导和干部的责任感是培养担当精神的关键，可行的措施有（　　）。

A. 鼓励创造性地解决问题

B. 让每一个干部都清楚自己的职责

C. 增强干部的自我决策机制，如签字权

D. 给干部提供看得见的支持

7.（多选）权力不会流向无名之辈，也不会流向不敢担当之人，有担当才会有追随者。在下列做法中可以扩大自己的追随者的是（　　）。

A. 在开会中有人向你提问时，你可转向一个学识渊博的人说：某某比我知道得更多，你怎么想的呢

B. 让你的下属在一些重要场合充分展示自己

C. 经常带一两位关键岗位的下属与自己一同参加会议

D. 定期表扬你的下属取得的成绩，提高他们在别人眼里的价值

E. 多开展培训和考试，让下属知道自己不懂的东西太多

8.（多选）德鲁克说："领导力不是头衔、特权、职位，或者金钱，领导力是责任。"下面符合领导力原理的是（　　）。

A. 修炼领导力的关键，就是要敢于说"我来"

B. 领导人人想当，可是大部分人想做领导的原因，都是想着能从中得到一些自己想要的东西，要提升领导力，就要想着自己能为别人做些什么

C. 提升领导力的一个要诀，就是要经常向下属提出一些愿景

D. 提升领导力并不难，重要的是多分担下属的工作职责

【参考答案】 1. CD；2. ABCD；3. AC；4. ABC；5. ABE；6. ABCD；7. BCD；8. AB

试题五

社交网络上曾流传过一篇名为《通过靶向肠道菌群调控人体的物质需求有望提高廉政文化建设效率》的学术论文，大概意思是，肠道菌群基因组DNA系统在人体的过度活跃和紊乱，有可能是导致人贪污腐败的生物学诱因，通过靶向肠道菌群调控，可以生理性地消除饥饿感，减少人对物质的需求，有利于提高廉政文化建设效率。

根据上述材料，回答下列问题：

1.（多选）关于腐败的成因，下述说法正确的是(　　)。

A. 遏制腐败，需要多种多样的措施，这一学术研究是廉政建设研究的一个创新

B. 腐败成因很复杂，是多种因素交互作用的结果，生物学诱因的研究是一种有益的探索

C. 这一研究不靠谱，腐败既有惩罚力度不够，制度不完善、监督乏力的原因，也有私欲作祟、侥幸心理等因素

D. 这一研究靠不靠谱不说，廉政文化建设要从政治生态、社会生态和历史文化等方面多下功夫，而不是简单的生理上的问题

2.（多选）中央提出要构建一体推进不敢腐、不能腐、不想腐的体制机制，下列表述正确的是(　　)。

A. 以零容忍态度惩治腐败，有腐必反、有贪必肃，就是强化“不敢”；开展以案促改、扎牢制度笼子、完善监管措施，就是强化“不能”；印发案例通报和违纪违法干部忏悔录，推进党性教育、法治教育和道德教育，就是促进“不想”

B. 落实中央八项规定精神，对顶风违纪者严肃查处，通报曝光，就是强化“不敢”；织密群众监督网、健全改进作风常态化制度，就是强化“不能”；引导党员干部增强党性修养，严明公私界限，就是促进“不想”

C. 发现腐败分子一查了之，就是强化“不敢”；层层传导压力，就是强化“不能”；保护干部，提高干部待遇，就是促进“不想”

D. 保持高压态势，就是强化“不敢”；严肃问责基层，就是强化“不能”；科学治疗物欲，就是促进“不想”

3.（多选）习近平总书记引用“物必先腐，而后虫生”，警示腐败是党和国家灾难的重要源头。深刻理解这句话的含义，正确的是(　　)。

A. 要认真学习，树立正确的世界观、人生观、价值观，牢记为人民服务的宗旨

B. 党和人民赋予干部的权力，是为人民谋福利的工具和手段，公权必须公用，而绝不能用来谋取一己之私

C. 要完善体制，加强法治，堵住漏洞，使腐败无处滋生，如此，“物”必不腐

D. 领导干部自己腐败，不能怪别人

4. （多选）习近平总书记指出，要大力加强反腐倡廉教育和廉政文化建设，坚持依法治国和以德治国相结合。借鉴历史上优秀廉政文化，不断提高拒腐防变能力。下列说法符合这一精神的是(　　)。

A. 廉政文化建设是拒腐防变的基础工程

B. 廉政文化建设是纪检部门的职责，是一项重要的教育宣传工作

C. 充分挖掘中华优秀传统文化中廉政思想的当代价值，进行创造性转化和创新性发展

D. 历史经验表明，廉政文化建设得好，制度出了问题，政权也不会从根子里烂掉

【参考答案】1. CD；2. AB；3. ABC；4. AC

试题六

明朝开国皇帝朱元璋在地方官上任之前，总找他们谈一次话。他说，俸禄虽不丰，但像井底之泉，可以天天汲水，不会干涸，因而要老老实实地守着自己的薪俸过日子，不图非分之财。

根据上述材料，回答下列问题：

1. （单选）对公务员实行职业保障，又称“井底之泉”，这在赫茨伯格的双因素理论中属于激励理论中的(　　)。

A. 激励因素　　B. 保健因素　　C. 保障因素　　D. 制度因素

2. （单选）“井底之泉”说，让人想到“高薪养廉”，这一说法吻合 X 理论，其要点是(　　)。

A. 重视人的基本特征和基本需求，鼓励人们参与自身目标和组织目标的制定

B. 建立严格的绩效考核制度和与绩效挂钩的报酬制度，即以经济利益为主要激励手段

C. 要用信任取代监督，以启发与诱导代替命令与服从

D. 为公务员提供高于社会平均工资25% ~50%的报酬，以加强工作对公务员的驱动力

3. （多选）朱元璋给地方官做的任前谈话，有点类似于今天的廉政谈话、廉政提醒。下列说法正确的是(　　)。

A. 没有实质性的区别，都是以预防腐败为目的

B. 朱元璋的任前谈话带有恐吓意味，今天的干部任前廉政谈话是一项制度

C. 朱元璋的任前谈话以经济作为诱惑，今天的干部任前廉政谈话是为了筑牢拒腐防变的思想道德防线

D. 朱元璋的任前谈话内容单一，今天的干部任前廉政谈话内容丰富

4. （多选）有关党内谈话制度的说法，正确的有(　　)。

A. 发现领导干部有思想、作风、纪律等方面苗头性、倾向性问题的，有关党组织负责人应当及时对其提醒谈话

B. 发现轻微违纪问题的，上级党组织负责人应当对其诫勉谈话

C. 接到对干部一般性违纪问题的反映，应当及时找本人核实，谈话提醒、约谈函询

D. 巡视工作中发现线索，要与被巡视党组织领导班子成员和干部群众进行个别谈话

【参考答案】 1. B；2. B；3. BCD；4. ABC

【答案解析】 1. 从“满意”和“不满意”两个维度出发，赫茨伯格总结得出能够提高员工工作满意度的因素主要包括：个人成就、组织或社会的赞赏、工作的挑战性、明确的职责划分以及个人的成长与发展。这些主要与工作有关，能够令员工满意、激发员工工作积极性的因素，被赫茨伯格命名为激励因素。与之相对的政策与管理方式、上级的监督、工资福利、人际关系以及工作条件，这些与环境相关、容易引起员工的不满、不能激发其工作热情的因素被命名为保健因素。

2. 选项A是Y理论的要点，选项C是Y理论的要点。X理论就是通俗的“胡萝卜加大棒”的激励和惩罚手段，认为人是消极的、懒惰的，只有给予高薪才能保持清廉，否则就会腐败。

3. 选项A说法错误，二者有着本质区别。

4. 选项D不选，因为个别谈话是巡视工作可以采取的工作方式，是为了发现问题线索，与党内谈话制度不同。

试题七

A市税务局对口扶贫丁字乡丁字村。不久前，该村因为村干部处事不公引发了群体事件。为了及时调解矛盾，安抚村民，市税务局应县委的要求决定重新派一支扶贫工作组进驻该村。可是，在研究落实工作组负责人选问题上碰到了难题：派谁去合适呢？张三不行，他虽然是本乡人，但是因为工作不力被群众指着鼻子骂。李四怎么样？也不行，他在那个县税务局工作三年，群众对他的告状信就有半麻袋。挑来挑去，市局老干科科长袁大世被选为工作组组长，市税务局主要领导还赋予他自主回应群众提出的一切合理要求的权力。

经过一天一夜的努力工作，袁大世先后倾听了数十名群众的怒吼怨语，本着能答复的立即答复、不能答复的耐心细致做解释工作的原则，最后终于达成一致。末了，几名群众代表异口同声地说："袁同志，今天若不是你，他们哪个来也与我们谈不到一块儿。"接着面对县委书记和市税务局局长时，他们也说："如果你们的领导干部都能像他这样就好了，这样的事也就不会发生了。"

事后，市税务局局长感慨地问袁大世："那些村民为什么都听你的？"袁大世说："不，应该说首先是我听他们的。"

根据上述材料，回答下列问题：

1. （多选）袁大世能够完成任务的原因是(　　)。

A. 他走的是"从群众中来，到群众中去"的群众路线，群众信任他，愿意听他的

B. 他接受了领导的合理、适当授权，民众值得听他的

C. 他当过老干科科长，知道怎么和农民打交道

D. 群体事件已经发生过了，风险过去了

2. （多选）市局在处理这件事上的成功之处在于(　　)。

A. 市局领导做到了知人善用，正确用人，将适合的人放到适合的工作岗位上去

B. 用老干科科长做扶贫工作组组长，是人与职位相匹配

C. 正确授权，使袁大世权责一致

D. 领导懂得越是边缘部门的人，越是有想干成事的欲望

E. 袁大世的性格也起了一定的作用，他为民着想，细致耐心，是民众称赞的好干部

3. （多选）本案例给我们提供了很多启示，你认为正确的有(　　)。

A. 当干部就要一心为民，从群众中来，到群众中去，走群众路线

B. 只要满足了群众的一切要求，就能换取群众信任

C. 授权时一定要权责一致，真正下放权力，使下属放心大胆地干

D. 老干科科长是个培养干部的好去处

4. （单选）本案例再次证明了党的群众路线的正确，下述说法错误的是(　　)。

A. 党的群众路线，是我们党的根本政治路线，也是我们党根本的组织路线

B. 党的十一届三中全会第一次把群众路线确定为毛泽东思想三大“活的灵魂”之一

C. 把群众观点和群众路线深深植根于思想中，具体落实到行动上，是“不忘初心、牢记使命”主题教育的要求

D. 以人民为中心，是对群众路线的新的概括

【参考答案】1. AB；2. AC；3. AC；4. B

试题八

【材料一】A 市税务局稽查局局长赵某平时很注意廉政纪律，有个跟他私交很好的同乡王某为了感谢他平时的关照，送给他一张面额 50 万元的银行卡，但赵某拒绝了。王某提出让赵某开一股票账户，用这笔钱炒股，赚了钱自己将本金取走，剩下的钱留给赵某。赵某觉得这样不算违纪，就照办了。在当年股市一路飘红的行情下，赵某仅用一年多时间就赚得了 120 万元。按约定，王某将本金取走，留下 120 多万元在账户上。

【材料二】2020 年底，某市税务局提拔副处级干部时，李某是一位有着多年工作经验而且年轻有为的县税务局局长，口碑也不错，是候选人选之一，但由于竞争激烈，他多次跑到市局“一把手”家中嘘寒问暖，并暗示如果得到局长关照得以进步，一定会重谢。他用同样的方式请求市委相关领导做工作，结果如愿以偿。不久李某被人实名举报，因“跑官要官”被剥夺候选人资格。

【材料三】2020 年 3 月 7 日，福建省泉州市一家疫情防控集中隔离酒店轰然倒

塌，造成多人伤亡。事件发生以后，福建省纪委监委第一时间成立事故追责问责调查组。调查发现，有的干部因利益瓜葛出具消防假证明，被移送司法机关；有的干部存在形式主义、官僚主义作风，没有积极主动履职尽责，给予政务记过处分。

根据上述材料，回答下列问题：

1.（单选）材料一中，赵某的行为在定性上属于(　　)。

A. 违反中央八项规定　　B. 受贿

C. 贪污　　D. “四风”问题

2.（单选）材料二中，李某“跑官要官”的行为属于违反(　　)。

A. 政治纪律　　B. 组织纪律　　C. 廉洁纪律　　D. 换届纪律

3.（单选）隔离酒店倒塌事件中，有干部因存在利益瓜葛出具消防假证明，处理上归属于(　　)。

A. 第一种形态　　B. 第二种形态　　C. 第三种形态　　D. 第四种形态

4.（单选）存在形式主义、官僚主义，没有积极主动履职尽责，处理上应该(　　)。

A. 以第一种形态问责　　B. 以第二种形态问责

C. 以第三种形态问责　　D. 以第四种形态问责

5.（多选）坚持严管与厚爱相结合，注重“三个区分开来”，让被问责干部重扛责任、担当作为。“三个区分”是指(　　)。

A. 干部在推进改革中因缺乏经验、先行先试出现的失误和错误，同明知故犯的违纪违法行为区分开来

B. 把上级尚无明确限制的探索性试验中的失误和错误，同上级明令禁止后依然我行我素的违纪违法行为区分开来

C. 把为推动发展的无意过失，同为谋取私利的违纪违法行为区分开来

D. 把知错认错、主动投案自首与对抗组织调查、对党不忠诚不老实区分开来

6.（多选）下列做法属于形式主义、官僚主义作风表现的是(　　)。

A. 黑龙江省肇州县疫情防控中心发出通知，对国内其他地区返乡人员采取“21天集中隔离 +7 天居家隔离”、费用自理的管控措施

B. 李城市税务局对实名举报局党委委员、副局长孙某违纪行为的干部詹某实行

约谈

C. 重庆市某区委书记杨某爱好打篮球，跟他一起打球的干部都能得到重用

D. 王城县税务局局长张某表面上不分管人事，实则凡是动干部都得由他说了算

E. 甘肃省白银市委书记大骂国土局局长：从办公室滚出去

【参考答案】 1. B；2. B；3. D；4. B；5. ABC；6. AE

试题九

“两个相互矛盾方面的共存、斗争以及融合成一个新范畴，就是辩证运动。”马克思、恩格斯在确认矛盾论的同时，就提出了系统思想。作为一种哲学思维方式，辩证思维的本质特征就是矛盾思维。在辩证思维方式中，矛盾思维和系统思维是相辅相成、相互补充的。作为一门现代科学，系统论“对整体和整体性进行科学探索”，向人们展示的“不是‘实物的世界’，而是‘系统的世界’，并且是发展着的系统的世界”。系统论在凸显系统世界、提供系统思维的同时，其本身就体现着整体与部分、系统与要素、系统与环境、结构与功能的矛盾关系。

矛盾必然造成相互作用，相互作用是事物的真正的终极原因。只有从这个普遍的相互作用出发，我们才能了解现实的因果关系。系统思维就是从事物的相互作用出发，确认在相互作用过程中产生了不属于事物本身、只在相互作用中存在的“关系质”，确认相互作用形成了事物的“序”和“整体性”或“总体性”。

根据上述材料，回答下列问题：

1. （单选）这段材料阐述的核心观点是(　　)。

A. 辩证思维就是系统思维

B. 系统思维属于辩证思维

C. 系统思维就是辩证思维

D. 辩证思维与系统思维是两种不同的思维方式

2. （单选）习近平总书记指出：“在任何工作中，我们既要讲两点论，又要讲重点论，没有主次，不加区别，眉毛胡子一把抓，是做不好工作的。”这里阐述的是(　　)。

A. 底线思维　　B. 系统思维

C. 辩证思维　　D. 战略思维

3.（单选）客观地设定最低目标，立足最低点，争取最大期望值的一种积极的思维能力是指(　　)。

A. 创新思维　　B. 系统思维

C. 历史思维　　D. 底线思维

4.（单选）从群众中来到群众中去，试点推广、试验示范，借鉴经验，抓典型榜样，中国特色社会主义。这符合(　　)。

A. 矛盾的普遍性和特殊性原理　　B. 矛盾的同一性原理

C. 对立统一原理　　D. 矛盾的斗争性原理

5.（单选）马克思指出："主要的困难不是答案，而是问题。"毛泽东也指出："问题就是事物的矛盾。哪里有没有解决的矛盾，哪里就有问题。"这里表达的同一个意思是(　　)。

A. 各种物质运动形式中的矛盾都带有特殊性

B. 正确认识矛盾的普遍性，承认其客观性，强调问题意识

C. 明确了主要矛盾，就明确了中心任务

D. 有了问题意识，只要抓住主要矛盾就可以了

【参考答案】1. B；2. C；3. D；4. A；5. B

试题十

小李为某市税务局新任命的信息中心主任。该信息中心之前有两个副主任，即王副主任和夏副主任。某日，市局决定开展一项大型税收信息化建设项目，成立了项目建设开发领导小组，由市局刘副局长任组长，小李任副组长，王副主任和夏副主任、两名技术人员、征管部门与财务部门各有一名干部为小组成员。

小李感到自己虽然专业技术知识过硬，但信息中心两位副主任和其他技术人员都是自己的前辈，工作经验比较丰富。因此，在分配工作任务、确定工作措施、进行项目设计时，小李都会征求大家的意见，发扬民主、共同商定。

一段时间后，小李发现同事们提的方案都不是很好，自己提的方案又得不到大家的认同，往往还没到深入研究，大家就给予了否定。王副主任按惯例向刘副局长汇报有关工作建议，这些建议往往与小李的意见相左，刘副局长并不明确表示支持谁，仅强调精诚团结；夏副主任对项目开发建设已有一套方案，但小李认为他的那

套方案是不可行的，又不好意思直接推翻，希望由领导小组来做决定，但组长（刘副局长）又不表态。

因此，信息中心工作效率低，士气也不高，小李感到这个主任很难当。

根据上述材料，回答下列问题：

1. （单选）在遇到重要决策时，小李都会征求大家意见，这说明小李的领导方式是（　　）。

A. 说服　　B. 授权　　C. 协商　　D. 命令

2. （单选）小李采用的领导方式，适用范围是（　　）。

A. 紧急任务　　B. 介绍任务目的

C. 获得解决问题的方法　　D. 遇到危机境遇

3. （多选）除命令、说服、协商、授权外，典型团队领导方法还有（　　）。

A. 引导　　B. 事事亲为　　C. 监控　　D. 参与

4. （单选）小李在选择领导方式时要考虑的因素不包括（　　）。

A. 工作的难度　　B. 下属的工作能力

C. 下属承担工作的意愿　　D. 自己的个人偏好

5. （单选）小李所在的团队，成员士气低落，而且工作有效性差。为了改善现状，小李应该采取的领导方式是（　　）。

A. 命令和说服　　B. 授权和有力的支持

C. 命令和有力的支持　　D. 参与和协商

【参考答案】 1. C；2. C；3. AD；4. D；5. B

试题十一

小李在美国获得了资产管理硕士学位，回国后单位安排了一项工作，要求他们四个人一组去到企业帮助编写税务程序。由于同组的另外三个干部对程序开发都没什么概念，所以小李作为组长只好重责一肩挑起，几乎是独立完成了所有的工作。到了结案时，企业及其顾问对他们的程序都相当满意。

回到单位后，小李满怀希望地跟主管领导汇报，结果主管领导告诉他，企业对他的评价是B，更气人的是，另外三个干部拿的都是A。小李懊恼极了，赶快跑去找企业负责此事的顾问。

“老师，为什么其他人都是A，只有我是B?”

“噢！那是因为你的组员认为你对这个小组没什么贡献！”

“老师，你该知道那个程序几乎是我一个人弄出来的，是吧！”

“哦！是啊！但他们都是这么说的，所以……”

“说起贡献，你知道小杰每次我叫他们来开会，他们都推三阻四，不愿意参与吗？”

“对呀！但他说那是因为你每次开会都不听他们的，所以觉得没有必要再开什么会了！”

“那吉米呢？他每次写的程序几乎都不能用，都亏我帮他改写！”

“是啊！就是这样让他觉得不被尊重，就越来越不喜欢参与，他认为你应该为这件事负主要责任！”

“那撇开这两个不谈，小麦呢？她除了晚上帮我们叫比萨外，几乎什么都没做，为什么她也拿 A？”

“小麦啊！小杰跟老吉觉得她对于挽救贵组陷于分崩离析有绝大的贡献，所以得 A！”

“你该不是有种族歧视吧？”

“呵呵，你会打篮球吗？”

这事到底关篮球什么事？小李想不明白。

根据上述材料，回答下列问题：

1. 你认为小李优秀吗？

2. 该团队存在的问题主要有哪些？

3. 如何解决这些问题？

4. 个人优秀意义大不大？

【参考答案】

1. 小李是传统意义上的优秀专业技术人才。但他并不是现代社会需要的优秀级专业技术人才，更不是一个好的管理人才。原因如下：

（1）横向人际技能缺乏：与同事间缺乏良好沟通。

（2）纵向人际技能缺乏：与领导、组员均缺乏良好沟通。

2. 根据材料来看，该团队存在三个主要问题：

（1）缺乏组织协调能力。好的管理者是“借力”，能够通过他人的努力达成自己的目标，而小李并没有带领大家共同成长。好的领导是帮助大家共同成长，不仅能完成当前的任务，还能让未来的任务更好地完成（锻炼团队很重要）。

(2) 缺乏良好的激励方法。知识型员工要的是“面子”与“票子”。因此，对他们要进行正面激励：一是欣赏你的员工，二是让你的员工“感知”激励（“红烧肉”激励法）。

(3) 缺乏合作的组织文化。合作很重要，快乐的团队是效率最高的团队；团队精神能够增强组织的凝聚力，充分发挥员工的潜能，更迅速地实现组织的目标。如果员工缺乏团队精神，犹如一盘散沙，那么即使有个人能力相当突出的员工，其能力也得不到发挥。

3. 结合上述问题，分别从改进组织协调、强化激励、加强合作等方面来改变。

4. 个人优秀当然很重要，但离开了团队的个人，即使再优秀，意义也不大。要将个人在团队中的位置摆正，不仅注重个人成长，还要注重团队成长。

第十八章

综合类试题与答案解析

题型一　单项选择题

1. 公文的格式和行文规则有着严格的规范与要求。以下说法错误的是(　　)。

A. 各级税务机关的内设机构根据工作需要，可以在规定的职权范围内，向下级机关的相关部门和其他机关的有关部门行便函

B. 便函适用于商洽工作、通报情况、询问和答复一般事务性问题

C. 税务机关各内设机构所发便函的版头，由税务机关名称和内设机构名称组成，不加“文件”字样

D. 便函的发文字号按内设机构代字自行编号，成文日期上加盖内设机构印章，附版记

【参考答案】 D

【答案解析】 根据《全国税务机关公文处理办法》，便函的发文字号按内设机构代字自行编号、成文日期上署内设机构名称、加盖内设机构印章、无版记。

2. 下列公文中不必遵循“一文一事”原则的有(　　)。

A. 请示　　B. 议案　　C. 公告　　D. 意见

【参考答案】 D

3. 某市税务局办公室主任老赵收到国家税务总局的文件，一看其发文字号“税总党委发〔2019〕21 号”，便迅速判断出这是一份(　　)。

A. 国家税务总局党委一般事务性文件

B. 国家税务总局机关党委重要文件

C. 国家税务总局党委重要文件

D. 国家税务总局布置重要工作或全局性税收工作的文件

【参考答案】 C

4. 李局长打算写一篇关于明朝的文章，叫小王到市图书馆去找一些关于明朝的历史文献资料，小王在图书馆忙活了半天，找来一大堆书籍，李局长一看，眉头皱了皱，办公室主任一看，不禁笑了，原来这么多书中只有一本书是李局长需要的。李局长需要的是(　　)。

A. 《资治通鉴》　　B. 《明朝那些事儿》

C. 《读通鉴论》　　D. 《续文献通考》

【参考答案】 D

【答案解析】 本题考查的是领导干部的综合素质，《资治通鉴》记载的年限到宋代之前；《明朝那些事儿》是小说，非历史专著；《读通鉴论》是清代思想家王夫之读《资治通鉴》的研究笔记；《续文献通考》是明代王圻所撰的典制文献，符合李局长的需要。

5. 习近平同志的讲话中有一处用典："石可破也，而不可夺坚；丹可磨也，而不可夺赤。"这句话出自（　　）。

A. 《论语》　　B. 《孟子》

C. 《吕氏春秋》　　D. 《韩非子》

【参考答案】 C

6. 习近平总书记提出要正确认识和处理改革开放前后两个历史时期的辩证关系，不能用改革开放后的历史时期否定改革开放前的历史时期，也不能用改革开放前的历史时期否定改革开放后的历史时期。这体现了他的(　　)。

A. 辩证思维　　B. 战略思维

C. 历史思维　　D. 底线思维

【参考答案】 A

7. 儒家思想的核心是（　　）。

A. 仁、义、礼、智、信　　B. 修身、齐家、治国、平天下

C. 以和为贵　　D. 性善论与性恶论

【参考答案】A

8. 税务机关档案工作人员小王在归档时，发现应归档纸质文件材料中，有文件发文稿纸、文件处理单的，应当(　　)。

A. 与文件正本、定稿分开归档　　B. 与文件正本、定稿一并归档

C. 将其去除，只归档纸质文件　　D. 将归档文件退还送档部门

【参考答案】B

【答案解析】在归档时，发现应归档纸质文件材料中，有文件发文稿纸、文件处理单的，应当与文件正本、定稿一并归档。

9. 会议协调主要包括会议的时间、地点、议题和决定事项的落实工作，保证会议达到预定的目的。它的重点是会议议题的协调和(　　)。

A. 公文协调　　B. 会务人员的协调

C. 会务工作的协调　　D. 事务协调

【参考答案】C

【答案解析】开好一个会，关键在于会议议题的确立是否科学合理和会务工作的组织是否高效有序。

10. 各级机关的公文文稿送负责人签发前，负责审核的人是(　　)。

A. 科室负责人　　B. 分管领导

C. 办公室　　D. 机关科室负责人

【参考答案】C

11. 联合上报的公文，具体负责加盖公章的单位是(　　)。

A. 发文机关　　B. 主办机关

C. 协办机关　　D. 主办机关和协办机关

【参考答案】B

【答案解析】联合上报公文时，只由主办单位加盖公章即可。

12. 联合下发的公文，具体负责加盖公章的是(　　)。

A. 主办机关　　B. 协办机关

C. 所有发文机关　　D. 最后的签署机关

【参考答案】C

【答案解析】联合下发的公文，所有发文机关都要加盖公章。

13. 下面所列机关公文种类中，不可以作为上行文使用的是(　　)。

A. 意见　　B. 函　　C. 请示　　D. 报告

【参考答案】B

【答案解析】函适用于不相隶属机关之间商洽事项，有隶属的上下级机关之间不得使用函。请求批准函仅用于向平级机关或有关主管部门请求批准相关事项。

14. 某市发生纳税大厅火灾事故后，市税务局把此次火灾事故的情况和教训向所辖单位告知以防止此类事故再度发生，应选择的文种为(　　)。

A. 通知　　B. 通告　　C. 通报　　D. 报告

【参考答案】C

【答案解析】通知适用于发布、传达要求下级机关执行和有关单位周知或者执行的事项，批转、转发公文；通告是机关、团体在一定范围内公布应当遵守或者周知事项的告知性文件；通报适用于表彰先进、批评错误、传达重要精神和告知重要情况；报告是向上级机关汇报工作、反映情况、提出建议，答复上级机关询问的陈述性公文。某市税务局告知火灾事故一般用通报的形式。

15. 国家税务总局向北京市、上海市等地税务局下发《关于开展增值税发票系统升级版电子发票试运行工作有关问题的通知》，应选用的发文字号是(　　)。

A. 税总××发　　B. 税总××函　　C. 税总办××发　　D. 税总办××函

【参考答案】B

【答案解析】向下级安排部署局部的、阶段性的或临时性的工作时，发文字号适用“税总××函”。

16. 习近平总书记在《之江新语》中有过这样一段论述：“于细微处见精神，于细微处也见品格。小事小节是一面镜子，能够反映人品，反映作风。小事小节中有党性，有原则，有人格。”下列选项中符合这一论述精神的是(　　)。

A. 官德正，则民风淳；官德毁，则民风降

B. 尽小者大，慎微者著

C. 人过留名，雁过留声

D. 莫言暮夜无知者，须知乾坤有鬼神

【参考答案】B

【答案解析】党员干部要谨小慎微，在小事小节上加强修养。

17. 习近平总书记在谈到推进绿色税制建设时提出，要从实际出发，分层负责，分步实施，为此，需要系统考虑的手段是(　　)。

A. 外贸和财政　　B. 金融和财政

C. 金融和价格　　D. 税收和价格

【参考答案】D

【答案解析】绿色税收是指对投资于防治污染或环境保护的纳税人给予的税收减免政策，或对污染行业和污染物的使用征收的税。通过改变相关价格，导致经济主体的行为发生变化，促使其对可选择的经济活动进行成本效益分析。推进资源税改革，全面实施资源税从量计征改为从价计征，将税收与资源价格挂钩，建立有效的税收自动调节机制，促进资源节约利用。简单地说，通过对那些对环境有污染的行业或者资源利用高的行业征税，提高其产品价格，使其失去市场竞争优势，迫使它们改变生产方式，从而达到保护环境的目的。其理论依据有负外部效应理论、自然资源和环境的公共资本品理论、可持续发展理论。

18. 根据《中华人民共和国税收征收管理法》的有关规定，下列不属于税务行政主体的是(　　)。

A. 某市税务局税源管理科　　B. 某县税务局

C. 某县税务局下设税务所　　D. 某省税务局

【参考答案】A

【答案解析】税务行政主体是指能代表国家以自己的名义进行税务征收管理，并对其行政后果独立承担责任的税务机关。

19. 关于税收的基本理论，下列说法不正确的是（　　）。

A. 税目是征税对象的具体化

B. 征税对象是区分不同税种的重要标志

C. 税率是衡量税负轻重与否的唯一标志

D. 纳税义务人即纳税主体

【参考答案】C

【答案解析】税目是指在税法中对征税对象分类规定的具体的征税项目，反映具体的征税范围，是对课税对象质的界定。它是征税对象的具体化，规定了一个税种的课税范围，反映了课税的广度。征税对象是指税收法律关系中权利义务所指的对象，即对什么征税。不同的征税对象是区别不同税种的重要标志。纳税义务人即纳税主体，是指法律规定的直接负有纳税义务的单位和个人。狭义的纳税主体仅指纳税人。衡量税负轻重的重要标准是税率，但不是唯一标准。

20. 下列关于起征点和免征额说法不正确的是（　　）。

A. 免征额是税法规定的征税对象中免于征税的数额，免征额部分不征税，只对超过免征额的部分征税

B. 起征点和免征额对纳税人来说，效果是一样的

C. 起征点是税法规定征税对象开始征税的数额，征税对象数额未达到起征点的不征税，达到或超过起征点的就其全部数额征税

D. 起征点和免征额是两种特殊的优惠方式

【参考答案】B

【答案解析】起征点与免征额是两个不同的概念。二者都是特殊的税收优惠方式，但二者的侧重点不同，起征点照顾的是低收入者，免征额则是对所有纳税人的照顾。同样的数额规定为起征点和规定为免征额，对那些收入在规定数额以下的人来说，似乎看不出有什么差别，但对于收入超过规定数额的纳税人而言，其影响就截然不同了。

21. 习近平总书记提出，要积极参与数字货币、数字税等国际规则制定，所谓“数字税”正确的说法是(　　)。

A. 数字税是国家对一国境内的跨国公司通过境外子公司所销售的数字服务征税

B. 数字税是一种增值税

C. 数字税是一种企业所得税

D. 数字税是一种不同于增值税、企业所得税的独立税种

【参考答案】A

22. 法的核心内容是（　　）。

A. 权利　　B. 义务　　C. 强制　　D. 权利和义务

【参考答案】D

【答案解析】法律关系以权利和义务为主要内容，而法律规范根据其内容分为

权利规范和义务规范。

23. “法无明文规定不得处罚”，该表述体现的行政处罚原则是(　　)。

A. 处罚公正、公开　　B. 过罚相当

C. 处罚与教育相结合　　D. 处罚法定

【参考答案】D

【答案解析】根据《中华人民共和国行政处罚法》第三条规定，公民、法人或者其他组织违反行政管理秩序的行为，应当给予行政处罚的，依照《中华人民共和国行政处罚法》由法律、法规或者规章规定，并由行政机关依照《中华人民共和国行政处罚法》规定的程序实施。没有法定依据的处罚无效。

24. 在税务行政强制执行中，如果执行到位的款项不足以支付各种应缴或应付款项的，则首先应当支付的是(　　)。

A. 税款　　B. 罚款

C. 执行中发生的拍卖费　　D. 滞纳金

【参考答案】C

【答案解析】根据《抵税财务拍卖、变卖试行办法》第二十六条规定的顺序，执行中发生的必要费用如拍卖、变卖的费用排在首位，优先支付。

25. 税务机关对纳税人实施的下列行为中，属于行政强制的是(　　)。

A. 征收税款　　B. 罚款

C. 注销税务登记　　D. 加处罚款

【参考答案】D

【答案解析】行政强制是指法定的行政强制主体为维护公共秩序，或为履行已经生效的行政决定，而对行政相对人的人身、财产或行为采取强制性措施的具体行政行为。选项D是对逾期缴纳罚款的纳税人给予经济制裁的一种措施，符合行政强制的特征。选项A、B、C不符合行政强制的特征。

26. 孟子反对征定额税，主张丰年多征、灾年少征；管子则将年成分为上、中、下三等，提出不同年成依不同税率征收，最坏年成“不税”或“弛而税”。这些治税思想体现的税收财政原则是(　　)。

A. 财政收入应当充裕　　B. 财政收入应当弹性

C. 财政收入应当适度　　D. 财政收入应当法定

【参考答案】B

【答案解析】收入弹性是税收财政收入的原则之一，是指在设计税制时，收入必须有弹性，依条件的变化而变化。

27. 海瑞认为，国家应按负税能力征税，做到“贫者轻，富者重，田多者重，田少者轻，然后为均平也”(《海瑞集》)。这些治税思想体现的税收原则是(　　)。

A. 税收应当满足财政需要　　B. 税收应当体现公平原则

C. 税收应当体现法治原则　　D. 税收应当体现轻税原则

【参考答案】B

【答案解析】均平原则是古代治税思想之一，能力相同的人同等纳税，能力不同的人纳不同的税。

28. 财政“内在稳定器”在收入方面的调节，主要体现在（　　）。

A. 财政预算的调节　　B. 累进税制的调节

C. 财政补贴的调节　　D. 社会保障制度的调节

【参考答案】B

【答案解析】内在稳定器是指一些具有自动调节国民经济功能的财政政策，在经济繁荣时，能够抑制经济进一步膨胀；在经济衰退时，能够阻止经济进一步衰退，因此可以自动地稳定经济，又称“自动稳定器”。具有内在稳定器作用的财政政策，主要是个人所得税、公司所得税，以及各种转移支付。自动改变的累进税收制度是财政政策工具之一。

29. 关于“互联网+税务”的下述理解，不正确的是(　　)。

A. “互联网+税务”是互联网技术与税收业务高度整合，而不是简单相加

B. “互联网+税务”是税收公共服务系统，而不是自建自用的征收系统

C. “互联网+税务”目的是固化与确认权力，而不是消解与重构权力

D. “互联网+税务”是基于顶层设计的多用途应用，而不是各地创新的简单累加

【参考答案】C

【答案解析】互联网的本质是提供链接，相互链接的结果是结构的扁平和对纵向权力的消解。“互联网+税务”就是发挥信息技术、互联网技术、移动通信技术的优势，深度创新、全面重构税收业务，构建移动互联网技术与税收业务高度融合

的税收业务生态系统。

30. 当前，我国经济运行面临的突出矛盾和问题，根源是重大结构性失衡，主要表现为“三大失衡”。下列不属于“三大失衡”的是(　　)。

A. 实体经济结构性供需失衡　　B. 金融和实体经济失衡

C. 供给侧结构性失衡　　D. 房地产和实体经济失衡

【参考答案】C

【答案解析】当前中国经济发展面临三大结构性失衡：一是实体经济结构性供需失衡；二是金融和实体经济的失衡，存在着资金脱实向虚的现象；三是房地产和实体经济的失衡。何立峰表示，要化解这三大失衡，就必须向结构优化找出路，在供给侧上下功夫，用深化改革实现动态平衡。正因为失衡，才需要进行供给侧结构性改革。

31. 下列法律谚语与其蕴含的法学理论对应正确的是（　　）。

A. 法无明文授权不得为——人的权利根源于法条

B. 迟到的正义不是正义——效率是法的价值目标

C. 在法律面前人人平等——人的自由不能被剥夺

D. 民若不告则官必不究——诉权只能由个人行使

【参考答案】B

32. 甲企业准备与乙企业洽谈合作项目，当得知乙企业被列入重大税收违法失信案件“黑名单”时，取消了合作计划。该事件体现出的法律规范作用是(　　)。

A. 强制作用　　B. 预测作用　　C. 评价作用　　D. 指引作用

【参考答案】D

33. 下列说法中体现最优证据原则的是(　　)。

A. 作为证据的实物是诉讼中最好的证据

B. 最佳证据是诉讼中能直接证明案件事实的证据

C. 作为证据的原始资料优于复制品

D. 当事人只能提供原件或者原物

【参考答案】C

【答案解析】《最高人民法院关于执行〈中华人民共和国刑事诉讼法〉若干问题的解释》第五十三条规定：“收集、调取的书证应当是原件。只有在取得原件确有困难时，才可以是副本或者复制件。收集、调取的物证应当是原物。只有在原物不便搬运、不易保存或者依法应当返还被害人时，才可以拍摄足以反映原物外形或者内容的照片、录像。……”这表明我国刑事诉讼法律规定的最佳证据规则不仅适用于书证，而且适用于物证。

34. 在我国灿烂的历史文化宝库中有许多言简意赅的成语，凝结着深刻的生活智慧。下列对成语的哲学寓意理解正确的是(　　)。

①吐故纳新，革故鼎新——辩证否定是肯定和否定的统一

②和实生物，同则不继——矛盾的斗争性和同一性的关系

③画龙点睛——集中力量解决矛盾的主要方面、看主流

④瑕不掩瑜——主要矛盾和次要矛盾的关系

A. ①②　　B. ①③　　C. ②④　　D. ③④

【参考答案】A

35. 影响纳税人满意度的因素是多方面的，根据纳税人的实际需求和期望，可分为“硬性”影响因素与“软性”影响因素。其中，属于“硬性”因素的是(　　)。

A. 纳税环境　　B. 税务人员的服务态度

C. 税收的公平程度　　D. 纳税人的心情

【参考答案】A

36. 下列经济指标与衡量对象对应关系正确的是(　　)。

A. 赤字率—财政风险　　B. 恩格尔系数—收入分配差距

C. 基尼系数—居民生活水平　　D. 生产者物价指数—货币供应量

【参考答案】A

37. 我国税法明确规定纳税人的义务有(　　)。

A. 申报方式选择权　　B. 申请延期缴纳税款权

C. 税收监督权　　D. 依法进行税务登记

【参考答案】D

【答案解析】选项A、B、C都是税法规定的纳税人的权利。

38. 税收违法行为涉嫌犯罪的，稽查局移送公安机关前须经(　　)。

A. 稽查局局长批准　　B. 所属税务局局长批准

C. 省级税务局局长批准　　D. 基层税务分局局长批准

【参考答案】B

【答案解析】本题考查涉嫌犯罪案件移送的审批权。《中华人民共和国税收征收管理法实施细则》第九条规定，涉及偷税、逃避追缴欠税、骗税、抗税的案件由稽查局查处。《税务稽查工作规程》第六十条规定，税收违法行为涉嫌犯罪的，一般由稽查局填制《涉嫌犯罪案件移送书》，经所属税务局局长批准后，依法移送公安机关。

39. 抗税罪的主体是(　　)。

A. 纳税人且是法人　　B. 其他组织

C. 一般主体　　D. 自然人

【参考答案】D

【答案解析】本题考查抗税罪的犯罪主体。不是任何主体都可构成抗税罪，此罪的犯罪主体是特殊主体，只能是自然人。

40. 从法律规范的内容上看，《中华人民共和国税收征收管理法》属于(　　)。

A. 实体法　　B. 程序法

C. 以程序法为主，有部分实体法　　D. 以实体法为主，有部分程序法

【参考答案】C

【答案解析】《中华人民共和国税收征收管理法》是一部以程序法为主的法律，其中关于税收违法行为具体法律责任的规定，实际上是一种实体规定，属于实体法范畴。

41. 税收执法过错责任追究的实施主体是(　　)。

A. 各级税务局　　B. 县级以上税务局

C. 市级以下税务局　　D. 具有人事管理权的税务机关

【参考答案】D

【答案解析】本题考查税收执法责任过错追究的实施主体。税收执法过错责任追究由具有人事管理权的税务机关组织实施，其他税务机关不负责实施税收执法过错责任追究。

42. 通过非语言的声音、语调、语速的变化来实现信息传递与交流，指的是(　　)。

A. 身体语言沟通　　B. 副语言沟通

C. 物体的操纵　　D. 口头沟通

【参考答案】B

【答案解析】副语言沟通是通过非语言的声音、语调、语速的变化来实现信息传递与交流。

43. 法国思想家卢梭指出："规章只不过是穹隆顶上的拱梁，而唯有慢慢诞生的风尚才最后构成那个穹隆顶上的不可动摇的拱心石。"这段话表明，法治建设中最重要的是(　　)。

A. 法治成为全民信仰　　B. 法律法规的至高无上地位

C. 法律法规的执行　　D. 法律法规的制定

【参考答案】A

【答案解析】管用而有效的法律，既不是铭刻在大理石上，也不是铭刻在铜表上，而是铭刻在公民的心里。

44. 根据《全国税务机关公文处理办法》的相关规定，公文中附注内容各条之间用来分隔的符号是(　　)。

A. 逗号　　B. 分号　　C. 句号　　D. 破折号

【参考答案】A

45. 中国特色社会主义法治建设的根本目的是(　　)。

A. 保障人民权益　　B. 保护人民安全

C. 保护国家安全　　D. 保障社会秩序

【参考答案】A

46. 税收是国家参与社会剩余产品分配体现出的一种特殊分配关系。之所以说税收是一种特殊的分配关系，根本原因是(　　)。

A. 税收分配是特殊的市场分配方式

B. 税收分配是通过非市场方式实现的

C. 国家以社会财富所有者的身份参与分配

D. 国家可以主导社会财富的分配方式

【参考答案】B

47. 税收纵向公平是指经济能力不同的人应缴纳数额不同的税，税法对不同收入水平（支付能力）的纳税人规定不同的负担水平。就税制原理而言，实现纵向公平一般采用(　　)。

A. 比例税率　　B. 累进税率　　C. 定额税率　　D. 固定税率

【参考答案】B

48. 领导干部廉洁修身、廉洁齐家，要摆在重要位置的是(　　)。

A. 人文素养　　B. 职业道德　　C. 社会伦理　　D. 家风建设

【参考答案】D

【答案解析】习近平总书记在十八届中央纪委六次全会上强调："每一位领导干部都要把家风建设摆在重要位置，廉洁修身、廉洁齐家。"

49. 钱学森曾经说过："我作为一名中国的科技工作者，活着的目的就是为人民服务。如果人民最后对我的一生所做的工作表示满意的话，那才是最高的奖赏。"这说明评价人生价值的根本尺度是(　　)。

A. 个体在社会中的地位

B. 个体在社会中的影响

C. 个人对社会和他人的生存与发展的贡献

D. 个体从社会获得的满足尺度

【参考答案】C

【答案解析】钱学森说人活着的目的就是为人民服务，即个人对社会和他人的生存与发展的贡献。

50. 改革开放以来党的全部理论和实践的主题是(　　)。

A. 中华民族伟大复兴　　B. 中国特色社会主义

C. 全面深化改革　　D. 全面建成小康社会

【参考答案】B

51. 市场是有效的资源配置方式，但如果完全依赖市场，一旦市场失灵就会造成严重后果。下列选项中不属于市场失灵后果的是(　　)。

A. 公共产品供应不足　　B. 权力的寻租与腐败

C. 企业破产、失业增多　　D. 社会财富分配不公

【参考答案】B

【答案解析】市场失灵的表现有收入与财富分配不公，外部负效应问题，竞争失败和市场垄断的形成，失业问题，区域经济不协调问题，公共产品供给不足，公共资源的过度使用。权力寻租是政府失效的主要表现。

52. 某市税务局副局长龚某竞聘正科实职失利后，看到另一同事郭某任前公示的消息后，心中感到不平和嫉妒，随即编造一条郭某花钱买票买官的举报材料，匿名寄给了上级领导和纪检部门，并安排其亲属在网上发帖，在社会上造成了很大的影响。根据《中国共产党纪律处分条例》，龚某的行为（ ）。

A. 违反了党的政治纪律　　B. 违反了党的工作纪律

C. 不道德，但不违反党的纪律　　D. 违反了党的生活纪律

【参考答案】A

53. 实行“领导包案”的各级税务机关所管辖的信访情况和事项，包括（ ）。

A. 群体访、越级访，疑难复杂、涉及面广、时间跨度大、容易升级激化的，以及其他需要领导包案解决的信访情况和事项

B. 群体访、重复访，重大疑难复杂、涉及面广、容易升级激化的，以及其他需要领导包案解决的信访情况和事项

C. 重大群体访、重复访、越级访，疑难复杂、涉及面广、时间跨度大、容易升级激化的，以及其他需要领导包案解决的信访情况和事项

D. 重大群体访、重复访、越级访，重大疑难复杂、涉及面广、容易升级激化的，以及其他需要领导包案解决的信访情况和事项

【参考答案】C

54. 疫情防控是一场大考，考的是党员干部的担当尽责。有些干部工作抓而不细、抓而不实，导致发生“黄某英违规离汉抵京”事件。这一事件背后隐喻的规律是（ ）。

A. 羊群效应　　B. 海恩法则　　C. 马太效应　　D. 蝴蝶效应

【参考答案】B

【答案解析】海恩法则是由德国飞行员帕布斯·海恩对多起航空事故深入分析研究后得出的。海恩法则告诉我们，每一起严重事故的背后，必然有29次轻微事故和300起未遂先兆以及1000起事故隐患。事故案件的发生看似偶然，其实是各种因

素积累到一定程度的必然结果。任何重大事故都是有端倪可查的，其发生都经过萌芽、发展到发生这样一个过程。如果每次事故的隐患或苗头都能受到重视，那么每次事故都可以避免。“黄某英”事件教训十分深刻，它告诫奋战在战“疫”任何环节上的党员干部，必须职尽其责，百密一疏都有可能导致功亏一篑。在疫情防控大局面前，较真碰硬的担当、如履薄冰的谨慎、千磨万击的韧劲，都不可或缺。

55. 面试考官往往会根据开始几分钟的印象对应聘者做出判断，这种面试偏差被称为(　　)。

A. 非语言行为造成的偏差　　B. 刻板印象

C. 光环效应　　D. 首因效应

【参考答案】D

【答案解析】首因效应是指面试考官往往会根据开始几分钟的印象对应聘者做出判断。

56. 税务机关文书档案的保管期限分为永久、定期两种。在归档文件时，下列文件资料应永久保存的是(　　)。

A. 本单位关于思想政治工作的专题报告

B. 各科室报送的年度计划和总结

C. 本单位税收开展情况的通报

D. 本单位局长办公会会议纪要

【参考答案】D

【答案解析】根据《全国税务机关文件材料归档范围和文书档案保管期限规定》，本单位党委会议纪要和局长办公会会议纪要属于永久保存的文书档案。

57. 税收收入政策追求的比较理想的目标是（　　）。

A. 使税收弹性越大越好　　B. 使税收弹性等于1

C. 使税收弹性保持在接近1的水平　　D. 使税收弹性长期接近0

【参考答案】C

【答案解析】从长期来看，税收弹性过大不利于经济运行，因为对于宏观经济而言，税收是一种“漏出”因素，规模过大会抑制储蓄与投资。为了“课及税源却不伤及税本”，应使税收弹性保持在接近1的水平。若税收弹性长期接近0，又会使公共支出逐渐萎缩。

58. 来文出现以下情况的，应予退回，下列选项不正确的是（　　）。

A. 不应当由本机关办理的

B. 与有关法律、法规及规章相抵触的

C. 文种使用不当，违反行文规则的

D. 上行文注明签发人的

E. 用印有误，未注明附件或附件有缺漏的

【参考答案】D

【答案解析】本题考查公文收文办理情形，上行文没有注明签发人的文件，应予退回。

59. “凡提四必”是强化选人用人审核把关、防止干部“带病提拔”的重要措施，下列说法错误的是（　　）。

A. 干部档案“凡提必审”

B. 个人有关事项报告“凡提必核”

C. 纪检监察机关意见“凡提必听”

D. 反映违规违纪问题和信访举报“凡提必查”

【参考答案】D

【答案解析】凡提必查，不是有举报即查，而是反映违规违纪问题有线索具体，有可查性的信访举报。

60. 毛泽东 1929 年写有《清平乐·蒋桂战争》词一首：“风云突变，军阀重开战。洒向人间都是怨，一枕黄粱再现。红旗跃过汀江，直下龙岩上杭。收拾金瓯一片，分田分地真忙。”词中“金瓯”的意思是（　　）。

A. 金盆　　B. 酒杯　　C. 国土　　D. 根据地

【参考答案】C

【答案解析】金瓯，在诗中指国土。

题型二　多项选择题

1. 公文中的数字，除了特殊情况必须使用汉字外，应当使用阿拉伯数字。这些必须使用汉字的是(　　)。

A. 成文日期

B. 部分结构层次序数

C. 在词、词组中作为词素的数字

D. 标题

【参考答案】BC

2. 某市税务局拟办的下列工作事项中，适用通报的有(　　)。

A. 表彰2022年度全市纳税百强企业

B. 批评×××同志在某项工作上出现严重错误并负有主要责任

C. 任命×××同志为××市税务局稽查局副局长

D. 传达全省税务工作会议重要精神或情况

E. 下达关于贯彻落实国家税务总局党建工作责任制实施意见的文件

【参考答案】ABD

3. 国家税务总局某市税务局拟制了以下一批公文，其中公文标题及文种使用不符合公文规范的有(　　)。

A. 国家税务总局××市税务局关于贯彻落实《税务总局税收政策执行情况反馈报告制度实施办法》的通知

B. 国家税务总局××市税务局关于召开全市“税收数据质量月”工作会议的通告

C. 国家税务总局××市税务局关于规范全市税务系统网站图片新闻发布工作的函

D. 国家税务总局××市税务局关于取消代开普通发票实地核查要求的请示

E. 国家税务总局××市税务局关于协查出口货物税收有关情况的通知

【参考答案】ABCE

4. 公文文稿在签发前，应当进行审核。审核的重点有(　　)。

A. 行文理由是否充分

B. 行文依据是否准确

C. 行文内容是否符合法律法规

D. 行文文种是否正确

【参考答案】ABCD

5. 承办公文时应注意的是(　　)。

A. 承办部门阅文后如发现批办意见与公文中的具体要求不一致，应及时向批办

领导报告，待领导说明原因或重新批办后再办理

B. 承办部门对不属于本部门职权范围或不宜由本部门办理的公文，应经承办部门负责人签署意见后及时退回交办的文秘部门并说明理由

C. 承办公文时遇有涉及本机关其他内设机构职权范围内的事项，可主动将事项交给该部门办理

D. 承办公文中遇有应当与其他部门协商的事项，如协商不一致时可以缓办

【参考答案】AB

6. 税务行政复议机关在审理纳税人对税务行政处罚决定不服的复议案件时，下列说法正确的有(　　)。

A. 不适用调解　B. 适用调解　C. 合理性审查　D. 合法性审查

【参考答案】BCD

【答案解析】本题考查复议案件的审查内容和复议调解的事项。行政复议坚持全面审查原则，即对具体行政行为进行合法性和合理性审查。税务行政复议过程中一般不适用调解，但对于税务机关行使自由裁量权的行为，可以适用调解。税务行政处罚属于行使自由裁量权的行为，审理纳税人对税务行政处罚决定不服的行政复议案件可以适用调解。

7. 下列各项中，属于税务行政处罚种类的有(　　)。

A. 罚款　B. 停止出口退税权

C. 阻止纳税人或其法定代表人出境　D. 欠税公告

【参考答案】AB

【答案解析】《税务行政复议规则》第八条第五款规定，税务机关作出的行政处罚行为包括罚款、没收财物和违法所得、停止出口退税权。欠税公告、阻止纳税人出境或其法定代表人出境是税务机关对纳税人欠缴税款的管理措施，并非行政处罚。

8. 研究衡量经济与税收的关系有两个重要指标，这两个指标是(　　)。

A. 税负率　B. 税收弹性　C. 宏观税率　D. 征收率

【参考答案】BC

【答案解析】税收弹性和宏观税率是研究衡量经济与税收关系的两个重要指标。前者是指描述税收收入相对于国民收入的弹性的指标，后者即税收收入总额占 GDP 的比重。

9. 经济稳定一般是指经济的平稳增长，具体包括(　　)。

A. 充分就业　　B. 经济增长　　C. 物价稳定　　D. 国际收支平衡

【参考答案】ABCD

【答案解析】经济稳定包含就业、物价、国际收支、经济增长四个方面的内涵。

10. 税法适用原则是指税务行政机关或司法机关运用税收法律规范解决具体问题必须遵循的准则。下列税法原则中，属于税法适用原则的有(　　)。

A. 法律优位原则　　B. 实质课税原则

C. 特别法优于普通法原则　　D. 实体从旧、程序从新原则

【参考答案】ACD

11. 下列属于税务机关组织收入的工作原则有(　　)。

A. 依法征税，确保收入　　B. 坚决不收过头税

C. 坚决防止和制止越权减免税　　D. 坚决落实各项税收优惠政策

【参考答案】BCD

12. 联合办理公文是指两个以上机关联合办理的公文。下列关于联合办理公文归档整理的说法，正确的有(　　)。

A. 原件可由联合办文的机关协商保留

B. 不需要留存公文副本

C. 原件应由主办机关整理、归档

D. 其他机关保存复制件或公文副本

E. 原件应由档案部门负责整理归档

【参考答案】CD

【答案解析】《全国税务机关公文处理办法》规定，联合办理的公文，原件由主办机关整理、归档，其他机关保存复制件或其他形式的公文副本。

13. 税法基本原则是一定社会经济关系在税收法治中的体现。下列选项属于税法基本原则的有(　　)。

A. 税收合作信赖主义　　B. 税收公平正义

C. 新法优于旧法原则　　D. 税收法律主义

E. 实质课税原则

【参考答案】ABCD

【答案解析】税收法律主义也称税收法定性原则。税收公平正义，是指税收负担必须根据纳税人的负担能力分配。负担能力相等，税负相同；负担能力不等，税负不同。税收合作信赖主义也称公众信任原则，认为税收征纳双方的关系就其主流来看是相互信赖、相互合作的，而不是对抗性的。实质课税原则是指应根据纳税人的真实负担能力决定纳税人的税负，不能仅考核其表面上是否符合课税要件。

14. 税务机关各部门制发文件时要为基层实施预留合理的时间，规定(　　)。

A. 增强工作的计划性和预见性，尽可能减少特急件和加急件

B. 下班后及节假日期间一般不得下发公文

C. 需要基层报道材料、填报数据、反馈情况等，应尽可能为基层预留充分的准备时间

D. 对预留时间不足5日的紧急正式公文，主办部门必须在办文说明中详细说明理由

【参考答案】ABCD

15. 在便函写作时，不得出现(　　)。

A. 设定行政许可、行政审批、行政处罚、行政强制事项

B. 规定内部管理审批、税收政策解释、税收征管问题解释事宜

C. 规定具体税收征管工作、会议培训和书刊征订事宜

D. 通报和汇报有关减税降费等具体性、一般事务性问题

【参考答案】ABCD

16. 2023年3月13日第十四届全国人民代表大会第一次会议通过的修改后的《中华人民共和国立法法》，明确（　　）。

A. 立法应当坚持中国共产党的领导

B. 立法应当体现党的意志

C. 立法应当坚持以经济建设为中心

D. 立法应当符合宪法的规定、原则和精神

【参考答案】ACD

17. 《中国共产党组织处理规定（试行）》中规定的组织处理是指党组织对违规违纪违法、失职失责失范的领导干部采取的岗位、职务、职级调整措施，包括(　　)。

A. 停职检查　　B. 调整职务　　C. 责令辞职　　D. 免职

E. 降职

【参考答案】ABCDE

18. 下列机关公文种类，可以作为上行文使用的是(　　)。

A. 意见　　B. 报告　　C. 请示　　D. 函

E. 通告

【参考答案】ABC

【答案解析】报告、请示和意见可以作为上行文使用。函适用于不相隶属机关之间商洽事项，有隶属的上下级机关之间不得使用函。

19. “衙斋卧听萧萧竹，疑是民间疾苦声。些小吾曹州县吏，一枝一叶总关情。”这首诗主要表达的意思是(　　)。

A. 强调基层干部的作用　　B. 告诫广大党员干部群众利益无小事

C. 体现爱民之心与勤政之意　　D. 要求党员干部要切身体会民生疾苦

【参考答案】ABCD

20. “为官一任，造福一方，遂了平生意。绿我涓滴，会它千顷澄碧。”这是习近平总书记填词写给某位人民公仆的。下面不符合的选项是(　　)。

A. 廖俊波　　B. 孔繁森　　C. 谷文昌　　D. 焦裕禄

【参考答案】ABC

【答案解析】1990 年 7 月 15 日，习近平给焦裕禄所填之词《念奴娇·追思焦裕禄》：中夜，读《人民呼唤焦裕禄》一文，是时霁月如银，文思萦系……魂飞万里，盼归来，此水此山此地。百姓谁不爱好官？把泪焦桐成雨。生也沙丘，死也沙丘，父老生死系。暮雪朝霜，毋改英雄意气！依然月明如昔，思君夜夜，肝胆长如洗。路漫漫其修远矣，两袖清风来去。为官一任，造福一方，遂了平生意。绿我涓滴，会它千顷澄碧。

21. 把培育和践行社会主义核心价值观的任务落实到基层，要充分发挥某些人的模范带头作用。下面选项不符合的是(　　)。

A. 工人、农民、知识分子

B. 党员、干部

C. 青少年、社会公众人物

D. 非公有制经济组织和新社会组织从业人员

【参考答案】ACD

【答案解析】《关于培育和践行社会主义核心价值观的意见》指出：充分发挥工人、农民、知识分子的主力军作用，发挥党员、干部的模范带头作用，发挥青少年的生力军作用，发挥社会公众人物的示范作用，发挥非公有制经济组织和新社会组织从业人员的积极作用，形成人人践行社会主义核心价值观的生动景象。

22. 根据《党政机关国内公务接待管理规定》，县级以上党政机关公务接待管理部门应当会同财政部门按年度组织公开本级国内公务接待制度规定、（　　）等有关情况，接受社会监督。

A. 标准　　B. 经费支出　　C. 接待场所　　D. 接待项目

【参考答案】ABCD

23. 根据《党政机关国内公务接待管理规定》，公务外出确需接待的，派出单位应当向接待单位（　　）。

A. 发出公函　　B. 告知内容　　C. 告知行程　　D. 告知人员

【参考答案】ABCD

24. 根据《党政机关国内公务接待管理规定》，各级党政机关应当加强公务外出计划管理，科学安排和严格控制外出的时间和(　　)。

A. 内容　　B. 路线　　C. 频率　　D. 人员数量

【参考答案】ABCD

25. 根据《党政机关厉行节约反对浪费条例》，以下费用属于严格控制范围的是(　　)。

A. 国内差旅费　　B. 公务接待费

C. 会议费　　D. 培训费

【参考答案】ABCD

26. 延安整风运动是党史上一段有着非常重要意义的历史大事。下列说法正确的有(　　)。

A. 这是一次全党范围内的马克思主义思想教育运动

B. 这是一次破除党内把马克思主义教条化的伟大思想解放

C. 这是一次确立毛泽东思想为全党的指导思想的运动

D. 这为抗日战争胜利和新民主主义革命在全国胜利奠定了重要的思想政治基础

【参考答案】 AB

【答案解析】 确立毛泽东思想为全党的指导思想是在党的七大。

27. 古田会议根据“九月来信”的精神，总结红四军成立以来的经验教训，批评各种错误思想，确立了人民军队建设的基本原则，确定红军的性质、宗旨和任务，确立了党对红军实行绝对领导。会议通过的《中国共产党红军第四军第九次代表大会决议案》，回答解决了在中国共产党的领导下建设新型人民军队的一系列重大问题，包括（　　）。

A. 从思想上建党的原则

B. 从政治上建军的原则

C. 为后来的农村包围城市、武装夺取政权思想的形成、发展和实践奠定了基础

D. 从政治上建党原则

【参考答案】 AB

【答案解析】 古田会议精神主要在于建党和建军原则的确立。

28. 美元作为世界货币，加息和降息对世界各国经济、资本市场影响巨大，下列表述正确的有（　　）。

A. 美元加息意味着美国经济处于衰退中，对一些经济体出口预期会增加

B. 美元加息后美元升值，人民币贬值会直接导致我国资金加剧外流

C. 美元加息意味着全球的钱会大量流入美国，投资者可以通过很多方式来投资美国市场，导致美元上涨

D. 一些以美元计价的大宗商品、贵金属、外汇市场都会下跌，也会使股票市场下跌

【参考答案】 BCD

29. 《中共中央纪委关于严格禁止利用职务上的便利谋取不正当利益的若干规定》中关于“干股”的规定，正确的认定和处理方式有（　　）。

A. 股份未实际转让，以股份分红名义获取利益的，实际获利数额应当认定为违纪数额

B. 相关证据证明股份发生了实际转让的，违纪数额按转让行为时股份价值计

算，所分红利按违纪孳息处理

C. 进行了股权转让登记，违纪数额按转让行为时股份价值计算，所分红利按违纪孳息处理

D. 进行了股权转让登记，或者相关证据证明股份发生了实际转让的，违纪数额按转让行为时股份价值计算，所分红利可不予追缴

【参考答案】ABC

【答案解析】“干股”是指未出资而获得的股份。进行了股权转让登记，或者相关证据证明股份发生了实际转让的，违纪数额按转让行为时股份价值计算，所分红利按违纪孳息处理。股份未实际转让，以股份分红名义获取利益的，实际获利数额应当认定为违纪数额。

30. 近代以来，中国人民面临的两大历史任务是(　　)。

A. 争取民族独立　　B. 争取人民解放

C. 实现国家繁荣富强　　D. 实现人民共同富裕

【参考答案】ABCD

【答案解析】2010 年，习近平在全国党史工作会议上的讲话中指出“近代以来，中国人民面临着争取民族独立、人民解放和实现国家繁荣富强、人民共同富裕这两大历史任务”，“团结带领全国各族人民为实现这两大历史任务而不懈奋斗，这就是党的历史发展的主题和主线”。

31. 中国共产党团结带领人民为中华民族做出的三个方面的伟大历史贡献是(　　)。

A. 团结带领中国人民进行 28 年浴血奋战，打败日本帝国主义，推翻国民党反动统治，完成新民主主义革命，建立了中华人民共和国

B. 团结带领中国人民完成社会主义革命，确立社会主义基本制度，消灭一切剥削制度，推进了社会主义建设

C. 团结带领中国人民进行改革开放新的伟大革命，极大激发广大人民群众的创造性，极大解放和发展社会生产力，极大增强社会发展活力，人民生活显著改善，综合国力显著增强，国际地位显著提高

D. 团结带领中国人民从站起来到富起来再到强起来的伟大变革

【参考答案】ABC

【答案解析】三大历史贡献有规范的表述，记住“革命”“建设”“改革”这三个关键词。

32. 中国共产党团结带领人民为中华民族做出历史贡献的三个方面的重大意义是(　　)。

A. 实现了中国从几千年封建专制制度向人民民主的伟大飞跃

B. 实现了中华民族由不断衰落到根本扭转命运、持续走向繁荣富强的伟大飞跃

C. 实现了中国人民从站起来到富起来、强起来的伟大飞跃

D. 实现了中国共产党从革命党到执政党的伟大飞跃

【参考答案】ABC

【答案解析】理解这一点，要分别从5000多年、500年和60多年的历史跨度总结党领导人民取得的伟大胜利对于中华文明的意义、对于科学社会主义的意义、对于中华民族的意义。这样便于记忆。

33. 中国共产党的百年历史，也是党不断加强和改进自身建设的历史。党的自身建设史，有“两个工程”，它们是(　　)。

A. 新民主主义革命时期，党提出的党的建设“伟大工程”

B. 改革开放历史新时期，党提出的“党的建设新的伟大工程”

C. 创立习近平新时代中国特色社会主义思想的伟大工程

D. 创立毛泽东思想的伟大工程

【参考答案】AB

34. 中国的别称有(　　)。

A. 赤县、神州

B. 华、中华、夏、华夏

C. 禹域、禹迹、禹甸

D. 中华人民共和国

【参考答案】ABC

【答案解析】这是国情国力常识考点，注意中华人民共和国不是别称。

35. 下列有关说法，正确的是(　　)。

A. 决定一个国家民族未来的事业是教育，决定人们一生命运的事业是教育

B. 实现现代化具有决定性意义的一条就是把经济建设转移到依靠科技进步和提高劳动者素质的轨道上来

C. 综合国力竞争的决定性因素是科技创新能力

D. 我国实现基本经济制度的决定性因素是社会主义性质和初级阶段国情

【参考答案】ABCD

【答案解析】这些“决定”都是了解国情国力的必备常识点。

36. 2018 年 7 月以来，“秦岭违建别墅拆除”备受关注，有 1194 栋违建别墅被整治。从 2014 年 5 月到 2018 年 7 月，习近平总书记对“秦岭违建”的批示指示达六次之多，为什么一定要拆除秦岭的别墅，从生态环境的角度分析，因为(　　)。

A. 秦岭是中国“中央空调”　　B. 秦岭是中国“中央水库”

C. 秦岭是中国中央物种基因库　　D. 秦岭是中国“中央氧吧”

【参考答案】ABCD

37. 东方市税务局纳税服务科副科长方山接受一项调查研究任务，为了出色完成一篇调研报告，他需要掌握以下正确的调研方法有(　　)。

A. 首先是开展文献调查，通过对数据库的检索，全面系统掌握相关文献资料并进行阅读

B. 开展问卷调查，问卷设计没什么技巧，只需要列出想要被调查者回答的问题即可

C. 开展小组座谈，通过建立焦点小组，进行定性访谈，获取创意

D. 开展抽样调查，随机选取任意一批纳税人，通过走访或电话进行调研

【参考答案】AC

38.《关于进一步深化税收征管改革的意见》明确全面推进税收征管数字化升级和智能化改造的目标是（　　）。

A. 2021 年建成全国统一的电子发票服务平台

B. 2022 年基本实现法人税费信息一户式、自然人税费信息一人式智能归集

C. 2023 年基本实现税务机关信息一局式，税务人员信息一员式智能归集

D. 2035 年基本实现发票全领域、全环节、全要素电子化，着力降低制度性交易成本

【参考答案】ABC

【答案解析】《关于进一步深化税收征管改革的意见》是两办 2021 年发文，应予关注。D 选项说法错误，不是 2035 年，而是 2025 年。

题型三　判断题

1. 国家税务总局以税总办发（函）发文，明确要求报送有关情况或将有关情况报送国家税务总局（××司局）的，省税务局应主送“国家税务总局（××司局）”，文种选用“公函”。（　）

【参考答案】√

2. 某税务局在日常公文写作中，用阿拉伯数字表示计量和标号数字，用汉字数字表示非公历年数和概数。（　）

【参考答案】√

【答案解析】这符合公文数字用法。

3. “意见”既可作上行文，又可作平行文和下行文。（　）

【参考答案】√

4. ×省税务局拟组织一次副处级以上干部培训，需发一个培训通知，使用的发文字号应是×税发〔公元年号〕××号。（　）

【参考答案】×

【答案解析】依据精减文件的精神，内部培训通知不发正式公文。

5. 决议是党政机关对重要事项或重大行动做出决策和安排的指导性公文。

（　）

【参考答案】×

【答案解析】决议是经领导机构主持召开的会议通过的对重要事项进行决策部署的指导性公文。

6. 某地税务局转发上级文件的题目为：××市税务局关于转发《××省税务局关于转发（税总发〔2015〕×号文）的通知》的通知。（　）

【参考答案】×

7. 某市税务局在报送公文排序同级机关时，按照市委、市人大、市政府、市政协、市法院、军分区、市工商联的顺序排列。（　）

【参考答案】×

【答案解析】同级机关之间一般按照党委、人大、政府、政协、军队、法院、检察院、人民团体、民主党派等次序排列。

8. 若请示的问题具有普遍性，且涉及有关政策的调整，可使用通知的形式下发各地执行，不再单独复文请示单位。（　　）

【参考答案】√

9. 各级税务机关应当根据隶属关系和工作需要，在职权范围内行文，具有隶属关系或业务指导关系的机关之间应逐级行文。（　　）

【参考答案】√

10. 可以越级行文的情况包括：由于发生战争或严重自然灾害，逐级上报将会延误时机、造成损失的问题；经多次请求直接的上级机关，长期没有得到解决的问题；上级机关交办的并指定越级直接上报的问题；对直接上级机关进行检举、控告的问题；直接上下级机关或领导之间有争议而无法解决的问题。（　　）

【参考答案】√

11. 下级机关一般不得越过上级机关而向上行文；但上级机关可以越过下级机关向下行文。（　　）

【参考答案】×

【答案解析】越级行文既包括向上越级，也包括向下越级，一般情况下都不能越级行文。

12. 机关领导在签发公文时，必须确认是自己职权范围内的有关公文才有权签发，不可越级签发公文。（　　）

【参考答案】√

13. 几个机关或部门的联合发文，一般由主办该公文的单位负责签发，其他有关联署机关或部门的领导人签不签不做要求。（　　）

【参考答案】×

14. 引用公文应先引标题，后引发文字号。发文字号在公文的标题后用圆括号注明。文中多次引用同一份文件，也不可以直接引用文号。（　　）

【参考答案】×

【答案解析】引用公文时，文中多次引用同一份文件，有文号的，下次可直接引用文号。

15. 会议纪要可以代替有关行政执法文书或文件，作为行政管理的依据。（　）

【参考答案】×

【答案解析】不得以会议纪要代替有关行政执法文书或文件，不得直接作为行政管理的依据。

16. 研究宏观税收负担时，一般用税收总收入占国内生产总值的比重作为衡量宏观税收负担水平的指标。（　）

【参考答案】√

【答案解析】税收负担指标分宏观和微观，宏观税负是指一个国家的税负总水平。

17. 目前，“互联网+”不仅正在全面应用到第三产业并形成互联网金融、互联网交通、互联网医疗、互联网教育等新生态，而且正在向第一产业和第二产业渗透。对于传统产业来说，“互联网+”要求传统产业实施换代升级。（　）

【参考答案】√

【答案解析】“互联网+”代表一种新的经济形态，互联网通过将开放、平等、互动等网络特性在传统产业中运用，通过大数据的分析与整合，试图厘清供求关系，通过改造传统产业的生产方式、产业结构等内容来增强经济发展动力，提升效益，从而促进国民经济健康有序发展。

18. 公文办理中遇有涉及其他部门职权范围内的事项，主办部门应当主动与有关部门协商，如有分歧，主办部门主要负责人要出面协调。（　）

【参考答案】√

19.《中华人民共和国民法典》共七编1260条，各编依次为总则、人格权、物权、合同、婚姻家庭、继承、侵权责任以及附则。（　）

【参考答案】×

【考点解析】《中华人民共和国民法典》的编次顺序是总则、物权、合同、人格权、婚姻家庭、继承、侵权责任以及附则。

20. 行政行为一经做出即具有法律效力，非经法定程序不得变更。（　）

【参考答案】√

【答案解析】行政行为一经做出即具有法律效力，非经法定程序不得变更，体现了行政行为的确定力。

21. 虚开增值税专用发票、用于骗取出口退税、抵扣税款发票罪的犯罪主体是特殊主体，只能是自然人。（　　）

【参考答案】×

【答案解析】虚开增值税专用发票、用于骗取出口退税、抵扣税款发票罪的犯罪主体是一般主体，包括自然人和单位。

22. 申请人对税务机关作出逾期不缴纳罚款加处罚款决定不服的，应当先缴纳罚款和加处罚款，再申请行政复议。（　　）

【参考答案】√

【答案解析】《税务行政复议规则》第三十四条规定，申请人对税务机关作出逾期不缴纳罚款加处罚款的决定不服的，应当先缴纳罚款和加处罚款，再申请行政复议。

23. 税务机关制定的税收规范性文件，应当以公告形式发布。（　　）

【参考答案】√

【答案解析】《税收规范性文件制定管理办法》第二十八条规定，税收规范性文件应当以公告形式发布；未以公告形式发布的，不得作为税务机关执法依据。

24. 某企业于2016年6月因计算错误等失误少缴企业所得税9万元，税务机关在2020年3月税务检查时发现该问题。税务机关不应追缴该笔税款，因为已经过了追征期。（　　）

【参考答案】√

【答案解析】《税收征收管理法》第五十二条第二款规定，因纳税人、扣缴义务人计算错误等失误，未缴或者少缴税款的，税务机关在3年内可以追征税款、滞纳金；有特殊情况的，追征期可以延长到5年。这里的特殊情况是指税款累计数额达到10万元。本案中因纳税人计算错误等失误少缴企业所得税9万元，不足10万元，故税务机关发现后追征税款的期限是3年。

25. “拉弗曲线”的基本含义是，税收一直随着税率的增高而增高。（　　）

【参考答案】×

【答案解析】“拉弗曲线”的基本含义是税收并不是随着税率的增高在增高，当税率高过一定点后，税收的总额不仅不会增加，反而还会下降。

26. 国家税务总局提出，更好服务国家治理现代化，要提升税收治理“六大能力”：政治能力、改革创新能力、调查研究能力、制度落实能力、应急处突能力、风险防范能力。 （　）

【参考答案】×

【答案解析】题目故意混淆习近平总书记提出的“七种能力”和国家税务总局提出的提升税收治理“六大能力”（政治引领能力、谋划创新能力、科技驱动能力、制度执行能力、协同共治能力、风险防范能力）。

27. 税务系统内部非涉密性公文，发电子公文，其中作为执法依据的，同时发纸质公文。既有电子公文，又有纸质公文的，以纸质公文为准。 （　）

【参考答案】√

【答案解析】此处需要重点关注的是，内部非涉密公文作为执法依据用的，既要发电子公文，也要发纸质公文。

28. 发送便函以及单位内部会签、征求意见的函件，原则上一律采用电子文件传递。 （　）

【参考答案】×

【答案解析】这种函件不包括涉密件。如果是涉密件，一般不采用电子文件传递。

29. 税务机关征求局内各单位意见建议或提供素材、资料的非涉密件，一律以“便笺”或“会签意见”形式办理，不发便函。 （　）

【参考答案】√

30. 税务机关工作秘密根据公务活动的需要自行确定。 （　）

【参考答案】√

31. 税务机关工作秘密实行分等级管理。 （　）

【参考答案】×

【答案解析】工作秘密无等级之分。

32. 密级和保密期限一般用 3 号黑体字，顶格编排在版心左上角第二行，标注为“密级★保密期限”。保密期限中的数字用阿拉伯数字标注。（　）

【参考答案】√

33. 某市税务局人事教育科起草了一份需要与考核考评科会签的公文，人事教育科应与考核考评科取得一致意见后行文。（　）

【参考答案】√

【答案解析】《全国税务机关公文处理办法》第六十九条规定，凡需会签的公文，主办部门应当与会办部门取得一致意见后行文。

34. 起征点只能照顾一部分纳税人，而免征额可以照顾适用范围内的所有纳税人。（　）

【参考答案】√

【答案解析】本题考查税制要素。当纳税人收入达到或者超过起征点时，就其收入全额征税；当纳税人收入超过免征额时，只就超过的部分征税。

35. 区块链是分布式数据存储、点对点传输、共识机制、加密算法等计算机技术的新型应用模式。（　）

【参考答案】√

36. 习近平总书记在北京大学师生座谈会上的讲话中引用“才者，德之资也；德者，才之帅也”，说明人才培养是育人和育才相统一的过程，而育人是本。人无德不立，育人的根本在于立德。（　）

【参考答案】√

37. 中华优秀传统文化是我们最深厚的文化软实力，也是中国特色社会主义植根的文化沃土。“先天下之忧而忧，后天下之乐而乐”的政治抱负，“苟利国家生死以，岂因祸福避趋之”的报国情怀，“富贵不能淫，贫贱不能移，威武不能屈”的浩然正气，“鞠躬尽瘁，死而后已”的献身精神等，都传承着中华民族的精神基因，是我们最深厚的文化软实力。（　）

【参考答案】√

38. 1920 年 8 月，陈独秀等领导建立的中国最早的共产党组织是北京共产主义小组。（　）

【参考答案】×

【答案解析】本题考查“四史”教育内容。陈独秀领导成立的是中国最早的共产党组织——上海共产主义小组。

39.《中华人民共和国民法典》是新中国第一部以法典命名的法律，开创了我国法典编纂立法的先河，是全面推进依法治国、实现国家治理体系和治理能力现代化国家新征程中的重大举措。（ ）

【参考答案】√

40.“经济特区”原来被称为“出口特区”，后在1980年3月改称“经济特区”并在深圳加以实施。（ ）

【参考答案】√

41. 2018年10月23日，港珠澳大桥正式开通，大桥总长50多千米，是粤港澳三地首次合作共建的超大型跨海交通工程。（ ）

【参考答案】√

42. 公务接待中，我国传统的做法是“以右为贵”，而国际通行的做法是“以左为尊”。（ ）

【参考答案】×

43. 2014年10月，新古田会议在古田会议旧址召开，为什么选择去古田开会，习近平总书记给出的答案是为了剖析徐才厚案件，深刻反思教训。（ ）

【参考答案】×

【答案解析】选择去古田开会，是要让大家深入思考我们当初是从哪里出发的、为什么出发的，接受思想洗礼，以利于更好地前进。

44. 公务员辞去公职或者退休的，原系领导成员、县处级以上领导职务的公务员在离职2年内，其他公务员在离职1年内，不得到与原工作业务直接相关的企业或者其他营利性组织任职，不得从事与原工作业务直接相关的营利性活动。（ ）

【参考答案】×

【答案解析】此款规定，原系领导成员、县处级以上领导职务的公务员在离职三年内，其他公务员在离职两年内。

45. 法律、法规授权或者受国家机关依法委托管理公共事务的组织中从事公务的人员，国有企业管理人员，公办的教育、科研、文化、医疗卫生、体育等单位中从事管理的人员属于监察机关的监察对象，基层群众性自治组织中从事管理的人员不属于监察对象。（　）

【参考答案】×

【答案解析】基层群众性自治组织中从事管理的人员同样属于监察对象。

46. 某县税务局工作人员张某为了给孩子筹措婚房房款，利用职务便利，挪用公款 30 万元，半年后归还，张某的行为构成职务侵占未遂罪。（　）

【参考答案】×

【答案解析】此种行为构成挪用公款罪。

47. 巨额财产来源不明罪是指国家工作人员的财产或者支出明显超出合法收入，差额巨大，而本人又不能说明其来源是合法的行为。对于巨额财产来源不明，数额在 10 万元以上的，应予立案。（　）

【参考答案】×

【答案解析】《中华人民共和国刑法》第三百九十五条规定，国家工作人员的财产、支出明显超过合法收入，差额巨大的，可以责令该国家工作人员说明来源，不能说明来源的，差额部分以非法所得论，处五年以下有期徒刑或者拘役；差额特别巨大的，处五年以上十年以下有期徒刑。财产的差额部分予以追缴。根据最高人民检察院《关于人民检察院直接受理立案侦查案件立案标准的规定（试行）》的有关规定，涉嫌巨额财产来源不明，数额在 30 万元以上的，应予以立案。

48. 被调查人既涉嫌严重职务违法或者职务犯罪，又涉嫌其他违法犯罪的，一般应当由人民检察院为主调查，其他机关予以协助。（　）

【参考答案】×

【答案解析】《中华人民共和国监察法》第三十四条规定，人民法院、人民检察院、公安机关、审计机关等国家机关在工作中发现公职人员涉嫌贪污贿赂、失职渎职等职务违法或者职务犯罪的问题线索，应当移送监察机关，由监察机关依法调查处置。被调查人既涉嫌严重职务违法或者职务犯罪，又涉嫌其他违法犯罪的，一般应当由监察机关为主调查，其他机关予以协助。

49. 《大学》开篇云：“大学之道，在明明德，在亲民，在止于至善。”第一个

"明"作形容词，是光明、鲜明之意；第二个"明"作动词，是彰显、阐明的意思。（ ）

【参考答案】×

【答案解析】第一个"明"是动词，是"彰显、弘扬"的意思；第二个"明"是形容词，是"光辉、高尚"的意思。全句的意思是"大学的宗旨，在于弘扬高尚的道德，在于亲近民众，在于达到最高境界的善"。

50. 中国进入社会主义社会的主要标志是中华人民共和国的成立。（ ）

【参考答案】×

【答案解析】中国进入社会主义社会的主要标志是社会主义三大改造的基本完成，时间是在1956年底。

题型四　实务题

试题一

2019年5月，某县税务局向上级主管机关某市税务局报送公文，申请拨付救灾专项拨款。请参阅材料并按税务公文处理写作相关要求答题。（本题不考虑字体、字号、间距、边距、位置等格式版记问题）

国家税务总局某县税务局
关于申请拨付救灾专项拨款的报告

市局：

由于遭受"利奇马"台风，我县全境遭受台风灾害。纳税企业停产停工，生产经营受到严重影响。我局所辖第一税务分局、东乡税务所、西镇税务所3个单位发生门窗损毁、底楼进水、办公设备受损的情况。经查验，据初步统计，受灾损失约为55万元。经召开党委会议，决定如下：

一、迅速恢复受灾单位工作秩序，所需资金由市局据实拨付。

二、对受灾纳税人实行延期申报，做好纳税服务。

为此，请市局下达救灾专项拨款55万元，用于修缮办公用房、购买办公设备。

以上报告当否，请批示。

某县税务局

2019 年 8 月 18 日

（联系人：高远 电话：138××××××××）

1.（多选）该公文存在的主要错误和问题有（ ）。

A. 文种适用错误　　B. 主送机关名称不规范

C. 日期书写不规范　　D. 掺杂无关内容

E. 语言表述不准确

2.（多选）该公文的签发人可以是（ ）。

A. 某县税务局办公室主任

B. 某县税务局主要负责人

C. 某县税务局主持工作的负责人

D. 某县税务局主要负责人授权的其他负责人

3.（多选）报告适用于向上级机关汇报工作、反映情况和回复上级机关询问，根据内容可分为（ ）。

A. 阶段性报告　B. 专题性报告　C. 问题性报告　D. 经验性报告

E. 综合性报告

4.（多选）请示适用于向上级机关请求指示、批准，根据请示事项一般分为（ ）。

A. 政策性请示　B. 落实性请示　C. 问题性请示　D. 报告性请示

E. 事务性请示

5.（多选）函的适用范围相对广泛，下列对其描述正确的有（ ）。

A. 函的特点是沟通性、灵活性、单一性

B. 函可用于商洽工作、询问问题、请求批准、答复审批

C. 某县税务局可向上级税务机关行函

D. 某县税务局可向县人民银行行函

E. 某县税务局可向县财政局预算股行便函

【参考答案】 1. ABDE；2. BC；3. BE；4. ACE；5. ABD

【答案解析】

1.《办法》规定，请示适用于向上级机关请求指示、批准。公文起草应当做到内容简洁，主题突出，观点鲜明，结构严谨，表述准确，文字精练。公文的主要受理机关，应当使用机关全称、规范化简称或者同类型机关统称。请示必须在事前，应当一文一事，不得在报告等非请示性公文中夹带请示事项。

2.《办法》规定，以机关名义制发的公文，由机关负责人签发。其中，以本机关名义制发的上行文，由主要负责人或者主持工作的负责人签发。

3.《办法》规定，报告根据内容分为综合性报告和专题性报告。

4.《办法》规定，请示一般分为政策性请示、问题性请示和事务性请示。

5.《办法》规定，函适用于不相隶属机关之间商洽工作、询问和答复问题、请求批准和答复审批事项。函分为商洽函、询问函、请求批准函、答复函、告知函。函属平行文，有隶属关系的上下级机关之间不得使用函。请求批准函仅用于向平级机关或有关主管部门请求批准相关事项。各级税务机关的内设机构根据工作需要，在规定的职权范围内，向上、下级税务机关的内设机构和其他机关的有关内设机构行非正式公文时使用便函，机关内设机构之间根据工作需要也可以使用便函。

试题二

在2020年中央党校（国家行政学院）中青年干部培训班开班式上，习近平总书记发表重要讲话。习近平总书记全面、系统的论述，精准概括出我们党当前应对复杂形势、完成艰巨任务的实践，提出干部特别是年轻干部要提高七种能力。

根据上述材料，回答下列问题：

1.（多选）这七种能力除了政治能力、调查研究能力、科学决策能力以外，还有(　　)。

A. 改革攻坚能力　　B. 应急处理能力

C. 群众工作能力　　D. 抓落实能力

E. 防范重大风险能力

2.（多选）研究问题、制定政策、推进工作，刻舟求剑不行，闭门造车不行，异想天开更不行，必须进行全面深入的调查研究。关于调查研究，习近平总书记作了全面论述。下列表述符合习近平总书记讲话原意的有(　　)。

A. 调查研究是一个了解情况的过程

B. 调查研究是一个联系群众、为民办事的过程

C. 调查研究是一个推动工作的过程

D. 调查研究也是一个自我学习提高的过程

E. 调查研究的过程就是科学决策的过程

3. （多选）习近平总书记叮嘱青年干部，要时刻把群众安危冷暖放在心上，认真落实党中央各项惠民政策，把小事当作大事来办，切实解决群众“急难愁盼”的问题，围绕提升这一种能力，要做到(　　)。

A. 以站稳立场为“着力点”，置顶人民至上

B. 以深入调研为“切入点”，找准症结所在

C. 以精通业务为“支撑点”，增强服务能力

D. 以夯实作风为“突破点”，提升工作成效

4. （单选）干事业就要有钉钉子精神，抓铁有痕、踏石留印，稳扎稳打向前走，过了一山再登一峰，跨过一沟再越一壑，不断通过化解难题开创工作新局面。这很生动地形容了青年干部要提升(　　)。

A. 改革攻坚能力　　　　B. 抓落实能力

C. 政治能力　　　　D. 高效执行能力

【参考答案】 1. ABCD；2. ABCDE；3. ABCD；4. B

试题三

国务院办公厅转发《发展改革委关于完善差别电价政策的意见》的通知①

国办发〔××××〕77 号

各省、自治区、直辖市人民政府，国务院各部委，各直属机构：②

发展改革委《关于完善差别电价政策的意见》③，现转发给你们，请认真贯彻执行。

实行差别电价政策，有利于遏制高耗能产业的盲目发展和低水平重复建设，淘汰落后生产能力，促进产业结构调整和技术升级，缓解能源供应紧张局面。各地区、各部门要统一思想，充分认识实施和完善差别电价政策的重要意义，全面落实科学

发展观，增强对能源、资源、环境问题的紧迫感和危机感，从全局和战略高度出发，认真做好落实差别电价政策的各项工作，加快推进资源节约型、环境友好型社会建设，促进建立节约能源、资源和降低能耗的长效机制。各地区要加强领导，精心组织，及时进行督促检查，确保政策落实到位。同时，要切实采取有力措施，制订预案，做好企业关停并转及职工安置等善后准备工作，维护社会稳定。

附件：发展改革委关于完善差别电价政策的意见④

国务院办公厅

××××年××月××日

根据上述材料，回答下列问题：

1. （单选）按内容和用途划分，该通知属于(　　)。

A. 发布性通知　B. 指示性通知　C. 知照性通知　D. 转发性通知

2. （单选）关于该公文标"①"处，下列表述正确的是(　　)。

A. 应在"转发"前加上"关于"字样　B. "转发"应改为"批转"

C. 不需使用书名号　D. "的通知"字样可以省略

3. （单选）关于该公文标"②"处，下列表述正确的是(　　)。

A. 符合要求

B. 应改为："各省自治区直辖市人民政府，国务院各部委，各直属机构："

C. 应改为："各省自治区直辖市人民政府、国务院各部委、各直属机构："

D. 应改为："各省、自治区、直辖市人民政府，国务院各部委、各直属机构："

4. （单选）关于该公文标"③"处，下列说法正确的是(　　)。

A. 应补充：已经国务院讨论　B. 应补充：已经国务院研究

C. 应补充：已经国务院审核　D. 应补充：已经国务院同意

5. （单选）关于该公文标"④"处，下列说法正确的是(　　)。

A. 没有错误，完全符合要求

B. 应改为：《发展改革委关于完善差别电价政策意见》

C. 应改为：发展改革委《关于完善差别电价政策意见》

D. 应删除附件

【参考答案】 1. D；2. C；3. D；4. D；5. D

【答案解析】

1. 发布性通知，用于发布行政法规、领导同志讲话、下达计划，其标题的事由部分常使用发布或印发字样。指示性通知，用于上级机关向下级机关、所属单位布置任务和执行措施所下达的指示。知照性通知，用于告知一些不需要直接执行或办理的事项，主要起信息传播的作用，如节假日安排、人事任免与聘用等。转发性通知，用于转发上级机关或不相隶属机关的公文或批转下级机关的公文。

2. 转发性通知标题使用批转字样，办公部门被授权批转的则应用转发；为了避免出现“关于的关于”“通知的通知”之类的赘语，允许转发、批转前面的介词“关于”省略；标题中被转发的文件不需要加书名号；标题中的文种不能省略。

3. 主送机关名称应使用全称（如中华人民共和国教育部）或规范化简称（如国务院）或同类机关的统称（如部属各高等院校）。不同类主送机关用逗号隔开，同类主送机关用顿号隔开，最后一个主送机关名称后标全角冒号。本题中应注意，直属机构与直属单位不同，前者是行政编制，后者是事业编制。国务院各部委、各直属机构属于同一类，但国务院各部委与各直属单位是不同类的。

4. 由办公部门制发的转发性通知是得到主管单位授权的，因此在通知的正文中应注明“经×××同意”或“经×××批准”字样，以说明转发依据。根据题意，国务院办公厅制发转发性通知应强调经国务院同意。

5. 转发性通知的附件是实际上的正件，通知是为它而发的，所以在正文后不必标注附件说明。

试题四

【材料一】江南某市税务局下辖十几个区、县局，干部总数近 2000 人。赵局长和钱副局长均系 20 世纪 90 年代初的大学毕业生，两人共事多年，以前钱副局长曾任某区税务局局长，而资历略浅的赵局长曾是排在他之后的第一副局长，赵当上局长之日，正是税收征管体制改革之时，赵局长虽已过血气方刚之年，但仍有较强的事业心，加之各项考核指标压力如芒刺在背，不敢有丝毫懈怠，风风火火的同时也不免咄咄逼人，甚至有时固执己见。

对这一点，钱副局长最为敏感，曾经的下属成为自己的上级，原本就令人尴尬或不悦，自己本来分管人事，现在权力却在“一把手”那里，这让钱副局长有挥之不去的被剥夺权力的感觉。赵局长与钱副局长嫌隙暗生，摩擦渐多，终于到了势同水火的地步。于是有关赵局长的匿名揭发材料被源源不断地寄到省税务局纪委、省纪委和国家税务总局纪检组，既有纯属子虚乌有的，也有并非空穴来风的，毕竟，想干点事，就不可能万无一失、不出纰漏。于是上级几套班子轮番来查。调查期间，税务局下属各单位人心浮动，议论纷纷。半年之后，赵局长被宣布无事，重操权柄，而代价却是，半年中，全市税务局税收收入入库出现减少，纳税人满意度排名下降3个名次，赵局长在吸取教训的同时也挫伤了积极性，从此不再埋头苦干，而是注意给自己寻找退路。

【材料二】税收征管体制改革后，某市税务局两位正科级干部孙科长和李科长均年富力强，孙科长原是某区国税局局长，李科长原是某县地税局局长，原本也都是市局班子成员热门候选人，都想有一番作为。合并后，两人因为在基层“一把手”岗位上任职时间较长，同时调到市局任科室负责人。因为两人此前并不相识性格也各不相同，加上合并后并不单纯的人际关系使他们从一开始相处，就怀有戒心，在一些方面意见均有分歧。意见分歧本属正常，但可怕的是，孙李两人彼此都把自己意见的最后被认可看成某种象征。这时候，意见的正确与否已不重要，志在取胜的心理伴随着日夜不息的提防与阴谋，公开的争斗交织着绞尽脑汁的暗算。孙对李的经济问题耿耿于怀，企图从这里打开缺口，于是小题大做的事不断；李对孙也毫不手软，他对孙顶风冒雨暗中盯梢。两人都不放过任何一个向上级控诉对方、“揭发”对方的机会。后来在省局组织的市局班子成员公开选拔任用中，二人双双落选。

【材料三】小周长期在基层做技术工作，是一位“硬专家”。担任局长以后，有权了，小周变老周，但与“私”字无缘。他家四口人，住的房子还是20世纪90年代福利分房时得到的一个套间，而其他干部多数另外购买了市区商品房。市政府机关先后三次分给他150多平方米的集资房资格，他都谢绝了，他说：“那么多年轻人买不起房，这种价格相对优惠的集资房优先他们吧。”2019年10月，周局长通过自己的人脉招商引资了一家企业落户市里，享受到市里的税收优惠，公司老板为表示感谢，私下里送给他一块名表、一个装有现金的信封。周局长都拒绝了。他女儿大学毕业想考本市税务局的公务员，几次请求父亲帮忙，不仅被他拒绝，而且要求女儿即使要考公务员，也只能考外地的。他从不利用职权为家属谋取私利。以前，该市税务局纳税人满意度不高，投诉和信访事件接连发生。短短两年时间，在周局长和其他班子成员的努力下，纳税人满意度指数大幅度提升，全市营商环境也改观很大，吸引了多家沿海地区的企业落户，税收收入增长了1亿多元。

根据上述材料，回答下列问题：

1. （单选）根据正确用权的原则，赵、钱、孙、李、周五位领导中，（　　）的权力观是正确的。

A. 赵局长　　B. 钱副局长

C. 孙科长、李科长　　D. 周局长

2. （单选）下列概括符合实际的是(　　)。

A. 赵局长及时吸取用权教训，谨慎用权

B. 钱副局长不讲情面，敢于用权

C. 孙科长、李科长互相监督，公正用权

D. 周局长用权为人民服务，不以权谋私

3. （单选）上述案例说明，作为领导者个人来说，他的权力基础或基础性权力首要的应该是(　　)。

A 惩罚权　　B. 模范权　　C. 专长权　　D. 公正权

4. （单选）根据赵局长的遭遇，就他本人来说应吸取教训(　　)。

A. 把握正确用权的合法性原则　　B. 把握正确用权的民主原则

C. 把握正确用权的例外原则　　D. 把握正确用权的党政关系原则

5. （单选）钱副局长、孙科长、李科长在权力观上的一个共同点是(　　)。

A. 出于公心，用权不计个人得失

B. 对权力过于敏感，小题大做

C. 把权力视为个人私有和地位象征，为争取进步而发展到势同水火

D. 争权夺利，归根结底是为谋取私利

6. （单选）领导构成的基本要素之一是权力，下列说法正确的有(　　)。

A. 领导必须具备有效的职权和以负责任的态度运作权力的能力

B. 权力是组织成员追随与服从关系的前提

C. 领导是领导艺术与权术的结合

D. 对权术要进行政治分析，符合政治利益的方能运用

【参考答案】1. D；2. D；3. B；4. B；5. C；6. A

试题五

【材料一】B 市税务局是北方省有名的乱局，被历任省税务局领导看作“麻烦制造者”。两年前，赵局长受省局委派担任 B 市局“一把手”，他到任以后，撤换了他认为能力不行的、执行力不高的领导干部，全部按照自己的意图选任 8 个县区局“一把手”。对于这些人，赵局长效法宗庆后，一竿子插到底，官可以给，钱可以给，只有一个要求，就是要求各县区局工作一年出亮点，二年成特色，三年树品牌，要求尽快扭转这种糟糕局面，将全市税务系统打造成全省乃至全国有名的先进单位，否则立即换人，但是县区局所有的改革权力都一直控制在他自己手里。所有的县区局“一把手”，头 6 个月都和赵局长惺惺相惜，大有相见恨晚之意，被干部们形象地称为“蜜月期”，但当“蜜月期”一过，大部分人萌生了退意，赵局长本人的热情也下降了七分。

为适应赵局长的这种用人方式，大部分县区局“一把手”上任伊始就点燃了“三把火”，要实现尽快扭转局面的目标，就得马上出台一些“短平快”的政策，以证明自己的水平和能力。因此，一年中，全市各税务局各种管理创新模式纷纷出台。但是，干部私底下的议论和不满也陆续传到了赵局长的耳朵里，全市纳税人满意度排名，8 个县区局，有 4 个在全省县区局中垫底，营商环境也受到了省市领导的批评。

看到自己努力的结果，是继续换人，还是维持现状，抑或是……赵局长想起了宗庆后，宗氏在娃哈哈一言九鼎，保持着绝对的权威，所有的工作都一竿子捅到底，他照样带领娃哈哈一路领跑中国饮料业。自己为什么行不通呢？赵局长陷入了两难的困境。

【材料二】齐国进犯楚国，子发率军迎战，交战三次，楚军三次败北。子发旗下不乏智谋之士、勇悍之将，但在强大的齐军面前，个个都无计可施。这时有个神偷请战。这个神偷其貌不扬，但被子发待为上宾。得到子发的许可后，神偷在夜幕的掩护下，将齐军主帅的睡帐偷了回来。第二天，子发派人将睡帐送还给齐军主帅。晚上，神偷又将齐军主帅的枕头偷来，子发再派人送还。第三天，神偷将齐军主帅头上的发簪偷来，子发再次送还。齐军上下听说此事，甚为恐惧。主帅十分惶恐，对部下说，如果再不退兵，恐怕子发就要派人来取我项上人头了。于是齐军不战而退。

【材料三】周宣王爱好斗鸡，纪子是一个有名的斗鸡专家，受命去饲养斗鸡。10天后，周宣王催问道："训练成了吗?"纪子说："还不行，它一看见别的鸡，或听到别的鸡叫，就跃跃欲试。"又过了10天，周宣王问训练好了没有，纪子说："还不行，心神还相当活跃，火气还没有消退。"再过了10天，周宣王又说道："怎么样？难道还没训练好吗?"纪子说："现在差不多了，骄气没有了，心神也安定了，虽然别的鸡叫，它也好像没有听到似的，毫无反应，不论遇见什么突发情况它都不动、不惊，看起来像木鸡一样。这样的斗鸡，才算训练到家了，别的斗鸡一看见它，准会转身就逃，斗也不敢斗。"周宣王于是去看斗鸡的情况，果然这只鸡呆若木鸡，不为外面的声音所动，但是它的精神凝聚在内，别的鸡都不敢和它应战，看见它就走开了。

根据上述材料，回答下列问题：

1.（单选）赵局长实行的领导模式是(　　)。

A. 内阁制　　B. 总统制

C. 首长制　　D. 民主集中制

2.（多选）从用人的角度看，赵局长失败的根本原因是(　　)。

A. 赵局长不实行民主集中制

B. 模糊的用人机制

C. 赵局长过于揽权，他应该采用内阁制，将权力下放给各位基层"一把手"

D. 赵局长缺乏授权的胸怀，搞内阁制是行不通的

3.（多选）神偷的故事告诉我们，领导用人时关键是(　　)。

A. 要善于重用有计谋的人

B. 要清楚每个下属的优缺点，每个人都有一技之长

C. 不能夹杂个人爱好

D. 取决于领导平时对人才尊重与否

4.（多选）纪子训练斗鸡的故事告诉我们，有力的领导是组织成长、变革和再生最重要的关键因素之一，而有力的领导取决于(　　)。

A. 育才是永久的工程，用才而不育才，人才就没有持续竞争力

B. 识人时，外表的活泼、逞强、伶俐是不够的，要多加磨砺，把浮躁和妄动收敛起来，把力量凝聚于内

C. 育才不是要做加法，增加技巧，而是要做减法，每天减少一点儿人才的心理负担

D. 用人就是育人，要充分训练他们的竞争精神

5.（单选）宗庆后的“一竿子到底”模式之所以能成功的原因在于(　　)。

A. 宗庆后的公司是私人企业，而赵局长的是行政机关，不一样

B. 宗庆后的领导力是长期实践中锻炼出来的，成就了他的绝对权威

C. “一竿子插到底”本身是一个很好的模式，宗庆后比赵局长会用

D. 宗庆后的人格魅力比赵局长大得多

【参考答案】1. B；2. BD；3. BC；4. ABC；5. B

【答案解析】

1. 所谓内阁制的领导模式，是一个领导集体，“一把手”和其他成员之间是一种平等合作关系；所谓总统制的领导模式，是“一把手”和其他成员是领导与被领导的关系，权力集中于“一把手”。

2. 赵局长的用人机制是模糊的，大权独揽，下属只能被动适用。

3. 神偷的故事启示我们，用人时一定要了解下属的特点，领导者不能掺杂个人喜好。

4. 纪子的故事说明了领导力的重要性。干部的竞争精神只是一种外在的东西，人才素质主要还是在于内在的精神。故选项D错误，其他三项正确。

5. 没有较强的领导力不适合采用“一竿子插到底”的管理模式。

试题六

【材料一】毛泽东在《反对本本主义》中提出“学个孔夫子的‘每事问’”，是讲只有像孔子那样“每事问”，调查研究，搞清情况，才能从实际出发。《实践论》有个副标题：“论认识和实践——知和行的关系”。这个知和行的关系，是从孔夫子到孙中山的中国思想家一直讨论的问题。

毛泽东在中国革命实践中逐步认识到，中国是农民国家，农民占全国人口的80%；农村是敌人力量薄弱的地方，城市是敌人力量集中的地方；中国革命必须发动农民走农村包围城市的道路。毛泽东认为中国革命只能从这样的中国实际出发，才能搞成功。

1930年5月，毛泽东写的《反对本本主义》，就是号召大家调查研究，把中国

的实际情况搞清楚。他指出：“没有调查，没有发言权。”“中国革命斗争的胜利要靠中国同志了解中国情况。”

【材料二】习近平总书记曾经指出：重视调查研究，是我们党在革命、建设、改革各个历史时期做好领导工作的重要传家宝。马克思主义的辩证唯物主义、历史唯物主义世界观和方法论，党的实事求是的思想路线，党的从群众中来、到群众中去的根本工作路线，都要求我们的领导工作和领导干部必须始终坚持和不断加强调查研究。只有这样，才能真正做到一切从实际出发、理论联系实际、实事求是，真正保持党同人民群众的密切联系，也才能从根本上保证党的路线方针政策和各项决策的正确制定与贯彻执行，保证我们在工作中尽可能防止和减少失误，即使发生了失误也能迅速得到纠正而又继续胜利前进。回顾我们党的发展历程可以清楚地看到，什么时候全党从上到下重视并坚持和加强调查研究，党的工作决策和指导方针符合客观实际，党的事业就顺利发展；而忽视调查研究或者调查研究不够，往往导致主观认识脱离客观实际、领导意志脱离群众愿望，从而造成决策失误，使党的事业蒙受损失。(习近平：《谈谈调查研究》，《学习时报》2011 年 11 月 16 日)

根据上述材料，回答下列问题：

1. (单选) 年轻干部要提高调查研究能力。调查研究是做好工作的(　　)。

A. 重要前提　　　　B. 基本功

C. 关键基础　　　　D. 核心要义

2. (多选) 习近平总书记指出，做好调查研究工作，要注意的关键是(　　)。

A. 要防止为调研而调研

B. 防止搞出发一车子、开会一屋子、发言念稿子式的调研

C. 防止扎堆调研、作秀式调研

D. 防止“三分调查，七分研究”

3. (单选) 调查研究是谋事之基、成事之道。没有调查，就没有发言权，更没有(　　)。

A. 用人权　　　　B. 决策权

C. 管理权　　　　D. 会议权

4. (多选) 好的调研报告的基本特征就是(　　)。

A. 观点鲜明　　　　B. 论据充分

C. 言之有物　　　　　　　　　　　D. 文风朴实

E. 多谈问题

5. （多选）毛泽东认为中国革命只能从这样的中国实际出发，才能搞成功。习近平指出，解决中国的问题只能在中国大地上探寻适合自己的道路和办法。他们共同表达的是(　　)。

A. 中国共产党的三大法宝之一

B. 毛泽东思想的“三个活的灵魂”之一

C. 中国共产党的三大优良作风之一

D. 中国共产党的三大传统之一

6. （多选）中国共产党是靠实事求是起家和兴旺发展起来的，有关“实事求是”说法正确的是(　　)。

A. 实事求是永远是中国共产党人应该遵循的思想方法

B. 班固第一次用“实事求是”

C. 实事求是是岳麓书院的校训

D. 1941 年，毛泽东同志在《改造我们的学习》中第一次提出“实事求是”

【参考答案】 1. B；2. ABC；3. B；4. ABCD；5. ABCD；6. AB

【答案解析】

1. 习近平总书记指出，调查研究是做好工作的基本功。

2. 习近平总书记在谈调查研究中强调，调查研究要防止三点，即 A、B、C 三个选项。

3. 没有调查就没有发言权，更没有决策权，是习近平总书记的原话。

4. 好的调研报告具备 4 个基本特征，多谈问题并不是其基本特征。

5. 党史考点，中国共产党在中国革命中战胜敌人的三大法宝是统一战线、武装斗争、党的建设。中国共产党的三大优良作风是理论结合实际，密切联系群众，批评和自我批评。党的三大优良作风就是党的三大优良传统。“实事求是、独立自主、群众路线”概括成为毛泽东思想“三个活的灵魂”。

6. 实事求是并不是岳麓书院的校训。从已出版的毛泽东著作中寻找“实事求是”一词，最早见于 1938 年 10 月 14 日，毛泽东在党的六届六中全会上作的报告中指出：“共产党员应是实事求是的模范，又是具有远见卓识的模范。因为只有实事求是，才能完成确定的任务；只有远见卓识，才能不失前进的方向。”1940 年 1 月，毛泽东在《新民主主义论》中指出：“科学的态度是‘实事求是’，‘自以为是’和‘好为人师’那样狂妄的态度是决不能解决问题的。”1941 年 5 月 19 日，毛泽东在延安干部会议上做的题为《改造我们的学习》报告，第一次解答了什么是“实事求是”。

试题七

【材料一】气候变暖已经成为全人类共同面临的大问题。科学家和环境保护组织不断发出警告：如果我们不立刻行动起来保护环境，阻止气候变暖，那么人类总有一天会毁灭地球，不能继续生存下去。

【材料二】甲、乙、丙三人各自举着红旗、绿旗和黄旗，分别从东面、南面和西面三个方向朝山顶攀登。甲不举红旗，也不从东面上山；举红旗的人从西面上山；乙举着绿旗。

根据上述材料，回答下列问题：

1. （单选）根据材料一的陈述，下列说法正确的有(　　)。

A. 只要我们立刻行动起来保护环境，就能阻止气候变暖，人类就能在地球上继续生存

B. 如果人类不能继续生存在地球上，定是没有立刻开始保护环境

C. 要想保护环境、保护地球、保护人类自身，就须防止气候变暖

D. 如果人类想在地球上继续生存，就须立即行动起来保护环境，阻止气候变暖

E. 除非人类在地球上继续生存下去，否则地球将因气候变暖而毁灭

2. （单选）根据材料二，可以推断出（　　）。

A. 举绿旗者从南面上山　　B. 丙从东面上山

C. 举黄旗的不是甲　　D. 乙不从南面上山

E. 举黄旗者从东面上山

【参考答案】1. D；2. D

【答案解析】

1. 属于翻译推理。题干翻译为：“保护→生存”。选项 A 翻译为“保护→生存”，犯了否前否后的错误。选项 B 翻译为“生存→保护”，犯了肯后肯前错误。选项 C 翻译为“保护→防止”，而题干未提到保护和防止的关系。选项 D 翻译为“生存→保护”，和题干逆否等价。选项 E 翻译为“生存→保护”，犯了肯后肯前的错误。

2. 本题属于分析推理。最大信息是红旗，甲不举红旗，乙不举红旗，所以举红旗的是丙，丙从西面上山。特殊信息是乙举绿旗，所以甲只能举黄旗。甲不从东面上山，也不从西面上山，所以甲从南面上山，乙从东面上山。即①甲－黄旗－南面；②乙－绿旗－东面；③丙－红旗－西面。